U0563565

杨雄威　著

杯酒之间

清末／南昌教案／研究

THE LAST SUPPER

A Study on the Nanchang Murders in the Late Qing Dynasty

社会科学文献出版社
SOCIAL SCIENCES ACADEMIC PRESS (CHINA)

目　录

导 言

一 《章江送别图》

1911 年清王朝土崩瓦解，一批对王朝抱有认同感和忠诚感的士大夫避入租界，过起了遗老生活。十余年后的一天，在上海的几个前清遗老聚在一起共同欣赏了一幅画。这幅画名为《章江送别图》，描画的是因 1906 年南昌教案获罪去官的臬司余肇康离任时的情形。著名诗人郑孝胥览罢此图，赋《余尧衢章江送别图》诗一首，诗曰：

孝钦久临朝，朝士习苟免。
有国孰与守，乱作盖已晚。
余公官江右，民教狱未谳。
残民以媚外，上下色无赧。
余公持不可，正论独侃侃。
弃官归养母，倾国徒一饯。
当时光绪末，名节立已罕。
陵夷五六年，瓦解果不远。
海滨出此卷，追话犹愤懑。

成名事亦小，无补愧言逌。
中兴苟有望，旧习当尽刬。
守官可矜式，相对摩老眼。[①]

诗中赞颂余肇康在南昌教案中独持正论，立下难能可贵的名节。其中“弃官归养母，倾国徒一饯”一语，高度赞扬了当日南昌绅民祖饯余肇康的盛况。

另一位晚清名士、同样精通诗文的陈三立在欣赏了此画之后作长诗一首，对南昌教案的过程和绅民祖饯余肇康的场景做了铺陈，现节略如下：

忽有祆教狱，县令毙仓卒。
挺刃户阏间，血殷神父席。
空巷喧万人，仇得掊而殛。
义愤无反顾，公临为之泣。
浸寻出夷酋，奉使势煊赫。
罗织足绅衿，章条恣附益。
维公迭抗议，舌敝佐面折。
徐悟不可犯，责难涣然释。
廷臣习侧媚，移决理官室。
曲徇豢爰书，连坐公竟斥。
耄弱走呼号，缨绂背欲裂。
老守奋陈状，请代论如律。
公仍拂衣去，功罪成一别。
嵯峨滕王阁，其下维船楫。
衣冠勤祖饯，云壑晦颜色。
孰窥休戚怀，犬随翔乌昵。

① 郑孝胥：《海藏楼诗集》，上海古籍出版社，2003，第299页。

画手赵程辈，万景赴枯笔。
今开送别图，感旧犹历历。
章贡水上城，世隔眇人物。
迹迷徐孺亭，梦染苌宏血。
佳晖荡恶氛，忍传故老说。
偃仰眩覆载，留卷察海月。
生逢俱飘零，何山掘芝术。①

陈三立是江西人，且与余肇康交厚，故而对南昌教案之事颇为了解。他在诗中赞许了余肇康在南昌教案中的表现，并提到余肇康离任时南昌绅民为其饯行之事，怀旧之情跃然纸上。

作为上面两首诗中的主角，余肇康一定为这幅送别图感到自豪。当年离任之际，他曾就绅民的祖饯之事在日记中感叹道："此案以朝廷极不体面之事，而民间偏为余作极体面，于心何安!"② 自此日开始，余肇康在日记中连续记载绅民为之送行的盛况。在写给亲家瞿鸿禨的信中，余肇康也谈道：

离江之日，海内贤士大夫，识与不识，缄电纷驰，至以罢李纲以谢金人相比。况沈子培（按：沈曾植）学使至电请南皮，"愿代臬司去位以保江西"。衮赠诗有云："夫子超世心，昭怀朗晨翕。"又云："决事坚如山，长怀浩如川。"而陈伯严、程雒庵、李芗园诸君子，见下走将去，如遭九故，相对泣下。（梁星海适来按事，尤愤惋涕洟）空街巷牌伞纷陈（如吾乡宾会），严拒恶诅不为止。登舟之时，万人如海，拥舆不得前，学院司道均为之徒步；绅民均登舟拜母，环相饯送；情不忍却，留滕王阁三日，乃得开行。闻已绘成南浦归云、西山旧雨两图（一程雒庵绘，一赵太守于密绘），题咏甚夥。③

① 陈三立：《散原精舍诗文集》上册，上海古籍出版社，2003，第589页。
② 余肇康：《敏斋日记》第30本，丙午四月十三日，未刊稿，湖南省博物馆藏。
③ 《瞿鸿禨朋僚书牍选》（上），《近代史资料》总108号，中国社会科学出版社，2004，第17页。

在日记尤其是书信中大讲自己所受的殊荣，大略可知余肇康为好名之士，后来瞿鸿禨的回信称赞余肇康“巍然独有天下之名”[①]，算是投其所好。这一赞语虽不无夸张，但正如郑孝胥诗中所谓“当时光绪末，名节立已罕”，清末官场一面自身持续窳败，一面又迅速在立宪和革命的话语系统中被整体负面化。在这种背景下，余肇康的离任能够得到绅民隆重的祖饯，并受到“海内贤士大夫”的纷纷嘉奖，可谓难得。余肇康后来对南昌教案念念不忘。沈曾植去世后，余肇康作挽诗一首，有云：

> 蕎地大狱兴仓皇，宰官神甫同一戕。
> 国势虽弱民气强，摧折彼狡消披猖。
> 我誓不吐公亦刚，尊樽可冲斗可撞。
> 浩然归去吾尚羊，李树乃欲代桃僵。[②]

当时沈曾植曾向张之洞致信，希望能够代余肇康受谴。这一举措自然不能成行，但对于余肇康来说却是别有意味。同样道理，郑陈辈有感于《章江送别图》而赋诗一事，对晚年的余肇康来说，定是一大快慰。

不过，余肇康由南昌教案建立起来的名节，只是在前清遗老这样一个小范围内得以流传。在其他关于南昌教案的叙事中，余肇康的形象和作用没有得到任何彰显。在1957年出版的《一九〇六年南昌教案资料专辑》中，余肇康已开始作为一种反面形象而存在，据胡廷銮对光绪三十二年二月初三日的回忆：“当时有个臬台余肇康，坐着绿呢大轿，前呼后拥，指挥弹压，行到荆波宛在口上，被群众向前围击，用石块把他击了下来，堂堂的一个臬台丢了绿呢大轿，只顾没命而逃。”[③] 在这一叙事中，余肇康完全站在了“群众”的对立面，同时也完全湮没在新中国关于晚清官场形象的话语系统中，

---

① 《瞿鸿禨朋僚书牍选》（上），《近代史资料》总108号，第21页。

② 许全胜：《沈曾植年谱长编》，中华书局，2007，第316页。

③ 南昌市人民委员会办公厅编印《一九〇六年南昌教案资料专辑》，1957，第8页。

开始作为反动腐朽的封建地主阶级的一员而存在。

相比之下，作为南昌教案真正的主角，南昌知县江召棠在国人一百年来的历史记忆中，始终保持了一个正面形象。他究竟是死于自杀还是他杀，在当时有着巨大的分歧。但在20世纪以来中文世界的主流叙事中，他始终被认为死于法国天主教神甫王安之（Jean Marie Lacruche）的刀剪之下。这就意味着，江召棠以及1906年南昌教案的史事在历史记忆中出现了剪切乃至扭曲，或者说，变成了历史神话。

二 作为神话的南昌教案

江召棠之死是南昌教案的核心问题。据笔者搜集到的史料已经可以认定，江召棠是伤于自刎，死于江西大吏的劝说。但综观1906年案发以来国内各种言说，江召棠被法国教士杀害的说法却始终占据了压倒性的优势。很多具有史学专业背景的作者，也似乎对大量反面材料视而不见。

下面且来看一看一百年来关于南昌教案的叙事。

南昌教案发生后，各地的华字报刊予以大量报道，口径几乎出奇一致地称江召棠为他杀。南昌教案交涉尚未尘埃落定便已出版的《南昌教案记略》一书，其主体部分便由大量来自报纸的相关资料构成。章回体的结构和加入了作者想象和修饰成分的内容，为它招来“似小说而非小说”的批评[①]。实际上，此案催生了一批“惩恶扬善”的文学作品，比如江召棠的挽联，至今仍有多首流传。民初的一份杂志便论及此事，称“清光绪朝，江西南昌县宰江召棠，为神甫王安之所杀，一时士大夫哀挽之词甚多”[②]。如《对联话》中收入的赵启霖一联称：“重于泰山，轻于鸿毛，男儿死耳；人为刀

① 格籐君编、豫章孝董生校《南昌教案记略》，出版地不详，明治三十九年（1906）。此书自称其编者为日本人，张靖庐认为“显系伪托”，参见张靖庐辑注《中国近代出版史料二编》，群联出版社，1954，第128页。

② 《娱萱室随笔》，《文艺杂志》第6期，1914年，第48页。

俎，我为鱼肉，天下痛之。”[①] 在今日棠浦镇的江公祠中，仍贴着几副当时的对联。

江西的士人胡思敬在清朝灭亡前夕记下了他所见闻的南昌教案始末，收入其《国闻备乘》一书。作者在书中自序称其文意在“备异时史官采择”[②]，但他对南昌教案的叙述本身只采择了一面之词。

清末魏元旷编纂的《南昌县志》也记载了南昌教案事，称江召棠“被戕于老贡院之天主堂”，但“巡抚胡廷干入告之语涉于自戕，江手书隐约前后多不合”，以致“法使臣终执巡抚语为口实，朝臣合词争之不直，卒以自戕议结”。该县志极其简洁地叙述了正月二十九日事，称王安之“强召棠至其教堂，勒其书诺，屏其从于外，久之，王安之出，从者入视，则喉间纵横有刀伤三，血溢袍襟，越三日卒”[③]。此后一百年江西不少方志对南昌教案的记载或简或详，但都立场坚定地声称江召棠为他杀。

民初赵尔巽主编的《清史稿》“志一百三十・邦交三・法兰西”条目下概述了南昌教案始末，也称江召棠是“被杀”[④]。这样，南昌教案作为一起“教士戕官”案被写进了“正史”。之后在中国无论是通史还是断代史，只要涉及此案，都以他杀为不证自明的结论。

1949 年江西文献编写组编写的《清季江西交涉要案汇编》[⑤]，较详细地叙述了教士王安之威逼杀害江召棠的经过。此汇编本属后人的著述性作品，但新中国成立后多次被学界当作史料来引用。

1953 年《光明日报》刊发傅琴心《记南昌教案》一文[⑥]，其副标题为《帝国主义分子王安之戕杀南昌知县江召棠始末》，这是笔者见到的新中国成立后第一篇关于南昌教案的文章，此后 50 多年学界的相关叙事，基本上

---

① 吴恭亨：《对联话》，岳麓书社，2003，第 149 页。

② 胡思敬：《国闻备乘》，上海书店出版社，1997，自序，第 1 页。

③ 魏元旷纂修《南昌县志》卷十七《官师志》，台北，成文出版社有限公司（据民国二十四年重刊本影印），1970，第 285～286 页。

④ 赵尔巽主编《清史稿・志一百三十・邦交三・法兰西》，中华书局，1977。

⑤ 江西文献编写组编写《清季江西交涉要案汇编》，《江西省通志稿》，江西省档案馆藏，1949 年稿本。

⑥ 傅琴心：《记南昌教案》，《光明日报》1953 年 5 月 30 日。

没有跳出此文的框架。

四年后，南昌市人民委员会办公厅编辑出版了《一九〇六年南昌教案资料专辑》一书，书中一面收录了相关史料，一面加入了编者对南昌教案的叙述。群力刊发在《近代史资料》的《一九〇六年南昌教案资料辑录》大体也采取了这一体例[①]，先表明观点，再列出相关史料。1957年的这次专辑是建立在一定规模的文献搜集基础上的，但最后体现在书中的只有正面材料而没有反面材料。事实表明，后来很长时间内这对研究者的研究方向有决定性的影响。一个名叫姚肖廉的市民在读到此专辑后，以一个“文史研究爱好者”的身份致信办公厅负责同志，对专辑提出了七点意见。

第一，认为从体例上讲此书应改名为《江西人民之反帝运动：南昌教案五十周年》。第二，指出专辑内容主要取材于《南昌教案记略》，而此书的史料价值“尚待考虑”。第三，建议引用更多参考资料，如“闻法天主堂对此案亦有原文记载，亦不妨借译刊出”。第四，关于此书的编法，认为“所引材料应以全文为主，不支割，不删节，以存其真”。第五和第六提到应访问人员问题，认为天主教方的人员“均应有所调查列入”。第七，希望南昌加强文史研究氛围，并建议编辑刊物要“引起百花齐放，百家争鸣”，“在未成书以前，不必求全，亦不必伐异”[②]。但是姚肖廉的某些想法显得有点“超前”，20多年后他本人在《江西文史资料选辑》发表的《八十年前的南昌教案》一文，在江召棠的死因等方面也毫无例外地继承了当年专辑中的说法[③]。

在1964年的一份杂志中，有一篇名为《南昌教案的调查》的短文，记录了一位老师在天主堂给学生讲述南昌教案故事的情景。当老师讲到江召棠被杀害的情节时，“在坐队员个个咬牙切齿，异口同声地说：‘帝国主义是个大坏蛋。’”当讲到王安之等人被打死的情节时，“每个少先队员都拍手称快，高叫

① 群力：《一九〇六年南昌教案资料辑录》，《近代史资料》总8号，科学出版社，1956，第91～119页。

② 《关于“南昌教案”采访资料》，南昌市档案馆藏，卷宗号：1180－20－74。

③ 姚肖廉：《八十年前的南昌教案》，中国人民政治协商会议江西省委文史资料研究委员会编印《江西文史资料选辑》总4号，1981。

‘打得好’。”[①] 这种爱国主义教育无疑有助于集体记忆的形成和加强。

出于这种爱国主义需要，相反的论调很难发声。1965 年，政协江西省委给全国政协文史资料研究委员会发了这样一份公函：

> 我会过去曾收到曾诚明送来所写《南昌教案纪实》一稿，其中提到当时南昌县长江召棠是自杀的。我们在审阅过程中，认为过去收到的几篇关于“南昌教案”的稿件都说刺杀江召棠的是帝国主义分子王安之。因此，对曾所述史实，要求其再行考虑，加以考证核实。后来虽诚明对稿件修改过一次，但对上述一点仍未加改正。我们又派人上门去询问，问他关于所说江召棠是自杀的有无根据。曾诚明当时表示，他没有根据，只是当时教会里是这样传说。从这一点上看，就可以说明此一资料并非第一手资料，真实性值得考虑。此后，曾即未将此史料送会。最近，看到你会八月上旬收到资料一览表中有曾诚明遗稿曾心谋录《南昌教案纪实》一稿，此稿可能就是送给我们的那份资料。曾心谋是曾诚明的儿子，没有正式工作闲在家里。曾诚明今年病逝后，曾心谋是否将该稿改写过我们不清楚，但根据我会文史资料工作组在审稿过程中以及曾诚明、曾心谋的撰写史料过程来看，我们认为其态度是不够端正的，其动机是不纯的。为此，特将此情况函告，以供审稿时研究参考。[②]

由公函可知，曾诚明父子曾试图对南昌教案发出不同的声音，但是遭到了政协江西省委文史部门的反对。这一事实反映了江召棠“自杀说”并未真正湮灭，但其中文本的传播受到了严格的限制，持此说者甚至会被认定为动机不纯。

80 年代后国内学术空气渐趋自由，但是关于南昌教案的叙事并未因此

---

① 帅之光：《南昌教案的调查》，《江西教育》1964 年第 6 期。

② 《关于处理曾诚明“南昌教案纪实”稿情况经过请研究的函》，江西省档案馆藏，卷宗号：X034－1965 长－024－107。

发生变化。虽然 1983 年台湾的张秋雯已有学术文章论证江召棠为自杀，但包括文史资料、方志、学术论著和大量文学作品在内的各种文本，在谈到南昌教案时都无一例外地称江召棠为他杀。

江召棠“他杀说”之所以始终在中文叙事中占据主流，是跟中国的民族主义直接关联的。简单来说，只有“他杀”才符合国人对那个时代的情感、想象、认知和心理期待，才符合侵略与反侵略的宏大历史叙事逻辑。新中国成立后，中西矛盾在民族主义隔阂的基础上又添加了一道意识形态的屏障，更加固化了南昌教案的记忆和叙事。改革开放后虽然学术氛围渐趋浓厚，但中西关系并未彻底解冻。在此情况下，南昌教案神话依靠惯性得以延续，至今仍在各种文本中被简单复制。

三 剧场之外

“当局者迷，旁观者清”，故赫德（Robert Hart）以《局外旁观论》为题劝说晚清政府进行改革。不过中国人尚有一种相反的观念，轻视局外人的放言高论。晚清翰林恽毓鼎便说：“夫局外易为高论，唯当局苦心调剂始识其难，古今大抵然也。”① “局外易为高论”，一则是由于其超脱的身份，二则是由于其信息不足，不知内中种种情由足以层层掣肘。时人孙宝瑄得知南昌教案的消息后，在日记中写道：

> 南昌案起，中朝士夫相顾错愕。实则此事何难之有，我毁彼堂舍，戕彼人民，必有以偿之；彼逼我县令自杀，亦向彼索偿。当离而为两案交涉，斯外人之心平，我国民心亦平也。若牵混淆乱，不为分画，因愚民暴动之故，遂谓县令亦当死，媚外人则得矣，何以对吾民？②

① 恽毓鼎：《恽毓鼎澄斋奏稿》，浙江古籍出版社，2007，第 8 页。

② 孙宝瑄：《忘山庐日记》（下），上海古籍出版社，1983，第 840 页。

其实问题远非如此简单，由于牵扯不同的利益诉求，当事各方就南昌教案的叙述存在诸多分歧，二十九日之事与初三日之事很难简单地“离而为两案”。有趣的是，当局者根据自杀实情，早就主张分为两案，然而言路不明案情真相，以他杀为前提，一再反对。

实际上恽毓鼎本人也囿于信息失真，对南昌教案的善后问题乱开方子。他认知中的南昌教案是这样的：

> 先是，江西新建有教民案，南昌县知县桐城江召棠持平办结。天主堂法神甫王国安屡来请托，江君不为动。上月廿九日，教堂折柬招江君。及门，摈驺从不令入。江君虑有变，密嘱从人告急于新建令。既入，重门皆闭，引至密室，几上置文书及一刀一剪。王逆手文书请签字云，如不签，则刀剪具在，请自裁。江君愤甚，取刀自刎，不殊，手软不能深入。王逆用剪推其背，遂仆。迨新建令率众破门入，则江君已不知人矣。舁出见首府，犹能自述被诱受戕本末。伤重，旋殒命。民间大愤，而抚藩各官恐奸民藉端滋事，反调兵卫天主堂，民益愤。初二日，遂攻教堂，杀教士，波及英国教堂，亦焚其屋而歼其人。王逆见事起，逃去，竟漏诛。

据此，恽毓鼎认为应如此这般处置：

> 当江君被戕之后，地方官果能传谕民间，谓法神甫凶横如此，不特尔等所痛恨，即本院司亦痛心切齿，欲为江大老爷报仇。即当电奏皇上，请旨办理，决不使该逆幸生。但尔等万不可暴动，反得为彼藉口，不能报仇。且此系法国神甫，与他国无干，尔等尤不可乱动，别生枝节。我之护教堂，恐该逆逃走耳，非保护也。如此，则民间气稍平，待官自办，必不轻动矣。然后发兵捕王逆，封教堂，羁禁候旨。我占上风，法人亦俯首无辞。此案可以力争先着。

实际上，恽毓鼎的记载与案件真相相去甚远。特别是江西大吏知悉江召棠自杀内情，故而对其死因不便明言，以免有伤国体，无论如何都不可能在示谕中做出神甫杀人的表述。恽氏的主意根本不是对症下药。但其本人尚且自作解人，进而慨叹道：

> 乃地方官计不出此，反保护该堂，强压良民。民见官之不分黑白，不报怨而反媚之也，安得不激成义愤耶？此时法人转以暴动咎我，英人亦以株连责我，办理既极棘手，而我国外交诸公，平日畏洋人如虎，其敢声罪致讨，争国体而平民心乎？前途概可想见矣。呜呼！①

此类感慨，在晚清随处可见，局外之易为高论可知。其背后体现的是晚清朝野之间的分裂与对抗。

南昌教案也给王闿运留下了深刻印象，他以此案为例给学生讲经史之分，说：

> 经学以自治，史学以应世。世之人事，皆非情理，谬正经。如以经义绳之，则自入荆棘矣。释迦遇弟子问极怪异事，皆不置可否，但为说故事一段，即史学也。如鄙夫之营利，群小之附膻，县令之生事，委员之讨好，乡愚之受屈，良善之被欺，极其变怪，皆古昔所恒有。南昌一案，离奇变幻。拳勇一事，薄海震惊。考之前史，皆成例耳。②

王闿运将南昌教案与义和团运动并列，以说明史之“谬正经”，可见此案之“离奇变幻”超出一般。局外人昧于真相，实则情有可原。

梁启超认为治史当如“老吏断狱”。像南昌教案这种“谬正经”的刑事案件尤其应当如此。由于事实、对事实的认知以及对事实的言说三者的纠葛

① 恽毓鼎：《恽毓鼎澄斋日记》第 1 册，浙江古籍出版社，2004，第 299 页。

② 王闿运：《湘绮楼诗文集》第 2 册，岳麓书社，2008，第 23 页。

缠绕，若没有“老吏断狱”的眼光，便很容易误入歧途。谚云：“无谎不成状。”[①] 在关于南昌教案的各种叙事中，有许多可能是故意作伪。根据清人万枫江的经验，“命案初报，事起仓猝，其情尚真，稍迟则有挑唆，有装点”[②]。此话用于南昌教案，颇能中的。在正月二十九日案发当晚，无论是江召棠的手书，还是江西官场的电报，均未流露他杀之意。但随着时间的推移和事态的演变，各界在权衡利弊之后，需要对事件做出新的叙述。如果不拨开这层迷雾，真相便会永远掩盖在假象下面。

清人张廷骧在评点汪辉祖的“勿轻引成案”之说时阐发道：“办案不可有成心，不可无定见。如案未可信，不厌研审，是谓无成心。案既可信，始定爰书，是谓有定见。”[③] 一百年来对南昌一案有成心者不知凡几，是以无缘一探究竟；而有志于探寻真相者又极易迷失在大量相异和相反的叙述中，即使专业史家亦不能免。有学者在对南昌教案史料进行过仔细爬梳后，仍对江召棠死因犹疑不决，留下一连串疑问[④]。事隔百年，人心早已平和，是以去成心容易，而囿于史料，得定见仍难。如实地把前人的行为及其思想观念记录下来已是极难的工作，动辄谈“经验教训”者自然就难免“无知者无畏”之讥。

当然，局外旁观者的身份毕竟让史家有机会获得一种后见之明，甚至还可以像赫德创作《局外旁观论》时一样拥有文化人类学所谓“外在视角”的观察优势。但来自文化人类学的启示同样提示历史学者，若要进入历史现场，便不得不尝试寻求一种内在视角，力求从时人的角度看问题。

自甲午兵败后士大夫“内怀殷忧，外悚时变”[⑤]，天朝的优越感已然荡涤殆尽，严复的“不料及吾身亲见之”的慨叹[⑥]，正反映了时人且惧且痛且

① 汪辉祖：《续佐治药言》，《汪龙庄遗书》，台北，华文书局，1970，第233页。

② 万枫江：《幕学举要》，李志敏编《中华资政绝学》第4卷，光明日报出版社，2002，第273页。

③ 张廷骧编《入幕须知五种》，沈云龙主编《近代中国史料丛刊》第27辑（269），台北，文海出版社，1973，第154页。

④ 马自毅：《1906年“南昌教案”研究》，《中华文史论丛》2008年第2期。

⑤ 汪叔子编《文廷式集》上册，中华书局，1993，第152页。

⑥ 王栻主编《严复集》第3册，中华书局，1986，第500页。

愤的复杂心态。他在致吴汝纶的书中谈及晚清变局时说：

且今日之变，固与前者五胡、五代，后之元与国朝大异，何则？此之文物逊我，而今彼之治学胜我故耳。然则三百年以往中国之所固有而所望以徐而修明者孑遗耗矣。岂不痛哉！岂不痛哉！（此抑为复所过虑，或经物竞天择之后吾之善与真者自存，且有以大裨西治，未可知也）复每念此言，尝中夜起而大哭，嗟乎！[①]

武力胜我，治学又胜我，这使得严复对时局充满绝望情绪，只能“俯首听天而已”。[②] 南昌教案发生后，翰林恽毓鼎想到此案将引起无穷交涉，禁不住“泪涔涔而下”。[③] 月余后梦遇瓜分之事，又“失声痛哭而醒”。[④] 此等心境意态，正是了解当时国人对南昌教案普遍情感的入手处。

南昌教案之所以“震惊朝野”，还在于它涉嫌“教士戕官”。传统的官常观念，让国人无法接受教士戕官的“事实”。目光回溯到1861年，某法国教士擅用公文且向官员自称为“弟”引起中方的强烈反应，法使只好照会总理衙门，辩称：“惟该传教士擅用公文到本省抚宪，并敢自称为弟，实系非礼。然尚有可原，皆因未谙中国体式。”[⑤] 再来看翁同龢1895年的一次经历，是年其日记有云：“施阿兰明日三点钟来，其信烦琐侮慢，令人气短，最奇者川教士电其公使八字，曰‘刘君现在激成祸变’。”[⑥] 翁同龢对教士称川督刘秉璋为“刘君”的愤怒，正是缘于固有的官常观念。南昌教案发生后，无论是舆论还是言路，都有一个逻辑：教士对官员尚且如此，对平民便更可知；对一官如此，对众官亦然。简单说，如果光绪三十二年正月二

① 王栻主编《严复集》第3册，第521页。

② 王栻主编《严复集》第3册，第531页。

③ 恽毓鼎：《恽毓鼎澄斋日记》第1册，第299页。

④ 恽毓鼎：《恽毓鼎澄斋日记》第1册，第303页。

⑤ 中国第一历史档案馆、福建师范大学历史系合编《清末教案》第1册，中华书局，1996，第207页。

⑥ 翁同龢：《翁同龢日记》第6卷，中西书局，2012，第2882页。

十九日晚在南昌天主堂受伤的是一个平民，那日后的一系列史事或将胎死腹中。当然，在观念与行动的因果关系之间，还存在一些变量。如1897年初江西知县阎尚庚亦涉嫌被教士逼迫而死，却罕有知者。

南昌教案中，抚藩臬一同获戾，上谕对余肇康的指责是“于重要刑案未能立即讯验”[①]，意指其失职。那么，案发当晚余肇康究竟为何“未能立即讯验”呢？笔者揣摩再三，终不敢强作解人。陈寅恪在冯友兰《中国哲学史》的审查报告中提到，诠释者“有意无意之间，往往依其自身所遭际之时代，所居处之环境，所熏染之学说，以推测解释古人之意志”。陈寅恪给出的化解之方是“神游冥想，与立说之古人，处于同一境界，而对于其持论所以不得不如是之苦心孤诣，表一种之同情”，苟能如是，才可以做到“真了解”，才能“批评其学说之是非得失，而无隔阂肤廓之论”[②]。此说多为当下史家所推崇，然而理论的自觉容易，实际的操作难。所谓“过去即异邦”，我们对历史的熟悉度可能远远没有想象中那么乐观。从这个意义上说，史学研究过程也就是一个不断地去熟悉化的过程。

笔者在本书的叙事当中大量引用了原文，意在保留原文中复杂的信息，尽量给历史当事人直接张口说话的机会。引用他人著作自然伴随着一个筛选过程，如果再行转述，便又多了一层筛选。可以说，拆散打乱然后重新编排是一次危险的思想旅行；而引用原文，则相对多了一些葆真的可能。

之所以希望通过大量引用原文保留原有信息，还有特定的考虑。在各种关于南昌教案的叙事文本之间，存在大量的歧异，尤以正月二十九日江召棠在教堂受伤和二月初三日民众闹教两事为甚。不同叙事文本之间不仅存在尖锐的话语对立，也有不同的侧重，相应体现了不同的声音或视角，如果将眼光越过它们在相互重叠处的歧异，可发现它们展现了南昌教案史的多个面

① 中研院近代史研究所编《教务教案档》第7辑（2），台北，中研院近代史研究所，1981，第755页。

② 陈寅恪：《冯友兰〈中国哲学史〉上册审查报告》，蒋大椿主编《史学探渊：中国近代史学理论文编》，吉林教育出版社，1991，第759页。

相。因此，惯常的史学表述中对叙事文本即史料的“披沙拣金”固然便于叙事和论证，但这样的万壑归宗却往往要以丧失每一条小溪的主体性为代价。另外，从技术角度讲大量照录原文也有不得已的苦衷：本书注重的是“现场”，强调“杯酒之间”的细节。一般越是细节就越难以证实和证伪，一旦转换为自己的语言，要么必须丢弃这些细节，要么会不可避免地加入笔者的主观判断，从而陷入一个随时都可能“触雷”的危险境地。

一旦扎进南昌教案的细节，必然会感叹其史料之驳杂，真伪之难辨。史家蒙文通说：“历史记载之互异，不仅存于宋代，然以宋代为最甚。”[①] 实际上，以中西文化和利益差异为底色，近代中国史料的“互异”程度也同样惊人，这在清末教案史料中便体现得淋漓尽致。南昌教案的情况更是极端，为了化解丑闻，天主教和法方极力撇清，完全把责任推给江召棠。而由于二月初三教案的发生，江西官场骑虎难下，不得不以他杀为挡箭牌。因此，研究者必须对真相做翔实的考据。荣孟源的一篇文章提到考据问题，专以南昌教案为例，称虽然合同上说是自刎，实际为他杀，“帝国主义者和封建统治者总是妄想一手遮盖天下耳目，用谎言来欺骗人民。这一类逃避罪责的狡辩，需要考订以揭露其真相”[②]。在考据中如何取舍证据无疑是个问题。材料的剪切就是一个所谓“呼卢成卢，喝雉成雉”和“吾欲仁，斯仁至矣”的问题。很多时候，剪切材料的目的就是证明自己的观点以及使自己的叙事自圆其说；另一些时候的剪切则并非有意为之。旅行者在观察异乡时，便往往以局部代替整体，这跟其信息来源有很大关系，且这些局部观察不免受到其“成见”的影响。因此，考据必须建立在对史料的极力搜求和小心鉴别的基础之上。

上穷碧落下黄泉，研究者对史料的渴望心理，往往强烈到难以描摹。且看南昌教案交涉期间《南洋日日官报》的一段论说：

---

① 蒙文通：《北宋变法论稿》，《蒙文通文集》第5卷《古史甄微》，巴蜀书社，1999，第402页。

② 荣孟源：《考订纪事》，葛懋春、项观奇编《历史科学概论参考资料》下册，山东教育出版社，1985，第531页。

> 自此案警报出后，记者彷徨忧愤，日日索各家报纸读之，思欲研究其真相，而尤注意于江令之手书，以为此乃案中要素也。嗣闻江西官场会议此事，状极秘密，不欲外传，因而疑及各家访员之言或未翔实。尔时悒悒不快，其为状也，如临大剧场之门外，知方演一惊心骇目之奇剧，而但闻音乐之声及路人批评之语，其色相则莫由一接吾目。记者之情如是，知天下之系心此事者亦莫不如是也。①

笔者在本书的研究过程中，便有极其相似的体验。研究者岂止在局外，简直在剧场之外。置身历史剧场大门之外，唯有通过残存的史料感知人物与剧情。无论心中是爱是恨，永不能进入剧场之中。

① 铎：《再书纪江令影片文字后》，《南洋日日官报》1906 年 4 月 23 日，第 1 版。

第一章

“排外之城”：南昌教案的历史脉络

1906 年的南昌教案是义和团运动后最具影响力的一起教案。这一方面是由于此案涉嫌教士戕官，引发了此时勃兴的民族主义情绪的强烈呼应；另一方面则由于义和团运动后民教调和观念蔚然成风，此时的闹教活动已与主流舆论格格不入。这两种声浪汇集，推动南昌教案成为轰动一时的公共事件。但南昌教案不仅有其时代背景，亦有其反教与排外的历史脉络，这一脉络并未因义和团运动而彻底断裂。教案在新的历史语境下以新的形式被激活。

一　南昌和南昌的基督教

1861 年，南昌发生闹教事件，中兴名臣沈葆桢借绅民之名将天主教驱逐出城。此后数十年间江西官绅都以省垣无教堂为荣。但在 19 世纪末，天主教与耶稣教各差会纷纷入驻南昌。这实际上重写了南昌的权力格局，由此不时引起民教之间乃至不同教派间的龃龉，这就成为 1906 年南昌教案的一个历史背景。

南昌和许多地名一样，并非一个单一意涵的概念，“南昌”这个词，在清代既可以指南昌城，又可以指南昌城厢内外。而从行政区划的角度讲，它既是江西省的省会，又是江西省辖下的南昌府和南昌府辖下的南昌县。这还不算，当时的南昌城从县级行政的角度讲，是由南昌县与新建县同城而治的。也就是说，南昌是一个具有地理和行政多重含义的概念。本书研究的南昌教案，是发生在南昌城进贤门内外的一起排外骚乱，其骚乱范围虽均隶属南昌县，但从政治角度讲，新建知县、南昌知府和江西抚藩臬等大吏都卷入其中。因此对南昌的概括，一是对南昌建置的介绍，二是对以城墙为边界的地理意义上的南昌城的介绍。

据方志记载，南昌最初于西汉设县，汉高祖五年（前 202）“颍阴侯灌婴渡江定郡”，此后的各个朝代里，南昌的建置和名称经历了诸多变化，直到元至正二十二年（1362）正月，朱元璋占领南昌后，改变元朝建置，将龙兴路改为洪都府，依旧置江西行省。次年，改洪都府为南昌府。洪武九年（1376）江西行中书省改为江西承宣布政使司，俗仍称省，司治南昌。清代基本沿用了明制。在两江总督下设江西巡抚，总督衙门一度设于南昌。南昌府为江西省省府，下辖的南昌县和新建县的县衙都设在南昌城，属于同城而治。

南昌建城，当始于汉高祖六年（前 201），灌婴筑豫章城。但清季南昌城的城址应是始于唐代。唐贞观十一年（637），城区向西迁移，这次城址西迁后，直到清末，一直为南昌城址。在唐代，还对城墙进行了三次大的维修和加固，南昌城区周长达到 20 余里。城区分东、西两部，城西为官署府衙集中地，从 1905 年的南昌地图看，这种布局仍旧十分清晰。城东除东湖外，还有商店和街坊。城南北有众多的贸易市场。市内交通发达，有南北向主要道路 6 条，东西向主要道路 3 条。到南唐时，南昌一度成为国都。

北宋初年，经济繁荣，工商店铺遍及全城。宋城比唐城又有扩展，城门也由原来的 8 个增加到 16 个。两宋之交，李纲出于军事防御的需要，废掉其中 4 门。

元至正十一年（1351），元兵为抵抗农民起义军，大力加固城墙，并修缮江门城楼。朱元璋获取南昌之后，大规模改建城池。原 12 座城门中，废掉 5 个滨江的城门，重建 7 门。从东面的永和门起，按顺时针方向，依次为：顺化、进贤、惠民、广润、章江、德胜。其中广润、惠民、进贤、顺化四门属南昌县，永和、章江、德胜三门属新建县。此后一直延续到 1928 年城墙被拆除时，南昌城区范围都没有大的改变。

清代，从顺治到乾隆期间，南昌城墙经过了 8 次较大的修整，特别是乾隆七年（1742）广润门大火后，修复工作先后延续了 20 年。清代的南昌，经济更加繁荣，城内以东大街为中心线，城西为官署、商行所在地，城东为居民街坊，其中还杂有贫民的棚户区。

南昌城内外湖河众多，史上常有水灾之虞，故其排水问题一向受到重视。早在唐代，因城内东湖水患严重，官员组织民夫在水关桥设置水闸，控制东湖与赣江水势，引湖水入江。宋代为防止东湖水溢，先后修建、疏浚“豫章沟”，长二里半，与东湖相接，引湖水东折出城，排入赣江。该沟是宋以来城内排水的主要干道，为南昌古代一项大型市政工程，至今仍在发挥作用。明万历年间，在城内开凿九条排水渠，称九津。各津水都与城外潦沟相连，并整治湖泊，形成了“三湖九津”排水系统。清同治八年（1869），对“三湖九津”做了一次较大的治理，使三湖排水系统更趋完善，进一步改善了城内排水状况①。

南昌属于南昌、新建二县的同城而治，其城内总人口数量不见官书和方志直接记载。据清末英国人的一份报告称，寓居南昌的教士告诉他南昌有一百万人口。但洋务局委员则告诉他：“合城厢内外老少男妇，约十万人口。”其本人则评估如下：

> 南昌纵有池塘桑园空地，实则一繁庶之邑也。行铺货物，充牣街衢，城门终日，摩系相望，有云有一城门，自日出至于日没，进出之数，逾一万人。余见此城门拥挤异常，此说近似。城墙周围约六英里。距关门皆甚远，余计此稠密，或真正城内之幅员，约有三方里，一如上

① 以上关于南昌城的叙述参考了南昌县志编纂委员会编《南昌县志》，南海出版公司，1990；南昌市地方志编纂委员会编《南昌市志》，方志出版社，1997。

海。……余因是估料南昌户口，终不及二十万人口，虽多或有二十五万人口。再合城外居民船户，三十万人口而已。[①]

在南昌的习俗中，宗族和乡土观念很浓，“姓氏不分大小，在城市都有宗祠；府县不论远近，在南昌都有会馆”[②]。此外，好讼也被看作南昌人的一个特征，不但有专笔记录在方志[③]，且为西方传教士所知悉，在天主教赣北教区长期担任主教的白振铎（Géraud Bray）便批评说：“在这个以无理取闹而著名的地区，打官司是非常频繁的事。”[④]

晚清的南昌，逐步开始了现代化转型，邮局、电报局、报馆、新式学堂、新军、警察、商会、医院等新事物相继出现，特别是电报局和新式学堂的出现，对1906年的南昌教案产生重要影响。

光绪三十一年（1905）夏，余肇康迁任江西按察使，于同年冬季开始任事，多有兴革[⑤]。南京的《南洋日日官报》对余肇康的兴革报道尤详，借此亦可对南昌教案发生前夕的南昌城窥知一二。

余肇康对警察进行了整饬以强化社会治安。此次整饬警察的直接目的是冬防，因为“时交冬令，宵小最易潜生”[⑥]。这年十月初三日，该报便报道了余肇康对巡警严明赏罚以加强冬防的消息[⑦]。一个多月后又报道了南昌的冬防情况，称“各城门常有留城不锁之弊”[⑧]，余肇康下令严杜此弊。余肇康为督促冬防，还命令警察加强巡夜，“饬在事各员弁督率巡兵，轻车简

---

① 《英国蓝皮书·考察江西全省播告》，郑贞来译，湖北洋务译书局，1903，第9~10页。

② 本刊编辑室：《南昌旧话》，政协南昌市委员会文史资料研究委员会编印《南昌文史资料选辑》第1辑，1983，第126页。

③ 魏元旷纂修《南昌县志》引用“明洪武志”称南昌人“尚气，大过小忿，辄至斗讼”。（光绪《南昌县志》卷56《风土志》，第1646页）

④ 中国第一历史档案馆、福建师范大学历史系合编《清末教案》第4册，中华书局，2000，第354页。

⑤ 后来余肇康在给瞿鸿禨的信中称：“在江西仅办三个月事，即出教案，然兴革却不少。今拟目录奉阅，皆手拟之文，非官样文章也。”［《瞿鸿禨朋僚书牍选》（上），《近代史资料》总108号，第17页］

⑥ 《巡查认真》，《南洋日日官报》1906年1月2日，第2版。

⑦ 《整饬警察》，《南洋日日官报》1905年10月30日，第3版。

⑧ 《关心民事》，《南洋日日官报》1905年12月5日，第2版。

从，严为查察，不得虚张声势，致使宵小潜踪在案”。该报报道了一则巡夜的事例：“昨日右营守备托守戎金阿终夜出巡，行经刘猛将军庙，见有妇人头破血出，倒地狂呼，一男子从旁殴打，不少住手，询问原由，而该妇已不能言语，守戎当将男女二人一齐送交警察东局讯办，见者咸称守戎认真巡缉，次日禀知各上宪，亦颇蒙嘉许。”①

余肇康加强了南昌城的基础设施建设。一是下令“于各街巷口添设路灯，彻夜光明”，结果使得“彼宵小固无从匿迹，即行人亦称便利云”②。二是倡令重修街道。修街经费浩大，无从筹办，但余肇康认为“各街不修，沟路不通，秽气触人，有乖卫生之道”，便劝谕沿街商铺集资修建，具体方法是“城厢内外各铺户，均各抽租一月，房东六成，房客四成”，据称，“各铺户奉谕之下，无不乐从”③。

此外余肇康还留意于制度改良。十一月十六日该报报道：“拟调查江宁巡警章程，来江仿办。”④ 其后又报道了余肇康“改良江省政治”的计划，称“其大端有三，一在改良监狱，一在罪犯习艺，一在不用刑询”。该报的主笔按道：“中国监狱虽称坚固，而其中污秽，往往由看役懒于打扫，在地方官亦每视为罪囚之所，故于屋壁坚固之外，无所关心。至于罪犯，徒事羁押，无所事事，诚不如学习工艺，或可化无用为有用。若夫刑询，则尤伤天地之和。三者实为新政改良之要务，廉访加意于此，其留心政治已即此发其端矣。”⑤

通过以上报道可知，在光绪三十一年的冬季，南昌城的城门夜间一般是不上锁的，余肇康出于社会治安的考虑，下令改变了这一习惯做法；当时南昌城没有路灯，余肇康下令添设了路灯，使得市民夜间出行的环境得以改善；当时南昌的监狱环境、犯人生活和审讯方式仍旧是传统模式，从南昌教

---

① 《巡查认真》，《南洋日日官报》1906年1月2日，第2版。
② 《警察整齐》，《南洋日日官报》1905年11月26日，第3版。
③ 《抽租修街》，《南洋日日官报》1905年12月18日，第2版。
④ 《调查警察》，《南洋日日官报》1905年12月12日，第3版。
⑤ 《实行政策》，《南洋日日官报》1905年12月31日，第3版。

案发生后对闹教嫌犯的严刑逼供看，余肇康的改良计划显然没有取得成功。

晚清南昌的基督教，包括天主教和新教两教。首先来介绍天主教。1595年天主教耶稣会传教士利玛窦进入南昌，这是天主教在南昌最早的活动记录。在清季的“百年禁教”时期，天主教仍在南昌“黑夜传教”[①]。晚清弛禁之后，天主教传教士罗安当（Antoine Anot）于1861年进入南昌传教，受到官方的正式接待。但是第二年便发生第一次南昌教案，罗安当被逐。此后20余年时间，天主教始终无法进入南昌传教。由于史料缺乏，笔者无从了解天主教重返南昌的情况。在南昌教案发生的前夜，可知天主教的遣使会已在南昌拥有两座教堂，一是进贤门内的老贡院天主堂，一是进贤门外马厂老教堂，后者曾在第一次南昌教案中被毁。在1906年南昌教案发生前夕，老贡院天主堂的神甫是王安之，马厂天主堂的神甫是罗望达（Jean - Baptiste Rossignol）。

除了以传教为职事的遣使会外，南昌还有一个圣母兄弟会，该会是一个罗马天主教研究所基督教教育机构，创办于1817年，不属于神职人员，而专门司职教育。在南昌教案中被焚毁的法文学堂便为其所管理，当时在法文学堂工作的共有五位圣母兄弟会的“教习”。此外，还有一个女修士的仁爱会于1882年初到江西，进入南昌的时间则不详，她们负责养育女婴。

接下来介绍一下新教。南昌教案发生前，在该地传教的分别是美以美会、中华内地会和中华基督教南昌兄弟会（普利茅斯兄弟会）等三家差会。

美以美会1867年进入九江，这是该会初次到达江西。1897年一位美以美会传教士进入南昌传教，并于两年后建立了美以美会在南昌的第一座教堂，即半步街福音堂，后更名为清钟堂。截至南昌教案发生前，美以美会在南昌有五处产业，其中包括德胜门外环丘街的葆灵女书院，皇殿背的康济医院，以及贾尔思医生（Dr. Charles）1903年开办的诊所等[②]。

中华内地会进入南昌的时间不详，南昌教案发生前，该会在南昌共有三

---

① 夏燮：《中西纪事》，岳麓书社，1988，第258页。

② 参见黄志繁《近代基督教新教江西美以美会研究》，《南昌大学学报》（人文社会科学版）2008年第4期。

处教产。近代来华新教差会多达100多个，中华内地会是人数最多、传教区域最广、最具特色的一个差会。内地会是19世纪中叶在英国兴起的信心差会之一。其创始人戴德生（James Hudson Taylor）被称为信心差会之父。戴德生为了缓解中国人的排外和反教心理，要求内地会成员尽可能地与中国人打成一片。他在来华新教传教士中首倡穿中国服装，采取中国人的生活方式，深入民间行医传教，甚至到普通的中国人家中传教。这使许多中国人把他当作外国朋友，而不是“洋鬼子”。

中华基督教南昌兄弟会“为首先进入南昌之差会”①。南昌教案发生前，该会在南昌共有两处教产，一是金传安（Harry C. Kingham）在罗家塘建立的布道堂，一是华原小姐（Miss Warr）管理的书院②。

据《字林西报》（*North China Daily News*）③ 1906年3月6日报道，可知除了留在南昌的美以美会孔教士和遇害的九人，当时南昌还有如下教会人员及家属：天主教五女三男，内地会二男二女和三个小孩，兄弟会一女和一婴儿，美以美会三男六女和四孩童。他们加起来整整有40人④。

二　南昌的官教交往

官教关系在晚清教案史上扮演了关键角色，它是近代中西权力关系在传教问题上的投影。在甲午战争之前，朝野上下并未真正意识到列强的压倒性优势，因此官员袒民抑教是常态，官教关系紧张。教案中的涉案官员往往得不到足以危及仕途的惩罚，反倒常因教案而获誉。随着甲午战争、巨野教案和义和团运动的相继爆发，形势逐渐恶化，官员袒教抑民成为趋势，官教关

---

① 中华续行委办会调查特委会：《1901～1920年中国基督教调查资料》上卷，中国社会科学出版社，1987，第339页。

② 上述各新教差会在南昌的教产数量，参见“Nanchang,” *North China Daily News*, March 17, 1906, p. 7。

③ 《字林西报》系英国人所经营，1864年脱胎于1850年创刊的《北华捷报》（*North China Herald*），1951年停刊。此报是近代中国影响最大的一家外文报，其消息常为各华字报转载。

④ “Chinese Vengeance at Nanchang,” *North China Daily News*, March 6, 1906, pp. 6 – 7.

系表面上大为和缓。南昌的官教关系大体上也存在这种变迁。

1. 法与礼

1845 年，两广总督耆英上奏称，他对付法国天主教的办法是“于曲示笼络之中，寓严加拒绝之意”[①]。耆英这一策略得到军机处的认可，后者指令他对天主教要“宣示恩威，优加抚慰，内存防范，外示肫诚。期于悉泯诈虞，免致再生枝节”[②]。此后很长一段时间，朝廷对基督教都采取同一策略。1862 年上谕致江西巡抚沈葆桢：“至天主教弛禁，原一时权宜之计，此时内患未平，岂容另生枝节？……当于羁縻之中，默寓防范之意。”[③] 朝野上下早期在传教问题上所奉行的阴阳之术，实际上反映的是清廷并没有一个清晰和长远的传教政策，往往表现出且走且看的态度。这从官员与教士之间不稳定的危险关系中可见一斑。

在晚清的教案档案中，官员不是被指责袒民抑教就是被指责袒教抑民，而教士又总被指责包揽词讼。同时，官员与教士各执一词的现象，是教案史上的通例。许多情况下，如果官员与教士意见统一，便不会生成教案，即使生成教案，也不会形成中外交涉。从这一点来说，我们看到的教案就是官员与教士的交涉案件。今人能够看到的教案史，大体上就是官员与教士的关系史。官员与教士是民教关系中的一对关键因素，二者形成的交往模式和政治文化值得关注。

官员与教士的交往，是在百年禁教之后基督教借助列强坚船利炮重返中国的情况下发生的，因此，双方如何交往，如何将交往纳入自己熟悉或者可以接受的范围内并加以规范化，便成为一个极大的问题。清廷官方文献中常说的“就我范围”便是这一观念的反映。下文从司法和礼仪两方面来展示这种交往关系。

首先，法律即传教条约与地方司法的角度下官员与教士的关系。传教条约的文本与实践、地方司法的程序及其弹性空间，以及传教条约与地方司法

---

① 《清末教案》第 1 册，第 13 页。

② 《清末教案》第 1 册，第 13 ~ 14 页。

③ 《清末教案》第 1 册，第 241 页。

的接轨与冲突，都是对官员与教士关系的挑战。

条约对于规范、调整和确定中西关系的重要性自不待言。某西人曾记述了鸦片战争后他在中国旅行时的一个小小的遭遇。他向一队个个膀大腰圆的中国行旅打招呼，对方置之不理。回头他听到这些中国人说，若非已签订江宁条约，处死这个外国人是多么容易的事啊[①]。但晚清国人对条约究竟了解几何，答案似乎并不乐观。总理衙门曾奏称，关于教士不得干预词讼事已载在条约，“臣衙门遇有此等案件，无不据约力争，该使臣等亦不敢以案归地方官讯断为违约”。但是，“特各直省州县，能知条约者无几。前数年山东德国教案，教士持条约求保护，该县怒掷于地，以足踏之”。又说：“无如各省办事驳杂，平日既不知条约为何物，临事岂能执条约以辨争。教案之多，大率因此。”[②] 地方官是否知道条约，能否妥善利用条约，是一个很大的问题[③]。

以教产问题为例。当年中法签订条约时，法国人在中文文本中擅自加入准许购买土地作为教堂的条款。1895 年湖广总督张之洞的一份奏折中提到：“前湖北利川县教堂买地一案，法领事悻悻来见，词气暴横，经臣援引，指出法国条约法文并无准其买地之语，明白揭破，严词驳斥，该领事竟无词以对，气焰立沮，默然而去。是其明征，自后遂不复引约纠缠。”[④] 这一小小的外交胜利仅成就一时之快意，无法改变整体趋势。

1896 年御史陈其璋的一份奏折提到，按照同治初年的“定章”，教堂买地，应先报明地方官，契内写明公产字样，地方官始能盖印。近来则并不先报官。恭亲王对此解释说：“臣等查教堂买地先报明地方官一节，系臣衙门于同治四年因案咨行江苏巡抚，曾有此语，并非与法国订明条款。是年法国使臣柏德固与臣衙门定议专章，本无先报地方官字样，各省每多误会。”[⑤]

---

① William C. Milne, *Life in China*, London: G. Routledge & Co., 1857, pp. 112 - 113.

② 中国第一历史档案馆、福建师范大学历史系合编《清末教案》第 2 册，中华书局，1998，第 662 ~ 663 页。

③ 参见李育民《近代中国的条约制度》，湖南师范大学出版社，1995。

④ 《清末教案》第 2 册，第 595 页。

⑤ 《清末教案》第 2 册，第 640 ~ 641 页。

陈其璋将总理衙门咨行江苏的一个特定案例当作中法之间定明的条款。不止陈其璋一人误会，且“各省每多误会”。官方因误以为教产须报官，而施令于民间，但在民间的实际交易中，却又省略了这道程序。这一错进错出揭示了传教条约的文本与实践的曲折关系。更有趣的是，据张之洞上一年的述称，法国公使趁甲午战争中国有求于法国之际，向总理衙门提出以后中国人卖地给教会，不必报告地方官。总理衙门准许，并通知各地。既已通知各地不必报官，而各省还多误认为需要报官。这还不算，当陈其璋上奏时，总理衙门又仅以同治四年与法国议定的模糊条款作为回复。若非张之洞所述有“误会”，就是总理衙门太健忘。这一案例，很能反映中国官员在教产问题上的模糊认知。

张之洞对教产买卖放弃报官非常不满，称“诚恐地方从此多事”①。条约虽规定不必报官，但土地买卖还存在一系列技术性问题，与国家司法与地方性经验多有关联。张之洞显然是考虑到这一点，因此建议以后虽不必报官，但税契之时，须由地方官查明是否此地等，以防日后形成诉讼。

《江西官报》丙午第四期刊登的一篇札文提到，“其卖契内只可载明卖作本处天主堂公产字样，若系洋人在内地置买私产，与条约不合，仍应禁止”。又根据与法国达成的一致，卖给天主堂的土地，只写明某某卖与本处天主堂公产，而“不必专列传教士及奉教人之名”。但是事实上当地的契据中“往往仅写某教堂承买，并无本处及公产字样，或仍书写教士姓名”。此外，卖与某处之后，为防一业两售，应“贴条插牌告白”，此点也未得到执行②。抛开这几个问题究否重要不说，札文反映了教产问题上条约文本与实践以及司法规定与实践的差异。

国人希望专门就教务问题立法，以求其操作性。但这一努力始终遭到西人的拒绝。如天津教案后总理衙门拟订的八项章程便是一例。给事中胡俊章曾奏陈教案应会议“例章”：“查各国传教，载在条约，而教案罪名尚无律

① 《清末教案》第 2 册，第 595 页。

② 《派办处通饬各属教堂买产须遵章书明教堂公产札文》，《江西官报》第 4 期，1906 年，第 1 页。

例。”他从上海的报纸中得知税务司赫德说“华洋案件，宜定一通行之讯法，通行之罪名，乃能经久无弊”，遂请“饬下总理各国事务衙门，会同各国驻京使臣及西国律师，详细酌议，于民教之婚丧大故、人命重情，暨地方官差传教民听审，事事妥定例章，宣示中外”。折内还请求设置对教民量罪条例，为减少阻力，他提出地方官在“自审机宜”的前提下，可“商于教士”，假如“教士允诺，则办案不难，传人亦易”[①]。国人的此类建议极少得到列强和天主、耶稣二教的认真对待。

对条约的解释也是一个不可忽视的问题。1866年恭亲王称：“窃查法国条约第十三条所载，曰奉教、曰信崇天主教，原无传教、习教之分。华人传教之说，我以为非条约所有，华人不准传教之说，彼必执以为条约所无。”[②]类似问题始终困扰晚清政府，整整三十年后翰林院侍读陈秉和奏请申明条约时抱怨道：“凡中外交涉之事，有利于彼，则洋人执条约以相争。无利于彼，则洋人背条约而不顾，而吾之官吏，曾不敢执条约以相抵。此臣所大惑不解者也。”[③] 这就是一个问题，外国人指责中国不讲究公理公法，以此为由维护其治外法权，但是当中国人讲究公理时，却发现他们面对的是强权。罗志田也从文化的视角说，外国人在中国具有不中不西的行为特征[④]。对这一“南橘北枳”的现象，以往都认为这是帝国主义的表现之一，但还需要从外国人如在华传教士与清朝地方官的交往互动中去探求。

其次，官场礼仪与官教交往的文化解释。官员与传教士的紧张矛盾，也有文化上的因素。其中双方对于官场礼仪的拿捏与调适，是个非常关键的问题。广而言之，中外各自固有的社交文化的不同是个不能忽略的问题。

1874年总理衙门致法国照会曾指责河南的安主教“用黄帽赪袍乘坐绿轿，前列旗牌，随从多骑，出城放炮，一切服饰仪从骇人耳目”[⑤]。在中国

① 《清末教案》第1册，第784～785页。

② 《清末教案》第1册，第519页。

③ 《清末教案》第2册，第660页。

④ 罗志田：《帝国主义在中国：文化视野下条约体系的演进》，《中国社会科学》2004年第5期。

⑤ 《清末教案》第2册，第55页。

官员眼中，传教士是一个与其分庭抗礼的新群体，是其固有权势的争夺者。贵州教案中，田兴恕路见法国教士乘坐紫呢大轿，顿起杀机。有时这种礼仪问题会直接或间接地导致教案的发生。而在更广阔的层面，礼仪问题成为阻碍官教关系的重要问题。1899 年清廷通过与法国天主教协商所颁布的章程，很大程度上便是对礼仪问题的回应。

对习惯西方文化的传教士来说，同中国人打交道并非易事。中国人有自己特有的思维和表达习惯。就连在传教问题上对中国保持巨大同情的宓克（Alexander Michie）也认为："对中国人来说，照字面接受他们的声明决不保险，因为他们避免在所有问题上直接表态的固有的习惯，也因为他们通过提出琐碎的无关紧要的讨论而不是按事实本身情况直接的表达来保存真相。"甚至说："中国人头脑装置的结构，或者他们社会教育的结果，看上去禁止思想的直接入口和出口。结果不得不被盘旋的迷宫过滤掉，它阻止固体颗粒，只容许更易挥发的物体自由通过。"① 正如某传教士所看到的："传教士是陌生民族中的陌生人，一个怀有敌意的国土上的外国人。他不但在地理和历史上，而且在种族和性情上都与这个民族相分离，具有根本的差异。即便出于一片好心，双方还是有大量的误解。"②

不少传教士都为消除这种文化上的差异做过努力。英国在华传教士李提摩太（Timothy Richard）以主张通过打通与上层的关系来传播福音的传教政策而闻名于近代中国，翁同龢即曾称他为"豪杰"和"说客"③。李提摩太也承认"最难以对付的宗教迫害来自官员自身"，但他给出的补救方法不是大炮和军刀，而是"通过与官员的个人交往"④。在此之前另一个传教士也指出，对官员的工作不是告发而是接触⑤。中国人多被西方负面化，但也有

① Alexander Michie, *China and Christianity*, Boston: Knight and Millet, 1900, pp. 70 - 71.

② E. L. Mattox, "The Missionary's Personal Relation to the Chinese under Present Condition," *The Chinese Recorder and Missionary Journal*, Vol. XXXVIII, No. 1, January, 1907, p. 16.

③ 翁同龢：《翁同龢日记》第 6 卷，第 2888 页。

④ T. Richard, "Christian Persecutions in China: Their Nature, Causes, Remedies," *The Chinese Recorder and Missionary Journal*, Vol. XV, No. 4, July - August 1884, p. 239.

⑤ Gilbert Reid, "The Difficulties of Intercourse between Christian Missionaries and Chinese Officials," *The Chinese Recorder and Missionary Journal*, Vol. XX, No. 5, May 1889, p. 214.

人承认中国人的品性，这是双方建设性交往的一个基础。在讨论“中国问题”即“如何对待中国”的问题时，海关总税务司赫德便声称，中国人也和其他人一样分享了许多令人尊敬的性格①。

《教务杂志》1907 年 1 月一篇文章介绍了传教士与中国人的交往经验，认为好的方式能促进意气相投的交往。传教士应站在中国人立场看问题，尤其是在日常事务问题上。要了解中国人的历史和现状，他们思考问题的方式，掌握中国人的社会和家庭生活、事务和生意。这些不能从书中得来，而是来自与人们的共情交往中。作者还乐观地评估了中国的现状：“国民性几乎还是相同的，然而，它正在经历改变。它被置放到一个不同的模式之下并以不同的方式显现出来。”无论政治的、社会的、基督教的、家庭的和个人的状况，人们都在期待变化。“所有人都在寻求与事物既存秩序的不同的东西。没人知道自己想要的是什么，也不知道怎样得到它。但他知道他想要比现在更好的东西，并决心努力获得它。”变化的趋势和结果之一是，“中国人开始欣赏西方人的礼貌并在许多方式上模仿他们”②。此文虽是就传教士与整个中国人的关系立论，但也不可能不涉及和影响到与官员的关系。

《教务杂志》1901 年 8 月的一篇文章则专门论述了传教士与地方官的关系。作者认为在当时形势下，传教士不与地方官发生联系的观点是不积极的。作者问，假设与官员保持关系，那么，“这些合理的关系是什么？它们怎样满足团体的良好状态，怎样便利我们的差会？”他认为首先不能接受清政府给予教士的与地方官同等的官衔。因为，“那或许适合罗马天主教，但我们作为基督的使节，活的上帝的福音的传教士，不能接受这种荣誉的担子”。作者说，据他的经验，如果传教士不鼓励教徒诉讼的话，地方官是不会公开仇视差会工作的。作者提出，“如果可能，传教士与地方官应该是一种相互的朋友关系”。至于如何交朋友，作者谈了他的成功经验：要给官员

---

① Robert Hart, Bart., G. C. M. G., *These from the Land of Sinim*, London: Chapman & Hall LD., 1901, p. 141.

② E. L. Mattox, “The Missionary's Personal Relation to the Chinese under Present Condition,” *The Chinese Recorder and Missionary Journal*, Vol. XXXVIII, No. 1, January, 1907, pp. 17 - 19.

"留个好印象"，友好地拜访地方官，而绝对不要求任何优待；与官员的谈话应当是纯粹的友谊，并遵循"社会的本真"；拜访结束后应当变成几个小时的街谈巷议。这样做的结果是，如今这个城里的耆宿和领导者都成了他们"个人的和亲密的朋友"①。

但是，作者推荐的街谈巷议式的交流并不符合西方习惯，因此一度成为传教士的一个难题。这在《教务杂志》1889 年 5 月《传教士和中国官员交往的困难》一文中便有体现。在此文中，作者说官员害怕同传教士的公共事务来往有麻烦或者志趣不相投，因此面对拜访会经常用"没在家、没空、改天吧"等话推脱。而若没有公共事务，也照样不容易跟官员交往，因此作者建议："一方面让官员觉得你没事，一方面又觉得你有事。走公共渠道，但不办公事；没有私人企图，但是寻求私交。"这样做是因为中国人将私人和公共、个人和官方混为一体②。

新教传教士对官员与教士关系的主流看法是，在官员与天主教教士之间，是官员与官员关系；在官员与新教教士之间，是朋友与朋友关系③。这一看法如实体现了两教之间传教策略的巨大差异。与此同时，从官文和报纸都可以看到，国人大都称道耶稣教而非议天主教。但是，一位新教传教士却透露："相比其他任何国家的传教士，知县更愿意和法国神父交朋友。"④ 这可能是因为法国天主教更能左右官员的前途命运。反过来，与天主教交朋友也不是没有代价，官员们要准备接受外界赋予他们的媚外形象。

综上所述，晚清的官员与教士因为司法和礼仪等方面的种种原因，呈现一种紧张关系。但经过各自的调试，也由于中西权力天平的失衡，到 20 世纪初，双方的关系总体上有极大缓和。这仅是就整个国家的趋势而言，在具

---

① Jacor Speicher, "The Relation of the Missionary to the Magistrates," *The Chinese Recorder and Missionary Journal*, Vol. XXXII, No. 8, August 1901, pp. 391 – 397.

② Gilbert Reid, "The Difficulties of Intercourse between Christian Missionaries and Chinese Officials," *The Chinese Recorder and Missionary Journal*, Vol. XX, No. 5, May 1889, pp. 210 – 213.

③ China Centenary Missionary Conference, *China Centenary Missionary Conference Records*, New York: American Tract Society, 1907, p. 742.

④ Jacor Speicher, "The Relation of the Missionary to the Magistrates," *The Chinese Recorder and Missionary Journal*, Vol. XXXII, No. 8, August 1901, p. 396.

体的地域和具体的人身上，又会呈现不同的状态和特点。

2. 南昌的反教传统

南昌因1927年“八一起义”而得名英雄城，在一些叙事中，南昌教案作为群众自发的反教、反帝和反侵略运动而成为英雄城的一个注脚。与此相对应的是，在西方的话语中南昌是一个排外之城。如《字林西报》在报道南昌教案时，便曾两次提到。先是2月27日提到“南昌之前有一个排外之城的名声”[①]，后是3月5日称“南昌多年来就有一个骚乱的排外之地的名声”[②]。一位在南昌教案发生后曾亲赴现场采访的西方报社记者则把南昌称作“对抗教会的前线”[③]。事实正是如此，从19世纪60年代巡抚沈葆桢力拒法国教士罗安当开始，基督教在南昌的传教活动便遇到了相当大的阻力。

时在南昌任事的夏燮在其《中西纪事》一书中详细记载了19世纪60年代初罗安当在南昌的遭遇。据他所云：

> 京师换约之逾年，法人请赴各省传教由总理衙门给予执照。有法士罗安当者来至江右，舟泊九江，遣其副方安之赴省，向南昌府衙门呈递照会，约期晋省。时江西巡抚毓科会商善后总局，派委予及前署德化知县张国经充接伴使，前赴抚州门外晤方安之，方固广东南海县人也。据称，罗教士现已自浔起程，带有总理衙门咨文，面见大府，商请一切事件。并据方安之称，省城内（快）［筷］子巷有法国新置一区，以为育婴公会，内养女婴十馀人，请入视之。约以暮归，禀之，大府诺焉。时十一年十一月也。
>
> 逾月十八日，罗安当至省，由方安之先期照会，请代通报。爰暨张令会同南昌、新建知县约相见于公所，罗行免冠礼，遂同入城。自抚军以下，皆按平行礼接待，坐间，面呈恭邸咨文一角，则赔还吴城教堂事

① “Murder of Missionaries at Nanchang Kiangsi,” *North China Daily News*, February 27, 1906, p. 7.

② “The Nanchang Massacre,” *North China Daily News*, March 5, 1906, p. 6.

③ Everard Cotes, *Signs and Portents in the Far East*, London: Methuen & Co., 1907, p. 51.

也。时已岁暮，法士请在城内育婴公会过年，抚军许之。

初，罗安当将至，江抚传询相见仪注，予因检天津新议法约第四款，内称：两国官员、办公人等因公往来，各随名位高下，准用平行之礼。法国大宪与中国京内、京外大宪公文往来，俱用照会。法国二等官员与中国省中大宪公文往来，用“申陈”，中国大宪用“札行”。其两国平等官员，照相并之礼等语。详其文义所称，彼国大宪指全权公使而言。中国京外大宪，指京师之王大臣及外省督抚而言。若所称二等官员，则彼国之总领事及正、副领事以下也。又检英约内开，该国正领事与中国道台同品，副领事、翻译官与知府同品。凡衙署相见，会晤文移，均用平礼。又英人在沪照复桂相，援法国二等官员类推。领事官既与道台同品，总领事应与藩、臬同品。今统核二国之约，必彼国有全权官衔者，始得与京内之王大臣、京外之督抚平行明矣。查罗安当不过彼国一传教之士，本无官职可比例。而据其前次来柬，称“法国总理江西传教事务”，则与现在九江领事自称“总理江西通商事务”者同。九江领事既与九江监督同品，来往文移，悉用平行仪注，则其行文抚宪，须用“申陈”，与道员行文抚宪之称“详”、称“禀”者同。而其来往谒见，亦当如司道见督抚之仪，辕门外下舆，由角门进，督抚迎送，如见司道仪。今罗安当比照九江领事官例，已属优待，谨摘录条约，缮具清折，呈送核行等因。抚军是之。及罗至省二次，柬内忽增入“代理全权大臣”字样。予方请中丞驳回，而中丞已传谕开炮，开中门如督抚相见之仪。江省绅民闻而骇之。罗既出，有识之者曰：“此二十馀年前潜匿庙巷中（庙巷即其旧天主堂地名），被前抚吴文节公驱逐出境者也。”又有识方安之者，以为即江西之抚州人。适罗安当携其传教告示请饬地方官张帖，众议汹汹，逾年而难端作。[①]

此处之所以大篇幅引用原文，是为了充分展示礼仪问题之烦琐。从夏燮

① 夏燮：《中西纪事》，第259～260页。

的笔触可知，礼仪问题在当时的官员与教士的交往方面具有重要作用，这也是朝廷在中外条约中专文规定相关礼节的原因。但其条文规定显然与政治实践出现了冲突，罗安当的“柬内忽增入‘代理全权大臣’字样”，被夏燮当作一种僭越，其文章暗示这一礼仪问题是次年“难端”的一个原因。

根据夏燮接下来的记载，南昌士民驱逐罗安当还受湖南反教公檄的影响。檄文传到江西后，南昌大吏在学生考试之期，会集于豫章书院，集资将这份公檄印制了数万张，并“遍揭省城内外通衢”[①]。当时刚赶上新任巡抚沈葆桢到任，罗安当前往拜访，沈葆桢拒不接见。在这种情况下，便发生了二月十七日南昌城内的闹教之事。沈葆桢获悉之后说：“夷人逞志于我久矣，不虞吾民之藉手以报也。虽然，办理不善之咎我辈自任之，幸勿作缉捕论也。”[②] 沈葆桢的纵容态度使事态进一步扩大，次日晚南昌城外的旧天主堂也遭毁，罗安当被迫出逃。

据夏燮称，教堂事发后，江西的绅士害怕因此得咎，却欣喜地得知沈葆桢办理此案的原则是不株连绅士，不牵涉地方官。便由一大绅向沈葆桢呈送一包骨殖、一具铜管和一盒血膏，称“骨殖起自该夷教堂院中，铜管系取睛所用，血膏系婴儿精髓合成”。沈葆桢认为“其言多不经，亦无根据”，便发交南昌府县查办。南、新二县的报告说：

> 奉发各件，在该绅等虽非确有所见，而地方官实已先有所闻。除骨殖业已验明，应毋庸议外，其铜管、血膏究系外洋所用，无从辨认，一经传播，便骇听闻，亦似非无因而起。应将原件缴呈，请即咨照总理衙门转向驻京法使查诘。咨会来江，以释绅民疑团，以敦中外和好。[③]

教案发生后，法国公使数次照会总理衙门，称沈葆桢暗中唆使士绅与教士为仇，要求派大员查办。在双方谈判久拖不下之际，按法国公使的要求，

① 夏燮：《中西纪事》，第 260 页。
② 夏燮：《中西纪事》，第 261 页。
③ 夏燮：《中西纪事》，第 262 ~ 263 页。

清政府将罗安当礼送还赣。但罗安当到达南昌之后，遭到了民众的强烈抵制，最终只好悻悻地返回九江。

为了证明南昌百姓对天主教的抵制，江西大吏在奏折中专门摘录了如下一段暗访：

问：你们纷纷议论，都说要与法国传教士拼命，何故？

答云：他要夺我们本地公建的育婴堂，又要我们赔他许多银子，且叫从教的来占我们铺面田地，又说有兵船来挟制我们。我们让他一步，他总是进一步，以后总不能安生，如何不与他拼命？

问：我等从上海来，彼处天主堂甚多，都说是劝人为善。譬如育婴一节，岂不是好事？

答云：我本地育婴，都是把人家才养出孩子抱来乳哺。他堂内都买的是十几岁男女。你们想是育婴耶还是借此采生折割耶？而且长毛都是奉天主教的，他们必定要在城内及近城地方传教，譬如勾引长毛进来，我们身家性命不都休了。

问：你们地方官同绅士主意如何？

答云：官府绅士，总是依他。做官的只图一日无事，骗一日俸薪，到了紧急时候，他就走了，几时顾百姓的身家性命。绅士也与官差不多，他有家当的也会搬去。受罪的都是百姓，与他何干！我们如今都不要他管，我们只做我们的事。①

这段对话在晚清教案史乃至外交史上都非常有名，但对话是否真实发生过，颇为可疑。晚清官员在教务问题上，并不以“诚”著称。欧阳昱的《见闻琐录》曾记载此次南昌教案事如下：

先是同治年间，章门亦建有大天主教堂一，小教堂二，愚昧之徒与

① 《清末教案》第1册，第297页。

无赖之流皆入其教，迹甚诡秘。堂中不许人窥探，尝诱人拐童子至，以重价买之，或云杀取童睛以熬银，或云杀取童肾以配药，究莫知何用。而到处遗失小孩颇多，有探知在教堂内者。

吾省向有三大书院，曰豫章、友教、经训。有三小书院，曰洪都、东湖、西吕。肄业者殆千数百人，闻知此事，人人愤怒，遂约杀洋夷，毁教堂，以某日为期，并造诛夷安民旗帜数十。

时沈文肃抚吾省，亦痛恨此事，私喜江西士人义烈，恐其不胜，阴谕南昌县，以勇二十名，冒士人衣，当先入堂。

是日，士人号召百姓数万至，围住三堂，毁为平地。杀夷目二人，一真夷，一假夷，余早匿。寻至内室，果得孩骨无数。

夷受此创，即至总理衙门，要挟皇上，敕江西巡抚严拿首从，赔修教堂。

奉旨后，文肃伪出火签数十，遍处拘拿，仍阴令士人召百姓数万围衙署，声言：如敢拿人，先杀官，后再至九江杀尽洋人。皇上许其通商，我百姓不准存留江西界内，存者即杀，其如我何？文肃即命巡捕官出，假意劝曰：“请大众退，立即收回火签，不敢再拿，如何？”众曰：“诺。”遂散。文肃因据此情形入奏，夷人果惧，模糊了事，仅赔修教堂银七万两，然亦不敢再修矣。①

欧阳昱的“见闻”远没有亲历此事的夏燮的“纪事”精确。但是这种印象主义的叙事却把沈葆桢在此次教案中的行为特征展示得更为清晰。在他的叙事中，江西巡抚沈葆桢为将天主教赶出南昌，“阴谕”兵勇扮作士人率众入堂闹教，随后一边在表面上遵从上谕拘拿凶手，一边又“阴令”士人率领百姓包围官署，抗议拿人，官员趁机出面“假意”劝说，保证不再拿人。经此一闹，法国教士罗安当被迫出走。

这种抵制教士之“术”得到了下一任巡抚刘坤一的继承。据欧阳昱接

① 欧阳昱：《见闻琐录》，岳麓书社，1987，第 181 ~ 182 页。

下来的叙述称：

逾数年，九江数夷目乘大船至章江，谓欲创立教堂。刘公岘庄为巡抚，亦授意于六书院人，召百姓数万至河干，抚、藩、臬及合城文武大小官员故意示尊礼洋酋，齐至河岸迎接。而士民一面折毁巡抚及各大宪轿，极口肆骂官长，一面挥石至夷船，齐喊曰："杀！"其声如雷。夷人魂魄已失，又见岸上官为士民所困，狼狈已极，无有为作主者，立刻舟回九江。故法夷最畏江西人，省垣二十余年无天主堂。①

欧阳昱的说法从刘坤一那里得到亲口证实。刘坤一1865年抵任江西巡抚，1874年卸任。在将近十年的任期内，他多次拒绝了天主教进驻南昌城的要求。据他在同治五年（1866）致某官员的一封函件称：

弟于中外交涉事件，原无成见，前在穗时未尝立异鸣高，无奈江西疾视如仇，地方官何能拂民心而犯众怒；且二年既经启衅，彼此再难相安。试问群情汹动之时，果从何处弹压；及至各鸟兽散以后，又从何处查拿。洋人始终难占上风，不过徒令弟等受处分而已。以江西近日士习民情，动辄鼓噪，挟制官长，前月即有罢考试殴首府之事，于外国人何有。②

刘坤一在此信中称他对中外交涉事无成见，是江西士绅在反教。在次年一封回复九江道的信中，他仍旧声称是绅民与洋人不相容，说：

弟细察章门绅民之意，与洋人终不相容。洋人如于今冬明春果来，实无调停善策，惟有拼为地方认咎，即有不测之祸，亦无可辞。洋人谓

① 欧阳昱：《见闻琐录》，第182页。
② 中国科学院历史研究所第三所工具书组校点《刘坤一遗集》第5册，中华书局，1959，第2302页。

于弟无碍，是诚何言！夫欲仇其子弟，而置其父兄，具见洋人之愚而狡也。①

同治八年（1869）九江道再次向刘坤一通报天主教欲赴南昌建堂的事，刘坤一一口气举出三个理由予以拒绝，称：

惟戴主教所请晋省盖堂传教之事，实属滞碍难行。盖省城五方杂处，风气嚣张，无论现值荒年暮岁，饥民甚众，盗贼滋多，正在举行团防，易于鼓噪；又吴城上下游百余里，趁此冬晴水涸，节节兴修圩堤，赴工之民，蜂屯蚁聚，倘有变动，约束为难；兼以明春通府考试，秋间通省乡试，生童毕集于兹，人数约增数万，填街塞巷，遇事生风，万一群起与教士为难……试问地方官从何弹压？②

几个月后又在致九江道的函件中解释说：“其晋省重启教堂一节，俟准明年场后商量，正是保护该教之意，并无推卸阻拦。”③ 这显然是个托词，稍后刘坤一在另一封信函中透露了他拒绝天主教入城的真实原因，信中说：“天主教败坏民风，有碍吏治，难以言罄。现在污染渐深，蔓延渐广，居然异类，隐然敌国，尤为将来之忧。”④

1871 年，屡遭拒绝的天主教在未经同意的情况下乘船由赣江驶达南昌，意欲强行入城，结果未能成功。刘坤一在致总理衙门的信函中如此叙述：

又该主教不请景道执照，并不持尊署原函，倏于正月十八日乘舟抵省，携带绿呢大轿，教士多人，声言晋谒院司，城厢士庶惊疑，广聚数

---

① 《刘坤一遗集》第 5 册，第 2304 页。
② 《刘坤一遗集》第 5 册，第 2308 页。
③ 《刘坤一遗集》第 5 册，第 2310 页。
④ 《刘坤一遗集》第 5 册，第 2312 页。

万。坤一一面派员分途弹压，一面遣官往晤该主教，谕以洋人若欲入内地，须有文凭，否则地方官不知谁何，碍难以礼相待；且会垣人情浮动，切勿登岸入城。开导再三，彼始解缆而去。[①]

此后天主教并未罢休，1872 年又欲进城。刘坤一担心“若令住足，将来必修教堂，天津之案复见于章门矣”[②]。同年，总理衙门过问此事，刘坤一回复说：

惟江省士民，自同治二年拆毁教堂以后，风气益张，无论何国洋人，见则怒目而视。地方官既不能以刑罚加之于众，转恐激成事端，是以随时委曲周旋，始终意在保护，免致变起仓卒，为祸不可胜言。洋人亦不肯与百姓为难，一味归咎于吏。[③]

在刘坤一的力阻之下，在其任期内天主教始终未能进入南昌建堂传教。刘坤一对这一成果相当满意，直到卸任后，还对此事津津乐道。在光绪七年（1881）的一封私信中，他写道：

先在江西，于洋人来省起造教堂一事，借士民之力，多方维持，麾之使去，洋人屡来屡却，至今章门尚无教堂。弟在江西十一年之久，所谓俟开导地方始可起造之说，竟至无可藉词。其中别设方略，似有未便形诸笔墨者。[④]

当然，刘坤一并非“盲目排外”，他对中西关系是做理性思考的。在本年的另一封信中，刘坤一提到湖南的仇外时说：“湘人恶见洋人，耻谈洋

① 《刘坤一遗集》第 5 册，第 2323 页。
② 《刘坤一遗集》第 5 册，第 2323 页。
③ 《刘坤一遗集》第 5 册，第 2324 页。
④ 《刘坤一遗集》第 5 册，第 2520 页。

务，虽是忠愤所发，究属风气之偏。"又说："法人传教有关风俗人心，不可不设法劝禁，纵难一律干净，亦应予以范围；至于洋人游历一层，决不可加以非礼，以犯众怒，致其合而谋我。"①

此外值得注意的是，在同治五年，刘坤一一边拒绝天主教入城传教，一边又允许对方在南昌城附近的吴城传教②。可见即便是对天主教，刘坤一也并非一味抵制，而是重点保护南昌，免致省会的教化遭异教污染。

而其前任沈葆桢也并非对天主教一味用强，对闹教民众一味袒护，他曾就惩办教民事做出过如下指示：

> 关涉民教之事，似以速断为主。业经严办，则彼无所用其把持，稍游移，恐益生枝节。窃谓宜许方观察以便宜从事，得首要之犯，审实即予正法，不必往返请示。所惩者不在多而在快，则顽民有所警劝，胁从者知不至株连，而认主、认租之事，可次第清理矣。③

可见沈葆桢也是有分寸的。以今日的后见之明看，沈葆桢对教案的这一处理方法，多数情况下恐怕要比晚清官员中流行的延宕之术来得高明。

有迹象表明，沈葆桢和刘坤一的"方略"得到了后任的继承。刘体智曾提到父亲刘秉璋在任江西巡抚时遇到的一件事：

> 刘忠诚简粤督，先文庄继为赣抚，临行时，问以旧令尹之政，忠诚密告曰，吾闻诸沈文肃：南昌本无教堂，教士偶然一至。每出，则有某把总潜率所属，衣便服，随其所往而踪迹之。行不多程，土人未知所以，往观者众，必露扰乱之状。内地居民少见多怪，乍遇碧眼虬髯之客，讥笑詈骂，不一其态，因之无识儿童抛掷瓦石，所不能免；市井无赖乘间窃发，有群起而攻之势。外人不通言语，初不之觉，既而微知情

① 《刘坤一遗集》第 5 册，第 2502 页。

② 《刘坤一遗集》第 5 册，第 2302 ~ 2303 页。

③ 沈葆桢：《沈文肃公牍》，福建人民出版社，2008，第 273 页。

节，则已身入重地，必形惊惧。把总及其下便衣兵卒，暗加保护，而导之以至县署，乃正告之，令其速离。自文肃至此，抚臣两任，皆以是术抵制外人入境云。①

此掌故表明，江西三任巡抚均运用“未便形诸笔墨”的“方略”来抵制基督教在南昌的传播。这一定程度上成为此地区的一个政治传统。

对天主教的这种敌视并非仅限于南昌，在法国外交官和天主教看来，整个江西都弥漫了这种敌意。在白振铎主教赴任江西时，法国公使罗淑亚（Julien de Rochechouart）曾告诫他说：

主教大人，您将前往江西。我们清楚地了解这片土地，那里的官吏和文人比其他地方都更加仇视传教士们，而且他们还做出来巨大努力以阻止传教士们的布教事业。江西和四川是使我们操心最多的两个传教区。这完全是由于这两个省的官吏们的恶意，他们对于文人却既支持又感到害怕。②

白振铎的一份报告也证实了罗淑亚的说法，报告说江西的大部分官吏“发自内心地憎恶我们”，“他们由于条约的原因而不敢直接和公开地祸害我们，那么他们就会对我们的基督徒进行报复，以讨好其敌人并以最不公正的方式审判他们的案件或诉讼，而在这个以无理取闹而著名的地区，打官司是非常频繁的事”③。

19、20 世纪之交，一个名叫江召棠的安徽人辗转于江西的十余个县做知县。也许不仅仅是巧合，他对付天主教的方法几乎与沈葆桢等江西大吏一脉相承。天主教士罗望达在 1898 年视察上高县时，某教徒状告某平民偷了他的牛。江召棠时任上高县令，在长达两年的时间里一直不办理这起诉讼

① 刘体智：《异辞录》，中华书局，1988，第 69 ~ 70 页。
② 《清末教案》第 4 册，第 353 页。
③ 《清末教案》第 4 册，第 354 页。

案。于是教士拜访了江令，希望他能办理此案，江令回答说：“我不知道这回事，从来没有人对我谈及，但你将可看我是否保护你们的教徒。”当晚江令即派人把嫌疑犯捉来下狱。同年，主教郎守信（Paul - Léon Ferrant）路经上高县，江令率众欢迎，并设宴款待。离城前，郎守信嘱托他过问一起民教诉讼。江召棠在非常客气地回信应允此事的同时，不但不问罪平民，反将教民逮捕下狱，鞭打他，谴责他当了教徒。郎守信被惹恼，在知府处控诉了他。两天后，江召棠不远百里来谢罪说：“你原谅我，我错了，我不对，我误把这教徒当那非教徒办了，我将释放这教徒，逮捕那非教徒，他是坏人物。”在1906年南昌教案中，涉嫌对南昌知县江召棠行刺的神甫王安之，在案发前不久也曾对罗望达说过：“你看这个县知事，惯用狡猾，常常大胆。当我们的面，他是非常亲密的，很多好话，但他的行动，总是图谋伤害我们。”[①] 法国驻华外交官方苏雅曾指出：“在中国的外交中，他们的敷衍推诿手段之灵巧多样……足以成书。”[②] 这一指责不无过分，但的确有大量的实例做支撑。

当然，如果将眼光从密集的教案档案中移开，则会发现平和的种子在渐渐发芽。一个新教牧师撰文叙述了他1874年对南昌的一次访问。据该牧师讲，进了南昌城的德胜门后，他和分发圣经者分别坐了一顶轿子去新建县衙门拜访知县，结果被告知知县不在家。在等候期间，人们开始聚集围观。他听见有人嘟囔说，这儿没有外国人，他不是广州人就是宁波人。他们进城办了三件事，第一，去年冬天，沿街分发圣经者在这个城市的一个小旅馆里丢了衣服，此次提出赔偿，得到允许；第二，表达卖书和布道的愿望，官员也答应提供方便；第三，两三个月内在本地建一个教堂，官员居然也同意了。当地的书院甚至还请他去布道。一个年轻人听完布道后说：这无疑起源于中国，然后传播到外国，现在又回来了。作者还在一个小官员的陪同下参观了

① 《关于帝国主义分子对“南昌教案”捏造事实的报导的材料》，南昌市档案馆藏，卷宗号：5080 - 20 - 77。

② 奥古斯特·弗朗索瓦（方苏雅）：《晚清纪事：一个法国外交官的手记（1886 ~ 1904）》，罗顺江、胡宗荣译，云南美术出版社，2000，第250页。

滕王阁。这位随员一再保证说：你们是客人，我们是主人，愿意并有义务保护你们。双方花了一个小时谈论传教士和他们的国家。最后，他和随行的圣经分发者高兴地离开这座城市。作者就此次经历感慨道：三年前他陪同内地会的某教士到此时，被禁止进城和滞留。一年前他单独访问，官员既不允许他卖书，也不允许在城内逗留两小时以上，当晚他还在河的对面离城市 1.6 公里远的地方遭到包围。可如今好日子来了，人们变得更明智了，这个城市 50 万灵魂正等待福音。他乐观地认为那将不会太久①。

这位牧师的乐观态度无疑受到了南昌反教传统的长时间考验。新教进入南昌传教是甲午战争以后的事，他们在南昌遇到的困难并不比天主教少。但无论如何，随着中西攻守之势的日渐明晰，南昌城最终还是向基督教开放了。

---

① REV. J. Inq, "Notes of a Visit to Nan - chang Foo," *The Chinese Recorder and Missionry Journal*, Vol. Ⅴ, No. 5, September - October, 1874, pp. 266 - 269.

第二章

“独其一死可塞责”：江召棠之死

1906年南昌教案的直接诱因是为父母官报仇。南昌教案之变幻离奇，集中表现在知县江召棠于教堂内受伤并于数日后身亡这段情节上。问题是，关于江召棠受伤原因的叙述有大量版本，究竟是被刺，还是自戕，其中又有何内情？这一关键问题如得不到厘正，那么其后包括交涉与舆论论战在内的一切问题，以及朝野中外各方的举动，都无法得到准确理解。

一　晚清吏治与江召棠的仕途

随着南昌教案成为朝野上下共同讨论的话题，涉案主角南昌知县江召棠的为官处世之道也成为一大关注点。他的形象在论说中出现明显的正负分化。在国内主流舆论以及江西官场写给朝廷的报告中，江召棠是个清正廉明的地方官。此际中国官场形象正在国内舆论的批判下全面变坏，由此更凸显江召棠的“高大”形象。但问题是，一些主要来自天主教的批评，却将江召棠全面否定。那么，这些批评究竟是否属实？因批评者将江召棠之死与其仕途的腐败直接关联，所以这一考察便显得十分重要。

1. 晚清的吏治

胡廷干升任江西巡抚后，颁布的《劝诫牧令文》曾提到，“用明须从门内起，幕友是否皆端正，家丁是否皆朴诚，书吏能否不舞弄，差役能否不肆扰？”[①] 单是“门内”便有如许问题，足见整治吏治之难。

晚清的文学作品充斥了对官场腐败的描写，其中李宝嘉的《官场现形记》最为典型，此后报界揭露某地官场丑闻时，往往以某某官场现形记冠之。如某报在报道湖北的一个藩司时，便使用了《湖北官场现形记》的标题。内称：“湖北某藩司年逾七十，精神颓败，烟瘾甚重，每日非下午五句钟不能起床，终年不见一客，署中公事但由文案主持，概不过问。其侄号笙阶，到处招摇，声名狼藉。四川同乡多倚势横行，藩署所属各局有四川会馆之名称。”[②]

事实上关于晚清官场被全面“唱衰”，报界曾引用过一个例子：“昔有以某员侵挪巨款告江督刘公者。公答之曰：余固知之。其人问曰：然则何故留之乎？公答云：余固欲去之，惜未能得一不侵吞之人耳。”紧随其后的评语是“中国官场之败坏，尽于此一言中矣”[③]。报界对于官场的抨击，往往措辞极其尖刻，如《南方报》的一篇白话文称：“中国黑暗世界，莫过于官场……一班鬼怪，实为中国无耻之尤，究竟哪个有真心为大局的呀。”[④]

官场的这种既定形象，有许多个案都可资印证。有一封私人信件说督抚遇到责任事就推给下属，遇到权利事，就揽给自己。由此感叹说：“弟偿谓中国做官者非良心丧失，人格堕落，不能为也。综观中外情形，敢断言曰中国不亡，必无天理。”[⑤] 由督抚而及于“中国做官者”，由督抚趋利避害而推知“良心丧失，人格堕落”，最终势必一片黑暗，亡国而后已。

《江西官报》曾经有语：“从来吏治之优劣，视风气以为转移。风气者，

---

① 胡廷干：《江西巡抚部院胡劝诫牧令文》，《江西官报》第11期，1905年，第2页。

② 《湖北官场现形记》（录《中华报》），《华字汇报》1906年5月21日，第1张第6页。

③ 《论中国上等国民之程度》，《万国公报》第211期，1906年，第12页。

④ 《论浙江官场为中国无耻之尤》，《南方报》1906年2月4日，第4页新闻。

⑤ 上海图书馆编《汪康年师友书札》第3册，上海古籍出版社，1987，第2487页。

造端于上，而酿成于下者也。”[①] 将风气的转移寄望于一两个清官，这种乐观看法在清末已极为罕见，恐怕作者自己都未必信以为真。实际上吏治腐败积重难返，阻力重重。清季某官员曾说道：“是非之心人皆有之，当未遇时，闻谈长吏害民之政，未尝不扼腕太息。洎乎得志，则昧殷鉴之训，当局者迷，古今同慨。”[②] 一位清末的报人也注意到这一点，说：“自好之士或深恶而痛绝之，一介之夫，言及官则辄蹙额。凡事之涉及于官者，几无不为人鄙夷，殆所谓天下之恶皆归者。然天下之官日积而日多，而官之弊更日出而靡已。平素之诋官厌官者，多相率而入于官之一途，其所为，又未有以大异于众。”他认为此现象的原因是，“盖人生于世，不能无所执业，而社会家庭之习惯，又足以驱迫，使各就其途。中国素以官为至荣，凡人之所歆望皆在于是”[③]。这种伴生于身份变迁的差异现象，正反映了官场腐败的社会和文化因素。孙中山在论及中国的腐败时指出：“贪污行贿，任用私人，以及毫不知耻地对于权势地位的买卖，在中国并不是偶然的个人贪欲、环境或诱惑所产生的结果，而是普遍的，是在目前政权下取得或保持文武公职的唯一的可能条件。”[④] 这就是说官场所呈现的是一种结构性腐败。

那么，江西的吏治又如何？《江西官报》1905 年第 15 期有《论江西吏治》一文，借他人之口，夸耀“当今吏治之认真，官况之清约，莫有及江西者”，更断言胡廷干抚江之后“江西吏治，自此可决其大有进步”[⑤]。这无疑是一篇典型的官样文章，实际上江西的吏治也“了不异人”。虽然胡廷干上任后也颁布了《劝诫牧令文》，要求地方官廉、明、惠、实、勤[⑥]，但欲转移官场风气，谈何容易。随着南昌教案的发生，江西官场一系列腐败案也进入公众的视野。

交涉期间的对外支应便引起舆论的众多非议。《新闻报》根据江西委派

---

① 《论江西吏治》，《江西官报》第 15 期，1905 年，第 1 页。
② 汪辉祖：《学治续说》，《汪龙庄遗书》，第 130 页。
③ 《论中国官所以不能称职》，《南方报》1906 年 1 月 30 日，第 1 页新闻。
④ 广东省社会科学院历史研究室等合编《孙中山全集》第 1 卷，中华书局，1981，第 102 页。
⑤ 《论江西吏治》，《江西官报》第 15 期，1905 年，第 1～2 页。
⑥ 胡廷干：《江西巡抚部院胡劝诫牧令文》，《江西官报》第 11 期，1905 年，第 1～2 页。

文武保护教堂和添加洋务委员两事，批评说："南昌案出而官之无差者可以有差，官之无财者可以有财。教案结，保举开，并可以升官，然则所苦者惟吾民耳。"① 案发后，交涉必繁，加添洋务委员有其合理之处，同时因为人心不靖，添加兵力保护教堂也属事出无奈。这一批评，体现了报界对官场态度全面负面化的特征。但其所举的大量事例，还是揭露了江西的吏治问题。

以引起广泛关注的周浩参案为例，它与南昌教案联系更加密切。实际上，梁鼎芬赴赣主要调查的不是南昌教案，而是周浩参案。梁鼎芬抵达南昌的当日即在百花洲沈公祠贴出告示，表明自己的决绝态度。其告示如下：

> 鼎芬奉宫保督宪张札委，今已到南昌省城，有要语两端，分列于后，诸惟朗鉴：
>
> 一，鼎芬来此，不敢多拜客，不敢多见客。
>
> 甲，有应请教询问者，始亲往拜之。
>
> 乙，或无暇不能拜，则用文件往问。州县以下诸君，必有鼎芬自写手条，夹一自写名牌，奉请乃来。（鼎芬名片皆自写，不用木印，以防冒用）
>
> 丙，省城候补诸君，如非鼎芬奉请者，且勿枉顾，来亦不敢接见，亦恕不答拜。
>
> 丁，省城绅士诸君，有熟识者，有未识者，鼎芬来此查事，恕不往拜。诸君相谅，幸勿见过，如有见过，一概不敢接见。事忙时促，亦恐未能答拜，乞谅一切。
>
> 戊，鼎芬广东人，在省候补同乡诸君，有熟识者，有未识者，均不敢见，幸勿枉顾。查事均不敢派，亦不敢访问。
>
> 己，鼎芬在湖北臬署，用一粗笨勇丁名张和执帖，禁绝门包，今已带来，饬其日在门外看守，或有客来，即行挡驾。不设门簿，不收名片。如系请来之客，鼎芬延入后，在内另设一簿，派随员写明系因何事

① 《中国要事》，《新闻报》1906 年 3 月 25 日，第 1 张。

接见，以便查核。

二，鼎芬来此，不费江西一纸，不扰江西一文。

甲，闻南昌此回之事，惨痛于心，今奉差来此，每一念及，食不能下，如有宴会，皆不敢赴。或有不谅，徇官场俗例，馈送酒席者，已早饬张和在门首谢绝，不答回片。（凡馈赠一概辞谢，书亦不收）

乙，鼎芬到九江日，乘坐小舟上岸，步行入店，无知者。后官场诸公来拜，皆未见，俟归途答拜。德化县濮君，竟徇例致送酒席，未收，亦未答回片，到此办法一律。敢烦首县两君，以濮事在前，代布此言。（客坐但啜一茶，主人勿备点心）

丙，鼎芬此来承胡抚帅优待，派员派船到九江相接，皆不敢承，一概辞谢。委员亦未接见，自搭商船来此。抚帅优礼，尚不敢受，此外更不待言。

丁，鼎芬带来随员，皆清洁自爱之士，当此时局艰难，日以廉耻相勉，断断不扰。（不见客，不与人通信）

戊，鼎芬带有厨夫饭夫各一名，一切自备。（烛灯等物皆自购）

己，鼎芬此行无跟班，带有执帖张和一名，本署什长一名，皆严加约束，不准生事。[①]

梁氏是著名的清流，他的“清洁自爱”反过来也映衬出官场的污浊，其此次来赣所办理的周浩参案便是一个典型。此事起源于御史黄昌年奏参周浩骫法徇私，以致引发南昌教案，同时还奏参周浩的一系列贪弊案。《中外日报》（*Universal Gazette*）对此案的关注最为密切。

《中外日报》在三月底披露，周浩因畏惧参案而请辞：“周瀚如方伯护抚时，以江苏知州徐履泰、永新知县张善铎为文案，该二员在外招摇，有小抚台之称。曾经柯逊庵侍郎电责，而税务总局，为管辖通省税务之处，方伯竟以老迈龙钟之候补道缪芷汀观察为总办，以已革声名狼藉之知县胡钦、陈

① 梁鼎芬：《节庵先生遗稿》，香港，杨敬安自刊本，1962，第 70～71 页。

元焯为文案，以致该局弊端百出。现闻被柯侍郎、黄侍御奏劾甚严，有旨交张香帅复奏。香帅派梁星海廉访来省，连日调各局案卷详查，于税务局尤为注意。方伯惶恐万分，兼以屡谒梁廉访不见，必系关涉参案，例应回避，业已禀请鼎帅代奏开缺。惟鼎帅踌躇，尚未出奏云。”① 三天后，又报道说梁鼎芬此次来赣表面上是调查两起旧教案，其实是“查办周瀚如方伯被劾十二条，而于税务局、铜元厂置私产用私人等事，尤为注意”②。

四月初二日，该报又回溯了周浩参案之前的一段内幕说：“去夏陈观察际清，江观察峰青，拟就参劾周方伯十二条，经方伯私人傅春官奔告，方伯大怒，恳请鼎帅查办。鼎帅传见陈江两观察，两观察力辩其无，当即勒令具结。”此次言官参劾，也将此条列入，梁鼎芬移文某粮道，详询有无其事，该道回复说：“实有其事，惟陈江两观察具结，自出情愿，并非鼎帅勒令。”③ 四日后该报报道说，周浩“因南昌教案，奉旨查办，政府已决意令其开缺”④。

此后一个多月时间，《中外日报》对江西牙厘局、铜元厂和官银钱号腐败事时有报道，但周浩本人则淡出视野。直到闰四月十四日才重新提及：“兹闻香帅复奏，谓方伯被参各节，查无实据。”⑤ 这条消息显系误传，实际上张之洞的上奏长篇累牍地揭发了周浩的劣迹。十余日后，《中外日报》又报道说：“闻方伯现得京中来电，仅‘事已不究’四字。十八日方伯传见幕僚，长叹不已，自称香帅已于十三日复奏，将次料理回皖故里云。大约不究者即不深究，不过开缺而已。闻方伯因被参故，向京运动，所费颇巨，仅得开缺。”⑥ 数日后，该报又对事态做了进一步跟踪，周浩接京城电报，闻“薇垣未免屈抑”等语后，“连日饬人搬运各物出署”⑦。再过数日又报道说：“周方伯被人参劾，已经张香帅复奏，折留中不发，香帅仍拟再参，得

① 《周藩司意欲告退》，《中外日报》1906年4月20日，第6版。
② 《记梁廉访察案情形》，《中外日报》1906年4月23日，第5版。
③ 《记梁廉访查办参案情形》，《中外日报》1906年4月25日，第6版。
④ 《苏臬将升赣藩》，《中外日报》1906年4月29日，第5版。
⑤ 《参案近情》，《中外日报》1906年6月5日，第5版。
⑥ 《方伯参案业已复奏》，《中外日报》1906年6月17日，第5版。
⑦ 《藩司开缺确信》，《中外日报》1906年6月23日，第6版。

周玉帅之调停，一面电嘱方伯自行告病，外间传言方伯已电汇巨款到京，托人运动，有某票号代汇实据。方伯现已具禀告病，仲帅允之。"[①]

周浩参案的细节，见于张之洞的上奏之中，其中亦可见江西吏治之腐败。

2. 江召棠的仕途之谜

江召棠，号云卿，生于道光二十九年（1849），祖籍江西鄱阳县，太平天国时期随父逃难，落籍安徽桐城[②]，至今安徽桐城的县志中都有其传记。江召棠略懂诗书，从《大清搢绅全书》及其履历片中可知其仅有文童功名。据说江召棠的连襟魏某觉得他比较聪明，就让他来江西吴城的盐号上管账，后来又到彭玉麟幕府中做文案。据江召棠的儿媳回忆，彭玉麟喜欢画梅花，而江召棠也擅长画梅花，江召棠画的梅花"比玉麟的梅花还更好，所以彭玉麟的梅花往往叫召棠代笔，画好了后只用彭盖章"[③]，由此颇得彭玉麟看重。但是没有证据表明彭玉麟对江召棠后来的仕途有何具体影响。据余连枝回忆，江召棠的连襟魏某"感到江有前途，乃助召棠路费，第二次赴京上考，得考，考中实缺南昌知县"[④]。但是这一说法恐与事实不符。在南昌教案发生后，上海的法文《中法新汇报》（*L'Echo de Chine*）[⑤] 和英文《字林西报》都披露过江召棠的仕途，例如《字林西报》披露，江召棠和他一个有军功的堂兄江兆棠做了一笔交易，江召棠付给江兆棠一笔银钱，让后者在进京求职时把兆棠的名字换成召棠，然后由前者顶替他做官。后来重修族谱的时候，江召棠想把江兆棠的头衔安在自己头上，引起江兆棠之子的反对，只好答应赔他一笔款子。[⑥]

西报讲到的改名换姓出卖军功的例子，在晚清并不罕见。孙中山在

---

① 《周方伯具禀告病》，《中外日报》1906 年 6 月 29 日，第 6 版。

② 《关于"南昌教案"采访资料》，南昌市档案馆藏，卷宗号：1180－20－74。

③ 《关于"南昌教案"采访资料》，南昌市档案馆藏，卷宗号：1180－20－74。

④ 《关于"南昌教案"采访资料》，南昌市档案馆藏，卷宗号：1180－20－74。

⑤ 《中法新汇报》（1897～1927）系法国天主教资产，早期以宗教宣传为主，它一度是法国在上海和远东最主要的一份报纸。

⑥ "Nganking," *North China Daily News*, March 19, 1906, p. 8.

1897年曾提到军功问题，说："也有愿意得钱而不愿提升的兵卒，惯于改换他们的名字和出卖他们的任命状给市民，这些平民渴望取得军阶，于是就用收买和冒充的两种方法达到他们的目的。'兵役升迁'和第四种进入官场生活的途径（单纯购买），实际上并没有多大分别。"① 但是，西方报纸的说法可信度几何？是否出于印证江召棠阴谋自刎陷害教堂的说法而故意抹黑？不妨先来看江召棠的履历片：

> 臣江召棠安徽桐城县文童，年四十八岁，由保举蓝翎知州衔，劳绩遇缺知县，光绪十六年十二月分到班，并无简缺，改归双月简缺，即用今掣签江西瑞州府上高县知县缺，敬缮履历，恭呈御览，谨奏。光绪十七年二月二十八日。②

再来看安徽桐城政府在新中国成立后提供给南昌市委江召棠的族谱：

> 江庆洪花翎三品衔，即补直隶州知州，在任补用府知府，特授江西上高县知县，调署卢［庐］陵鄱阳临川德化等县知县，两署新建县知县，两署南昌县知县，调补鄱阳庐陵南昌等县知县，军功加级，奉旨交部从优议叙……光绪三十二年二月办理宜丰县教案，被法国教士王安之戕害，奉旨询伤，奉旨交部从优议恤，钦赏太仆寺卿衔云骑尉世职，覃恩诰授中议大夫晋赏资政大夫。名召棠，字伯菴，号云卿，生道光二十九年己酉十二月初四日亥时。③

需要注意的是，上述两条材料存在一个巨大的冲突。从族谱可知，江召棠是道光二十九年（1849）生，光绪十七年（1891）时，他应当是42岁。但是，在光绪十七年的履历片中，江召棠的年龄却是48岁。这一矛盾殊不

① 《孙中山全集》第1卷，第101~102页。

② 秦国经主编《清代官员履历档案全编》，华东师范大学出版社，1997，第66页。

③ 《关于"南昌教案"采访资料》，南昌市档案馆藏，卷宗号：1180-20-74。

可解，族谱在年龄问题上固然缺少犯错的可能，履历片短短数十字，又岂会轻易犯错。

还有一个冲突同样值得注意。履历片提到，江召棠由保举蓝翎知州衔。晚清的保举，主要是军功一途。但是从江召棠的各种传记中，均不见有行伍或军功的经历，更无军功保举一说，而称其为捐班出身。新中国成立后，南昌有关部门的调查人员采访了江召棠的门生胡廷銮，后者提到：“太平军事情平静后……玉麟就用军功名誉保举了江召棠的选授即知县候补道。”随后调查人员注解称：“外面传说捐班与保举原是一事，并不矛盾。”① 实则不然，保举和捐纳完全是两条升迁路径，肯定是矛盾的。有趣的是，在江召棠的族谱中，恰恰没有提到江召棠官衔的来历。这是一种忽略，还是刻意回避？江召棠的仕途不得不令人心生疑窦。

南昌教案发生后，作为江西按察使的余肇康似乎也注意到了些什么。他在给亲家瞿鸿禨的信中说：“该令死可悯，生无可纪，且多诡行。”② 在日记中，他也提到：“云卿居官处事，均不甚可取，独其一死可塞责矣。”③

同样在南昌教案发生后，天主教开办的《汇报》曾如此评价江召棠：“其为人狡猾性成，专事欺诈，好大喜功，雅善逢迎。此次来堂，冀欲不拿凶犯，从轻完结，因王总铎固执不允，该令愧愤难禁，是故自杀其身。”④ 这固然是天主教的一面之词，但与天主教并无干系的《复报》也表达了这样的信息：“江令为人，颇能以恩惠抚民，而又善肆应，不惜贿赂，上下咸善之。彼其运动之术，亦云工矣。”⑤ 显然，《复报》所持的就是晚清舆论界盛行的那套对官场的批判话语。在这里，除了恩惠抚民一面，江召棠几乎完全湮没在晚清官场的大背景中。

与江召棠仕途紧密关联的是其负债之事。从各种信息来看，江召棠的债

---

① 《关于“南昌教案”采访资料》，南昌市档案馆藏，卷宗号：1180－20－74。
② 《瞿鸿禨朋僚书牍选》（上），《近代史资料》总108号，第17页。
③ 余肇康：《敏斋日记》第30本，丙午四月初七日。
④ 《时事》，《汇报》第8号，1906年，第125页。
⑤ 《南昌教案之感情》，《复报》第2号，1906年，第36页。

务都是客观存在的，报纸甚至还披露有钱庄因其无力偿还债务而破产的新闻。法国人和天主教方面也一口咬定，巨额债务正是江召棠自杀的真实原因。苟如《中法新汇报》所披露，本家侄子的勒索，可能是江召棠负债的一个重要原因。除此之外，还有其他原因值得探讨。江召棠的性格可能是他负债的另一个原因。江西寄给上海报馆的一封通信称，江召棠是个"能员"，"平日馈送供帐之礼，均极隆腆，江省县班中之应酬称为第一"。而在后人的回忆中，江召棠又是一个不爱钱的清官形象。两相交汇，自然会有入不敷出之虞。此外，江召棠可能还有一项支出，那就是他的鸦片消费。《中法新汇报》就曾披露江召棠是个鸦片吸食者[①]。

尤其值得一提的是制度和文化的原因。清代知县的薪俸非常微薄，从雍正开始，在微不足道的薪俸的基础上，又多了一份养廉银。养廉银并无统一标准，因地而异，甚至因时而异。在 20 世纪之初的几年，南昌的养廉银一直稳定在 1900 两。但是这个收入远远不能满足知县的私人和公务开支。正如瞿同祖所揭示的，"除了养家，他还需要支付其岗职所需的繁重费用。他要给他的慕友、长随支付报酬"[②]。有证据显示，一个州县官的全部薪水几乎不够给幕友付酬。除此之外，从瞿同祖的考察可知，"摊捐"也是县官的一项繁重开销。有时候一个知县的养廉银只够交"摊捐"。

知县招待途经其地的上司或上级官差，也是一项重要支出，他需要向对方提供住宿、供备和膳食。在上司离境时，照例须送赠别礼物，甚至上司的随从也会向其索要钱财。南昌的官缺在冲、烦、疲、难中占有冲、烦、难三项[③]。其中的冲，就是交通枢纽的意思，南昌当此交通枢纽，来往官吏较多，江召棠作为知县，必须去面对。此外，州县官在与上司衙门打交道时也需要各种破费，江召棠任职的南昌是江西省会，又是首府，他要常年和巡抚、布政使司、按察使司及各道府衙门相来往，这又是一项不小的支出。

---

① "L'Affaire de Nantchang," *L'Echo de Chine*, 23 mars 1906, p. 1.

② 瞿同祖：《清代地方政府》，范忠信等译，法律出版社，2003，第 42 页。

③ 《大清搢绅全书（丙午春季）》第 3 册，荣禄堂，第 62 页。

上述这些支出是不到2000两的薪水满足不了的。这就需要江召棠和清代的其他州县官一样去收取各种陋规，这些陋规主要附加在各种赋税和漕粮上。据《大清搢绅全书（丙午春季）》记载，光绪三十二年南昌的附郭地丁银是48678两，米56499石，杂税银3795两，仓谷24980石[①]。江召棠在征收这些钱粮时会按照约定俗成的比例收取陋规，用于他的公私支出。抛开支出的因素，“由于陋规的数额各地不同，因而州县官们的财政状况也各不相同”[②]。陋规费源额较大的地区，称为美缺，其长官不用担心财政问题，反之则为丑缺，财政问题会相对紧张。为了平衡州县官的财政状况，上级会有意在美缺与丑缺之间进行更调。

由此便引出江召棠辗转为官的现象。从族谱中可知，江召棠初任上高知县后，又先后经历八次调任。江召棠的侄子江植三在新中国成立后给南昌市人民革命委员会的信中忆称，江召棠先在上高任职八年，接着新建一年，南昌又一年，“此后即每遇教案调缺”，为处理教案问题先后在庐陵、临川和德化各任职一年，最后又调任南昌[③]。江植三的叙述突出了其伯父能员干吏的一面，“每遇教案调缺”之说，也算是对江召棠辗转为官现象的一个解释。但江召棠的仕途经历还有更普遍更有力的解释，这就是州县的财政收支问题。时人恽毓鼎即观察到：“近来各省更调，无月无之。每牧令一人多历者十馀缺，少亦四五缺，罕有始终任一缺而不移动者，甚或补有实缺而东西历署，终其身未履本任。”随后他指出这一现象“皆因缺分肥瘠不均所致也”，同是一个省，“缺优者岁赢巨万，缺劣者或不免赔偿”。结果自然使得“属员以此为要求，上司以此为调剂”。具体情况是：“处膏腴则不使久据，曰‘须让他人也’；处硗薄则日冀量移，曰‘不堪赔累也’。首县多劳则调大缺以酬之，瘠区累重则求交卸以避之。”[④] 州县的财政支出和收入全由牧令包干，由于各州县的收支差距巨大，为平衡牧令的收支，不得不使之在优

① 《大清搢绅全书（丙午春季）》第3册，第62页。

② 瞿同祖：《清代地方政府》，第56页。

③ 《关于“南昌教案”采访资料》，南昌市档案馆藏，卷宗号：1180-20-74。

④ 恽毓鼎：《恽毓鼎澄斋奏稿》，第74页。

缺和劣缺之间不停地流动。

南昌为省会和首府，各级官员的来往应酬颇多，虽然南昌知县 1900 两的养廉银几乎为全国各县最丰[①]，但远远不足以弥补应酬上的开支。有人提到江召棠的负债问题时，说："南昌赔缺也，近已调署临川，实美缺，可以一清积逋。"[②] 此说正可与恽毓鼎的观察互相参证。

综上可断言，江召棠通过买军功而获得知县一职，此后长时间辗转于各县之间任职。在第二次任南昌知县时，由于种种原因而欠下了一笔债务。一般情况下，他有机会通过调任美缺而填补自己的亏空，但就在调任之前，臬司余肇康莅任江西，于是，他的挑战来了。

二　江召棠的困境

自甲午之后，晚清官员在教案中的处境日益艰难。这逼迫官员向教士靠拢，遂成中外勾结之势。这种具有鲜明时代特征的游戏规则在江西自大宪至州县普遍奉行。此时的江召棠，一面反教之心不绝，一面又不得不同教士妥协。但以清流著称的新任臬司余肇康置此规则于不顾，又加之王安之的拒不退让，令江召棠左右两难。

1. 晚清官员在教案中的处境

教务和教案问题直接关乎晚清官员的声望、仕途和命运。1870 年曾国藩在办理天津教案时奏称："凡教中犯案，教士不问是非，曲庇教民，领事亦不问是非，曲庇教士。……庸懦之吏，既皆莫敢谁何；贤能之吏，一治教民，则往往获咎以去。"[③] 曾国藩此语，在当时很可能言过其实，但至少提醒了官员在教务和教案问题上面临的处境之难。接下来的数十年间，教案问题越来越明显地影响着官员的仕途。

胡思敬说："江西学政黄均隆试抚州士，以《士子改装游学比之西人变

① 瞿同祖：《清代地方政府》，第 42 页。

② 《纪南昌变乱事愤言》，《时报》1906 年 3 月 15 日，第 1 版。

③ 《清末教案》第 1 册，第 920 页。

服传教》命题，主教疑均隆讥己，电诉于朝，即传旨申饬。于是外吏以媚洋为得计，选人捧檄出都，不暇问缺肥瘠，闻属地无教堂，即额手称庆。"①黄均隆试题事件发生在1905年，由于题目涉嫌排外而引来列强交涉，最后遭到朝廷的申斥。胡思敬高估了黄均隆试题事件的意义，实际上官员与教士关系改变的真正契机早在1895年就已出现。这一年中国与日本签订了"丧权辱国"的马关条约，此为中国近代史上一大转折。甲午战后，朝廷开始严谴保护教堂不力的地方官，声言对办理乖方的地方官"从重惩处，决不宽贷"②。

刘秉璋就是在这种环境下第一个因教案被革职的督抚。翁同龢在日记中记载了与英国公使欧格纳（Nicholas Robert O'Conor）的交涉片段。1895年8月25日记称："是日欧格纳来言数事……内惟川案革刘意在必行。余坚持不许，几至决裂。又余凭空发论，谓教案当筹办法，教民之不安分，教堂之害民生，痛快淋漓。伊亦首肯，惟推宕将来再议，此一会也。"③ 然而好景不长，英使并未善罢甘休。9月26日"欧格纳到署来论川案，语益肆横"，其"归宿在刘督革职永不叙，勒我三日以照会复之，拂衣而去"④。不久朝廷遂其所请，翁同龢在日记中愤愤不平地说：

> 是日发四川教案事，前督刘秉璋革职永不叙用。前日英使欧格纳与两邸争论，必欲如此办，且恐吓我云，多轮将入江，于是庆邸口语渐松，余创论须川省奏到始下，于是有初九电催之事，而两邸急不能待，遽请如所请。余又持"永不叙用"四字必应去，且此后内政被人干预，何以为国，力陈于上前，而恭邸语游移，竟定如前。噫，败矣！愤懑不可支。⑤

---

① 胡思敬：《国闻备乘》，第43页。
② 《清末教案》第2册，第598页。
③ 翁同龢：《翁同龢日记》第6卷，第2873页。
④ 翁同龢：《翁同龢日记》第6卷，第2880页。
⑤ 翁同龢：《翁同龢日记》第6卷，第2881页。

同样具有标志性意义的是1897年的曹州教案，德国借此教案强占胶州湾，中国惊现瓜分危机。自此以后，朝廷在教案问题上对地方官的词气明显严厉起来。此际的上谕屡屡声称，倘若保护教堂不力，除将地方官从严惩处外，对将军督抚“亦必执法从事”①，“一并惩处”②。上谕在教案问题上明言罪及将军督抚等封疆大吏，在曹州教案之前难得一见，如今却三令五申。

问责督抚是朝廷在治理教案问题上易为人忽略的一剂重药。晚清的教案交涉模型，大体上正如胡思敬的描述：“教士受教民播弄，遇事不关白地方，辄诉之领事。领事诘外部，外部得夷书一纸，怒然恐开边衅，即请旨严诘督、抚。督、抚责州县保护不力，不问事曲直，辄劾罢之。”③ 1899年，朝廷决定给各级教士以相应的品秩，但此政策也并未完全终止这一机制。此前在很长时间里，这条链往往到督抚一环便会断裂。如贵州教案发时，仇教官员虽被迫受惩罚，但张亮基却将其弟弟提拔，以曲示奖励。四川酉阳教案后，总督不但不惩罚纵容教案的官员，反倒给予奖赏。大吏对教士和朝廷的阳奉阴违，对属下地方官的明贬暗褒，其直接后果就是地方官员以排教为风气，乐此不疲。外国官员与教士明知督抚作梗，却也无可奈何。

迨至曹州教案之际，国事渐不堪问，四方督抚嚣张之气已馁，面对朝廷的呵斥，早已无心抗辩。于是各级下属官员对西教态度为之一变。光绪末年的夏曾佑就注意到督抚态度对官教关系的重要性，他在给汪康年的信件中以极其压抑的笔触写道，教士对民教诉讼无不横加干预，“若州县欲持平，则事必闻于上官，上官无不奉教士之语者。即使其理甚明，万难倒置，则压阁不批。（此习岘帅最甚）支那之地方官岂有为国、为民之义！既见上官风旨如此，自然袒教抑民，不遗余力矣”④。

经过义和团时期的短暂反弹，清政府对教堂的保护有过之而无不及。几

① 《清末教案》第2册，第764页。

② 《清末教案》第2册，第774页。

③ 胡思敬：《国闻备乘》，第43页。

④ 上海图书馆编《汪康年师友书札》第2册，上海古籍出版社，1986，第1381页。

乎每一教案发生，都有地方官受到惩处。如江西的庚子闹教风潮，李兴锐便以“杜外人借口”和“儆日后效尤”为由，惩处了包括崔湘在内的一批地方官。新昌教案发生后，知县杨国璋也惨遭革职。

简单说，地方官员在与教士交往当中往往要面临仕途和心理上的双重打击。汪康年的一个做官的友人在给他的信中写道：“此间风气渐漓，莠民动辄入教以求胜，教士剔奸恫喝，不能不以去就争之，其做官也以日计，故气闷也。”[①]

看似高高在上的总理衙门和朝廷实际也是一副内外交困的窘境，一方面固然要受到列强的恫吓，另一方面还常遭受疆吏的阻力。

1863 年奕䜣致皇帝折中提到法国照会出言不逊，但他回信时却不敢对法国太过强硬以免“贻大局之忧”[②]。“大局”一词经常出现在晚清的官文中。1862 年上谕要求湖南江西巡抚迅速办理教案，说“万勿逞一时之愤，置大局于不顾”[③]。次年，朝廷指示沈葆桢对法国教士罗安当遭驱逐事件应当持平办理，并要他体谅朝廷“不得已”的苦衷而“顾全大局”[④]。在贵州教案问题上又恳求地方官“顾全大局”[⑤]。法国的照会也拿“大局”相威胁，称“此事与贵国大局甚有关系”[⑥]。晚清数十年间，对大局“决裂”的担心始终左右着朝廷的对外交涉，教案亦然。

在总理衙门当差的翁同龢在日记中多次记录同各国列强的交涉，包括前述刘秉璋案在内，无不反映总理衙门面对外侮时的悲愤交加心理。1895 年 9 月 30 日，翁同龢记载了与德国公使的会晤，称其“躁而横，先梅林教案，次兖州教案，又溜阳教案，喋喋数千言，杂以恐吓要挟，殆不堪矣”[⑦]。不几日又提到了法国公使施阿兰（Auguste Gérard）的一封来信“烦琐侮慢，

① 《汪康年师友书札》第 1 册，第 452 页。

② 《清末教案》第 1 册，第 282 页。

③ 《清末教案》第 1 册，第 265 页。

④ 《清末教案》第 1 册，第 363 页。

⑤ 中国第一历史档案馆、福建师范大学历史系合编《清末教案》第 3 册，中华书局，1998，第 365 页。

⑥ 《清末教案》第 1 册，第 284 页。

⑦ 翁同龢：《翁同龢日记》第 6 卷，第 2881 页。

令人气短”[1]。十天后又写道，英国公使“大肆要挟……狂悖不可言喻，酉正始罢。在总署吃面少许已饱闷，归尤不适，夜未得睡”[2]。翁同龢的食欲不振和失眠，简直成了一个隐喻。

总理衙门面对列强时的无奈和无助固然缘于中西权势关系的失衡，同时也有来自地方上的不合作的原因。这一现象在平定太平天国运动后的一段时间里最为突出。在1866年的一次照会中，总理衙门曾自称，本衙门办理各国事务“以守约为主，以践言为先”[3]。但实际上，总理衙门一度既不能守约，又不能践言。原因在于同光之年，一大批中兴名臣督抚四方，意气风发，根本无视总理衙门之苦口婆心，对反教官员的保护可谓略无忌惮。在田兴恕事件中，一位知府曾当堂对来访的法国主教说：“此刻田军门不知何为皇帝，焉能遵从恭亲王印花？”[4] 1869年，贵州巡抚曾璧光也曾对教士说“随便汝写多少信件送京，皇上必然不亲来查办，无乃仍由我作主”[5]。总理衙门对此也并非毫无感知，曾向同治帝诉道：“办理各国事件，一经该使知照，无不立予查办，但事之办结与否，全在各省大吏官督同地方官权衡妥办。”[6]

各级官员各有掣肘的同时，还要共同面对来自舆论和言路的批评。夏曾佑任地方官时在一起教案中背负了纵教的骂名，令他颇感冤枉[7]。总之，教案对于晚清整个官场都是个巨大的考验。

2. 旧案未了

义和团运动改变了许多人的命运，传教士、教民、团民、士兵、官员，各色人等被卷入这场风暴，崔湘就是其中的一个。

崔湘是晚清规模浩大的候补官群体中的一员。1900年夏，受义和团运

① 翁同龢：《翁同龢日记》第6卷，第2882页。
② 翁同龢：《翁同龢日记》第6卷，第2885页。
③ 《清末教案》第1册，第542页。
④ 《清末教案》第1册，第236页。
⑤ 《清末教案》第1册，第697页。
⑥ 《清末教案》第1册，第583～584页。
⑦ 《汪康年师友书札》第2册，第1369页。

动影响，江西发生了大规模的闹教风潮，当时崔湘正作为试用知府在江西建昌府署事。如果一切正常，他将在试用期结束之后转入候补知府的行列，然后在未来的日子里期待鸿运当头，获得实缺。在获得实缺之前，他还有机会获得各种差委，以此养家糊口[①]。然而政治气候的变化给崔湘的仕途平添了一份不确定性。据后来的江西巡抚李兴锐奏称，1900 年，崔湘“因谣传教堂运藏炮火，率即督署搜查，以致刁民借势焚抢，既经滋事，仍不认真防范，又酿焚毁教堂之案”[②]。在中国近代史上，这样的记载似曾相识，我们可以从“借势”和“不认真防范”等字词推知，“刁民”的活动应是得到了官方的默许甚至纵容，这与中国官员一贯的仇教心理是相契合的。考虑到当时特定的政治风向，崔湘的行为可能还多出了一些消极的希承风旨或积极的政治投机的意味。但是，风向很快改变，朝廷从主战变为求和，最终同列强签订了辛丑条约，其中规定对保教不力的官员进行严惩。1901 年初，接替松寿江西巡抚之任的李兴锐向朝廷奏报了江西闹教风潮的处理结果，说：“当时偾事及查办不力各员，若不分别予以惩处，不特无以杜外人借口，实亦不足以儆日后效尤。”[③] 为此，李兴锐奏参了多名地方官，崔湘便是其一。结果朝廷准奏，将其革职。

在崔湘被奏参这一年，江西省会南昌的荏港发生了一起天主教与耶稣教教民互殴案，史称荏港教案。此案肇因非常细微。这年夏天，天降大雨，荏港港水陡涨，冲走了港中木桥。两个名为钟全生和钟六喜的耶稣教教民便将杉木扎成木排，渡送往来行人，每人收取四文钱。一日，天主教教民文玉连之子文芝生与另一个人手托着豆干去街上叫卖，过港时乘坐了钟全生的木排。渡过之后，钟全生向文芝生索钱，文芝生称无钱支付，钟全生便强拿了他四块豆干抵偿渡资。文芝生恶语相向，由此引发口角和揪扭。如此小事一桩却导致了一系列的群体事件。先是文芝生的父亲文玉连

① 参见肖宗志《候补文官群体与晚清政治》，巴蜀书社，2007。

② 《江西巡抚李兴锐奏报办理教案情形并纠参偾事之各地方官折》（1901 年 3 月 31 日），《清末教案》第 3 册，第 21 页。

③ 《清末教案》第 3 册，第 21 页。

不服，告知同教的樊聚秀等人，樊聚秀召集了一百二三十人，砸了耶稣教教民所开的茶园和福音堂的板壁，随后耶稣教教民聚众报复，打砸了天主教教民开设的两个店铺。樊聚秀闻知此事，邀集了一百五十余人进行反报复，在追杀中，多名耶稣教教民受伤和溺水身亡。在这一过程中，身为天主教教士的游咏（André Yeou）不但不予劝解，反而出资鼓励，大大助长了天主教教民的气焰，因此即使在官绅的劝说之下，还是上演了一出流血惨剧①。

闻悉茌港教案的消息，朝廷谕令持平办理。光绪二十七年（1901）底，外务部庶务司发给刘坤一和李兴锐咨文，做出指示："现值和议初成，宜昭大信，不得不量从轻减，以杜烦言。"只斩决樊聚秀和钟文生，至于万成章虽与二人同一为首，"因系郎主教自行送案，得以贷其一死，虽非枉法从宽，实际已变通办理"。同时指示说："美领事既有遵照中国律法，不能歧视之语，自不致再有争执。法领事亦有按中国律惩办之说，虽请将拟定罪名先行知照，可但于定案时先行告知，不必再为迁就。"②

外务部的咨文下来以后，江西试用道丁乃扬赴上海，会同江海关道袁树勋，同法美驻上海总领事"议及此案"，原本要处死的樊聚秀和钟文生，经过法国总领事的"固请不已"，"拟请"改成"永远监禁"。天主教士游咏出钱"助其斗费"，"姑从宽照会主教、领事撤换革教"③。

在茌港教案办理过程中，代理南昌县事即用知县陈瑞鼎经历了一场虚惊，他先是因"不能防范"遭到"撤任摘顶留缉"的处分，后又因"随同缉犯，尚知愧奋"，被"开复摘顶处分，照常差委"④。陈瑞鼎的这种遭遇，在晚清教案史上并不罕见。光绪二十八年五月十八日（1902 年 6 月 23 日）

---

① 《两江总督刘坤一等为录送拟办江西茌港天主福音两教械斗各犯清折事咨外务部文》（1902 年 1 月 6 日），《清末教案》第 3 册，第 141～142 页。

② 《外务部庶务司代拟为咨行两江总督等将江西茌港天主福音两教聚斗案照例奏咨定案事呈堂稿》（1902 年 2 月），《清末教案》第 3 册，第 169 页。

③ 《江西巡抚李兴锐为录送南昌茌港教案讯结等片稿事咨呈外务部文》（1902 年 5 月 5 日），《清末教案》第 3 册，第 300～301 页。

④ 《江西巡抚李兴锐为录送南昌茌港教案讯结等片稿事咨呈外务部文》（1902 年 5 月 5 日），《清末教案》第 3 册，第 300～301 页。

李兴锐上折保举办案有功人员时，也奏请将去年因1900年教案谕令“摘去顶戴，停委一年，另行察看”的几名官员开复[1]，朝廷依准了李兴锐的奏请。

对比李兴锐前后两个奏折发现，在处分官员名单中唯独上文提到的崔湘不在开复之列。不过崔湘对仕宦的追求并未停止，从《大清搢绅全书》中可知，崔湘在江西革职之后，便捐得了吏部主事的官。此外，他还在寻求自己的开复。光绪二十九年六月十日崔湘的同乡兼亲家周浩调任江西布政使[2]，他的运作空间一下子大了起来。据后来张之洞的一份调查报告称，崔湘与天主教达成了一个私下交易，一面由周浩游说巡抚提前释放在港教案中的天主教案犯，一面由天主教致信巡抚为崔湘请求开复。这个交易不久即发生了作用。新任巡抚夏旹命令南昌知县江召棠释放了四名案犯，并在光绪三十年八月初十日奏请开复崔湘原官。夏旹的理由如下：

> 伏查江西二十六年夏秋之间，谣传四起，人心浮动，闹教之案层见叠出，地方官未能弹压，咎固难辞，亦实有防不胜防之势。该革守崔湘酿事之因，本无实迹。其赴教堂搜查炮火一节，屡据具禀辩白，只以大局攸关，外人指摘，不得不从严参处，以杜借口。该员于被议后，仍竭力分认赔款，尚知愧奋，人亦有用之才，废弃可惜。现接法主教和安当来文，暨迭次致函派办政事处力商，代请开复，足征持论公平，毫无成见。且查同案中如……所得革职摘顶停委处分，均经奏准开复有案。该员事同一律，自可援照办理。

对此，朱批是：“外务部查案议奏。”[3] 但也许为了彰显严惩“保教不力”地方官的决心，外务部并未核准这一请求。

---

① 《清末教案》第3册，第371页。

② 从《清实录》可知周浩的大体仕宦历程，包括其任江西藩司的时间，也可知他之前亦曾在江西任过职，但与崔湘的结亲时间不得而知。

③ 《署理江西巡抚夏旹奏请开复试用知府崔湘原官片》（1904年9月19日），《清末教案》第3册，第733~734页。

在江西，由教士函请开复因闹教被罢免的官员而未被外务部核准的事，非止崔湘一例。据《申报》报道，庚子年署赣南道徐椿年因辖地内发生焚烧教堂和殴辱教士事件而被革职。1905 年某教士函请为其开复，于是赣抚上奏保请开复原官，仍留江西候补，但是外务部认为，该道虽经法教士函称保护得力，实际上当时并未切实保护，因此不予核准①。此例当然是因为外务部想要表达在保护教堂问题上的坚定态度，也是因为不希望传教士干涉朝廷的用人权。

接着再说崔湘，他的努力不但未得到回报，反而诱发了日后的一桩惊天大案，连周浩也深受株连。就在这桩交易前后，江西瑞州府新昌县的棠浦镇发生了一系列针对天主教的闹教案件，时称新昌教案，后来当地人则更多以棠浦教案称之。天主教的喉舌上海《汇报》1904 年底节译了江西某教士的一封来函，叙述了此案的来龙去脉，现录其内容如下：

> 棠浦为江西瑞州府新昌县大镇，距新昌县四十五里，距瑞州府八十里，距上高县四十里，系四达通道，人烟稠密。二十年来，该镇渐有信奉天主教者，教士每年前往，借镇中某姓教民铺屋，为诵祷之所，俾各教民得以聚会，习行教礼。
>
> 庚子年，土人附会拳匪，捕得教民三人，悬钉梯上，作十字形，毒打而毙，将尸截为数段，投之河中，至今冤沉海底。去年法人白司铎，在此处被龚姓教民围捕，幸在夜间，得以暗中逃脱，报告省宪，仅派委员来至棠浦，向龚姓婉言开导数语，并未严办。龚姓愈行狂放，专与教民为难，殴辱抢劫，无所不为。有司得教民控诉，皆斥为诬告，不为理直。
>
> 延至今年四月，白司铎遣谨愿司事二人，往该处相近，修葺小堂，并悬天主堂匾额，由县派差役一名、兵勇四名同往，以备沿途保护。龚姓聚众，将二司事拖入祠堂吊打，差役兵勇亦被殴伤，一兵立毙，此四

① 《外部不允教士函请开复某道》，《申报》1906 年 2 月 4 日，第 3 版。

月初五事也。夜间将二司事手足紧缚，投之于河，即前所投三教民之处，明晨捞起，截为数段，焚骨扬灰，以灭踪迹。时白司铎与德司铎皆在近处，龚姓多方觅捕，二司铎逃至瑞昌府城内，请地方官办理。官坚执不可严办，仅能用劝息之法。

六月初九日，有教民刘兆林，自瑞州送信至新昌，路经棠浦，亦被害毙。初十日，有教民姚成，被龚姓毒打，数日后死。十一日，有教中寡妇罗王氏，龚姓怂恿妇族交送入祠，毒打而死。十八日，教民蔡荣三，亦为龚姓所毙。

教士见教民被害太多，不忍坐视，且教堂教士俱极危险，函请当道拿办。当道转调袁州府与吉安府二处之兵，来至瑞昌。奉宪令不准至犯事地方，以防激变。仅驻府城中，用待后命。于是人人皆谓官场畏惧棠浦，仇教者从而效尤，饶州乐平等处，乱事蜂起，捣毁关卡，杀官焚署，声称更欲扫荡教堂。江西北境主教，特电致上海总领事，请为保护。总领事转电赣抚，抚宪命瑞州府之驻兵，速行前往弹压。兵行五十里，去棠浦三十里，观望不前。

龚姓闻大兵将到，始稍畏惧，特提为首七人，闭之一室，如兵之紧索，则将七人应命，以图了事。适此时湖北德主教与三教士皆被杀，北京法公使遣参赞一员，会同水师兵舰至武昌，与张香帅商办此案。法公使乃电告赣抚，谓有一法兵舰名须尔不里士者，将入鄱阳湖，促办教案。各报物议纷腾，谓有碍中国主权。九江道特恳郎主教代阻，主教未曾照请。时法舰正在修理，突有德国兵舰驶至南昌，其前已有英国兵船数艘来此。法舰吃水太深，不能至鄱阳湖上游，赣人遂谣传法遣德人来赣，及德国兵船突然而去，瑞州人更肆无忌惮，谓教堂可灭。

时上宪委江召棠大令，即现任南昌县，前任新昌县者，前往查办。七月初九日，江令至瑞州府，并不拜会教士，令半途驻扎之兵，俱速退回府城，独自单骑往龚姓处。自言本县来此，并不累及百姓，惟因教民不善，允设法使在该处永不准建堂云云。龚姓感江令之情，许以交出二人，仍恐江令重办，乃使江令以人款作押，方可将二人带去。

江令悉如所请而回，向各处宣言，棠浦业已安谧，狂徒军械全已交出，案已全结云云。棠浦龚姓欣快无比，并怂恿他人，于七月十一日，抢劫塘头与徐家二处。富户徐某房屋被毁，物件劫空，他处之被劫者，更不一而足。育婴堂亦被拆毁，教民之波及者甚多。

高安县见势不佳，恐乱人毁本境教堂婴堂，因急捕乱民数人，下之狱，然势已燎原，不可扑灭。各处效尤者中，景德镇饶州府吉安府赣州府，皆教案叠兴，新建县万寿宫附近，有地名生未者，教民艾亦玉，于七月初八日，被乱人以发系石，投之水中。眼目耳膝皆已割去，惟其须可认。南昌邓村教民邓国和，亦被挖眼害毙。九月初九日，总理江西北境樊大司铎，经过九江府瑞昌县左家村，被左姓人殴辱，拖起发辫，行三里余，随行随打。缚其主仆于祠堂中，有一日夜之久，将置之死地。幸瑞昌县闻知，发兵来救，民闻之大惧，愿交出樊铎，惟求樊铎转恳官勿严办。樊铎许之而回。

当八月十一法兵舰至鄱阳湖口也，船主用华船驶至南昌，见夏抚，促其赶办，抚宪答以目下平定无事，会党匪首已经正法云云。其实龚姓仍无事也。近有二教民，想事已平定，道经棠浦。龚姓见之，依然欲杀。幸得乘间逃脱，不遭毒手。

总计自四月初五为始，教民被龚姓惨死者八人，伤残者十二人，教士被殴辱者一人，即樊司铎被人追寻，幸而逃脱者三人。教堂拆毁者二，村落夷去者二，被劫者五十四家。幸九江道瑞观察布置有方，勇敢绝伦，乐平一案，旋即惩办。然此因有戕官毁衙情事，故办理迅速。独至棠浦教案，龚姓凶手，至今仍逍遥法外也。噫！①

上文显示，江西新昌龚氏家族对天主教进行了多次残酷的迫害，其行为得到官府的默许甚至纵容，从而招致大范围的仇教风潮。但对于大多数国人来说，这样的表述仅是教方的一面之词。事实上，中文史料中更常见的是另

① 《赣省教案实录》，《汇报》第634号，1904年，第269～271页。

一种截然相反的叙事。如在龚哲正的口述、江召棠的侄子江植三的信函和方志的书写中，都是罗检为非作歹在先，龚栋带头伸张正义，杀死了罗检而导致官兵镇压。龚栋被描绘成一个爱打抱不平的义士，而罗检则是一个无恶不作的“恶棍”①。

历史真相自然不会如此黑白分明。一位美国人曾记载义和团运动结束后的一个现象：

> 各地区或省份都涌现了大批的皈依基督教的人流，但是他们都是出于世俗的动机，所以，传教士的这种观点更是加深了。一次次皈依教会的“民众运动”如汹涌的浪潮，增加了传教士们渴望在短期内对中国人进行根本性转变的希望。但是最终他们会发现，这些人不过是希望在诉讼中获得传教士的支持，或者赢得中国官员的某些特批，抑或在有麻烦时求得领事的保护。江西某地区，1901～1902 年期间，一位积极热情的传教士聚集了 2 万名信徒，以及数不清的自发聚集的群众。但是不久前，这些皈依者跟罗马天主教的敌人清算旧账，于是派出了新传教士审查这些皈依者，经过一年的教会训练，只剩下 100 名忠实的信徒。②

实际上“爱打抱不平”的龚栋就曾亲历这一历史，据一个新教传教士声称，龚栋曾是美以美会的一个负责人，负责两千个皈依者。后来教会经调查得知，龚栋存在敛财行为，因此不得不退出教会。退出后龚栋建立了自己的新教教会。1904 年龚氏家族对天主教的攻击，便主要关乎两教的竞争③。可能是由于无法与龚氏家族地方义士和民族英雄的形象兼容，这一宗教背景

① 胡思敬纂《盐乘》卷 8《讼狱》，胡氏退庐，1917，第 609～613 页。

② 罗斯：《病痛时代：19～20 世纪之交的中国》，张彩虹译，中央编译出版社，2005，第 176 页。

③ Clennel to Satow, Jiujiang, 15 Aug. 1904, FO228/1555. 转引自 Ernest P. Young, “The Politics of Evangelism at the End of the Qing: Nanchang, 1906,” Daniel H. Bays, ed., *Christianity in China: From the Eighteenth Century to the Present*, Stanford: Stanford University Press, 1996, p. 107。

后来完全淡出了国人的书写和记忆。

百姓以“洋教”为护符，是晚清中国社会权势转移的一个写照。与此形成鲜明对比的是，国家对社会的控制明显力不从心。1904 年 7 月署理江西巡抚夏旹奏新昌教案事，提到棠浦龚姓杀三个天主教徒。“该县拿获龚姓首犯一名，该族率党追赶，捉去营兵一名，闻亦致毙。”派候补府曹树藩等查办，“勒令交犯交尸，乃该族负固抗延，迭饬该族正绅，晓谕开导，尚无转机”[①]。

其后夏旹奏请将新昌知县杨国璋革职。原因是在棠浦教案中，“撤任新昌县知县杨国璋事前既未防范，事后拿犯又酿有聚众情节，办理不善，已经撤任，略足蔽辜。惟查该知县平日遇有民教案件不能秉公讯断，名为护教，实则为教敛怨，不行参革，不足以厌民心，即不足以弭愚民仇教之害”[②]。这份奏折和前引《汇报》刊登的法国教士来函，都表明南昌知县江召棠在官兵和棠浦镇龚氏家族之间担当了调人，并成功化解了一场兵灾。江召棠死后，棠浦龚族为报答江召棠的恩情，为其建祠，香火供奉。据江召棠自述：“龚姓自酿祸后，既不听官委之抚循，又不信绅士之劝导，两月之中声气隔绝。后上新两邑绅士见旷日持久，终非了局，始求予从中排解，而龚姓亦有非二江不能救此巨祸之言，盖指赣南道宪及予也。”[③]

江召棠在担任上高知县时，颇具威望。新昌与上高相接，是以绅士知其威名。此外，江召棠被指为调人，恐怕还与他对天主教的敌视态度有很大关系。晚清七十年，官僚士大夫对基督教的仇视是一以贯之的主流。但甲午尤其是庚子以后，由于朝廷严谴保护教堂不力的官员，地方官员在教务问题上，从袒民抑教转向了袒教抑民。夏旹奏折中提到的杨国璋就是一个例子。江召棠则是一个反例，从他赴棠浦镇调解之前“不拜会教士”这样一个细节中便能证明。不拜会教士在态度上意味着对教方的不尊重，而从技术角度

---

① 《清末教案》第 3 册，第 728 页。

② 《清末教案》第 3 册，第 734 页。

③ 《江大令办理棠浦教案记略》，《时报》1906 年 4 月 27 日，第 1 版。这是江召棠为其致棠浦龚姓之函作的按语，被《时报》同时追录。

来说，也意味着他事先并未在新昌教案的惩凶问题上与教方达成共识，这就不难理解教方对此次调解结果的不满情绪了。更有甚者，息兵之后江召棠与龚族讲定的惩凶条件迟迟不能落实。此后，江西天主教一直向官方施加压力，要求惩处案犯。

1905 年初，胡廷干接替夏旹之任。江西赣北教区主教郎守信得知消息，致函两江总督兼南洋大臣周馥，请其敦促胡廷干早日办理此案。胡廷干赴任途中，行抵南京，周馥果然提及此事。胡廷干到任后，对民教关系不无关心，曾特地发布调和民教的布告①。但是胡廷干到任两个月，此案仍未解决。于是郎守信对胡廷干失去信心，写信质问此事，词气相当逼人。胡廷干被郎守信的措辞激怒，遂回信说："想贵主教通达事理，深明礼义，如此轻视中国长官，决非贵主教本意，此必有我华人代为秉笔，妄逞臆说，簸弄是非，损坏贵主教名誉。"② 在信中胡廷干还提到，上个月郎守信曾致信瑞州府，让后者趁科考时抓捕龚姓考生。胡廷干的回信语气非常强硬，与后来报纸上的颟顸、畏葸形象有很大出入。其后胡廷干又致电外务部，称："干抵任后查此案已拿获要犯龚栋及武举龚耀庭、帮凶龚祥等三名，尚有正犯龚基等未获，以致案悬日久，领事、教士函牍频催，几无虚月。"随后又报告说："乃近接九江主教郎守信来函，语气殊涉侮慢，其意欲派大员带兵往捕。此事实难照办，业已据理详细答复。并责其措词失当。"③ 并附录郎守信的原信以及胡廷干的回信。

本就紧张的江西官教关系因新任按察使余肇康的一个举措更加剑拔弩张。事情要回到光绪三十年底，江召棠因巡抚夏旹面谕而提前释放了荏港教案中的四名天主教案犯，其中两个案犯判的是三年监禁，另两个则是十年监禁。当时江召棠向署理臬司的粮道锡恩报批，未得批准。整整一年后，原本被判处三年监禁的两个案犯监禁期满，臬司派办处札饬江召棠查明，江召棠

① 《江西巡抚部院胡劝导民教示谕》，《江西官报》第 15 期，1905 年，第 21～23 页。
② 《清末教案》第 3 册，第 764 页。
③ 《清末教案》第 3 册，第 762～763 页。

便请示如何处置另两个已先行保释的被判十年监禁的案犯。臬司余肇康认为江召棠当时未奉批准，无权释放犯人，遂命其索还[①]。据《南方报》载，余肇康为江召棠限定了十日期限[②]，尽管后来余肇康在给时任军机大臣兼外务部尚书的亲家瞿鸿禨的信中，否认自己对江召棠进行过催逼，“一批之后，绝未向之一语申饬，亦未行催”[③]，但他这一举措破坏了当地官员与教士在此问题上达成的默契，也给江召棠带来了一个较大的难题。江召棠接到命令后，向当时南昌法国天主教神父王安之做了通报。结果，王安之在正月二十五日以主教郎守信的名义向他写了一封信，责备他不该追索在港案犯，并反过来逼其解决新昌教案问题[④]。

官长追索在港教案案犯，教士不但拒绝交人，反而催结新昌教案，江召棠一下子陷入了两难困境，这就是光绪三十二年正月二十九日之事的前奏。

三　夺命饭局

官员与教士的酒食往来，在晚清长期被视为禁忌，但江召棠之所以在教堂受伤，恰因为与教士的一顿便饭。从这个角度讲，由此引发的南昌教案是时代的产物。正由于双方交往的密切，才使得变故生于杯酒之间。与之相应，对于南昌教案如何反映中西之间的权势关系，不仅要从宏观层面把握，也要从微观层面去考察。

1. 二十九日之事

光绪三十二年正月二十九日即 1906 年 2 月 22 日，在江西省会南昌的一座天主教教堂里，应法国教士王安之的邀请到教堂赴宴的南昌知县江召棠被利刃所伤。江召棠受伤的当晚，各种说法不胫而走。几日后，江召棠受伤的

---

① 《清末教案》第 3 册，第 877 页。

② 《南昌县令擅释要犯》，《南方报》1906 年 2 月 13 日，第 1 页新闻。

③ 《瞿鸿禨朋僚书牍选》（上），《近代史资料》总 108 号，第 17 页。

④ 《南昌教案汇志》，《南方报》1906 年 4 月 22 日，第 1 页新闻。

事通过报纸的报道广为外界所知。北京《京话日报》的读者将会惊讶地读到这样一则新闻：

> 昨晚接南昌电，据说江西首县江邵棠大令被法国教士所杀，来电的句子太简略，当时不知其详，今早又接专电，江大令被天主教士威逼自刎，喉管未断，肚子上受伤数处，当时人没死。亲笔把情节写出，因前任移交的教案被江大令审明，放了两名无罪的人，教士很不以为然，请江大令到堂说话，刚刚进门，就把随从的人阻住，门户重重，一律关闭。教士拿出一张字单，有几条很无理的条款，一定要江大令签名画押，并摆出几件凶器来，如不答应，就要动手。大令气愤添胸，不甘受教士的宰割，夺刀自刎（要算是中国的好官）。教士随手拿着剪刀，又扎了大令几下子，所以肚子上受有重伤。①

上海《中外日报》的读者也将读到如下一则主题相同的报道：

> ……当时新昌神父徐某在座。询江大令立刻能允立约否。江大令以不能作主，必须禀明上台为词，坚不允许。言语之间，神父颇有不逊。江大令见势不佳，愿以异日再议，托故走出。然重门均已锁闭，遂匿诸幽室。被神甫窥见，王神甫即用大餐刀向刺未中。徐神父旋用大餐［刀］又将江令刺伤。
>
> 江大令倒地，血流不止，徐神父越屋而逃，教堂庖丁哑子走侧门而出，以手指喉，跟从悟其意，破门而入，一面奔告新建县及各上台。时已三更，迨大令稍苏，口不能言，先书勿动二字，后书被伤情形。一时观者如堵。②

---

① 《江西首县被杀》，《京话日报》第540号，1906年，第6版。

② 《法国天主教神甫刺伤南昌县》，《中外日报》1906年3月4日，第2板。

而如果是上海徐家汇《汇报》的读者，读到的新闻则是这样的：

> 江西新昌县棠浦地方龚姓闹教杀命一案，迄今已三年之久，而地方官吏竟置不理。讵于前月廿九日忽有南昌县江令召棠来堂拜谒王总司铎安之，称欲商办棠浦一案，但须免拿凶犯，含糊了结。王司铎不允，该令百般强求，均未允诺。该令见王司铎不允其请，竟终日在堂流连不去。直至点灯七点钟，该堂饭候，该令竟欲在堂用膳。王总铎因碍地方官情面，只得听之。后该令复申前请，王总铎始终坚执不允。讵江令竟托故辞出，潜至空室无人之处，用刀自行划伤颈项，伤势颇重。及经王总铎知觉，连夜诣辕报知抚宪胡中丞，请其饬令抬回县署，请医调治。一面电知驻浔郎主教，此上月廿九日江令在堂用刀自伤之实在情形也。①

这三条来自不同报纸的新闻报道的都是正月二十九日发生在南昌天主堂的事件。有的说江召棠是自杀，有的则说是他杀，同样说他杀，具体的情景却又大相径庭。后来的很多叙述表明，上述三则新闻都与事实出入很大。江召棠到底受到了何种伤害，是自杀还是他杀，二十九日在南昌的这座天主堂究竟发生了什么事？真相需要通过对各种相关叙事的排比和分析才能渐次展露出来。

当时关于二十九日之事的叙事，包括中西报纸的各种新闻报道、江西官场的奏折和通报、中法两国的外交照会、江西官场的告示、江西学生和绅士的传单、江召棠写给教堂和上司的手书、徐荣和黄荣的供词、徐嘉禾的述职报告、教堂人员的供词、天主教的官方报告、传教年鉴的说法、各国医生的尸检报告、中法谈判草稿与最终合同、当事人余肇康的私人日记，等等。主要由于政治立场和信息来源两方面原因，所有这些叙事的真实性都可能存在问题。有的可能是有意作伪，有的则是无意间为之。越是在牵扯到江召棠受

---

① 《九江来函》，《汇报》第 8 号，1906 年，第 125 页。

伤和死亡原因的关键问题，言说的真实性就越值得注意。

在中法教案的最终合同和江西官场张贴的告示中，只称江召棠为愤急自刎，但这一认定只是政治博弈的产物，事实上，在此合同诞生前的中法谈判中曾经有一个草稿，便达成了威逼自刎的共识。

驻九江的赣北代牧区主教郎守信在递交法国当局的官方报告中对正月二十九日之事做了比较完整的叙述。法国天主教控制下的法文报上海《中法新汇报》在3月7日刊登了这一文件，随后上海的英文报《字林西报》和国内多个华字报对此进行了翻译转载。下面是天津《大公报》的译文：

> 正月二十四日，即西历二月十七日，南昌县令江绍棠，因某地天主堂王司铎之请，赴天主堂，为办理该县地方交涉事件面议。完毕后复向王司铎云，余并欲商议办理新昌（译音）重大案件，自一千九百零四年至今未能结者。该县令与新昌（译音）教案因有牵涉，曾纵放为首肇祸之人，并将被告二人带至南昌，许以不罚。此事彼时已由教士禀上海领事及北京使臣，故该县令欲议办此事。因此事有干涉于己，如能平和了结，则可表明于上司自己无过也。是日，即二十四日，该县令临别之际向王教士云，伊甚愿为二十九日王教士再请伊至堂中赴筵，以便得从容商议新昌之事。据教士意见，本欲至衙门，然该县令为于堂中清静，可以对谈甚便，并属教士务须是日请伊。又云，余来只带一二衙役。二十五日，江令遣人持伊名片及礼物送与王教士，并言二十六日来天主堂拜会王教士。想伊错记日期，然已备筵等候。至二十六日江令到堂入客厅后，并不欲赴席，声言原议二十九日来至堂中，今日来此，求教士给我写信一封，用极强硬极恫吓极侮慢之语，并须写明将必派兵船来南昌等语。盖言此案不能了结，并非我之过，实因上宪不欲完结，如有教士信一封如此恫吓，我必能使上宪允准各款，然必须说要遣兵船来南昌，方为有力。后江令喝茶一杯，别去，声言二十九日再会。
>
> 此事为哦劳西女劳乐亲见，伊曾由南昌逃出，未死，可证明此事。江令去后，王教士嘱写信，请江令于二十九日赴筵，并令辞意必须十分

平和，且万毋提兵船等事及恫吓之辞，只言请伊赴席等语。二十九日午后三点钟，江令来至堂中。用饭之际，并无一语言及新昌之事，然伊惟言闷甚，难以见信上司，饭后出院闲游。因堂院旁有旧日中国式房屋，时正兴工拆卸平垫，江令欲至彼处，而王教士随后告以彼处正值动工，不便行走。王教士同江令回堂，至堂中教士寝室旁小客厅中。此时江令言新昌之事，余可出款商办。此时王教士始思江令或不能办此事，因该令言不能见信上司，况各上宪并未告知教堂办理此事。王教士请将所出各款写明，以便呈给本教士上司观阅，并给与笔墨。江令辞曰，否，否，须至堂中，饬书手处缮写为便，并可使堂中书手呈至教士可也。后彼此略言片刻，王教士带江令至书手处，并给与桌案后，王教士以江令有碍难面讲之事，故独回屋中。江令将各款办法写毕，令书手送至教士处，并加详解每条条件是何意思。该书手将该条款送至教士处，谈论约一刻之久。此时江令由屋中出来，唤进护勇一名，进来向伊低语后，该护勇仓卒走出，不知何事。后江令回屋中，将门掩闭。此时有仆役一人进内献茶，被江令喝出，声言不许搅乱者。仆役退出，江令复将门掩闭。数分钟后，一他仆闻隔壁有呻吟声，急向玻璃窗视之，见江令仰卧长椅上，脖项流血。大惧，急奔告。王教士来至屋中查看，一面急令人调治，一面步行到抚署禀报一切，此时约六点钟。①

这个报告首先介绍了此次宴会的缘起和枝节，说这次宴会的日期是二十四日江召棠在教堂向王安之提起的。在这两个日期中间的二十六日，江召棠专门来教堂叮嘱教会写一封威吓信，以便向他的上司施压。如果这一叙述符合事实，那结合后面的叙述，就可以认定江召棠在二十九日之前，便已有了自杀于教堂然后归咎教士的图谋，也就是说，这个宴会是江召棠策划的一起阴谋的一部分。后面叙述的是江召棠二十九日在教会的情况，其叙述屡屡指向江召棠的自杀图谋。现分析如下。

① 《南昌教案实在情形详述》，《大公报》1906 年 3 月 19 日，第 2 版。

“用饭之际，并无一语言及新昌之事。”这可以表明江召棠来意并非为了办结新昌教案。

“然伊惟言闷甚，难以见信上司。”此处暗示了江召棠面临的须以自杀来塞责的困境。

“饭后出院闲游……”此处暗示了江召棠心有旁骛，甚至可以勾画一个鬼鬼祟祟的人物形象，意在为自己寻求自杀的合适场所。

“此时江令言新昌之事，余可出款商办。此时王教士始思江令或不能办此事，因该令言不能见信上司，况各上宪并未告知教堂办理此事。”包括胡廷干在内的江西大吏在新昌教案问题上与江西天主教交恶，江召棠却主动承担责任，必有图谋。同时此处的“不能见信上司”也有助于引导阅读者对江召棠人格问题的判断。

“王教士请将所出各款写明，以便呈给本教士上司观阅，并给与笔墨。江令辞曰，否，否，须至堂中，饬书手处缮写为便，并可使堂中书手呈至教士可也。”此处暗示与其说江召棠在选择书写的地点，不如说是在选择自杀的场所和时机。

“后彼此略言片刻，王教士带江令至书手处，并给与桌案后，王教士以江令有碍难面讲之事，故独回屋中。江令将各款办法写毕，令书手送至教士处，并加详解每条条件是何意思。该书手将该条款送至教士处，谈论约一刻之久。”此处继续为江召棠创造自杀的空间和时间。

“此时江令由屋中出来，唤进护勇一名，进来向伊低语后，该护勇仓卒走出，不知何事。”江召棠这一举动在上下文的烘托下变得不可告人。

“后江令回屋中，将门掩闭。此时有仆役一人进内献茶，被江令喝出，声言不许搅乱者。仆役退出，江令复将门掩闭。数分钟后，一他仆闻隔壁有呻吟声，急向玻璃窗视之，见江令仰卧长椅上，脖项流血。大惧，急奔告。”至此，自杀在一间空屋子里完成。

为了证明这份报告的可靠性，郎守信在报告的末尾提到了两个证人。一个是到二月初三日一直与王安之同住教堂的法国教士马禹鼎（Joseph Martin），一个是进贤门外老天主堂的教士罗望达，后者二十九日虽未在场，但于次日被王安之邀请到教堂，获悉了当时的情况①。后来罗望达在天主教的传教年鉴中以王安之的口吻对事情做了叙述：

江召棠到后，我们就入席，他吃得甚少，而我吃得甚多。我重复引起关于新建事件的谈话，但每次他都转移方向，我当时非常惊异。他怨恨他的上级不重视他的功勋，令他痛苦，对他不公道等，不停大骂。直至餐罢为止。他特别气这个全省的大裁判官。我们的午餐是郁闷的，当我听了这个县知事如此的谈话，我就可怜他，我自问道：为什么他要约在我家午餐和会商？

午餐完毕，江召棠赶快离开饭所，一直向新教堂的建筑物去，进入一个黑暗的房间。我紧追他，想他是寻找厕所，我告诉他地点说由此进。他回答："不，我不是找厕所，我只是愿意参观这一部分。"随他后面领他到我的小客所来，请他饮咖啡，抽雪茄烟，其后我决定来讲该事件。他坐着显出非常忧虑的样子，说："我既为商谈棠浦事件而来，我们就谈好。"当时他对我提议一种总之使我满意的条件。但我对他调处该案怀疑他的技能，亦因我不甚了解法院惯用的某些文词，我请他将所有条件完全写出来。我召我们的书记。他说："好，我为你完全写出，但我为着熟思和讨论，我宁愿退到刘宗尧书记的办公室内一刻时，你的书记为我与你的中间人。"我当时亲自陪同他去 J－B 刘办公室，藉以明了是否有一个适当的椅子和一切写字所必需的。其后我就让他单独与刘宗尧书记在一块。我回我的房间来，将近二十分钟以后，J－B 刘拿来一张纸，说明该县知事所拟的条件。当我了解这些文字时，江召棠顷刻间离开他的房间，低声附耳的对坐在门房的他的仆从说了一些话。这个仆从即刻离开他的驻所，而该县知事进入房间，把门关起。他拒绝厨师送给他的茶，说声他不需要。不久以后，一佣仆听到房间内的悲声，试图开门察看，但门关甚紧，当时这佣役由窗口望见江召棠倒在

① "Les Massacres de Nantchang," *L'Echo de Chine*, 7 mars 1906, p. 1.

长椅上，满身都被用小刀和手指刺颈所不断流出的血沾污了。我当时晓得就急忙向这个房间去，破其门而入。我对他说：“你在此做什么？为什么你做这个生气的行为？我满意你所写的条件，我愿意接受他。”江召棠显出昏乱的样子，望着我亦不说话。

当证明他是伤及咽喉，我召唤佣役为他作了种种的初次看护，但他拒绝一切，说：“我不需要你的看护，让我肃静，你们走开。”因他的话和手势，我晓得他的伤害不是非常严重，但是是做什么？天时渐黑，就同 MARTIN 及佣役等相商后，我们试图迁移他到审判所去，但他坚持拒绝离开。[①]

相比上文的官方报告，在这个文本中存在大量的对话和心理活动，使得二十九日之事的某些片段展现得更生动，也更细致。但毫无疑问，两个文本在对江召棠和王安之行为的展现中，调子保持了高度的一致，一方面是江召棠精心策划了这起阴谋；另一方面王安之对这起自杀没有任何责任。

当时在场的还有刘宗尧、艾老三和胡恩赐三个教会人员。在南昌中法谈判期间，负责办案的江西臬司余肇康和津海关道梁敦彦等对这三人进行了审问。三人的供词都部分印证了上面两个文本的说法。现分别将三人供词罗列如下：

一，据刘宗尧供，江西萍乡县人，年三十七岁，在天主教先前方教士身边就认识江官。方教士死后，闲住七八年，伙开钱店铺，名巨春祥。十八日，家中被火延烧，失去衣箱，禀请江官追究，江官命住堂中。本年正月二十六日，看见江官在饭厅，江官叫人令我在门口等他，说饭后尚有事。江官教王神甫写信说，信中尽管责怪他，并要发兵。王神甫口授我照写，我懂点法文，翻译出来写信稿。江官并未看见信中所

① 《天主教年鉴·中国传教篇》，译文转引自《关于帝国主义分子对“南昌教案”捏造事实的报导的材料》，南昌市档案馆藏，卷宗号：5080－20－77。

说何事，我也记不清楚，信内并未请江官吃饭，另写一张片子请吃饭。二十九日饭后，江官到我房中坐，江官说新昌事难办，两边不讨好。江官就说，王神甫叫他写张凭据，江官一边说我一边写，又叫我拿到王神甫去看，我就一条一条念与王神甫听。王神甫说，棠浦事要添造一所教堂，又说他自己意思。差不多一刻之久，记不准时候，艾姓来说，江官自刺了。我听这语，与好多人去看。那时王神甫往看，有何言语。我惊慌了，记不清楚。王神甫一望即走，我当时并未言语，随后向江官说，你闹出这大事来。我于二十九日以后，因王神甫不许出来，故我在堂内，到二月初三日约一点钟时，我方出堂来。二十九日，以有多少兵保护教堂，我不知道，我向在外做生意，本不愿进堂，十八日才进堂。我不知江官如何说我刁狡，江官闹出事后有人听见喉中有声。何人拿住江官手我不知道，那时房中无他人，艾姓何以报知王神甫说江官自刺了，我也不知道。那时同王神甫并没有说话。二月初三日，王神甫先跑，复回身找往前门走。这房并不是我的房间，从前是账房。我进房内并未看见有刀子剪子。我进去，江官要笔，就把一枝与他。江边自拖椅子移近桌边。邓贵和、郭丰太这两人均不住堂。王神甫是否要放此两人我不清楚，大约王神甫总想添入此条。江官到房时并无忧喜之样子，只微露惊惶的样子。不敢谎。

一，据艾老三供：江西南昌县人，年三十六。在九江伺候郎主教，因家眷在省城住，去年年底回来。今年正月二十六日，王神甫来教小的进去说，江官来吃饭，要小的帮忙。到二十六日，江官到堂内吃饭，听江官说今日无闲。罗教士说：我有小事约你，王神甫请江官写稿，江官不肯写，请刘先生来，那时小的出去了，不知他们怎样说。二十九日，王神甫请江官，小的也去帮忙，管分菜桌事。江官吃完后在王神甫房中坐，小的客厅无灯，照灯进去，过钟楼下闻江官咳声，在玻璃窥见江官身上有血，报知王神甫，说何以有血，说怕江官行刺了。王神甫赶到房中亦无说话，同小的到抚院，路上坐轿，回来后即回自己房中，当时小的没有看见刀剪。小的换鞋，约十一点钟回家去了。那日江官三点钟到堂，刘先生到王神甫房中约一点钟之久，别的事都不知道。是实。

一，据胡恩赐供：徽州婺源县人，祖父在饶州做佐杂官，父亲充科房，我在腹内即吃教，在堂七年，司茶水，方神甫去世后即伺候王神甫，王神甫脾气不好，曾打过骂过我的。本年正月二十二、二十三、二十四、二十五、二十七、二十八等日，江官都未有到堂，只有二十六日到过一次，二十九日到过一次，总共到过两次。我送茶到账房把江官吃，看见江官说，你出去，你出去。并无他话，并没有叫我不要进来，也并没有叫我叫别人。我送茶进房，见江官坐在桌子旁边，并无别话。江官带几人进堂，我实不知。是实。[①]

三人的供词展现了新的视野，但在对江召棠的行为的认定方面与前两个文本完全保持一致，即江召棠在一间空屋子受伤，此前“司茶水”的胡恩赐给刘宗尧账房中的江召棠送茶，被逐出去，而艾老三则听到咳嗽声后上楼，透过玻璃窗看到江召棠身上沾了血。

江西官方也询问了二十九日跟随江召棠到堂的茶房黄荣和家丁徐荣，直接口供不见于文献记载，但《时报》（*Eastern Times*）的一份报道显然是在这二人的视角下展开的：

据茶房黄荣、家丁徐荣供称，本年正月二十九日伊等跟随江令赴法国天主堂便饭。伊等仅止初到江令与神甫王安之小花厅茗谈时在旁伺候。迨王安之邀江令到大饭厅上席，王安之即将门关上，阻止伊等进去。伊等即在头门内等候。头炮后，江令由内走出，低声吩咐伊徐荣云，棠浦案子大翻，我被王安之逼得不得了，不准我走，赶紧请新建来。王安之随即将江令追进去，将门关闭。伊徐荣就驰马往请新建。伊黄荣仍在门口守候。二更时分，王安之手提西瓜灯同两中国人出头门去。忽有哑巴出来，向黄荣用手装做江令被杀情状。伊黄荣即赶进，看

① 《南昌教案余闻》，《南方报》1906年4月29日，第1页新闻。

见江令已被杀伤，倒卧在刘先生厢房内椅上，胸前衣上有血。伊黄荣即回署报信。伊徐荣亦同新建县赵官赶到。[①]

黄荣和徐荣二人都被屏除在外，江召棠如何致伤，根本无从知晓。但其态度取向却明显是被杀。尤其有趣的是哑巴的行为，他用手抹颈，其实既可以解读为被杀，也可解读为自杀。

这个哑巴的出现，真是充满了寓意。实际上，江召棠咽喉受伤后，似乎一直口不能言，也成了另一种意义上的哑巴，但他并未成为堂中哑巴一样的失语者。受伤之后，他在不同的时间和场所给不同的人写下了多纸手书。在中法交涉期间，南昌将江召棠的手书拍成照片寄给两江总督兼南洋大臣周馥。后者为给谈判施加舆论压力，命属下将其刊登到《南洋日日官报》。随后，《申报》等报进行了转载。

给教堂的手书一共八纸，其中第一纸手书是受伤前所作，其余为受伤后所作。分别如下：

一，一、拟棠浦办凶犯抵命三名，除龚栋到案外；一、拟龚耀庭革去举人，监禁；一、荏港永远监禁，减等开脱；一、南昌邓国和仍依原中拟出抚恤钱一百八十串外，严缉凶首究办；一、新建艾亦玉仍照原拟办理；一、议高安县匪犯闹教堂，除已正法四名外，赔偿；一、议棠浦抚恤教民赖克明等钱。

二，我死为救新棠民人，不是与教堂为难，总求神甫保佑我民，不发兵，不请兵船，案平和速了，我死无怨。

三，我死不要紧，只求神甫，救我新昌民人，不要再兴兵。我死感激刘先生。

四，只求神甫从轻就此了结，我抵凶犯数命，案了教亦可传。龚姓非野蛮之人，我死如前言，案算了结，不可再追失言，我死无怨。逼死

① 《南昌大教案二十五志》，《时报》1906年3月26日，第2版。

本县不怨，为救民耳。嗣后传教，民教相安为主，不可任性，江西乃好百姓，非蛮地也。视死如归，只是爱民。

五，既承王神甫允结各案，不再兴兵，我死感激，保佑尔教堂大兴，民教从此相安，真大幸也。刘先生致意，莫怨我，莫恨我，谁人不为民也，人生无非一口气，受气如此，不如死归。

六，我走请教堂点查东西不少，以免借口，一议毁去教堂等件，共赔钱，王司铎追逼再三，商量断不办人，安息一夜再看，不必要人再罗索。

七，我衙门有药医好，即将教案可了，逼人难堪，我不死，主教不依我，我无活日，怪我不应到新昌去，我死为上高城隍神。

八，办三人龚栋、龚高、龚基，两面受摘拟办三人，茌港五人邀免。新昌办三人，龚栋、龚高、龚基到案，龚耀廷永远禁（永远二字旁有司铎二字），我不拿到（拿到二字旁有圣贤二字），洪升供（洪升二字旁有二等头目四字）彭云山系大头目，现在袁州门外易姓土娼家藏匿，三桥之师子岭（至岭字以下略有数字，实看不清难以释记）。[①]

此外的手书分别写给新建县令赵峻、南昌知府徐嘉禾和江西盐道沈曾植，以及江召棠的家人。其中给新建县令赵峻的四张手书当是写于他当晚赶奔教堂之后，内称：

一，洋人密室，四面土墙，王安之称特备此室办案，在此人不听见。

二，王神甫说要我死，案即了结。关闭空房，怪我不应到新昌，解散匪犯，至今案未结，是我爱民仇教。一刀一剪，听我而死。小翁（新建知县）莫回上宪，使各大宪忧惊，故不安也，气管已断，无救。

① 以上给教堂的八张手书分别引自《再续南昌江令影片文字》，《申报》1906 年 4 月 26 日，第 2～3 版；《三续南昌江令影片文字》，《申报》1906 年 4 月 27 日，第 3 版。

三，为民而死，请小翁禀明上宪，王神甫说要我死，即可了新昌各案。我即死案须了结。逼人至死，我不记得。追剪子。说不出话。怕气管断。要求吾兄作主，禀明上宪。逼人至死加功。有信在署，小翁必代伸冤。

四，二人捉手不知何意。不准。刀剪均被拿去。小翁来有人语是剪刀。小翁追取，即不应。

南昌知府徐嘉禾和江西署盐道沈曾植当晚奉命到堂查问案情，他们得到的两张手书又说：

一、喉有三伤，先被逼在密室。吃洋烟，有一快刀。见桌上洋刀一把，拿破烟用，后逼着立刻放犯人教民邓贵和。彼此争论，其势欲用武。卑职即到刘先生房内议事，亦刁猾。立时画字，受逼将桌上刀自刎，因怕痛不敢再割。眼见有人拿一剪刀，戳喉两下，并有人将卑职手（手字以下甚模糊无可辨识，只得作为疑义）。

二、伤是二下，如自刎不能再划一尖刀一剪刀。密室。赵令他们说是剪刀。比追。见不肯拿出。"我死案即了"，王安之说的。

此外，江召棠给家人的手书一张不知是否作于当晚，内称："王安之逼我放在港内人犯，棠浦要赔银十万两。惩办龚姓三人，逼我立约签字，我不答应。渠百般恫吓，被用刀剪，连戳咽喉三下，我死后以此字呈上宪代伸冤。"①

上述手书，除了给天主教堂的一纸是写于伤前，其余各纸都是作于伤后。从其内容上看，写给教堂的全是被逼自刎语气，而写给赵峻的，则有了"逼人至死加功"之说。"加功"是一个传统的司法术语，意义比较模糊，

① 以上给新建县、道府和家人的八张手书分别引自《纪南昌江令影片文字》，《申报》1906 年 4 月 24 日，第 3 版；《续纪南昌江令影片文字》，《申报》1906 年 4 月 25 日，第 3 版。

江召棠举刀自刎后，教堂人员再递剪刀令其自刎，也可以归入加功的范畴。给赵峻的手书中还有“二人捉手”之说。如从他杀的角度看，所谓“二人捉手”应是暗指教堂人员刺杀江召棠时为防其反抗的一个动作。在此手书中江召棠却说“不知何意”，可见他此时尚不欲明言他杀。到了给沈曾植和徐嘉禾的手书中，模糊的“加功”却变成了清晰的“戳喉”。尽管称戳喉，手书中尚且有先行自刎之义。但是到了给家人的手书中，自刎痕迹消失殆尽，变成了被人“连戳咽喉三下”。也就是说，江召棠的上述手书是明显自相矛盾的。

实际上，这并非江召棠的全部手书，民国时有人在沈曾植的藏书中，曾发现了九纸手书，从其口吻看，应是写给家人的。其中有四纸均提到教会的“威逼”“恫吓”；有一纸提到受伤情形，称“意是逼我自刎。我怕痛，不致死。他有三人，两拉手腕，一在颈上割有两下。痛二次方知割两次。欲我死无对证”；有两纸则催促仵作验伤；另有一纸自述受伤后的感受，称“扎紧难过，有痰咳痛不过喉”①。九张手书格调颇为悲壮沉痛。

此外，江召棠似乎还向巡抚写下三纸手书，第一封写道：

> 敬禀者：卑职于今日三点钟应法国教士王安之之召，席间谈及新昌、棠浦旧案，要挟万端，责卑职不应前往开导；并勒令改判龚姓三人死刑，给教民赔恤银十万两；另将南昌、荏港案内监禁五犯全行开释。卑职据理力争，不允所请。王安之异常恫吓，声言“如不允签字，立将尔性命抵偿教民；否则电请公使派兵轮来省督办”。卑职气愤添膺，斥其狂悖。不料王安之突用洋刀向卑职喉间刺来；又忽被一五十余岁者将卑职右手握住；又被一三十余岁者从后执紧，猛将卑职喉间以刀刺进。可怜文官无用，遽尔昏迷。求诸位大人作主，卑职为民请命而来，死无足惜。惟值此国家多难，总乞宪台以保护教堂为第一要义。一面将凶手王安之扣留；然后电达外部执理固争，将各国所订条约大加修改，

① 陈乃乾：《记江召棠案》，《古今（半月刊）》第35期，1943年，第25页。

使教士不得干预地方词讼。卑职服官数十年，薄得民心；倘因卑职被刺，百姓气愤，焚毁教堂，伤害教士，上贻君父忧；则卑职虽死亦不瞑目，惟请大人怜之。

第二封写道：

窃上年新昌县棠浦教民滋事一案，外匪造谣煽惑，教民杂处其中，势甚岌岌。卑职当奉宪檄，驰往开导，冒险入村晓谕解散，交出两犯得不让成大事。乃法教士王安之未遂私图，转相责难，近复以荏港案内监禁五犯要求释放，未允，嫉视尤深。本月二十七日函约卑职于二十九日赴堂宴饮，辞谢未获，遂于是日下午三点钟，随带茶役家丁各一人前往该堂。王安之阻止从人，不令随入。及至入坐谈及公事，办抵三人给恤银十万两，以理答之。王安之异常恫吓，声称"如不应允，即立时以尔之性命抵偿棠浦教民；否则电知领事派拨兵轮督办"。卑职因其语言狂悖，伪为小解，走出厅门，密令家丁往请新建赵令。席终赵令未至，王安之复邀入密室，出示议约逼令签字，卑职仍以正言力拒。王安之愈加无礼，势将用武。卑职见其容色暴戾，托故走出。其时中门紧闭，无路可走，只得避入司书刘姓（刘宗尧）房内，央其劝解。乃王安之从后赶至，授以一刀一剪，逼言"汝死案即了"。卑职义愤填膺，该教士喝令二人将卑职两手捉住，用力一刀；复用剪戳住咽喉。卑职血溢晕跌，毫不知事。现在伤重垂危。因公殒命，固不足惜。惟该教士饰词邀饮，摈绝随从，始而恫吓，继而逞凶，蓄意预谋，戕杀印官，为环球所未有之事。请大人委员秉公查办，以存国体。伏枕哀鸣，仰乞垂鉴。

第三封写道：

敬再禀者：卑职颈项共有三伤，恐他人有谓卑职系自尽者，则三伤可验。不办自明，求大人作主。卑职召棠忍辱禀：

一，年有五十余岁有须，又三十余岁。此两人拉卑职手，加之又一人，委实酒多吃了一杯，加以喉颈当时痛晕不大记清。

二，二十七日下帖请卑职，卑职辞脱，二十八复写片子专请，嘱不要多带人，是以卑职只带一茶一跟。一到教堂，先在花厅议，复在饭房。议事未定，复邀密室，进后，卑职喊人，不准前来。立放邓贵和。

三，王安之近日威逼异常，家人逐出。主要放邓贵和、葛洪太，不肯交案。至惊动各位大人，卑职不肯，尚求大人恩宥。如不得痊，惟有来世变犬马报答各位大人深恩。

四，卑职跑出，王安之追问，卑职称解手。比喊随新建县来解围，不然，今日要逼死人，与徐荣说两句。王安之、刘先生皆坏人，亦追出。卑职请刘先生，教民在押代其可也。卑职平生未受过此威逼。

五，先有一人用刀刺颈，后好象有一粗工拿一剪刀，戳了两下。又有两人左右拉扯卑职手，不知何故，卑职痛，记不清。将来追天主堂交出。拉卑职手为何事，即戳卑职。喊徐荣及茶房。为新昌案与相议多次，只要茬港通融，合省教堂均可平议妥结。

六，二十五日来信威逼，二十六日卑职到堂，再争论，那定要杀武学，如不议结，即电上海领事发兵船，恐得罪各大宪。①

给巡抚的这三纸手书提到受伤情由时，均称被刺。这三纸手书，并未见于官方文书，是否为江召棠所作，似有疑问。另一个疑问是，江召棠在伤后可能还写下了其他手书，但未公之于众。比如有人传言余肇康在初一日到堂看望时，江召棠曾手书一纸，自称“教堂自尽，辜负宪恩”。后来中法在南昌谈判时法国参赞专门提及此时，余肇康坚决否定，并在日记里大骂“汉奸如此之多”②。

江召棠是此次二十九日教堂受伤之事的最可靠知情者，只有他可能给予

① 《一九〇六年南昌教案资料专辑》，第 13 ~ 14 页。

② 余肇康：《敏斋日记》第 30 本，丙午三月初十日。

事件最精确的描述。然而江召棠的手书自相矛盾，有的是自杀口气，有的则是先自刎后加戳，有的则是全为被杀。甚至具体受伤的次数都不一致。对于江召棠手书的自相矛盾，外界给出不少解释，《南洋日日官报》的主笔写道：

> 今按大令手书，贻官场及其子者共七通，贻教士者亦七通，其词气前后若有出入者，则以手书太多，血溢神昏之故，不足为异。而法参赞乃执予教士之书以为自刎之据，华官则执予道府三书、县诸书以为被戕之凭。中外各执一词，莫衷一是。实则予教士诸书，乃因教士先有汝死案了之言，江令已分伤重必死，转恐徒死而不能践言，故书中皆要其了案、保护地方之言。而致死情形，则全在予官场书中。必当参考合勘，案情始出。岂能执一废一耶？[①]

意即江召棠写给教堂的手书是为了结案方才被迫假言自刎。有人对江召棠写给教堂的手书解释得更加明白："无论其是否逼写，而当孤身寄于仇雠时，若直书其罪，岂不虑撄其怒而速其死？该令即不虑此，而其时左右皆彼教中人，书之存毁在其掌握，若不隐约其情，其书恐成灰烬久矣。该教堂岂肯存留至今，自证其谬？"[②] 又有人则干脆说，教堂持有的手书"字迹模糊，不类江手笔"[③]。江召棠自己在手书中讲到案发情景时，曾说因为"酒多吃了一杯"和"痛晕"而记不清，也可以看作对手书多歧义的一种解释。酒精很可能在此次事件当中起到了某种催化剂的作用，《字林西报》一篇报道在叙述二十九日之事时，便推测说饮酒过多导致的兴奋也可能是一个原因[④]。而《中外日报》的访函，更是说王安之"以白兰地酒灌之使醉，俾江

---

① 铎：《再书纪江令影片文字后》，《南洋日日官报》1906年4月23日，第1版。
② 《清末教案》第3册，第864页。
③ 《查办县令被杀详情》，《新闻报》1906年2月27日，第1张。
④ "The Nanchang Murders," *North China Daily News*, March 3, 1906, p.7.

令于沉醉时签允赔款”[①]。那么，到底哪一种说法才是可信的呢？

先看看江召棠的家人采用的说法。谈判专使梁敦彦和法国参赞抵达南昌之际，江召棠的两个儿子曾有拦舆递状之举，其状纸是这样叙述二十九日之事的：

> 正月二十八日，天主堂教士王安之，函约职父于二十九日三点钟赴堂，有事相商，遂留便饭。职父以教士相见，无非请托，不欲前往。嗣因力辞不获，遂于是日下午，随着茶房黄荣、家人徐荣前往该堂。王安之延见花厅，继入内堂饮酒，阻止从人不准入内，并有马教士在外拦阻。及至入座，王安之谈及棠浦一案，职父不应前往解散，现在案不能了，责令职父办抵龚姓三名，并给教民赔恤银十万两，荏港案内监禁各犯，均应全行开释。职父以理相拒，致拂其意。王安之异常恫吓，声言如不应允，即立时以职父性命抵偿棠浦教民，否则电知领事派拨兵轮督办。职父因其语言狂悖，即欲辞出。王安之谓不议妥，不许行走。职父虑其非理相加，伪为小解走出厅外，密令家人往请新建县赵令至堂劝解。席终赵令未至，王安之复邀入密室，出示议约，立逼签字。职父仍以正言力拒。王安之愈加无理，势将用武。职父见其神色暴戾，托故走出。其时重门扃闭，无路可走，避至堂内刘司事房内，央其劝解。刘司事故意刁难，王安之从后赶至，授一刀一剪，逼言汝死，案即可了。刘司事亦狐假虎威，帮同恐吓。职父被逼情急，取刀作自刎之势，意料王安之或可回心转念不致再行横暴。讵王安之竟喝两人将职父两手捉住，夺刀直刺咽喉，并复用剪猛戳两下。职父血溢昏跌，痛不知事。嗣茶房黄荣见堂内哑巴开门在外，作杀人之状，疑有变故，闯入内室，瞥见职父血污满身，奔回署中报知。职等前往看视，见咽喉受伤甚重，悲愤欲绝。追问凶器，王安之藏匿不交。其时，口不能言，犹能勉强作字，书叙被害情形。当经报知新建县赵令，转禀各宪亲临看视，延医调治，于

① 《汇录详述南昌教案情形函稿》，《中外日报》1906年3月1日，第2版。

二月初一日，始回署中。[①]

无疑，状纸是以江召棠手书为蓝本，并经过一番加工，方才构建了上面这一叙事文本。将其与天主教的官方报告相比，存在诸多的不同。最重要的两方面，一是表现了王安之对江召棠的百般逼迫，二是声称江召棠为他杀。江召棠在具体受伤原因的陈述中存在矛盾之处，状纸特意做了一个转圜，说江召棠“取刀作自刎之势，意料王安之或可回心转念不致再行横暴”。

那么，江西官场又是采纳了江召棠的哪一种说法呢？事发后，江西官场向外务部、南北洋、湖广总督、法国领事和主教致电通报。其中致外务部的电文只提到“南昌县令在教堂被伤，情节极重”[②]，“被伤”即受伤之意。第二封送达外务部的电报则叙述如下：

此次教士王安之函邀江令便饭，江令只带一仆、一茶房前往，被堂中阻止，从人不准随入。江令先在外堂共饮，嗣又邀入密室，重门悉闭。所言从人皆不得闻。先是江令见势不佳，密嘱家丁至新建县报信。比该县赵令峻赶至，江令颈已受伤，血污满身，口不能言。后稍苏自写情节，昏痛之余，语多杂乱。大略谓因议棠浦、荏港两案，彼此争论。王安之立逼签字，势将用武，否则立即电派兵船，并以一刀一剪逼令伊死，案即可了。伊取桌上小刀自刎，畏痛不能再割，觉有人用剪加戳两下。又检有数纸，皆未受伤前书给教士者，内有要本县死不难，恐欲反悔各等语。询问教堂司事刘宗尧，则言江令在密室受伤，伊与王安之均未在旁。查此案江令伤由自戕，或有人加功，事在疑似。但教堂尽屏从人，不令入内，举动殊为叵测。王安之素性狡谲，悍鸷异常，藐视印官，动辄挟制。江令服官多年，清正廉明，老成练达，若非窘辱难堪，

① 《一九〇六年南昌教案资料专辑》，第36页。

② 《教务教案档》第7辑（2），第722页。

断不致出此拙见。[①]

江西大吏或许是为了保留自身的回旋余地，在这两封电报中都未确认江召棠自杀的事实，第二封还特意渲染了事件起因的神秘性和江召棠受伤原因的不确定性。

发给张之洞的电报则与外务部略有不同。其电文如下：

正月念九，城内法国天主堂神甫王安之缄约南昌县江令召棠便饭，面商从前旧教案，彼此争执启衅。王安之逼江令将奏定限年及永远监犯多人立即释放，并将江令拉入密室，肆意恫喝，口称即派兵船来赣。江令不胜其忿，顺取桌上小刀遽行自刎。据江令扶痛手书，恍惚有人拿一剪刀，加功戳喉两下。[②]

这两份电文都明确表明江召棠先有自戕的动作，但是随后加功戳喉的事仅是转引了江召棠的手书，而没有给出自己的判断。此外，二月初二日，江西官场刊出了告示，其内容如下：

照得南昌县江令于上月二十九日在法国天主堂因从前棠浦、荏港等处各旧教案，与堂中神甫互相争执，该令气忿，致生此变。有该令忍痛手书多纸可凭。该令伤痕连日医治，当保无虞。惟案情重要，必应澈底根究，秉公核办。本部院现已督同两司据实电达外务部、南北洋大臣，一面特派盐粮两道会督洋务局司道暨南昌府、新建县传集人证，悉心根鞫，务得实在情形。并候江令医痊，令其明白呈递亲供，由本部院核明拟定办法，请旨定夺。事关国体，本部院与司道等决不肯含糊了事，贻患无穷。尔绅士商民人等爱国同心，本部院等自能曲鉴，惟静候官办，

① 《清末教案》第3册，第809页。

② 苑书义主编《张之洞全集》第11册，河北人民出版社，1998，第9465~9466页。

毋得误听传言，致失事实而从藉口。本部院忝抚是邦，出此等罕闻之案，极为愧愤，较吾民为尤切也。其各懔［禀］遵毋违，特示。①

告示未明言江召棠受伤的原因，但显然可做出自杀的解读。

这是江西官场对正月二十九日之事的表述，至于官场的表述是否符合其认知，其背后有无情感支配，还是得先看看江召棠受伤后官场的运作情况。

据南昌知府徐嘉禾的呈报：

敬禀者，窃卑府于正月二十九日夜闻南昌县江令在老贡院法国天主堂被杀受伤情事，当即驰往，与署新建县赵令查看。见江令倒卧在教堂司事刘宗尧房内椅上，咽喉刀伤极重，血流不止。询问衅情，已不能言。据将亲笔供词呈由卑府，于是晚面呈抚宪察阅。奉谕复至教堂确查如何致伤情形，王安之强词诿辩。次早又随臬宪、盐道宪前往详讯。而王安之乃执手枪，势欲行凶。未便追究。②

从这个禀文可知，江召棠受伤当晚，徐嘉禾便与赵峻前往查看。江召棠将供词即手书交给徐嘉禾，而徐嘉禾则在当晚将供词呈送抚宪查阅。随后又奉命再次到教堂确查致伤情形。到堂询问王安之时，王安之做“强词诿辩”。这次到堂的调查情形，各史料都语焉不详。独有上海《南方报》的访员在初二日发出的访函中进行了详细的报道，现抄录如下：

江令既在教堂被伤，即手书一纸，寥寥数字，嘱新建赵令速来，赵令既至，江已倒地，赵一见遂退出，乘马飞奔上院，陈诉一切。

未几阖城皆知，粮道、盐道、首府、新建县令以及三营将弁齐至该

---

① 《南昌大教案七志》，《时报》1906 年 3 月 6 日，第 2 版。

② 《南昌府徐呈报南昌教案禀》，《时报》1906 年 4 月 4 日，第 1 版。

堂，城守营丁及南局警兵亦陆续前往，驻扎门首，藉资弹压。盐道等促法使王安之出见。王披挂长袍，华式装束，既见各官，神色自若，默不一语。署盐道沈太守询以江令何故致伤，王佯推不知。新建赵令趋向王前，附耳告曰：若不实告，则更难下场矣。王良久始云：现在江令生死未定，不便相告，要问情形，过日再谈。各官又谓可否略谈大概。王曰：列位大人要诉大概，我即遵命略述一二：（以下皆王口吻）

先是江令因教案于敝教素有交涉，今又因新昌一事，江令前曾面对予曰：敝署不便细谈，如有暇，能赴贵堂磋商，则为好极。予约以何时。答曰：初一衙参无暇，念九无事，倘能备酒相邀，尽可前来商酌。是日余因折柬相迓，届期江令果来，酬酢甚欢。酒毕，江令曰：贵教士要我赔金偿命，弟虽能照办，而苦洋务局宪，不肯俯准。若要照办，除非作一长函，向弟严词诋责，则弟藉便呈示上宪，俾可如命。予答以我教中人，主张和平，信札中断不能有诋毁之辞。江令云，倘君不能作函，可嘱贵帐友刘先生代作一函。予闻之，以为江令或有细情，不便面谈，须托刘先生转致。因云：君果有事与刘密商，予当请刘入内。江云不必请他，我当亲往外房谒之。予心伊等密商教案，恐外面或有教民窃听，故是夜宴叙，皆在密室。今忽闻江欲出外，深恐有意外之虞，力阻不使行。江则坚欲前往，予亦只得听之。江既至刘房，与刘谈后，刘即来予内房，复告一切。江乃一人立于外室。须臾，忽闻喧呼，谓江令已被伤。究竟是外间百姓行刺，抑是教民杀害，或竟江令自杀，则予不得而知矣。（按：该教士所言支离殊甚，阅者辨之）

盐道答曰：今听君言，已知一切，倘江令能不死，则此事或尚易办。总之予等来此，不过守大事化小事，小事化无事之主义云云。

王复迟迟言曰：倘诸位大人不疑我有他意，则属万幸，如疑是我杀害，则敝教亦不得不设法处置。

言次，首府徐太守问曰：江令之伤究系何物所致？

王正色对曰：这个我怎么会晓得。

盐道曰：可否请你出去，亲晤江令一面，苟以好言安慰，则江令心地略宽，当可早为痊愈。

王意颇迟疑，窥其意，若颇惧一出外厅，则户外百姓有与之为难者。

各官促之者再。且曰：江令顷亦手书一条，请君面见，君不可不去。王不得已，随各官行至江令椅前。徐徐言曰：你也不用着急，好好静养，总不怕的。究竟此中情形你自己是明白的。

江令闻言，睁目相向，苦不能出言。

各官遂出而王亦退入内厅。

并闻各官与王晤谈时，刘先生亦出立于左右，且神气怡怡，嬉若无事者，惟不发一语耳。①

当时报纸的有些外地访员，要么身在官场，要么与官场有密切关系。尽管这一报道的确切信息来源无法考证，但其对教堂对话场景的描述如此细致，可知其信息应来自官场知情者。报道是在二月初三日闹教前发出的，且又未直接涉及江召棠受伤的情由，因此其内容有一定的可信度，有助于理解和重构二十九日之事。从这一报道可知，沈曾植等官员当晚到了教堂之后，曾向王安之询问江召棠受伤之事。王安之回答说不知江令因何而伤，且不知江令被何物所伤。在沈曾植等人的再三要求下，王安之与受伤的江召棠见了一面。从整个过程可知，沈曾植等人只是向王安之调查案情，而并无强行拘捕其本人或教堂其他人员的迹象。如果说沈曾植等已从江召棠手书中知悉其为他杀或者加戳，那么他们的询问无论如何都显得过于温文尔雅了。那么，事实又是怎样的呢，到场查案的沈曾植等官员及其身后的江西官场是否对教士过于颟顸畏葸了呢？

且来看臬司余肇康正月二十九和二月初一两日的日记。

余肇康正月二十九日的日记记载了江召棠伤后江西官场的活动：

① 《志南昌县江令被杀事》，《南方报》1906 年 3 月 2 日，第 1 页新闻。

……南昌江令赴天主堂神甫王安之之约，因棠浦荏港两教案，不知彼此如何争执，江令竟自刎堂中，伤甚重，食嗓半断，令人怪绝！顷之署盐道、首府、新建县均来，因令首府及新建前往验视，江令尚能作字，言被神甫索犯威逼，□忿而为此，不学无术以至如此！余记前者有无赖自刎，经一□□医□遣□急□觅往看视。据云，尚能设法。因商电稿致外务部、制军及九江道郎主教、法领事。盐道、首府回云尚不致死，始散。已四钟矣，尚未中食，天下事乃不可测至此！①

这条日记可以印证并校正徐嘉禾的报告，即他与新建知县赵峻是在胡廷干、余肇康等的指派下去教堂验看的，当时江召棠向二人写下了手书，二人将手书呈送抚院，身在抚院的余肇康根据手书认定江召棠是“自刎堂中”。随后胡廷干和余肇康等又命盐道沈曾植和知府徐嘉禾等到堂询问。根据《南方报》的访函，王安之为自己做了辩护，也就是徐嘉禾所说的“强词诿辩”，并在官员的敦促下与江召棠会面。在盐道和首府到抚院回复说江召棠“尚不致死”后，各官员才各自回署休息。

不难看出，当晚包括余肇康在内的江西各大宪所见到的江召棠手书，让余肇康做出了“自刎”的判断。如果说“自刎”一词的界定尚有模糊之处，那再来看余肇康次日的日记：

二月初一，雨。大雨日夕十余次，寒过严冬，尚袭狐裘。晨起，诣天后宫行香，乃赴天主堂视江令。颈上刀痕甚重，食管半伤，幸颜色不变，手作拱状，伤亦当不致死。神甫王安之见余，甚恭顺，尚有惧心。属令赶将案情陈述，听候提讯，王安之唯唯。因饬江令家属将江令舆送回署，乃上院商办一切。宵雨后同司道赴江令署看视，详讯同江令往天主堂之家丁与茶房，二人所述情形，不能详尽，以其在外不得入也。江令之妻子均出，哭求伸冤。回署，稍□□□应行事件，仍同藩司各道上

① 余肇康：《敏斋日记》第30本，丙午正月二十九日。

院，拟查明江令自刎实在情形。电述外务部、南北洋及法领事、郎主教各稿。江令于自刎之下，今日复著卑职自刎，不甚痛，觉有人拉其二手，用力加戳二下，语甚支离。①

把这两天的日记放在一起对比，可以非常清晰地看到，在正月二十九日的晚上，江召棠的手书中仅是自刎的口气，直到第二天才出现"加戳"之语。以致余肇康颇有疑惑，评其为"语甚支离"。也就是说，江召棠在二月初一日改变了正月二十九日的口吻。在此之前，他是以自刎相称的，故而二十九日晚到堂查案的沈曾植等人并不认为江召棠为他杀或加戳，其不立即拘拿"凶手"的做法也就变得可以理解。

姑且不论江召棠改口的原因何在，根据常理，二十九日的手书比次日的更为可信。这一点也从英国医生的尸检报告中得到印证。英国医生达威（C. H. Dawe）根据他的检验还原了江召棠的自杀行为：

第一次，系江知县用右手持刃，其颈又微向后伸，致伤口开张约半寸。

第二次，复想用剪剪断其气管，但牌脆骨甚硬不能断，只剪有两小口，在伤口之下边，惟剪既不断，复用手将伤口之下皮意欲拉开。

第三次，又将合口之剪用手自戳。②

那么现在问题就来了，江召棠为何要自杀？根据前述郎守信提供给法国当局的官方报告，江召棠是蓄意制造了二十九日之事。但是事实未必如此。

郎守信的报告为了证明自杀是一起谋害教堂的阴谋，专门叙述了江召棠来教堂之前双方的来往情况。称江召棠分别于二十四日、二十六日和二十九日到教堂，二十六日来教堂的目的是诱使王安之写恐吓信与他，以便作为他

---

① 余肇康：《敏斋日记》第30本，丙午二月初一日。

② 《教务教案档》第7辑（2），第761页。

杀的证据。但据教堂人员胡恩赐的供词，江召棠二十四日并未到堂。同时，法国主教郎守信致电江西大吏，转述王安之此前的电文，称江召棠二十九日属于不请自来。这一说法也正好印证了前文《南方报》访员的报道里记录的王安之的一段话。王安之讲述二十九日二人的对话时，说江召棠请他“作一长函，向弟严词诋责”。但是如前所知，这一情节在天主教的官方报告里却被挪到了二十六日。无疑，二者在江召棠阴谋自杀论的“说服力”上是有着重大区别的。据余肇康的奏折可知，当江西官方自称有王安之的请柬时，郎守信改变了口吻，称江召棠曾到堂三次，其中二十四日那次受到教堂“片请”，二十六日江召棠到堂后，则主动请王安之“作函”请其到堂[①]。但是郎守信关于请柬的时间的说法与江召棠的手书有很大出入。据前引江召棠手书，王安之曾分别于二十五日、二十七日和二十八日三次函邀江召棠到堂。其中胡廷干在给外务部的电报中专门提及二十五日的函件，称“惟威逼一层，则王安之二十五之缄及江令受伤后呈院及留堂之字，无往不见”。下面是报界刊载的王安之二十五日发给江召棠的信笺：

> 敬启者，查光绪三十年恭逢恩诏，本省斩绞流徙罪犯重睹天日者所在有人，惟荏港案内敝教民樊聚秀等独抱向隅，殊甚恻念。至邓贵和一名，原拟监禁十年，当时蒙赦开放，迄今前后三载，忽又重遭拘押。谓其前系因病保释，年限未满，仍欲收禁。查监犯向无因病保出之办法，似此一放一拘，何以示大信于斯民。意者谓邓国和之案情重大难结，故拘其兄邓贵和以为挟制地步。谲而不正，岂其然乎？且邓国和被贼挖去双目，致成笃疾，与新建艾亦玉被人谋杀惨毙，以及高安数处闹教等案，均系新昌棠浦龚姓灭教巨案余波之恶果。当新昌教案吃紧之际，大宪拔营前往，相机劝办，龚姓深知畏惧。比经开祠议定，一俟兵临龚姓地界，即将为首要犯捆送交官治罪，以保地方。乃贵县独以抚字为怀，阻兵不前，以致龚姓送犯未果，至今为梗，而龚姓恃有二天，愈肆无

① 《清末教案》第3册，第830页。

忌。遐迩闻风，相率效尤，而邓艾与高安各案旋踵而起。设龚姓因兵临而实行送犯之举，则各处知儆，不敢仇教，岂非教民之大幸？乃贵县以示惠于龚姓而生邓国和等案之恶果，事不能结，又将邓贵和押拘。敝铎不敏，不能释然于怀，惟执事一举而反正之，庶几可以释群疑而慰重望。不然则以如许多而且重数命各案，再行据实转致前途，彼此多费周折，两干未便耳。惟贵县熟审而详处之，沏请安不备名，正肃二十五日。①

仅从这个函件来说，江召棠二十六日是受邀到堂，这与天主堂官方报告有着极大的出入。同时函件也显示了，王安之请江召棠来教堂，首先是要解决江索要提前释放的天主教案犯的事，而后来各个文本中强调的新昌教案，更多是王安之拒绝交换案犯的一个谈判筹码。到这里可以知道，江召棠在正月二十五日之前曾以某种方式向王安之索要案犯，于是王安之在二十五日致函江召棠，要求把新昌教案放在一起来解决问题。江召棠收到函件后于二十六日到堂会晤王安之。双方没有达成协议。接下来教会又分别于二十七日和二十八日函邀江召棠到堂，江召棠于二十九日成行。那么二十六日的会谈与二十九日之事又有何关联呢？据天主教方面的交代，江召棠二十六日属于意外到来，目的是让教会写一封威胁信以逼迫江西大吏解决新昌教案。前者已被证明属于教会的作伪，而后者是否属实呢？应该看到，江召棠二十六日的教堂之行并未解决问题，按理他仍有会晤的需要，所以他手书中对二十七日教堂请柬的“辞脱”态度就很令人困惑。如果归结为教会的请柬没有按照他的要求来写，或许不是特别离谱。此时江召棠的内心应极复杂微妙：一方面处在上司与教士的夹缝之中左右支绌，但另一方面亦要勉力为之。无论是借助教方压制上司余肇康，还是继续同教士虚与委蛇，都未必非要一死了之。

那么江召棠如何自刎？此事不得不从凶器问题说起。

① 《南昌教案汇志》，《南方报》1906 年 4 月 22 日，第 1 页新闻。

凶器问题十分重要。各华字报便对凶器问题极为关注，多次论及，其中《南方报》的一段论说颇能代表国内舆论的普遍看法：

> 藉使江令而果自刎，则必其身旁自携利刃。此刃为教堂之物，抑江令之物，当场辨明，则被杀与自刎之分不难立剖。今既谓江令之死为自刎，则该教士曷不从其身旁搜取其自携之刃，以辨其非教堂之物？[①]

言路也有同样的追问，如御史蔡金台的上奏，便指出凶器是此案的“最要之关键”[②]。被张之洞派往南昌查案的湖北臬司梁鼎芬，在给江召棠的挽联中，也是当头便问“何物贼君卿”[③]。蔡金台的奏折曾质疑为何不追究凶器问题，实际上，在事发的第二日洋务局曾经致函王安之，追问凶器问题[④]。《南方报》记录的案发现场有如下对话：“首府徐太守问曰：‘江令之伤究系何物所致？’王正色对曰：‘这个我怎么会晓得。’”[⑤] 江召棠伤后到达现场的刘宗尧和艾老三面对官方询问时，一个回答说“我进房内并未看见有刀子剪子”；另一个回答说“当时小的没有看见刀剪”。有趣的是，郎守信的官方报告也完全忽视了这个问题。从王安之口中得知正月二十九日之事的法国教士罗望达，在后来撰文叙述此事时只提到一把被描述为“稍微快利有霉色的铜柄的小刀”，称“王安之家中没有一把像这样的刀”，对剪子却只字不提[⑥]。但在英国医生的验尸报告中，明确指出江召棠的第二伤和第三伤是由剪子造成的，而江召棠在写给新建县令赵峻的手书中，“剪”字出现四次之多，并特别叮嘱要“追剪子”。这就意味着，江召棠的手书并

---

① 宝：《论南昌江令之死决非自刎》，《南方报》1906 年 3 月 4 日，第 1 页新闻。

② 《清末教案》第 3 册，第 865 页。

③ 此联曾被多家报纸刊载，至今棠浦镇的江公祠内仍书有此联，其全文为：“何物贼君卿，死状难明，疑案凭谁垂定论；此邦爱朱邑，哀思未泯，新祠容我拜英灵。”

④ 据天主教官方报告称，曾作长函回答，第二日方送至衙门。但是，报告并未直接解释凶器问题，笔者遍翻文献，也未曾见到此长函。

⑤ 《志南昌县江令被杀事》，《南方报》1906 年 3 月 2 日，第 1 页新闻。

⑥ 《天主教年鉴·中国传教篇》，译文转引自《关于帝国主义分子对“南昌教案”捏造事实的报导的材料》，南昌市档案馆藏，卷宗号：5080－20－77。

非危言耸听，王安之逃脱不了威逼的嫌疑。实际上，后来的很多表述都圈定在威逼自刎一层。前往南昌进行调查和谈判的法国参赞端贵也一度认可。

至此，参照正反两类文本，基本可以确定，江召棠属于被逼自刎。王安之和江召棠的行为，要放在双方争执不休这样一个现场气氛中去理解。王安之令江召棠自刎，多半是因为愤怒而一时冲动，同时他更多将其作为一个威逼的手段，未必料到江召棠会有此举。而在江召棠一面，虽在来教堂之前便已面临巨大困境，在堂中又遭到王安之的威逼和羞辱，但其自刎，也属赌气之举，未必有一死了之的决心，否则不至于在连续的自戕之后仍未死亡。

确认江召棠属于被逼自刎这一基本史实后，再试着回头看看王、江二人是如何在二十九日的现场失去耐心的。

江召棠先是在新昌教案中实际袒护了龚氏一族，随后则因崔湘之事奉命对荏港教案在押天主徒网开一面。余肇康到任后整饬司法，江召棠不得不索回案犯。教士王安之则希望通过逼迫江召棠解决新昌教案问题来保护荏港教案案犯。二十九日事发之时，一案犯仍在逃，一案犯已入监。江召棠需要索还在逃案犯，而王安之希望释放入监案犯。江召棠希望王安之通过措辞强硬的文字向江西大吏施压，使问题演变为法国对中国的“炮舰外交”性质，以期余肇康态度有所缓和。然而王安之鉴于江召棠是案件直接当事人，选择了当面向江召棠施压。在教堂之中，江召棠的独处表明他与王安之发生了不愉快的争执。这种独处即使称不上软禁，也隐含了胁迫性质。王安之出于一时激愤，可能真的说过“汝死案即了”之类的狠话，甚至将剪子扔到江召棠面前。当然，这个话题也可能是由江召棠先挑起的。不管王安之是主动放狠话还是接了江召棠的话头，江召棠的自刎从情感和理智两方面都有了充分的可行性。江召棠有意安排在教堂自杀以构陷教士之说虽难成立，但此时他应十分明白，他的自刎会让王安之为自己的不明智和不冷静付出代价。简单说，在双方赌气式的博弈中，惨剧发生了。

2. 江召棠最后的日子

在对二十九日之事做上述分析与考证后，已经可以断定江召棠属于被逼自刎。但是江召棠手书为何出现大量的自相矛盾现象呢？尤为蹊跷的是，江召棠在二十九日事发当晚，尚称自刎，第二日回署之后却多了被人拉手加戳的说法，缘由何在？如果不是外界的压力，很难为他的中途易辙找到合理性。那么，压力究竟来自何人？

余肇康在二月初一的日记中提到，江西大吏到江召棠的县署探看时，“江令之妻子均出，哭求伸冤”。显然，即使江召棠仅是被逼自刎，其夫人与子女也有理由如此。但如果江召棠曾惨遭加戳，其本人及其家人无疑将占据一个更好的处境。因此，不能排除是江召棠的家人促使其改变了口吻。

此外，江西士绅的一封公函在责备胡廷干奉行“大事化为小，小事化为无”的宗旨时，提到一个情节：事发第二日晨间，江召棠的亲家童某向胡廷干禀称其为自杀，“同见之员，皆闻其语，意不能平。童又在官厅内竭力与人争辩，谓实系自刎。同官无不唾骂之”[①]。也就是说，江召棠自刎之后曾将实情通报官场，但自刎之说不符合官场的感情和政治需要，所以才产生了“加功”的说法。从“意不能平”到“唾骂”，正体现了官场对此事的一般情感和态度。官场的这一态度可能对江召棠产生了影响。

再把视野放得更开阔一些。二十九日之事，南昌百姓根本无从得知确信，但事发当晚就立即接受了他杀之说。大吏派兵至教堂，官兵由于抱有他杀的认知，便将此举理解成了假保护以包围，意在“暗防王总铎私行逃脱”[②]。江召棠受伤之事传布天下后，中国的言路和舆论仅仅根据道听途说，便“人同此心，心同此理”地认定教士戕害县令，对天主教的口诛笔伐不绝于书。这些实例说明“加功”乃至他杀正符合国人长期以来对天主教的负面认知。因此，舆论环境也可能影响到江召棠的态度。

从江召棠受外界压力而改变口吻这一点可知，江召棠自刎之后事态的发

---

① 《纪南昌变乱事愤言》，《时报》1906 年 3 月 14 日，第 1 版。

② 《南昌教案续志》，《汇报》第 13 号，1906 年，第 206 页。

展完全不受他本人的控制，他的命运完全不掌握在自己手上。不妨勾勒一下江召棠从受伤到死亡这段时间所发生的事情。

二月初一日，臬司余肇康到堂验看后，命人将江召棠抬回衙署，当日江西抚藩臬三人又聚议此事，议毕由藩臬二人会同出示，称："奉抚宪面谕，正月二十九日南昌县江令一事，本部院正饬查明确，秉公核办，尔军民人等毋得轻听谣言，致干察究，切切。"①

当晚，江西的司道官员冒着雨前往南昌县衙看视了江召棠，江召棠的夫人和孩子苦求各长官为其申冤。之后，司道各员赴抚院向胡廷干汇报情况。大概就是在这次看视中，江召棠向长官写下了新手书，称被人"加戳"。但是江西大吏显然并未以此为信谳，稍后给外务部等处的电报，都未以"加戳"为定论。

同在二月初一日，江西的学界在百花洲集议，商讨对策，而商界也紧随其后，于初二日在合同巷集议，二者"均定于初三日百花洲沈公祠集会"。②

商定集会之后，学生在全城遍发传单，称：

> 现本省天主堂教士王安之，诱刺南昌县江贤尹召棠，欺蔑我国已达极点，凡我同胞，莫不心痛。兹准于二月初三日上午十时，开特别大会于百花洲沈公祠内，无论官、商、工、农、学界均请降临。以筹文明抵制，挽回国权，决不暴动，致碍大局。专此通知，敬祈转布江西全体学生。③

南昌诸绅也散发传单，称"大令被伤一事，激于公愤"，号召"同人"于初三日十点钟在百花洲"公议善后之法"④。

---

① 《照录访函述南昌大教案详情》，《申报》1906 年 3 月 7 日，第 3 版。

② 《照录访函述南昌大教案详情》，《申报》1906 年 3 月 7 日，第 3 版。

③ 《一九〇六年南昌教案资料专辑》，第 18 页。

④ 《一九〇六年南昌教案资料专辑》，第 19 页。

二月初二日，余肇康读到家人呈阅的传单后，预感“必酿事端”，遂与胡廷干等人商议，张贴了安民告示，此告示用“该令气忿，致生此变”一语表述了江召棠受伤的原因[1]，而未明言自刎。这一措辞既可以抑制民间激愤情绪，又可以最大限度地维护官场的体面，同时还可以保持对天主教的一种舆论压力。

出于对民间激愤情绪的担心，胡廷干于江召棠受伤的当晚便派兵保护天主教教堂。出于对二月初三日集会的担心，胡廷干又于初二日加派兵力分守于教堂。在余肇康看来，学生“尚易开导”，应当担心的是“痞徒”趁机作乱。但是，江西大吏显然没有充分预计到初三日集会的严重后果。

二月初三日早晨，尽管天下着雨，但百花洲一带聚集了大量的群众。学生和士绅们在沈公祠组织的集会演说被听众打断，场面开始失控，在旁监视集会的官兵也束手无策。听众先是大闹沈公祠，随后开始冲击各教堂。最终，包括英法两国在内的九名外国人被害，天主教和新教的四处教产被焚。

至此，一场重大交涉已经在所难免，这于公于私，都逼迫江西官场做出新的因应。其因应很可能也影响到了江召棠手书的“创作”。在二十九日所写的手书中，仅持自杀口吻；而截至二月初一日，江召棠的手书里也只多了加戳一说，在二月初二日江西大吏给外务部的电文中，也只转述了加戳之说。但是后来呈现的手书，却多了三伤全系被刺之说。这显然是为了应对二月初三日后即将到来的交涉风暴。

二月初三日的闹教很大程度上是为了给江召棠报仇。但是，此举并不是江召棠本人所乐见。江召棠得知城内遍发传单号召集会的消息后，担心开会演说将引起混乱，便致书南昌诸绅士，称“现在各大宪秉公办理。诸公不必开会演说，恐有匪徒乘机煽惑，授人口实，加贻鄙人罪戾”[2]。所谓“加贻鄙人罪戾”之语应当是江召棠为官多年的一个经验之谈，而非随意的轻描淡写。江召棠的教堂自刎之举本是被逼，虽略有“不学无术”之嫌，但

① 余肇康：《敏斋日记》第30本，丙午二月初二日。

② 《一九〇六年南昌教案资料专辑》，第18页。

不致遭受严谴。但二月初三日的教案发生后，江召棠自刎的责任立即加重，此际将自刎改为被刺，不仅可为接下来的中法谈判增加砝码，也有利于江召棠本人推卸责任。

但江西官场更冒险也更有争议的因应是江召棠之死。当时曾流行一种看法，江召棠的伤本不致死，是胡廷干令其速死。这一“谣传”在中西报界都很盛行，从而加剧了胡廷干形象的负面化。究竟是否如此？这需要先来厘定江召棠的伤情。英医的尸检报告称“此伤本不致命”[①]，当晚到堂验看的中医也称“尚能设法”，稍后道府也报告称“尚不致死”。第二日余肇康本人探视后，也做了“颜色不变，手作拱状，伤亦当不致死”的记录[②]。初二日江西大吏联名给张之洞的电文仍旧称：“仅破食嗓，或尚可救。”[③] 同日贴出的告示中也专门提到江召棠的伤势，说：“该令伤痕连日医治，当保无虞”，并说“候江令医痊，令其明白呈递亲供。”[④] 如此看来，江召棠的死，极可能并非教堂之伤所致，而是形势突变后江西大吏为达到“人死口灭，千古疑团”的效果所做的冒险性应对[⑤]。

做出这一决定之后，江西大吏于二月初五日致电外务部说：“江令伤势危急，昨夜晕而复苏，恐不能活。”[⑥] 于是，到了初七日上午，江召棠就离开了这个纷扰的世界。

江召棠伤不致死，却最终难逃一死，这就是二月初三日的教案带给他的噩运。

---

① 《教务教案档》第7辑（2），第761页。
② 余肇康：《敏斋日记》第30本，丙午二月初一日。
③ 苑书义主编《张之洞全集》第11册，第9466页。
④ 《南昌大教案七志》，《时报》1906年3月6日，第2版。
⑤ 《清末教案》第3册，第839页。
⑥ 《教务教案档》第7辑（2），第731页。

第三章

“为父母官报仇”：南昌教案的爆发

20世纪初，大量新名词从日本涌入中国，并迅速成为朝野通用的“热词”。“社会”即是其一。其中又有“上流社会”与“下流社会”的分野。此际又流行“排外”二字。知识界认为上流社会主“文明排外”，下流社会主“野蛮排外”。这两组概念，对于描述教案问题产生过不小的影响。义和团运动之后，民教调和观念盛行于“上流社会”。南昌教案发生后，舆论界以“野蛮排外”视之，称其为南昌“下流社会”的“暴动”。那么，“下流社会”是如何炮制这样一场以教堂为目标的暴动的？推而广之，晚清史上此起彼伏的教案究竟是如何“闹”起来的？

一 暴力、死亡与教难

南昌教案夺去9名外国人的生命，除去法国神父王安之，其余8人与此案全无关系。此起彼伏的教案表明，晚清传教史充斥着暴力与死亡。直隶人贺葆真在其日记中曾记载过两则案例。公理会医院罗某，“医治华人甚众，华人亦与有感情，罗恃此未避去，拳匪竟烧杀之，并其子女死甚惨”[①]。“保

① 贺葆真：《贺葆真日记》，凤凰出版社，2014，第123页。

定公理会极良善，而人之从教者，初甚是少焉。拳匪藉仇倡乱，教士自信其与人无忤，故安居堂中无所避徙，且悬牌门首大书美国教堂，以故教士尽遇害，无得免者。”① 这两则史料记载的都是义和团运动时期的故事，但实际上，暴力、死亡与教难是整个传教史上的重大课题。

南昌当地人将五个天主教教员溺水丧生的地方称作“五鬼塘”，其义自不待言。而基督教和西方人则称类似1906年2月25日（二月初三）这样的事件为“宗教迫害”（persecution），其在明末清初以来的译名则是“教难”。《天主教英汉袖珍辞典》称“宗教迫害”即教难是“指外力（个人、社会、国家）以各种手段企图压制或攻击宗教信仰”②。有史家称，教难“即由帝国政府自上而下发动的禁止、迫害和驱逐西来教士的事件”③。这一定义相比时人的认知，显系偏狭。正如某位西方人提到的，“《天津条约》最终使传道合法化。于是官员迫害的时代结束了。但是在士绅的支持下，迫害仍在继续”④。这里提到的迫害即教难，是来自民间士绅的推动，而非帝国政府。费正清将王文杰的《中国近世史上的教案》中的“教案”一词译作“宗教迫害”⑤。他这种译法比较接近王文杰的原意，因为王将教案解释为闹教案件⑥。这一解释显然忽略了教方的主体性，实与后人将教案解释为反洋教运动同出一辙。实际上，对于时人来说，“教案”一词无非是民教案件的简称，价值取向上相当中性，行为主体双方也均未缺席。相比之下，“教难”一词有着强烈的价值取向。

同时，诸如传信年鉴之类的教会史料，往往具有文学化叙事倾向，充满感情和想象，导致许多事实被夸张放大。德国学者余凯思便注意到：

---

① 贺葆真：《贺葆真日记》，第135~136页。

② 《天主教英汉袖珍辞典》，恒毅月刊社，2001。

③ 朱维铮：《壶里春秋》，上海文艺出版社，2002，第314页。

④ R. S. Gundry, *China Present and Past*, London: Chapman and Hall LD., 1895, p. 202.

⑤ John King Fairbank, “Patterns Behind the Tientsin Massacre,” *Harvard Journal of Asiatic Studies*, 20, No. 3/4, 1957, pp. 480-511.

⑥ 王文杰：《中国近世史上的教案》，福建协和大学中国文化研究会，1947。

> 传教士的报道带有一种刻意强调的、明显的主观性。所有报道都是以第一人称撰写的。自始至终，传教士的“我”不断闪现在读者面前。思想和情感，内心的痛苦和肉体的磨难被加以突出描写。就此而言，它们继承了基督教告白文学传统。这种告白文学形式有助于传教士把他们的活动刻画成读者容易想象的殉道过程。他们也想以此向读者示范性地展示自己信仰的坚定。[①]

传教士的叙事方式影响到晚清的民教关系。有西方人注意到，一个罪犯因被追捕而请求受洗，把教会作为临时避难所，而县令继续追捕并抓获罪犯。这在“传教年鉴”当中也算是迫害[②]。史料中记载的宗教迫害事件往往需要佐以各种考证，才能更加接近事实。

西方人在论述中国人对传教士的宗教迫害时很注意政治的因素。如有人认为中国对宗教思想是宽容的，但一旦宗教试图施加对国家机构的影响，迫害就来了。中国对基督教的仇恨也是如此，只是担心它在中国政府内再建立一个外国政府。基督教被拒绝，政治的因素远远多于宗教的因素[③]。由于政治因素的存在，“殉道者的鲜血成了外国人殖民帝国的种子”[④]。马克沁（Hiram Stevens Maxiam）在他的《李鸿章杂书》中，经常以换位思考的方式评价中国的宗教迫害问题。他说，如果一个新教传教士去爱尔兰在爱尔兰人面前揭露他们的宗教的真相，将会在五分钟之内被杀死，而不是像在中国的乡村待了五年才获得殉道者的称号[⑤]。作者提到传教士问题时说，中国这么大，不可能完全保护传教士，就如英国政府虽强大，但也不可能完全保护中国在英伦群岛的传教士一样，如果这些传教士像英国传教士在中国反对中国

---

① 余凯思：《在“模范殖民地”胶州湾的统治与抵抗》，孙立新等译，山东大学出版社，2005，第392页。

② Hiram Stevens Maxiam ed., *Li Hung Chang's Scrap-book*, London: Watts & Co., 1913, pp. 245–246.

③ F. L. Hawks Pott, *The Emergency in China*, New York: Missionary Education Movement of the United States and Canada, 1913, p. 203.

④ Alexander Michie, *China and Christianity*, p. 91.

⑤ Hiram Stevens Maxiam ed., *Li Hung Chang's Scrap-book*, preface, p. 10.

的宗教和哲学那样在英国反对英国的迷信，他们将会被杀害[①]。

在这种思考方式下，把目光定格在法国，就将发现，法国借保教权在中国大力庇护教士的同时，在国内却不断打击天主教，造成大量的宗教迫害案件[②]。

余凯思还注意到：

> 反对传教的“迫害”行为构成殉道思想中的一个重要因素。在殉道的话语构造中，系统的反基督教的集体迫害思想占有十分突出的地位。遭受迫害的殉道者形象在一定程度上就是信仰启示的一种示范。集体迫害被描写为残忍的、野蛮的和狂热的不法行为，而传教士则怀着对上帝的坚定信仰，以坚强不屈、不折不挠的毅力勇敢地面对它们。[③]

在晚清，传教士要面临持续的反教行为，其中一些骚乱足以夺去他们的生命。在此环境下，殉道思想或许能够带给他们一种心理暗示。

殉道思想不仅针对这种与死亡直接关联的极端例子，事实上，它还“延伸到日常生活范围”，“辛苦劳累和由迫害、事变或恶劣的天气造成的肉体折磨构成传教士生活世界和意识的一个主要的和重要的组成部分”[④]。与此相对应的是，除了宗教迫害，在华传教士还面临着各种各样的日常困境。

在苏伊士运河开通前，许多欧洲天主教传教士需要乘坐轮船绕道好望角赶赴中国，在蒸汽动力的航海工具出现之前，海上的航行是对传教士的生死考验，有相当比例的传教士还没踏上中国的目的地，便客死途中。由于气候和水土问题，到达中土的幸存者，还要继续同疾病和死亡做斗争。《教务杂志》即提到一位女传教士刚刚来中国就病死[⑤]。该杂志另一篇文章记载，一

---

① Hiram Stevens Maxiam ed. , *Li Hung Chang's Scrap-book*, p. 237.

② 参见 Napier Brohead, *The Religious Persecution in France, 1900 - 1906*, London: K. Paul. , Trench, Trübner&Co. , 1907。

③ 余凯思：《在“模范殖民地”胶州湾的统治与抵抗》，第 391 页。

④ 余凯思：《在“模范殖民地”胶州湾的统治与抵抗》，第 390 页。

⑤ M. A. T. F. , “Lights in the Valley of the Shadow,” *The Missionary Recorder*, Vol. 1, No. 11, November 1867, p. 125.

个女传教士1858年与广东另一个传教士结婚，工作六年后患了腹泻，回加州疗养后死亡。她丈夫和前妻的孩子1864年突然死于疾病，她在去澳门看病时女儿又死于意外事故[①]。

这个家破人亡的故事或许过于极端，疾病和死亡也并不是传教士面对的全部，传教士来中国，还要应付巨大的文化差异。有的教派为赢得中国人的好感，提倡传教士穿中国服装，穿上中国服装之后，出行虽然便利许多，却又被嘲笑为“伪造中国人或赝品中国人”[②]。法国驻华外交官方苏雅的《晚清纪事：一个法国外交官的手记（1886～1904）》一书曾提到其在华传教士同胞的处境，其中一个教士既不能被中国人接受，也和自己祖国产生隔膜：

> 这种人与许多传教士一样，远离祖国后，就失去了联系，也不存在回家的希望，他们甚至渐渐地割断了与家人的所有联系，以便全身心地投入到他们的事业中。这种事业之艰苦，不亚于天主的福音布道。他这个人为了生活在中国人中间，20年来已经失去了欧罗巴人的思维和对事物的看法。即使如此，他最终也未能完全达到中国人的境界，也未能融入那奇特的环境，他自己成为一个格外奇特的组合体。他的思想境界令他无论走到什么地方，都让人感到距离。他的敏锐力迟钝得特别奇怪，甚至达到完全冷漠的地步，达到了思想的萎缩，尽管他已经注意到这种现象是痛苦的。[③]

在中国逗留大半生的传教士不止一例，他们难以避免地成为文化意义上的边缘人。

对于天主教传教士来说，他们还要面临性、爱情和婚姻问题。方苏雅曾

① “Mrs. M. W. Vrooman,” *The Missionary Recorder*, Vol. 1, No. 4, April 1867, pp. 9 - 11.

② Protestant Observer, “The Rival Missions: or Protestant and Roman Catholic Missions Compared,” *The Chinese Recorder and Missionary Journal*, Vol. 2, No. 9, February 1870, p. 256.

③ 奥古斯特·弗朗索瓦（方苏雅）：《晚清纪事：一个法国外交官的手记（1886～1904）》，第109页。

提到一个传教士，虽过着相当悠闲的生活，但是当谈到“女人的话题”时“他的声音有点发颤”①。天主教比新教拥有更多的权势，然而由于制度和传教策略等种种原因，他们的生活一度远不如新教惬意。对前者来说，口岸的新教传教士的生活是这样一副美好的画面：“温暖舒适，家、妻子、家庭、朋友和社会，这一切使得生活十分愉快，他十分安全、和平、舒适地在条约口岸及其附近度日。”②

传教士的传教事业，不但遭到许多中国人的反对，在母国也得不到足够的尊重。《紧急时期的中国》一书就提到：传教士出发前在国内被当作英雄，但是同船的官员、回乡或者经商的人会把他们当作被迷惑的宗教狂，告诉他们传教士的工作被高估了，传教士其实一事无成，他们正在干“傻子差事”，中国的教徒都是“米教徒”即中文所谓“吃教”者③。

可悲的是，许多传教士根本无法决定自己的命运。以一个刚来中国的神父为例，他从神学院毕业后根本不知道自己要被派往哪里。方苏雅讲述道：

> 他离开法国神学院时显得突然，并毫无准备地沦落到广西。他对我讲述了外国传教会的用人方式。当时，再有两个星期就要上船了，他还不知道自己的目的地。是非洲、大洋洲、印度、还是中国？学生们无权选择，甚至不能表达自己的志愿。负责不同国家传教会的领导人，根本不征求他们的意见……就这样，马泽尔神父成为身穿中国服装的马泽尔神父，前往中华帝国中最桀骜不驯的野蛮地区。④

在上任途中，这位可怜的神父就被强盗杀害了。

---

① 奥古斯特·弗朗索瓦（方苏雅）：《晚清纪事：一个法国外交官的手记（1886～1904）》，第121页。

② Protestant Observer, “The Rival Missions: or Protestant and Roman Catholic Missions Compared,” *The Chinese Recorder and Missionary Journal*, Vol. 2, No. 9, February 1870, p. 257.

③ F. L. Hawks Pott, *The Emergency in China*, p. 233.

④ 奥古斯特·弗朗索瓦（方苏雅）：《晚清纪事：一个法国外交官的手记（1886～1904）》，第113页。

二　二月初三

南昌教案在英文和法文世界里，拥有多种称呼，如南昌屠杀、南昌事件、南昌惨剧和南昌骚乱等，“南昌屠杀”是其中最常见的称呼之一。共有六名法国人和三名英国人死于此次“屠杀”，前者包括王安之和五名天主教法文学堂的教师。事件发生在光绪三十二年的二月初三，在当时的官方文书中，常被称为“二月初三之事”。从流传下来的史料看，二月初三的南昌是一副乱纷纷的景象。下面先对各种相关的叙事文本进行分析，然后对南昌教案的相关史实进行考证，以期在乱象下看清楚真相。

1. 南昌教案是如何“闹”起来的

二月初三日的闹教活动存在多种叙事文本，这些文本从不同的视角展现了当日的纷乱场景。

（1）幸存者的视角

英国普利茅斯兄弟会的华原小姐作为南昌教案的幸存者，曾向英国领事倭讷（E. T. Chalmers Werner）讲述她的亲身遭遇，当时上海的数家华字报都有译文，现照录《时报》的译文如下：

余初一日早五点钟始得报告，彼时有巡士六名来此，据言由官吏派来，谓因天主教士戕害南昌县主，势将激变，故特来报知。然初一初二两日不见有动静。

至初三日早十点至十一点钟间，余在晾台上闻人声嘈杂，又望见天主教堂有火光腾起，初时尚未知教堂被焚，后有两女学生之父母来此报告，始知教堂被火。彼谓此处亦恐将波累。时适包先生来此，据言乱民恐已拥至金哈默教士家，故约余同逃。

时天主教堂焚烧正烈，人声仍喧闹不绝，遂将学生散去。时有一童奔至，谓金哈默最幼之一孩业被杀死。余遂派赵某前往探察情形。后有一陶姓之人唤一警察长来此，彼允派兵保护金哈默家及余所居之处。然未及兵到，赵已奔回。观其情状甚为惊慌，满身沾染血痕。据报乱民已在攻打金哈默，促余至其家暂避。陶姓请雇乘肩舆，以免途中或遭不测。然彼时无一家肯以轿出租者。余拟扮作华妇而逃。仓猝间忽闻有大声由隔屋而起，即有华官三员带同兵士约三十名，荷枪而至。据言来此保护，嘱勿惊惧。有一武弁告称，彼愿执刀侍立余旁，力为保护。余谓彼派人赴抚辕商议如何处置之策，即有一员前往。约历半点钟之久，即据回报曰：抚台已在调派兵士来此护送。后出重价雇来一轿，轿夫亦惧乱民为难，故由城上绕行直至城门始下。遂将余送入营中。

余至营后，颇蒙营官优待，曾供给炉火及茶水等。越半点钟后复迁入别屋。该屋瓦未全盖，故有雨漏入。复蒙燃一火炉，并供给热水，惟未尝供给食品。旋据包某言，金哈默夫妇及幼孩两口已遭戕害。又问余曰：汝欲食物否？余答言无须。惟因身躯不适，请给稍好之房屋。余当日自下午两点钟起至翌日五点钟，常居该屋。

余自得金教士被戕之警耗后，即托包某发电九江英领事。时有人语余云：汝须在此处留住三日，如欲休帐等，可派人前往搬取。后复有一兵士来言云：金哈默现卧一空屋中，气尚未绝。余即托其前往救回。该兵去后约历一点半钟，即据回报曰：金已气绝，惟其长女格兰斯未死，时闻呼娘之声。其幼女维拉闻已经人救出，惟匿在何处则不得而知。余又托其将格兰斯带回。该兵答言：今夜为时已晚，不及前往，待明日往救。余曰：汝能将该女孩救回，余决当从重酬谢。

未几，有两人至。据言系由抚台派来者。谓抚台已派小轮一艘将西人载往九江。余以其无抚台名刺，恐堕诈谋，故不肯同往。至初四日早四点半钟，彼等复持抚台名刺而来。余谓如将金教士之两孩带来，余则前往，否则必不从命。

未几，奥格朋小姐亦派人来谓彼等待候已久，请速前往。余亦照上答复。彼谓维拉已带至船中，格兰斯亦将带往。余遂允许前往。时有一官员嘱余扮作兵士，乘马出城。余从其言。比至城门，天已黎明。彼嘱余从速出城。即搭一小船。余至船中，见格兰斯头面受伤极重，将次毙命。

船未开行时有一官员来此，与余相语，辞甚恭敬，并赠银百元以作盘费，据言系抚台所送者。及到小轮，即请根医生敷治格兰斯之伤，然已不及。

余在船中据金哈默家之仆妇述告当日情形，谓彼时金教士闻外面人声喧闹，即出外劝告，令其稍静。后见众人状甚愤恨，遂回身走入花园。众人随后拥至，向其头上攻击，旋由华教友三人帮助，得扶至楼上，其夫人及幼孩等亦随至。时乱民已拥入屋中，将所有物件尽行捣毁。金哈默夫妇见势不佳，遂下楼逃避。甫至门前，即被伞柄击倒，以靴脚践踏，并用巨石压其身上，金教士之夫人即行毙命。其幼女维拉由一兵救出。长女格兰斯则由其仆妇照顾，后被乱民抢去，向墙壁抛掷，并谓该仆妇曰：汝若不去，亦将处死，后将金教士妻女三人弃入湖中。①

这一叙述细致完整地展现了闹教后华原小姐的可怕经历，这一经历只是南昌教案的一个侧记，像她这样死里逃生的西方人还有几十位，他们要么远离闹教活动的中心，要么得到了官方的有效保护。虽然他们会不可避免地紧张和惶恐，但他们和华原小姐一样，都不是此次闹教案的焦点。闹教活动是从东湖的百花洲出发，向南到达老贡院天主堂后，再以其为中心，一路北返，经荆波宛在，到东湖边上的三道桥；另一路继续向南，经进贤门大街和进贤门，到进贤门外马厂老天主堂和三角塘。

当然，考虑到当时事态的纷乱，这种整体性的描述往往显得过于“整齐”，故而不能真实反映当时的场景。因此，下文继续从个体或特定的视角出发，去观察教案的一些局部和侧面。

（2）闹教和围观者的视角

教案发生后，官府迅速捕获了大量涉嫌闹教的市民，其中一些人最终获

---

① 《南昌大教案十一志》，《时报》1906 年 3 月 10 日，第 2 版。

罪，他们的供词交代了自己的参与情况，也为研究者提供了特定的观察视角。

据41岁“游荡度日”的南昌县人刘狗子供称：

> 二月初三日，小的听见有绅士在百花洲解劝，前往探听。绅士说：“教士伤了父母官，有上司作主，百姓不可妄动。”大家不服，喧闹，把桌子掀了。当时听说老贡院教堂火起，小的走到那里，都说洋人已跑走，大家分路追赶。小的赶到邹家门首，见洋人已被逼出，跑到羊子巷跌倒在地。小的举脚把钉鞋踹他脸上两下，大家又拖到三道桥，洋人就死了。……又听说还有教士在松柏巷洋楼内，又去寻打。看见洋楼已起火，听说有五个洋人向城外马厂奔逃，小的赶到那里，见大家把洋人围逼向三角塘去了……赶到三角塘，那洋人又被逼下水，小的拉上一个洋人，把他殴打……

供词中提到的邹家，是家住荆波宛在的大绅邹凌瀚，从邹家被逼出的“洋人”是指王安之；所谓松柏巷洋楼，则是指普利茅斯兄弟会与天主堂相毗邻的教堂。从供词看，刘狗子几乎是此次教案的全程参与者。他先是去百花洲“探听”了集会，见证了沈公祠内的骚动场面，接着就去老贡院的天主堂，听说王安之已经逃出教堂，又参与了追赶，在追到荆波宛在的邹凌瀚家时，见到了王安之本人，并继续追赶。王安之跑到羊子巷时跌倒，刘狗子便去踹他的脸，然后众人把王安之往三道桥拖。王安之死后，刘狗子又去松柏巷的普利茅斯兄弟会的教堂闹教，见教堂起火，又奔往进贤门外马厂天主堂，并在三角塘参与了对五个法国教习的围攻。

时年25岁“帮工度日”的南昌县人杨大盛与刘狗子一同参与了闹教，据他供称：

> 二月初三日，有绅士在百花洲劝解，小的同刘狗子往看，绅士说：“教士杀伤父母官自有公论，百姓不可多事。”大家不服，把桌子掀倒。

> 正在喧闹，忽听说老贡院天主堂起了火，小的就同刘狗子跑到那里去看。有的说洋人从后门逃到罗家塘去了，有的说到街上去了，两路都有人追赶。小的同刘狗子们追到邹家门口，见洋人逃到屋内，大家说，邹家是洋人一伙，都进去打他家。器物打烂，洋人从邹家逃出，跑到羊子巷，失跌倒地，小的用伞顶打他几下。刘狗子用脚穿钉鞋在他脸上踹了两下，大家把他拖到三道桥，洋人已没气了，小的同刘狗子把他抛入水里。正要走散，听说松柏巷洋楼上还有洋人，又赶往寻打。听说洋楼已起了火，洋人逃出城去，小的赶到城外马厂教堂不见洋人。……大家又跑出来，看见五个洋人被人逼入三角塘围住。小的下塘，扯起一个红须洋人，打了几下，就回家去了。

杨大盛在此次闹教过程中，几乎是与刘狗子并肩联袂，但叙述却有不同的侧重。从刘狗子的供词看，他似乎并没有进入邹家，而杨大盛的供词则表明刘狗子也参与了对邹凌瀚家的打砸。此外，杨大盛还透露是他和刘狗子两人把王安之的尸体扔进东湖。

35 岁“游荡度日”的南昌县光棍汉吴金生的经历与上文两人的大体相仿，据其供称：

> 二月初三日，小的听众人说：替父母官报仇，赶到老贡院，那时天主堂已经起了火。……复走于家后巷，到荆波宛在，见多人追赶一个洋人，向羊子巷去了。小的赶到羊子巷看见红须长大的洋人，手把两把刀，走到街心。众人乱打，小的也检石头一块，在洋人面上掷一下，当被众人把洋人打倒，拖到三道桥。小的也在场，拖住洋人手，到三道桥后把洋人丢入湖边水内。小的复同众人赶出进贤门外，走到三角塘地方，看见五个洋人，被人追赶跑下池塘。岸上人众都拾石块打洋人，小的也捡石块向无须的洋人面上掷中了几下。

从供词看，吴金生并未参加百花洲的集会，他是从干家后巷到荆波宛在时撞见众人追赶王安之的，并在羊子巷赶上，用石头打中了王安之的脸。在吴金生的供词中，可以见到王安之在羊子巷负隅抵抗和遭受围殴的场景。大体上可以想象，王安之曾持刀与民众短暂对峙，民众一时不敢近前，便用石头抛掷，随后王安之失去抵抗能力，被群殴致死。

在羊子巷摆鱼摊子“每日挑担上街”的南昌县人罗中秋也参与了闹教，其供词如下：

> 二月初三日上午，小的在高家井撞见众人追一个洋人，都说他杀伤父母官，要打他报仇。小的放下担子，用扁担在那洋人肩甲上打了两下，就挑担走开。走到松柏巷，看见大家在那里拆洋楼的房子，小的将担寄放，也进去把右边板壁打烂几十块。

与上面三人追打洋人的情况大不相同，罗中秋只是随机“巧遇”王安之，他对王安之的殴打更多的是一种从众心理下的凑热闹的行为。他的行为对于理解闹教这一集体行动有重要帮助，从社会心理学的角度去看，可以说，罗中秋代表了闹教者的一个重要类型。

与罗中秋相类似的例子还有“吴红眼睛”，即吴凤年，这是一个在城外挑担营生的年轻人，据他供称：“二月初三日，小的走过三角塘地方，看见众人围闹，说是教士杀伤父母官，都要打他报仇。大家把五个洋人逼在塘里，有一个洋人从塘里爬起刚到岸边，小的用手拿扁担，打他头上两下，洋人就滚下水去了。”

做圆木手艺的新建县人任廷发也是这样一个例子，他的供词记录道：“二月初三日，小的肩挑箍担，赶进（进贤门）外桶巷何姓修整尿桶，路过三角塘边，看见多人在那里叫打洋人，替父母官报仇。小的也放下箍担，用扁担打了没须发的洋人头上两下，洋人倒下塘去。”

上面三个人虽然都是巧遇，但其动机中也都有“替父母官报仇”因素在，而有的闹教活动参与者，其行为更加随机，意义也更加模糊。且看南昌县人吴老五的供词：

> 南昌县人，先年屠户营生，向奉天主教，现在游荡度日。二月初三日小的在进贤门外街上，听说城内烧了教堂，把洋人赶出城来。小的走到药王庙，看见有一洋人跑来，后面有追赶，小的对面撞遇，把他扭住。因脚上草鞋脱了，用手往下扳扯，就被人把洋人夺去了，小的也就回家。

从药王庙这一地点可知，吴老五遇见的洋人不是王安之，而是法文学堂五个法国教习中的一个。吴老五本身是个天主教徒，却很偶然地“对面撞遇”了对法文学堂教习的攻击。考虑到供词中没有为自己的行为提供任何说辞，可能吴老五只是因目睹群体攻击性的场景而临时起意。

还有不少人也来参加闹教，但并没有赶上对洋人的袭击。在南昌城“帮继父挑卖水”的周正生就是这样一个例子，他听闻教堂闹事，“赶即奔往，及至马厂，见教堂火才即烧着，人已全散。又闻洋人已逃往炉子厂，及赶到炉子厂，只见三角塘中睡倒死洋人五个”。

下面的几个供词，反映的也都是此类情况。

南昌县人杨起堂：“小的住居进贤门外庙巷地方，充土工头，看守官坟山。二月初三日，小的在家听说有多人在马厂教堂滋闹，即赶往观看，见教堂已经烧着。”

南昌县人魏大水：“小的向在抚州门外十字街轿把内抬轿。二月初三日，听闻闹教堂，小的赶到马厂，见天主教堂已经起火，前门围着许多人。”

南昌县人戴河水：“小的住在进外南坛地方，推车度日。二月初三日上午，推车回来，见马厂教堂起火。”

南昌县人胡长生：“小的向做厨子，现在闲坐。二月初三日，听天主堂闹事，小的与同做厨子的衷才官同往马厂观看，只见教堂业已起火。”

在进贤门外“帮工度日”的奉新县人谢锡联：“二月初三日晌午时分，马厂教堂起火，小的前往观看。”

南昌县人胡中元：“小的住城边龙王庙前，挑水度日。二月初三日晌午，小的正在河边挑水，听说马厂有多人在那里滋闹，小的赶往观看，见堂屋中栋已经起火，人多拥挤。”

以抬轿谋生的南昌县人刘东林即冻帽缨子：“二月初三日下午抬轿回来，听见马厂天主堂被人烧了，小的前往看视，火已将熄。”

“推车营生”的南昌县人谢袁洲：“二月初三日下午，小的推车回来，听说马厂天主堂已被众人闹事烧了。小的放下车子，前往观看，火已熄了。”

在南昌做木匠的临川县人周德胜：“二月初三日午饭后，小的在乡下做手艺回来，路过进外天主堂看见堂已烧毁，有多人在火场内拾取物件。”

挑卖水的南昌县人彭炳生：“二月初三日，挑完卖水，听闻松柏巷教堂起了火，小的前往观看。及至松柏巷火已熄了。”①

上面十个人，除了挑卖水的彭炳生，都是进贤门外马厂天主教堂大火的围观者。刘东林到时“火已将熄”，而谢袁洲赶到时，火已经熄灭，他只能看到天主教堂那冒着青烟的断壁残垣。在火起之时，教堂附近“人多拥挤”，更具体地说，“前门围着许多人”。火熄之后，人并未散去，周德胜的供词中便提到“有多人在火场内拾取物件”。实际上，周德胜的这一供词揭开了二月初三日闹教活动的一个重要场景：在历次教案中，教堂被焚前的哄抢过程都比较引人注意，但焚烧后的“拾取物件”则往往成为被忽略的一环，南昌教案中的供词则显示，许多人都是因此而受到惩罚。

值得注意的是，有的人仅仅在教堂废墟中捡拾了点物品便获罪，有的人直接参与了对教士的殴打却得以安然无恙。新中国成立后的两则口述，也证明这一点。其中一个和尚罗会然忆称：

> 教案发生时，很多老百姓都不服，一致认为外国鬼子欺人太甚，为了这事，南昌还罢了工，商人罢了市，学生罢了课。
>
> 当王安之被群众追到东湖边时，我正在那里，心里恨极了。于是就

---

① 以上供词引自《一九〇六年南昌教案资料专辑》，第 38 ~ 43 页。

把他打死了，王安之被死后，老百姓还要打几下，都心想×你娘也要死，也有今朝，死了命还要打几下，出出气……于是王安之尸上有好多人用脚乱踢。

……和我同事的还有一个陈长发，米店工人，打王安之时，他也在场，并说：“×你娘个×，给你啃了一世，打你三拳，送你个命。”①

罗会点和尚回忆道：

参加打死法帝国主义分子王安之的有陈长发、罗会元和我，还有张纯良、李旺真等好多人。

我是南昌县筱篮乡罗村人，家里一直很穷，有六个人，父亲母亲，二个兄弟还有二个童养媳。没田没地，全靠出卖劳动力日赚口吃。我十三岁上就替买上店张家放牛。放了二年牛，到十五岁因爷年老，照顾不了家，我就回来作了四亩田，并且养了三十只鹅来维持生活。到十七岁就到南昌城里来，在高家井一家万凤仁作坊里学踏布，学了三年满师，后就在同街的万源吉作坊做了六七年，这样就一直过着“端人碗受人管”的生活。

光绪卅二年正月间，我听到人家说南昌知县被王安之杀倒了……当时我们对教堂都积了很多气在肚子里，前不久，我弟弟罗会元和陈长发二人都因教会势力大而闹得坐了几个月的班房，大家对教会都非常痛恨。就在那天打洋人的时候，凡是从前吃过教会苦头的人听到这事都出来寻洋人打。我就是同陈长发、会元一同去打的。那天教案发生时，陈长发叫我说：“会点呀，去打教堂啊！”于是就这样一个个手里各拿梭子、扁担，跑到抚州门外寻洋鬼子打。跑到胶皮巷，碰到四个洋鬼子，老三就拿扁担下了塘，长发就站在岸上用梭子打死了一个。当时我们这个行叶的工人听到说打教堂，大家都非常高兴，村长里长的到处寻洋人打。

① 《关于“南昌教案”采访资料》，南昌市档案馆藏，卷宗号：1180－20－74。

罗会然和罗会点因为参与了闹教，害怕官府的缉拿，所以都躲到庙里当了和尚，罗会点的回忆还专门提到闹教后出家做和尚的情况：

> 当家和尚问我说，你慌头慌脑做什么呦？我就说南昌打死了洋人啰！他又问我参加打了没有。我心里就忐忑的，他又说你为什么参加打呢？我就说一肚子的气。我要求他就让我在这里躲下子呦。他答应了。自此我就在栗上寺内躲了将近一个月。后我要求出家，他也答应了。[①]

在两人的回忆中，王安之的尸体“有好多人用脚乱踢”，听说打洋人“大家都非常高兴”，加上两人对出身的铺垫和对仇恨的渲染，使得闹教场景更像一次下层民众的狂欢。

(3) 官员的视角

教案发生后，南昌府知府徐嘉禾有禀文涉及初三日官方的活动，其文如下：

> 初三日早，风闻百花洲地方有学堂学生虑及愚民暴动，会议演说劝解，观者人众，随即驰往弹压。讵莠民藉词为父母官报仇，一倡百和，拾石乱击，已将演说之人赶散。蜂拥至老贡院天主堂门前，掷石将保护教堂之常备军弁勇及警察南局总分巡殴伤挤跌。堂内业已起火。警察东西局两总分巡闻警，率兵驰至救火，均受石伤不能前进。莠民乘乱破门而入。王安之由后门潜逃，被莠民追逐，用伞柄丛殴，逃入邹绅凌瀚寓所。莠民追入，尽毁邹宅器具物件，将王安之殴毙，移尸三道桥，弃入东湖。
>
> 同时松柏巷法文学堂火起。五教习均已逃走。适卑府驰至，遥见马教士由天主堂逃出，仓猝奔避，莠民随之。南局黄总巡力以蔽护。卑府督饬兵役奋勇阻击。令徐分巡惠全暨总局巡兵王清泉扶掖马教士上城，

① 《关于“南昌教案”采访资料》，南昌市档案馆藏，卷宗号：1180－20－74。

潜至进贤门官厅，交委员杜灿光密藏保护。

又见罗家塘救主堂火起。饬徐分巡前往救护。见金教士夫妇及其女已受伤倒地。适西局总分巡赶到，将金教士夫妇救出。女教士已死，金教士移时殒命。随饬南局总巡将其长女交朱家濠耶稣堂女教士花玉林收留。另派总局巡长将其次女保送棉花市小教堂藏匿。一面查得法文学堂逃出之教习五人已出进贤门。立即饬救。闻已在三角塘被人殴毙。

卑府因念马厂天主堂与工艺厂相邻咫尺。堂内男女教士多人亟宜保护，暂时躲避。又虑工艺厂流民闻风蠢动，严谕该厂委员卑府照磨朱建勋、许令德芬前往传知，陈令夔、程委员步云会同相机设法保全维持。堂内火起，莠民将原派保护巡兵挤散，纷纷由前门拥入。许陈二令以该堂后门人尚不多，赶进，见城外沈分巡觅得罗教士望达欲出后门。闻门外人声鼎沸，即商同拔去堂旁菜园竹篱走出。尚有石教士昌年卧病。并法国女教士四人、中国女教士一人未走。该员等见火已延烧及近，遂饬令巡兵教民将石教士送至工艺厂附近教民罗姓家中，并将女教士五人亦护送至徐姓屋内。旋即乘间一并邀入工艺厂。朱照磨建勋、程委员步云不动声色，稽查厂内各号游民，均尚安静。卑府至厂，莠民有来厂索问者，均督同该委员等弹压开导，始行走散。当查该厂巡兵太少，饬令不得稍涉张皇，以免惊恐。一面派陈令夔入城面禀各宪，并派许令德芬设法护送男女各教士出厂。卑府亦不敢久停，免露风声。

复闻耶稣堂有人哄闹，即驰往救护，会同马队营将英国教士读耳老夫妇及其子女与英教士李思忠夫妇并其女一共七人护送至马队营暂避。分命德外分巡孙烺速雇红船，驶至铜元厂，将葆灵女书院女教士郭恺悌、胡云两女教士，福音堂简牧师夫妇及两女、鹿先生，美医院贾尔思夫妇儿女四人，教会郝小姐、中国女教师五名皆上小轮船。许令德芬徒步奔赴轮船局。适小轮已开至铜元厂，即定西泰轮船。又因不能上驶，复遇水师营哨官吴攸济，同至义渡局，借救生船开至工艺厂附近之将军渡。时将四更，雨路泥泞，许令登岸回厂，时有警察局委员童令炳森、常备军魏营官、水师营洪统领带兵亦先后皆至。商允

> 男女各教士登轮开驶赴浔。时天已将曙。后往附近城内外各教堂巡查。计保护未毁者十余处，严饬营县及警察各分局暨各委员认真防护，不准再有疏忽。[①]

徐嘉禾的报告讲述了官兵对教堂的保护情况。官兵参与了对老贡院天主堂、松柏巷法文学堂和罗家塘的救护。一方面负责保护教堂的士兵没有经受住“莠民”的猛烈冲击，致使部分教堂焚毁、教士罹难；另一方面更多的教士和教堂在官兵的营救和保护下幸免于难。其中徐嘉禾曾亲自救起从老贡院天主堂逃出的教士马禹鼎，并派员将进贤门外的马厂老天主堂的教会人员成功转移，经过一夜的辗转，在第二天凌晨将幸存的天主教和新教传教士同船送往九江。

（4）报馆访员的视角

《时报》二月十二日刊登了一位“本馆南昌访员”初三日的来函，如此描述二月初三日的南昌教案：

> 是日黎明，百花洲畔已觉人山人海，而鼎帅先期调集陆军第一标五营进城，或十人一起，或三四人一起，背带洋枪，配齐子药，分段巡缉。另由裴标统督带亲兵屯扎沈公祠左近，并派三营弁兵无论何国教堂严密保护。而十句钟时老贡院天主堂之火起矣。当时祸从猝起，自抚州门起至三道桥止，仅见人头拥挤，自肩以下皆隐。至起火之由，或谓百姓所烧，或谓该堂因进出之人太多，锁上堂门，因堂中尚有三百余人避至楼上，不得已自行举火，一时黑焰飞天，若警察若营勇一往施救，尽遭毒打。人言籍籍，有谓总分巡左右营官受辱者，有谓神父王安之被杀者，有谓近堂富户被抢者。并有谓进外天主堂被土人焚烧者。全城鼎沸，无从调查……[②]

---

① 《南昌府徐呈报南昌教案禀》，《时报》1906年4月4日，第1版。

② 《南昌大教案七志》，《时报》1906年3月6日，第2版。

引文中的“当时祸从猝起，自抚州门起至三道桥止，仅见人头拥挤，自肩以下皆隐”一语，是一个非常具有现场感的描述，是报馆访员身兼观察者和描述者才能捕捉和展现的场景。从进贤门（抚州门）到三道桥大体是一条长数里的自西南向东北略有曲折的道路，假设这不是一条下坡路，从进贤门平视，是连三道桥的人头都看不到的，因此可以推断该访员曾站在进贤门城楼或者某个高地进行了观察。此外，该访员从“访”的角度感受到了“人言籍籍”和“全城鼎沸”，也在无意间展现了南昌城流言四起的景象。

（5）江西大绅的视角

《中外日报》在二月十二日曾刊登一封初四日由江西来函，内称：

> 南昌县江云卿大令召棠，被法国天主堂神甫王安之刺伤后，全体学生于初三日在百花洲沈文肃公祠，开特别大会。到者约万余人，几无容足之地。人多口杂，谣言纷起，经演说某君劝解，并有公举代表人梅子肇、程雒庵等七人劝解。不及片刻，又起谣传，并将祠内桌椅击毁，于是一呼百应，相率前往教堂者数千人。
>
> 王神甫在进贤门内老贡院本教堂，见势汹汹，立将教堂自焚，持枪走出，沿途放枪开路。行至荆波宛在（离教堂一里有余）地方，不得已欲入彭子衡二尹公馆，门者不纳，径入二尹隔壁绅士邹殿书部郎凌瀚宅中，众人随入，王神甫又走出。众人疑邹部郎奉教，先将宅中击毁一空，比时梅子肇劝解不听，无法可设，径经警察南局以封条封闭大门而散……①

《字林西报》的一封信函曾提到，王安之在避居邹凌瀚公馆前，欲避入其他民宅，遭到无情拒绝。此函不但知悉这一细节，还知道王安之是在试图避入彭二尹公馆时被门者拒绝。由此推知，这封来函的作者对荆波宛在的情

① 《汇述南昌教案先后情形》，《中外日报》1906年3月6日，第2版。

况比较熟悉。再看此函内容，不但提到梅子肇等大绅在百花洲沈公祠的劝解，且提到闹教过程中梅子肇的继续劝解，这就意味着，作者将其他各种叙事文本中在百花洲就已“失踪”的一个重要角色重新拉回视野。进一步说，此函展现的是士绅的视野。

（6）天主教的视角

《大公报》刊载的一份江西来函也叙述了二月初三之事：

> 初三日乱民乘势即将老贡院教堂烧毁，王教士往后逃出，到荆波宛在邹殿书公馆门首。乱民追及，王教士避入该公馆内。乱民即将该公馆拆毁，追出王教士，拖至三道桥，登时殴毙，惨酷之状，殆不忍闻。当时松柏巷法文学堂亦付一炬，洋教士五人逃至进贤门外小河边，虽出重赏，无舟肯渡。遂被乱民击破头颅，坠入水中而死。城外教堂医院女学均遭火劫。该处罗教士、石教士及洋贞女五名幸早闻风声，匿在左侧工艺厂内，得全生命，惟石教士患热症，冒雨受惊，遂至不起。又有马教士虽受重伤，亦幸救全。此外耶稣教堂金教士夫妇与其幼子亦同惨死，现在各教士与已死之尸首均经官送至九江矣。[①]

天津《大公报》时为天主教徒英敛之主办，在报道南昌教案时，对天主教有明显偏袒。从“惨酷之状，殆不忍闻”这一措辞，亦可看出作者的感情倾向。另外，作者对天主教受害情况一一述及，幸免于难者也都提到。到结尾处方以“此外”二字引出耶稣教的惨剧。由以上种种，可认为此文是从天主教视角对二月初三事件进行的叙述。

以上借助不同的文本，对二月初三的闹教场景做了一个多元视角的观察。考虑到文本生产者的特定动机以及特定视角，每种叙述的真实性都可能存在问题。举例言之，《字林西报》刊载了一位美国传教士的文章，文章也叙述了二月初三日之事。其中提到，王安之先行放火，参与百花洲聚会的群

① 《南昌教案记略》，《大公报》1906年4月13日，第2版。

众看到教堂起火，才赶过去哄闹。作者自称对此案做了谨慎的调查，但其采纳的显然是一面之词[1]。考虑到南昌的新教美以美会与天主教遣使会的宿怨，这份叙事文本很难为我们提供一个客观中立的视角。以犯人供词来说，接受审讯的犯人为了减轻自己的罪责，一般会尽量弱化自身的参与度，使得闹教活动给人一种围观者多动手者少的印象。罗会然和罗会点两个人的回忆也同样需要警惕，对天主教的仇恨和对自己贫苦出身的叙述，很可能受到了20世纪50年代革命叙事模式的影响。他们对现场的描述恰恰有夸大自身参与度的可能。徐嘉禾的报告，则首先会以开脱自己失职的罪名为目的，故而难免强化官兵的努力程度和在保护教堂方面的诚意。至于天主教方面，肯定不会顾及闹教民众平日是否受气的事。而在新教的眼里，很难看到天主教徒殉道的“伟大”。这一切，使得我们必须通过一系列史事辨正才能更准确地认识纷扰的“二月初三”。

2. 史事辨正

由前引文献可知，对二月初三的叙述充满了分歧。二月初三的闹教活动作为一起骚乱事件，有其自身的构成要素和发展过程，以下的考辨对象主要是基于这一关怀做出的遴选。许多考证根本无法得出明确的结论，但是笔者仍尝试将其作为问题提出来。

（1）参加百花洲集会的人数是多少？

曾参加过辛亥革命的胡廷銮年轻时见证过南昌教案的发生，据他在新中国成立后回忆说，参加二月初三百花洲集会的“达三、四万人”[2]。今人的相关叙述，时常采用胡廷銮提供的这一数字。与胡廷銮相近的评估是御史黄昌年，他在弹劾藩司周浩的奏折中，提到江召棠受伤后的两日“百花洲之会议人数以万计”。上海《中外日报》的一位访员初四日发给报馆的报道中也谈到与会人数，称“到者约万余人，几无容足之地”[3]。但正如张之洞针对黄昌年的奏折所做的调查报告所说：“是时人口众多，往来无定，未能查

---

① “Chinese Vengeance at Nanchang,” *North China Daily News*, March 6, 1906, pp. 6 - 7.

② 《一九〇六年南昌教案资料专辑》，第 6 页。

③ 《汇述南昌教案先后情形》，《中外日报》1906 年 3 月 6 日，第 2 版。

其实在之数。”① 所有对与会人数的估计都不会太精确。综合各种史料来看，当日的百花洲确实呈现一种“人山人海”的景象。

由于南昌城厢内外的人口数量和密度无法确认，胡廷銮等人提供的数字究竟意味着怎样的参与度很难遽下结论。实际上晚清 70 余年的历次闹教活动，无论是城厢还是乡村，其民众的参与程度究竟如何，都很少受到关注，更没有具体的评估。当时的官方报告，没有这种表述习惯，要么不提供闹教人数，要么提供的是概数，不能直接拿来引用。

（2）老贡院天主堂的火是谁点的？

今人对南昌闹教活动的基本表述是焚教堂、杀教士。在被焚烧的四处教产中，老贡院天主堂首先起火。在谁放了这第一把火的问题上，是有过争议的。《时报》的访员当时就曾听到两种不同说法：“或谓百姓所烧，或谓该堂因进出之人太多，锁上堂门，因堂中尚有三百余人避至楼上，不得已自行举火。”②《南方报》一篇报道则对后一种说法有比较细致的叙述和讨论，指出在百花洲的演讲者“乃甫登台”，数里之外的教堂即已火起。所可质疑的是，“是日礼拜，有百余人在堂听讲，使非教士纵火自焚，何以教士及教民均已先出，初无一人受伤，且老贡院之巷内并无出路，教堂在深巷之底，使果为众人发难，各教民亦决不能逃避”。该报给出的解释是王安之“藉毁堂以抵制”，随后民众“因火起而聚观”。“王教士纵火之后，复手持刀枪，奔走间为众所睹，公愤激发，遂致殴毙，不然何以不殴毙于教堂之巷内，而殴毙于相距里许之邹门前乎？”③

传教士自焚教堂后反诬陷中国人纵火的事情历史上有其先例，如在义和团运动期间，一个天主教士便曾把自己的物品搬走，烧掉自己的房子，然后寻求赔偿④。南昌教案发生后，《字林西报》有消息说教士纵火自焚，此新

① 《清末教案》第 3 册，第 880 页。

② 《南昌大教案七志》，《时报》1906 年 3 月 6 日，第 2 版。

③ 《南昌来稿》，《南方报》1906 年 3 月 26 日，第 1 页新闻。

④ Arthur Judson Brown, *New Forces in Old China*, New York: Fleming H. Revell Company, 1904, p. 251.

闻曾得到华字报的广泛转引。

实际上，前来南昌调查此案的梁敦彦也注意到此事，在向余肇康致函索要南昌教案的相关材料时，专门要求提取教堂自焚证人的证词，但余肇康未予提交①。在犯人的供词中，倒是有两人提到了老贡院的起火之事，他们就是一同闹教的刘狗子和杨大盛，二人俱称在百花洲沈公祠的集会演讲发生骚乱时，便“听说”老贡院天主堂已经起火，并且这一消息还是二人赶往老贡院教堂的直接原因。刘狗子和杨大盛的供词未可全信。就二人对沈公祠内的骚乱的叙述看，当时的情形可能是，众人正在祠内骚动不安之际，忽听得有人大喊教堂起火。在一片拥挤混乱的场景下，这样一个信息非常有助于加剧集会者非理性的冲动。

徐嘉禾的报告也提到了老贡院天主堂的起火之事，称群众蜂拥到老贡院天主堂门前，用石头击打保护教堂的军队和警察，并将他们冲散。接着徐嘉禾提到“堂内业已起火”。这一表述本身模棱两可，既可将起火时间理解为闹教群众冲击前，也可理解为冲击后。但是报告接下来又说“警察东西局两总分巡闻警，率兵驰至救火，均受石伤不能前进”。上下联系起来看，起火时间应在群众冲击教堂后。即保护教堂的士兵被冲散后教堂火起，他处警察赶来救火，但受到闹教者的暴力阻拦，无法灭火。从增援警察试图救火的举动看，可知当时的火势还在可控范围内。当然，这仍不足以断定是不是王安之意欲延缓闹教者追赶的步伐而自行纵火。

王安之纵火是否能够起到延缓追击的作用呢？其答案应该从教堂的空间结构中去寻找。但老贡院天主堂已被烧毁，无从知其原貌，即使未毁，其周围的建筑一旦发生变化，也将相应改变教堂与外界的空间关系。从江召棠手书中对教堂的描述看，该教堂由围墙圈起，除了教堂洋楼这一主要建筑外，院内还有一些中式建筑，在江召棠赴宴时，刚刚拆过。仅就这点信息，很难评估教堂起火对于王安之逃跑到底有什么作用。据《南方报》的报道，“老

---

① 吴永兴：《梁敦彦在南昌教案中的往来函稿》，《清史研究》1992 年第 4 期。

贡院之巷内并无出路，教堂在深巷之底”，如果该教堂的空间结构确实如此，那就意味着，放火自焚根本无助于王安之的逃跑。因为巷内无出路，王安之无论是从前门还是后门出来，无论是否放火，都要面对并闯过挤在巷子里的闹教者这一关。

应当注意的是，当时教堂已受到士兵和警察保护，从整个晚清史来说，虽然教案此起彼伏，但杀教士的情况毕竟少见，在王安之的认识中，形势未必如此严峻。只有在当时民众已展开冲击且场面逐渐失控的情景下，王安之才可能选择出逃。

现在的问题更明确了，王安之是如何在已经有闹教群众冲击教堂的情况下出逃的？理解这一问题，需要借助另一个细节：二月初三日是礼拜天，教民在这一天要来教堂参加礼拜活动。从报道中可知，参加当日礼拜的有三百余名教民，且不论这一数字是否确切，总之会有一定数量的教民参加礼拜。根据这一事实，我们便可做出如下想象：闹教群众冲击教堂时，与奉命保护教堂的士兵和警察以及堂内教民发生了对峙和冲突，最后堂内教民冲了出来，王安之也夹杂其间，趁乱夺门而出。

如果上述情形成立，可知若是堂内人员放火，只能如《时报》访员听人说的那样，是发生在参加礼拜的教民与闹教者在教堂内对峙期间。一旦在堂内举火，则玉石俱焚，教民何以出逃？因此应当否定这一可能。

至此可以断定，教堂的火并非王安之或教民纵火自焚，而是起自闹教民众。从晚清教案史上看，闹教者焚烧教堂并不是一件新鲜事，它是一种比杀戮教士更常见的用来表达对教会的敌视的方式。单就南昌教案而言，共有四处教产遭受火灾，也无非是延续了这一传统的反教方式而已。

至于舆论界的王安之自焚教堂之说和中国官方的讳言，显然都是出自特定需要。这一点也可以拉长时程来看。在晚清的反教活动中，经常能见到针对教堂的各种谣言①。这些谣言因为常常与中国人传统的鬼神和巫术知识关联，使得一些人深信不疑，从而有助于激发民众的仇教情绪。但是其内容毕

---

① 参见苏萍《谣言与近代教案》，上海远东出版社，2001。

竟过于荒诞，难免受到一些士大夫的质疑。如在第一次南昌教案中，绅民即以教会用婴儿精髓合成血膏等为闹教说辞，被巡抚沈葆桢认为“其言多不经，亦无根据”，但是在地方官的调查报告中，却又以“亦似非无因而起”这一“莫须有”的说辞含糊过去。在此次南昌教案中，类似的情况也时而有之。比如徐嘉禾的报告在提到正月二十九日之事时，明确声称王安之接受臬司余肇康等官员的询问时，曾“执手枪，势欲行凶”，但在余肇康的日记中则称“神甫王安之见余，甚恭顺，尚有惧心”[①]，情形显然与徐嘉禾所言截然不同。

（3）闹教是有预谋的吗？

南昌案发后，某西文报曾披露：“华人谓南昌之人，实捐款二千元。请凶手残杀教士，礼拜日适值大雨，虽华人遇大雨之日，不惯出门，然暴动之人，仍复不少。”[②] 天气因素有时确实可能影响到一场运动。如陈平原即注意到，1919 年 5 月 4 日那一天的北京是个晴天，午后天气渐热，游行者“大热天里，在东交民巷等候将近两个小时”，有助于“酝酿情绪”[③]。但过分强调天气因素的影响，可能削弱运动的理性成分，瓦解运动的结构性特征。南昌教案是在雨天发生的，这一气象事实已为各种文献所证实。下雨天一般确实有助于减少人的户外出行，这是不是就可以证明参加者是为人收买或者刻意煽动的呢？

实际上，所谓“煽动”在很大程度上是成立的。江召棠在教堂受伤后，学界和士绅先后大量散发传单，通知各界二月初三日在百花洲集会。事后看，这无疑是一个非常奏效的动员过程。据云：

> 本月初一日江令抬回县署以后，外间即谣言欲焚杀教堂教士，与江令报仇，并有大绅家在大中学堂肄业之子弟十余人，在江报馆用铅字印就传单万余张，自行乘轿或骑马在街散布。虽僻巷小户及五大宪各衙门

① 余肇康：《敏斋日记》第 30 本，丙午二月初一日。
② 《英报录来函述南昌教祸详情》，《中外日报》1906 年 3 月 8 日，第 2 版。
③ 陈平原：《触摸历史与进入五四》，北京大学出版社，2005，第 17 页。

亦无不送到。各衙门均受而不辞，并不禁阻，尚谓其热诚爱国。闻该绅等与江令非亲即友，故出而为首，以泄其忿。[①]

引文中“该绅等与江令非亲即友”之说并非毫无根据。在百花洲的特别大会上，大绅梅子肇即梅台源曾登台演说，据地方档案可知，梅子肇正是江召棠的儿女亲家[②]。考虑到这一层关系，梅子肇参与组织此次特别大会，可谓集国恨家仇于一身。但事实并非这么简单。学生和绅士们召开集会的初衷是商讨文明抵制办法，时为20世纪初，文明抵制和文明排外之说在中国正当流行时节，其思想与稍后发生的闹教行为差别甚巨。

正如《时报》的访员所云：

起事之由，实因初三日学生在沈公祠开特别大会，遂至蜂屯蚁聚，无如下流社会倍蓰于上流社会。开会诸公乃悬牌示众，谓人数太多，改期再会。于是下流社会始则与在会绅士为难，沈公祠专祠打毁殆尽，继则一哄而散，齐往天主三堂聚众毁杀……[③]

上流社会和下流社会的分类与文明排外和野蛮排外属于同一话语系统，在当时是一种方兴未艾的分析方式。通过这一分析方式，当时上流社会召集会议表达的是一种文明排外的诉求，但是一道被动员起来的“下流社会”有自己的一套认知和行为方式。最终后者压倒了前者，场面由此失控。其结果恐怕已经超过了会议组织者的预料。故此《中外日报》才有感而发道：“综吾国数年以来，所遘之大祸，皆由上流社会，所抱文明之思想，一为下流社会之所得，皆成为野蛮之举动。”[④] 但是对于江召棠这种具有丰富官场经验的人来说，这一结果并非难以预料，因此曾专门请求诸绅“不必开会

① 《南昌教案续志》，《汇报》第13号，1906年，第206页。

② 《关于“南昌教案”采访资料》，南昌市档案馆藏，卷宗号：1180－20－74。

③ 《南昌大教案七志》，《时报》1906年3月6日，第2版。

④ 《论使中外不和之蟊贼（上篇）》，《中外日报》1906年3月31日，第1版。

演说”，以免“匪徒乘机煽惑”，导致暴动。

如此说来，二月初三日的闹教并非出自南昌学界和士绅的本意，更非江召棠本人所乐见。

（4）闹教者的动机是什么？

上流社会召集大会的目的在于文明抵制，那么，“下流社会”闹教的动机又是什么呢？从供词和后人的回忆看，最常见的解释是“替父母官报仇”。如刘狗子的供词就说，“小的听说天主堂外国教士杀伤父母官，大家愤恨，都要打他报仇”，“小的实是为父母官报仇”。杨大盛也说“小的听闻天主堂洋教士杀伤父母官，大家公愤不平，想打他出气”，“小的实在是随众人报仇，打洋人出气”。周立秀的供词提到：“小的在将军渡地方，见一洋人被众人赶来，说要替县官报仇出气。”可见“替父母官报仇”成了此次运动的口号，被四处倡言。当然，自称为父母官报仇显然是嫌犯最好的辩护。

除了替县官报仇出气，有人也为自己出气，如罗会点和尚的回忆就提到，他和陈长发等人闹教是因为曾被教会势力送进过班房。为自己出气的心理未必一定起因于与教会的过节，只是人们日常积攒的各种怨愤恰好被这起骚动点燃了。

与动机问题相关联的是，闹教者的社会构成又是怎样的呢？

（5）闹教者都是由什么人组成？

当时的报界把闹教者一并归为“下流社会”，而官方的报告则习惯将闹教者打入“匪徒”或“痞棍游匪”行列。新中国成立后的回忆受到阶级分析法的浸淫，开始区分闹教者所在的行业。如余守真的回忆称：“在江召棠被杀的第二天，全城各行业工人举行罢工，商民举行罢市……其中皮匠工人、泥木工人、踩布工人以及码头工人最为愤恨，他们过去因为受尽了外国鬼子和依仗洋人势力的中国教徒的欺压，这次听说王安之杀死县令，便到处联络，互相奔告，三五成群邀到茶铺，谈论如何杀死洋鬼子问题。”① 胡廷

① 《一九〇六年南昌教案资料专辑》，第5页。

銮则忆称，参加大会的“大部分是木匠工人、皮匠工人、码头工人、菜贩、农民、学生和小商民，也有绅士”[①]。闹教前从事踏布行业的罗会点也强调说：“当时我们这个行业的工人听到说打教堂，大家都非常高兴。”这倒正好部分印证了余守真的说法，踩布工人是最愤恨天主教的行业群体之一。

不过没有史料证明闹教活动与行业内部的组织有关，也没有史料证明在闹教活动中同行业的参与者内部曾有过有机的联系。罗会点参与打教是由于陈长发临时发出“会点啊，去打教堂啊”的招呼，刘狗子和杨大盛大致也不出这一范畴。

毫无疑问，某一个行业是否愤恨天主教与该行业工人的“思想觉悟”是不太关联的。更可能与之相关的是南昌民教之间在经济上的利益冲突。虽然缺乏直接的史料，但大量的事实可以证明，许多教民入教的动机都是“依仗洋人势力”，同平民争夺世俗利益。

从闹教案犯的供词看，他们的构成也比较复杂。有游荡度日的、挑担的、推小车的、木匠、摆鱼摊子的、帮工、挑卖水的和轿夫等。从犯人的社会构成来推导闹教者的社会构成是一个危险的倾向，因为在闹教与被捕之间以及被捕和受惩罚之间存在巨大的未知因素。举例而言，二月初三后官方逮捕了大量的嫌疑者，但最后受惩罚的仅几十人而已。首先，量刑的等级和数量是由中法政治博弈决定的；其次，腐败的吏治为整个司法过程提供了变数；最后，传统中国时而出现的代人受过的现象也可能出现在南昌教案当中。最后一点需要稍做解释：一个西方人曾对中国人愿意当他人替死鬼的现象表示不解，一个中国商人向他解释说，穷人为了挣个棺材钱，便可以替别人承担死刑[②]。一个传教士提到，一个中国人因杀死一个英国人而被执行死刑，稍后却被发现“仍旧活在人间并且身强力壮”[③]，这显然是有人代其受戮。

在南昌教案中，因杀害天主教神甫王安之和法文学堂五教习，有五人被

---

① 《一九〇六年南昌教案资料专辑》，第6页。

② Arthur Judson Brown, *New Forces in Old China*, p. 26.

③ 《清末教案》第4册，第392页。

判处死刑，在这五人当中，有二人为“游荡度日”。在当时，“游荡度日”表达的恐怕不仅是经济因素，还有其文化的意涵，是与“游手好闲”相近的一个称呼，甚而可与官方文书中的“痞棍游匪”相关联。具体到这一案例，这两个游荡度日的犯人未必是代人受过，但从建构主义的角度看，这种无业游民被视为更具有犯罪倾向，这种认知最终导致他们的犯罪记录和犯罪事实更多①。在教案史上或南昌教案中，也许存在相似的情况，对社区比较熟识的捕快会有重点地盯紧那些游荡度日者②，而游荡度日者也可能真的比普通人更有攻击性。因此，这类人在教案中会比有正当职业的人更容易获罪。

（6）闹教队伍是如何行进的？

据邓颂平回忆，闹教群众共分四起：“一起是到老贡院法国天主堂；一起是到进贤门外老天主堂；一起是到罗家堂［塘］英国救主堂；一起是到德胜门外美国美以美会礼拜堂。其中到老贡院法国天主堂的人数最多。”③这一说法得到今人的因袭。鉴于回忆者是教案的亲历者，故不应简单否定，但事隔五十年回忆是否准确是个问题。闹教并非一个有组织的秩序井然的运动过程，邓颂平厕身其间，呈现在他面前的更多是一种“人头攒动”的景象④，与《时报》那位访员所称的“自肩以下皆隐”正相一致。在此情况下，如何做到对整体的把握和描述，是个大问题。

有人事后对闹教活动进行过全景式描述，称：“肇事之人，愈聚愈众，或彼或此，忽城内忽城外。”与之相应的是，“各兵随出随入，疲于奔命。自辰七时至夜，勺水未入口”⑤。这一说法不应当被简单当作官方保教不力的托词。综合各种史料来看，这是个相当能反映真实场景的叙述。

笔者注意到，某报馆访员曾函称在百花洲集会者有“万余人”，而“相

① 安东尼·吉登斯：《社会学》，李康译，北京大学出版社，2009，第123页。

② 瞿同祖的《清代地方政府》一书中对捕快出身的叙述也可以印证此点。

③ 《一九〇六年南昌教案资料专辑》，第6页。

④ 邓颂平回忆：“初三日天刚亮，街上就人头攒动，到了七、八点钟，三道桥一带都站满了人，虽然当时正下着大雨，但也都冒雨站着不动。”（《一九〇六年南昌教案资料专辑》，第6页）

⑤ 《纪南昌变乱事愤言》，《时报》1906年3月14日，第1版。

率前往教堂者数千人”。这就意味着，百花洲的集会者并未悉数前往教堂闹教。从犯人事后供词中可以推知，闹教队伍应该有一个随时聚集的过程。如任廷发就是在路过三角塘时加入闹教的，罗中秋则是在高家井撞上洋人，吴老五和卢高财都是从进贤门外街开始加入的。加上洋人所到之处会引来大量围观者，即使有不少像吴老五这样的随时退出者，几个焦点区域都有一个越聚越大的过程。

那么，闹教者的行进路线又是怎样的呢？从刘狗子和杨大盛的情况可知，他们先是从百花洲南下抵达老贡院天主堂，随后向北沿荆波宛在追打王安之，将其殴打致死后，又向北拖到三道桥，之后又返回紧邻老贡院天主堂的松柏巷法文学堂，听说该学堂的五个教习已经逃出进贤门，便向南，出进贤门，至三角塘参与袭击五个法国教习。

当日应该有一批人同刘狗子和杨大盛的行动路线相仿。但并不意味着整个队伍都做了这样的折返流动。更可能的情况是，一如那位《时报》访员看到的，从三道桥到进贤门，整条街上挤满了人，在这样一条街上，有的人曾辗转于各教堂之间，而有的人则可能在原地驻足观望和议论。这一场景与农村的庙会倒有几分相似。

（7）负责保护教堂的士兵起到什么作用？

在保护教堂一事上，江西官场遭到巨大非议。法国公使吕班（Georges Dubail）曾质疑，在闹教发生后，增援部队为何没有及时赶到，有效制止闹教活动的蔓延。吕班谈到了南昌军队兵员及其与教会的空间关系，并附了草图加以说明：

> 巡院左右有巡警军营兵四百名，据院附近亦住有向充绿营现已改良作为练军兵一千名。此外城厢于教堂最近，并距城墙约二里，十分钟可抵该堂之处。尚有常备军兵营内扎有新式教练之兵一千五百名，均归前在日本武备学堂肄业之廖统领管带。①

① 《教务教案档》第7辑（2），第733页。

在徐嘉禾的报告中，士兵和警察曾经奋力保护教堂，但无奈未能抵挡住闹教群众的攻击。但这一说法显然不能令教会一方信服。上海天主教的《汇报》刊登的一份来函毫不客气地指出：

> 当初一二日南昌谣言忿堂杀教，并散布传单，王总铎即虑有事故，迭次函请抚宪胡中丞请派兵保护。而胡中丞力言可保无事。固请不已，始派老弱标兵三营来堂驻扎，名为三营，实则数十人耳。又皆空手，均无刀枪等军械。又名为保护，实则暗防王总铎私行逃脱，有该兵官向兵丁等私言，被堂内人窃听可证。迨至闹事之际，该兵等不惟不任保护，反行助匪等之势，乘势殴人抢物，无所不至。另扬言曰洋鬼子今日均已升天。又闹事之际，省城各大宪及地方官并未出外弹压，故任匪等自是日午时烧堂杀人，至晚始止。不然合通城之官势，及合省之兵力，不能保护数教堂及数洋人，其谁信之？①

庚子之后的《辛丑条约》明确规定，对保护教堂不力的官员将革职永不叙用。有此一条，官员在保护教堂问题上不得不比以前更加小心谨慎。早在二十九日事发后，胡廷干便分派常备军、绿营和警察等加强巡逻。初二日，因为担心“痞徒”闹教，胡廷干更是加派兵力“分守于教堂”②。由各种叙述更可知，官府也派兵监视了百花洲的集会。总的说来，江西的上层官员并不希望看到南昌教案的发生。

那么，问题是否出在下层的官兵身上呢，即如《汇报》来函所说，负责保护教堂的士兵“不惟不任保护，反行助匪等之势”？实际上，下层官兵在执行保护任务时，要面临一个技术性问题，即一旦受到闹教者的袭击，是否开枪还击？案发数周后，一位西方记者在南昌采访了胡廷干，问及士兵为何不向闹教者开枪。胡廷干回答说，当时没有开枪是因为人太多③。而一位

---

① 《南昌教案续志》，《汇报》第 13 号，1906 年，第 206 页。

② 余肇康：《敏斋日记》第 30 本，丙午二月初二日。

③ Everard Cotes, *Signs and Portents in the Far East*, p. 57.

负责陪同的官员在谈及这个问题时，则用洋泾浜英语解释道："有好人，有坏人，如何射击。"①

二月初三日的南昌闹教，由大量具体而微的历史细节构成。特定立场的人总是倾向于关注特定的细节，然而越是被特别关注的细节，往往越是难以考辨。细节因是非利害关系而凸显，真相却被是非利害关系所湮没。

① Everard Cotes, *Signs and Portents in the Far East*, p. 73.

第四章
“觉不可无此一争”：中法交涉与清末政治

南昌教案发生后，中法双方主要围绕江召棠的死因，进行了长达数月之久的谈判。晚清朝野对列强炮舰外交的判断一直是个问题。国人虽注意到西人特别是法国人“虚声恫喝”的习性，但因教案所引起的“大局决裂”的担忧屡见不鲜。此次教案就其杀伤规模而言，是义和团运动后最大的一次。清廷因庚子西狩而起的外交退让策略益形明显，但由于朝廷最初误判此案为“教士戕官”，态度反而意外强硬。只是随着江西谈判进程中不利信息的传来，迅速走向妥协。然而言路和舆论却很难“转身”，张之洞私下所谓“明知争亦无益，觉不可无此一争”之语，反映了当时国人的纠结心态。

一　南昌教案的交涉过程

南昌教案发生后，中法双方进行了长达数月之久的谈判。谈判先后在南昌和北京举行，围绕二十九日江召棠受伤和初三日民众闹教两事展开，主要讨论对江召棠死因的认定、对教会的赔偿和对涉案人员惩罚等三个方面。交涉过程中因对江召棠死因的认定产生分歧而发生过重要转变，中方从强硬走向了妥协。

1. 从江西到北京的强硬立场

据余肇康日记称，案发当晚，江西官场便就此案向“外务部、制军及九江道郎主教、法领事”致电通报[①]。其中致外务部的电文只提到“南昌县令在教堂被伤，情节极重”，未讲受伤原因，外务部遂于初二日回电，要求查明江召棠“究系如何致伤”并“迅速电复”[②]。江西的复电已见前引，电文一面称“自戕”，一面又说“事在疑似”，其态度颇为模糊。

江西的来电使外务部有理由相信教会对江召棠的受伤负有重大责任，二月初三日，外务部照会法国公使，转述这一电文道：

> 本月初二初三等日，迭准江西巡抚电称，正月二十九日，南昌城内法国天主堂神甫王安之函邀南昌县令江召棠申刻便饭。江令只带一仆一茶房前往。被堂中阻止从人不准随入，江令先在外堂共饮，嗣又邀入密室，重门悉闭。旋闻江令在堂颈受刀伤，及新建县赵令赶到，江令已血污满身，口不能言，势甚沉重，生死难定，士民汹汹不服，已竭力开导。一面设法保护，并电上海总领事、主教郎守信将堂内应讯之人指索交出，以凭审办等因。

紧随其后的是外务部的表态：

> 查江令身任地方，此次教士函邀前往，在教堂猝受刀伤，实堪骇异。此案情节甚重，亟应切实讯究，以昭信谳，而服人心。相应照会贵大臣查照，迅电总领事及郎主教速将堂内应讯之人交出归案，并公审讯，并望见复为要。[③]

将江西致外务部的电报和外务部致法国的照会加以对比，会发现外务部省略了“自戕”等语，而突出了对于县令教堂受伤一事的“骇异”。

---

① 余肇康：《敏斋日记》第30本，丙午正月二十九日。
② 《教务教案档》第7辑（2），第722页。
③ 《教务教案档》第7辑（2），第723页。

次日，外务部致函英国公使萨道义（Ernest Mason Satow），对二十九日事做了相同的转述[①]。

初三日，南昌教案发生，胡廷干致电外务部汇报情况，称：

> 南昌令江召棠受伤缘由昨已详电。奈民情不服，议论沸腾，迭经出示开导解散，派兵保护各处教堂。初三日巳刻干与司道督同府县营官暨各绅士分投弹压，忽有痞棍游民杂以外来匪类，乘机煽惑，蚁聚蜂屯，堂多兵分，防不胜防，瞬息致毁法教堂三处，伤害法人六名。波及英国教堂一处，被害英人二名，受伤一名，已拨医调治，余未查确。现在人已四散，仍将未毁各堂极力保护，拿犯究办，并将救出各国洋人，派轮委员护送赴浔。[②]

初四日获悉闹教案发生的法国公使吕班造访外务部谈论闹教之事，当值的外务部尚书瞿鸿禨等人一面根据初三日江西的电报向其通报相关情形，一面又向其表明了中方的态度：“此案皆由法教士王安之一人而起，应请贵大臣将两案起衅缘由，一并报明贵国政府，方知此次暴动系因江令在教堂内受有重伤所致。”[③]

初五日外务部致电江西胡廷干，令其严拿闹教案犯，保护教堂，抚恤受害教士，并宣示了外务部对此案的定性，称：“此案因地方官在教堂身受刃伤，以致人心不服，激生众怒，惟应静候查办，据理评论。”[④]

二月初六日，法国公使吕班致外务部照会，“转达”了江令在教堂受伤的“详细信息”，其文如下：

> 本月初一日，因新昌教案连累之现任南昌县至教堂晤见教士商议。

---

① 《教务教案档》第7辑（2），第724页。

② 《清末教案》第3册，第810页。

③ 《教务教案档》第7辑（2），第725页。

④ 《清末教案》第3册，第812页。

> 在堂用饭后，至该堂幕友住房缮就商谈情形节略一纸完毕，即令该幕友将节略送交法教士，以致屋内惟有县令一人。逾时未久，闻屋内有叹声，教士赶即前往看视，即见江令项上有横竖两刀伤痕。当有他县令即速至堂。在教士一面亲往抚院报明情形。各色官员渐至，并在堂过宿。彼时江令未能言语，即为法教士书写汝等勿惊，究因救出新昌县各犯起见等字。①

照会后半部分还讲到二月初三日之事，称此事缘于地方官保护不力，要求予以严惩。照会发出当日，吕班又前往外务部会晤，再次要求严惩地方官。当日值班的外务部大臣那桐和侍郎联芳虽已看到法国照会中关于二十九日之事的不同叙述，但显然不信此一面之词，故而一面辩称初三日“事起仓猝，实非地方官意料所及”，一面继续强调江召棠受伤一事，称“启衅根由，因江令在教堂受伤，致动众怒，现在应彼此派员彻底查明”②。

两日后来自江西官场的报告大概更加巩固了外务部对江召棠受伤一事的看法，报告称：

> 查此案法国教士王安之函诱赴饮，胁入密室，屏除从人，借往年教案为名，逼令将奏明监禁犯人多名力予释放，并勒写字据。该令据理争辩，王安之凶横万状，案置一刀一剪，口称尔死案即了结。该令呼救无应，情急饮刀自刎，王安之即用剪猛戳其喉，以致颈受重伤，越七日身故。③

相比二月初三日发来的电报，江西官场的口吻从“事在疑似”变成了江召棠先自刎王安之后加戳。这也就是说，江西方面的态度也在

① 《教务教案档》第7辑（2），第732页。
② 《教务教案档》第7辑（2），第730页。
③ 《清末教案》第3册，第813页。

转强。

二月初九日，外务部照会英法公使，派津海关道梁敦彦赴南昌办案[①]。在梁敦彦到达南昌之前，外务部接到的胡廷干的一份电报又传来有利消息，电称：“又江令自伤，英法军医验后，经干延一美国医生复验。据其洋文声明，那干净之横伤是自刎形式。其余之伤，在干净横伤之后等语。”由此推断，“是江令仅有自刎之横伤，则其余之直伤，为人加功明矣”[②]。

二月二十五日梁敦彦与法国参赞端贵一同抵赣[③]。两日后梁敦彦、余肇康和端贵三人开始了此次谈判[④]。谈判首日，端贵“意尚平和”，主张仿照之前余肇康在湖北经办的施南教案来商谈“办犯赔偿抚恤”之事。余肇康和梁敦彦认为“近来教案，惟施案办结较轻，自可允许照办。惟归咎江令不应在教堂自刎，意在为王安之掩饰”。中方回应说：“尔咎江令，我咎王安之。各执一词，必致案难速了，不如暂从缓论，先将各条议妥，再议此节。”

此外端贵还索要初二日下午刊布传单之人，中方则辩护说：“传单系力戒暴动，尚是好意，即查出本人，只能责其不应多此一举，量予惩儆，未便深究。”在谈到地方官保护教堂不力一事时，端贵的态度远没有吕班那么尖锐，称“深知地方官为难，如能照施案办法，和平议结，当将极力救护实情禀知法使，断不另生枝节。”端贵还表态说：“决不学他国，案外另想商务好处。”梁敦彦等将此大略情况电达外务部，并乐观地指出“似此法案尚不致十分为难”[⑤]。

外务部于三十日回电，对来电所提他事不置一词，惟在江召棠受伤一事上指示道：“端参赞归咎江令，殊属无理。无论如何为难，应即严词拒绝，本部亦当切商法使。外间会议时，仍奉一意坚持为要。”[⑥]

---

① 《教务教案档》第 7 辑（2），第 735 页。
② 《清末教案》第 3 册，第 826 页。
③ 《教务教案档》第 7 辑（2），第 741 页。
④ 余肇康：《敏斋日记》第 30 本，丙午二月二十六日。
⑤ 《清末教案》第 3 册，第 830 页。
⑥ 《教务教案档》第 7 辑（2），第 741 页。

到此为止，无论江西官场还是外务部，均对南昌谈判抱有乐观态度。

外务部发电的同日，余肇康和梁敦彦在端贵的陪同下，审问了二十九日事发现场的三个证人。虽供词表明江召棠受伤时房间仅仅伤者一人在场，亦即江召棠伤由自刎，但是其中茶房胡恩赐的供词还是令余肇康等颇为振奋。据胡恩赐供称，“江令连二十九日只到过教堂两次”，这就与之前郎守信递交法国公使的“诉词”即天主教官方报告中的“共到堂三次”的说法“相矛盾”。因此，余肇康等人给外务部的回电开篇即痛快地声称“遵当一意坚持”[①]。电文一面指出郎主教和教堂受审人员在江召棠到堂时间的叙述和供词中出现重大矛盾，一面又断言“教堂必是情虚，必有恫喝之处，不然江令何至于死”，由此则“彼此不提期速了结，在我已属委曲求全，断不能强我归咎已死之江令也”，并建议外务部“商法使时，似可将以上数层，向其辩论”[②]。

但是在江召棠一事上，端贵的态度与此电文差别甚巨：归咎江召棠，要求中方将其革职，并将此条载入合同。对此，侍郎联芳于三月初一日往晤法国公使吕班，称：“江令已死，系自刎亦系被戕，现在尚未查清，该参赞乃请惩办已死之人，实于情理不顺，人心亦必不服。”吕班虽称“此层不能不请”，但在联芳的一再要求下，还是答应致电端贵，不再提江令一层。在这次会晤中，吕班指出“将来所注重者，总在该省大吏”，即认为江西大吏保护教堂不力，应予惩处。并声称“现在所查，系乱时情形，及教堂应赔之数，将来大吏责成仍须在京商办”[③]。实际上，日后谈判的提京办理，其主要原因也在于南昌的谈判无法探讨和处置江西大吏的惩治问题。

此次会晤的效果不甚明显，据梁敦彦等三月初三发送的电报称：“惟彼自接法使电述外务部请不归咎江令电后，虽将革职一层不提，仍必欲于合同上声明：现已查明，此事全不归咎教堂，但只因江令自尽而起谣传字样。并欲另函声明江令开吊，地方官不得往祭出丧，百姓不能往送，将来不能为之

---

① 《清末教案》第3册，第830页。

② 《清末教案》第3册，第830～831页。

③ 《教务教案档》第7辑（2），第741页。

建庙。凡一切荣耀典礼，不能举行。”这一要求令梁敦彦等非常为难。

电报还提到其他谈判事宜：“索办正凶，已审实五名；赔各堂二十五万，恤五教习家属五万，另恤医院二十万，新昌、高安旧案三万七千；处分保护不力文武十一人，分别革职罚俸记过，均尚有磋商办法。”此外，端贵“且坚欲将被人诬指之正绅李前藩司有棻、欧阳道霖、梅部郎台源、雷庶常恒等八九人传问，不肯接以客礼，予以坐位”。电文述及双方在绅士问题上的分歧，称“争执半日，愈喝愈高”，端贵盛怒之下，威胁说“明日电告法使，后日即行”。对此梁敦彦等似颇感棘手，在电文中诉称“似此强硬手段，职道等实无从措手”，“不胜迫切”地希望外务部“详告法使，必先将江令自尽全不能归咎教堂及传各绅不以客礼相待两层先行罢论；合同内彼此不提江令、王安之之事，以全两国国体，乃有办法，不然不能续议”①。

外务部接到此电后，甚觉端贵无理，当即复电，措辞极为强硬，称：“除恤款尚可酌商外，其余各节，断难迁就。如彼竟有意决裂，只可听之。”②

2. 草约

就在外务部强硬表态要听其决裂之际，江西大吏的态度却发生了转变。三月初四日余肇康等发送外务部的电文指出，江召棠手书虽自相矛盾，但“威逼一层，教堂断不能不认其咎”③，此语貌似决绝，却意味着要放弃对“加功”一层的争执。

一天之后，由于法方出示了江召棠在教堂写给教士王安之的手书，江西的谈判形势出现了逆转。负责江西谈判的巡抚胡廷干终于忍不住向外务部表达了自己的态度，称：

> 惟核阅江令在堂受伤后所写各纸，其呈院者，虽多有被逼加功字样，而仅称自刎，不及加功，字张亦多。且此纸作两人拉手，彼纸又作

① 《清末教案》第3册，第831～832页。
② 《清末教案》第3册，第837～838页。
③ 《清末教案》第3册，第837页。

被王安之所刺，又喉有三伤，亦有作两伤者。昨参赞交阅江令在教堂写给王安之字据多张，则但有我死为救民，不与教堂为难字样，竟全似自刎、无人加功者。廷干二月初二电，有云语多杂乱。十五电汇录江令所写各纸，亦不针缝相对。诸如此类，罅隙颇多。

因此，“加功一层，恐未能与争到底。而参赞既如此强横，亦断不肯于合同上明写威逼二字”。并建议道：“若久不议结，夜长梦多。又值法国新使将来，不知性情如何，诚虑或借此案推波助澜，以显其强硬手段。似不如就吕使任内了结，以免牵动大局。”①

次日胡廷干再发一电，继续强调写给教堂和写给盐道、首府和新建县的手书的不一致。称：“若干处早见此等纸张，则加功一层，必不据以电达。”② 在上面三份电文中，无论是参与直接谈判的余肇康和梁敦彦，还是谈判的总负责者胡廷干，都放弃加功一说，退而主张威逼。同时，在谈判策略上，都主张先商谈初三日之事，而暂时搁置二十九日之事。这一提议因涉嫌退让，随后遭到言路和舆论的广泛批评，具有讽刺意味的是，反倒是端贵对搁置二十九日之事的提议摆出了一副“不肯从”的姿态③。

江西大吏的心存退让，正发生在谈判中断期间。三月初四日，因赔款问题，端贵做出“拍案”的失礼动作，余肇康“亦拍案而出”，双方谈判随即中断。余肇康虽“电知外务部，请任其决裂回京”，但还是流露出“诚不知如何结局”的担忧④，第二日即向梁敦彦的办案随员汇谦询问端贵的“口吻如何”⑤。此一时期胡廷干也“愁叹沉吟”⑥，一派悲观，至初九日，双方虽重新开议，胡廷干依旧“忧愁慨叹”⑦，坐困愁城。

---

① 《清末教案》第3册，第838页。
② 《清末教案》第3册，第839页。
③ 《清末教案》第3册，第837页。
④ 余肇康：《敏斋日记》第30本，丙午三月初四日。
⑤ 吴永兴：《梁敦彦在南昌教案中的往来函稿》，《清史研究》1992年第4期。
⑥ 余肇康：《敏斋日记》第30本，丙午三月初六日。
⑦ 余肇康：《敏斋日记》第30本，丙午三月初九日。

胡廷干可能有些过分悲观，这需要从一份草约说起。

据报载，在中法谈判中曾有一份对中方十分有利的草约。其开篇交代道：

案照光绪三十二年正月二十九日、二月初三日即西历一千九百零六年□□月□□日、□□月□□日，江西省城天主堂教士王安之先期函约南昌县知县江召棠便饭。届日到堂，屏除仆从，在密室商办非其任内各旧教案，不知如何争执，江令致伤，越七日因伤殒命。当江令受伤后，沉痛昏迷所书呈院及留在教堂之字所称加功二字，未能针缝相合，惟据件作尸格称系被人杀伤，即法国医官福庚贝验尸凭单亦谓颇似本人自刎，而不能断为自刎。美国贾医生则谓第一伤用力气轻，第二伤用力气重些。法医官并谓伤非同时，亦相距不多时等语。现在江令及王安之既均先后毕命，无从质证，即无从查办。两国睦谊素敦，彼此均愿和平了结，是以姑将加功二字暂置不议，作为疑案，先将应议各条开列于后。

随后，草约拟订了如下九条，作为谈判内容。

所拟第一条主要谈到二月初三日教案的起事之由，并开列了保护教堂不力的官员。其中对二月初三之事的起因如此叙述道：

因正月二十九日天主堂教士王安之与南昌县知县江召棠商议教案，王安之欲拿新昌久经在逃之人，并欲释荏港久经奏结之永远及年限监禁罪犯各旧案。当时王安之威逼江令结案，江令忿极，在教堂自刎，因此致滋腾说，遂生出二月初三日之事。实系无知愚民暴动，痞徒乘机煽乱，以致王安之被戕，教堂学堂被毁，并牵连法文学堂五教习一同遇害。

所拟第二条对“救出男女各教士之员弁”应酌情奖赏“以示激励”。

第三条是惩罚南昌教案闹者刘狗子等人。

第四条是赔款事，“大致索赔教堂十万两，学堂七万两，遇害五教习家属五万两，医院二十万两”。

第五条讨论的是新昌和荏港教案事，以及对南昌教案中绅士和教会人员的处理：

> 大致议明赔款减定后，一概了结，不再拿办初三一案之人。新昌案已拿到案之龚栋一名惩办，龚耀庭一名革去武举管束，其余一概不再索拿。荏港早经奏结之永远监禁及年限监禁各犯，一概照旧不再索请开释。内有因病取保在外医调之监禁十年葛洪泰一犯，仍应由教堂送还县禁。其因初三焚杀之后南昌、进贤两县一切滋事小案，一概不索赔款分文。只将拿获数人分别拘管三个月、六个月，开释了结。永远不准教民再藉初三焚杀为名罗织控告。前在城外养疾院之教士罗望达在江西人地不宜，应调赴别省，以期彼此相安。其初二日傍晚托名学生刊布传单。经手之人，虽有力戒暴动之文，究属多事，将来如经查出，应照不应为而为之例，科以应得之咎。至省城各大绅士，并无一人知有此项传单，及在百花洲演说传单情事。各大绅均系地方官传来面谕，令其于初三日随同地方官开导解散，内有被痞匪掷石殴打者，无一应议处分之人。（二十九事在堂之刘宗尧、艾老三、胡恩赐三人，虽坚称并不知情，江令手书亦未指为证人，惟人言啧啧，无不指目，应永远不准在江西通省各教堂，并革除天主堂教民名籍，并不准投入各国教堂。）

所拟第六条是建造医院事。法国参赞提出由天主教在德胜门外建造医院，结果遭到美以美会教士和美国驻汉口领事的反对。因为德胜门附近有美以美会的教产，该会与天主教有宿怨，不愿与其比邻。于是此条提议天主教在远离美以美会教堂处设立医院。

所拟第七条是“王安之罪案专条”，由法参赞允立，并译法文送案。该条称：

江令以一县官，权力甚微，又并未做过新昌知县。光绪二十九年四月因棠浦教案充当委员，前往开导解散，并经该令拿获龚栋、耀庭解省，是江令实有功于新昌一案，且一经销差，此案即与江令无涉，乃王安之复令指多人，迫令追拿。又光绪二十七年南昌县之茌港天主教民殴溺耶稣教民七命，因法总领事坚请，将凶犯樊聚秀等贷其一死，是以分别奏明，定以永远监禁及限年监禁。以杀人凶犯仅以监禁，已属格外从宽，且非江令任内之事，乃王安之迫令江令一概开脱，屡与江令争论以上二事，均见于王安之正月廿五与江令签字之信缄，二十七日又约江令二十九日便饭，亦有字片。届日江令在教堂商议两案，遂有此惨变之事，江令留在教堂之字或云逼死本县，或云司铎迫逼再三，是二十九日王安之在教堂逼迫情形概可想见。查新昌民人龚栋等殴杀教民三命，王安之则必欲拿办多人，而茌港天主教民樊聚秀等殴溺耶稣教民七命，王安之则必欲一概开脱，是王安之办事不平不公，强江令以万办不到之事以致受逼，自应明白官示，以见二十九日肇祸之由。

第八条是设立绅董和教董来处理教案。

第九条比第八条更进一步，讨论的是教士与词讼问题，中方力请教士不得干预词讼[①]。

这一草约文本为《南方报》《申报》和《新闻报》所载，而不见于官方档案。不过根据余肇康日记和书信以及官方往来文件的零星记载，这并非凭空捏造。如余肇康三月十二日的日记云：“此案经余刚柔并用，十已议成七八，且正认王安之威逼江令字样，并允暴王安之罪状专条，又允立以后教士不准干预词讼及别立绅董、教董评论教务专条。”[②] 所提各条，显然可与报纸所载之草约文本相互参证。

---

① 引文分别见：《南昌教案余闻》，《南方报》1906年4月30日，第1页新闻；《南昌教案余闻》，《南方报》1906年5月1日，第1页新闻。此外，《申报》和《新闻报》等也刊载了这一草约，不过这两家报馆都未刊载后三条。

② 余肇康：《敏斋日记》第30本，丙午三月十二日。

遗憾的是，由于梁敦彦的建议，此案在“十已议成七八”的情况下，改为提京办理。

3. 提京办理

三月十三日梁敦彦与端贵一起离赣赴京①。梁敦彦之所以要求提京办理，是因为他发现了此案的一些内情。早在三月初八日，即谈判的中辍期间，梁敦彦发送外务部的电报便提到，“至诬人加功，情节可疑，外人知之甚确，断不肯受，已详昨电”。在这份电报里，梁敦彦还提到，由于棠浦教案和荏港教案“江令进退维谷”，加之“又有亏空，遽蒙短见”。电文还提到“两司闻各有意见，不免相挤”，把矛头指向藩司周浩和臬司余肇康②。

梁敦彦进京后向朝廷汇报了查案情形，朝廷根据他的报告，于三月二十二日降旨惩办江西大吏，抚、藩、臬分别获罪，其谕旨声称：

> 江西南昌教案，前经外务部奏派直隶津海关道梁敦彦前往确查。昨召见该员详询此案情形，据奏各节与胡廷干电称情形既多不符，即该抚等迭次来电亦复前后歧异，实属颟顸贻误。胡廷干著先行撤任，布政使周浩已有旨查办，按察使余肇康于重要刑案未能立即讯验，著先行交部议处。此案仍着外务部悉心妥办。③

同日，朝廷颁布上谕令外务部筹办中法谈判事宜。在此前后，来自外国医生的验伤报告进一步坚定了外务部的妥协态度。在三国中，英国医生第一个为江令验伤，故最具权威性。但英方或许有意将其作为外交筹码，迟迟不肯公布。三月初七日那桐与德使面谈时，德使说，中国报纸都说江令是他杀，但是听英国公使说“实系自刎”④。十日后英国使馆终于将英医验伤单

---

① 余肇康：《敏斋日记》第30本，丙午三月十三日。

② 《清末教案》第3册，第842页。

③ 《教务教案档》第7辑（2），第755页。

④ 《教务教案档》第7辑（2），第742页。

送交外务部，外务部遂致函北洋大臣袁世凯，请交医学堂"详细照译，早日寄还"[①]。三月二十六日外务部将英医验伤单原件送还英国使馆[②]。这份报告使外务部更加确信江召棠为自刎，三月二十八日给张之洞的电报即称"美法各医生验伤证单，均有自刎字样，并无加功实据"[③]，并说英医验伤单也是如此。

外务部先后与法使吕班、署法使顾瑞（Joseph Fernand Gaston Robert Couget）和新任法使巴思德（Edmond Bapst）等进行了多次会商，最终在闰四月二十九日签订南昌教案善后合同[④]。其合同内容如下：

> 近因南昌滋事杀毙法人焚毁教堂学堂一案，大清国政府、大法国政府均愿将此案公平议结，以期两国交谊益敦和好，已经商定各派委员会同查明办理。大清国外务部奏派直隶津海关道花翎二品衔梁敦彦、大法国钦差特派三等参赞官世袭子爵花翎头品顶戴端贵前往南昌，详细查明南昌县知县江召棠到天主堂与法教士王安之商议旧案，彼此意见不合，以致江令愤急自刎。乃因该令自刎之举，传有毁谤法教士之讹，以致出有二月初三日暴动之事，中国国家已自将有罪之人惩办。兹将外务部与驻京法国钦差议定各条开列于左，免致嗣后彼此或生异词。
>
> 第一条　应给被害教习五人家属抚恤银四万两，另给一万两作为后来新教习等川资路费之用，其款应以库平库色兑交驻沪法国总领事收领。
>
> 第二条　新昌等旧案及南昌新案所有被毁教堂、学堂、养济院等处及教内之人房屋并一切物件，总共赔偿银二十万两整，交由教堂提款，偿补各案教内之人之损失，作为一律了结。
>
> 第三条　第二条所载库平库色银二十万两，分为十次交付，每三个月为一期二万两，交由法国主教在九江收领。

---

① 《教务教案档》第 7 辑（2），第 749 页。

② 《教务教案档》第 7 辑（2），第 752 页。

③ 《清末教案》第 3 册，第 855 页。

④ 《清末教案》第 3 册，第 890 ~ 892 页。

第四条　所有被毁教堂各红契应由地方官从速补给管业执照，并在南昌县城内借予教堂房屋一所，以待教士盖有房屋即行迁移。

第五条　江西巡抚应行从速出示晓谕，其告示底稿已经外务部与法国驻京钦差会订。[①]

由于江召棠之死是此案的关键之处，在“出示”的措辞上，直到签字前数日，仍难敲定。在吕班回国前议定的六条中，本已确定江召棠为“愤急自刎”的说法。但于告示中如何表述，则未有定论。因此署江西巡抚吴重熹于闰四月十一日致电外务部，询问“出示一节”，“是否示稿已与前法使商定，措词轻重，最有关系。江令之死，能含混最好。盖赣省人情浮动，此次饶州匪首供认，因闻南昌案出，即借仇教为名，以图煽惑”[②]。一周后，吴重熹再次致电外务部，称：

示稿拟就……仅加受逼二字，以孚众论，祛餍浮言。明知此二字非巴所愿，请告以出示宗旨，意在使以后民教相安。示由我出，并不载入合同，于彼之名誉亦无碍。况受逼字义，系就江令立言，非如威逼二字证实王安之一面可比。且端参赞在赣，与梁敦彦商允罪案第七条，本有受逼情急自刎，明白宣示字样。加此二字，似较公允。[③]

但是，这一颇有用心的折中手法还是遭到否定，在最终的告示中，仅言江召棠“愤急自刎”，“威逼”和“受逼”字样均无从添加。

五月十二日（7月3日）庆亲王奏报南昌教案合同议结时，干脆声称：“现已查明此事全不归咎教堂，只因江令自尽而起。”[④] 参诸合同与事实，此语颇有蒙蔽两宫的嫌疑。南昌教案本有六名法国人受害，但合同仅抚恤五名

① 《清末教案》第3册，第892～893页。
② 《清末教案》第3册，第883页。
③ 《清末教案》第3册，第884页。
④ 《清末教案》第3册，第891页。

教习，唯独神甫王安之不恤，这分明是“归咎教堂”的体现，暗含了双方对二十九日江召棠受伤一事的真正认知。

二　南昌教案与清末权力地图

南昌教案案情重大，牵动了整个清王朝的神经。在南昌之外，还有北京、武昌、南京和天津几个权力节点在介入、影响甚或主导南昌教案的交涉进程和走向。展示它们在南昌教案发生后的政治行为和权力关系，将有助于了解清王朝末期整个官僚系统的运行情况。

1. 北京

无论清王朝的统治力在庚子后如何衰落，北京仍是整个国家的权力中心。当时的两宫、军机处、外务部和言路，都能够对南昌教案施加影响。在戊戌政变之后，所谓“两宫”，从权力实际运作的意义上讲，其实仅指慈禧太后一人。自庚子西狩之后，慈禧太后的政治威信和统治力大大削弱，但仍拥有最高决策权，对具体事务的干预程度更多取决于她的态度。在南昌教案交涉问题上，从报界的报道来看，慈禧可能一度受言路和舆论的影响，持强硬态度。庆亲王奕劻为了让她最终同意签订一个不足以服众议的合同，还需要说服她相信江召棠的确死于自刎而不是他杀。

代表两宫权力的是军机处。1906 年军机处的军机大臣为奕劻、鹿传霖、瞿鸿禨、荣庆、铁良、徐世昌、世续、林绍年等八人①。军机处无论是从名还是从实都可称为“政府”，实际权力极大。其中包括掌书谕旨，参赞军国机务，参议重要政务及刑狱。在南昌教案交涉过程中，便时常可见军机处的身影。

对交涉发挥直接影响的是外务部，外务部于 1901 年设立并“班列各部之前”。外务部设总理亲王一人，会办大臣、会办大臣兼尚书各一人，左右

① 参见钱实甫编《清代职官年表》第 1 册，中华书局，1980，第 156 页。

侍郎各一人。根据列强的要求，外务部“管部大臣以近支王公充之”，“尚书中必须有一人兼军机大臣”，“侍郎中必须有一人通西文西语”[①]。南昌教案交涉期间，会办王大臣是庆亲王奕劻，会办大臣是那桐、会办大臣兼尚书是瞿鸿禨，左右侍郎分别是联芳和唐绍仪。其中奕劻和瞿鸿禨均为军机大臣，唐绍仪通西文。

在南昌教案交涉期间，外务部不但通过电报遥控指挥南昌的谈判，也时常与驻京的外国公使进行照会和会晤。南昌教案提京办理后，外务部与法国外交官直接交涉。

在交涉前期，外务部的强硬程度甚至一度超过了在南昌谈判的余肇康和梁敦彦，从与西方外交官的照会和会晤看，外务部也屡次为江西地方官员做了辩护。但是由于梁敦彦的报告和尸检报告的出炉，外务部改变了对南昌教案的认知，其态度也大大软化，最终代表外务部向朝廷述职的奕劻干脆说责任全不在教堂，并与法国签订了一个令舆论界大感失望的合同。外务部在此案交涉的早期，似乎保持了一致的强硬态度，但随着事态的进展，渐渐出现分化，似乎只有瞿鸿禨一人始终用强，但显然其力量不足以扭转外务部的整体颓势，到合同签订之际，瞿鸿禨只能以拒不签字表示不满和抗议。

正如《南方报》所说，南昌教案“内而言官，外而疆臣，下迄举国舆论，无不一致主张坚持，外部亦不能无所耸动云”[②]。在南昌教案交涉期间，外务部需要面对巨大的舆论压力。外务部自成立伊始，便备受媚外之讥。在南昌教案发生前的不到十天时间里，《中外日报》相继有《论外务部之溺职》和《论外务部内容之腐败》两篇论说对外务部进行抨击。前者称：“今之外部大臣，大率本为全无思想之人材，重以不欲多事之意，又益以保全禄位之私心，遂酿成一不敢开罪外人之恶果。”[③] 后者称中国办理外交的官员“向来皆以忍受敷衍为宗旨”，因为“彼等既无外交学识，又不习各国外交之故事，并不详究各国向来用于中国之方法，而于现在各国相交之情形，反

---

① 朱寿朋：《光绪朝东华录》，中华书局，1958，第4665页。

② 《驻法刘使电请坚持南昌教案》，《南方报》1906年6月8日，第1页新闻。

③ 《论外务部之溺职》，《中外日报》1906年2月15日，第1版。

对中国之意见，咸懵无所知”，更糟糕的是，“彼等”既“拙于谋国”，干脆也“以自求脱卸为惟一之妙求”①。

外务部在当时所表现的这样一副负面形象，影响到人们对南昌教案的许多解读判断。在交涉期间，舆论和言路对外务部的质疑之声不绝于耳。南昌教案合同泄露之后，《新闻报》发表论说，称：

> 夫“威逼”二字，已见于法参赞、梁观察之草议，而一至外务部，竟变为“愤急”。此则最可寒心者也。假使江贤令初死之时即为奏请从优赐恤，则法使亦断不能再请中国收回成命。而且法官医验尸单，语多闪烁，明明欲以疑案了之。而中国外交家既不能执遗书以证其加功，犹不能执尸格以作为疑案，“愤急自尽”四字，永为此案之污点。②

将草约与最终合同对比，可知外务部在谈判中做出了重大让步。相比谈判初期的“如彼竟有意决裂，只可听之”的气概，外务部在谈判后期的态度明显变软。对于外务部来说，这种转变固然是基于其对事实和得失的判断，但对于国内舆论而言，无非外务部“媚外”的又一个新鲜例证而已。

在北京的权力结构和运作中，言官亦占有一席之地。总体而言，清代的言权远远没有宋明那样深刻影响到国家政治，而且在君权至上、皇帝定于一尊的大框架下，言路忽衰忽振，比如中法战争前后，清议的力量就足够令人侧目。在南昌教案交涉期间，有多名言官上奏表达了对“教士戕官”的愤慨之情，都察院也代奏了江西京官和安徽京官的联名上书。这些奏折先是递交军机处，然后又由军机处交给外务部核议。言路的强硬态度究竟在多大程度上影响到军机处和外务部，很难衡量，但其对周浩的揭发和对张之洞的推崇，促使后者直接介入南昌教案事件的调查。

以言官为主体的清议参与和影响了南昌教案的交涉进程。在南昌教案交

---

① 《论外务部内容之腐败》，《中外日报》1906年2月21日，第1版。

② 《书南昌教案合同后》，《新闻报》1906年6月27日，第1张。

涉期间，王步瀛、恽毓鼎、蔡金台、杜彤、张瑞荫、左绍佐、吴煦、吴钫和黄昌年等言官纷纷奏陈，无不称颂江召棠、痛诋王安之，主他杀之说，要求朝廷强硬以对。

先是御史王步瀛于二月初九日奏南昌教案事："窃臣近日叠阅各报，证以传闻，知江西省城内南昌县知县江召棠为法国教士诱入教堂，逼签合同，江令不从，百般凌辱，勒使自刎。"要求敦促外务部"趁此机会，息彼教之焰，平吾民之气"。"并请饬下巡警部，于清查户口时，务令民教区分，隐受约束。"[①] 四天后翰林院侍读恽毓鼎也上奏此事，称"诱戕知县江召棠"。"况该神甫凶悖无理，实为我国自有教案以来所未见，亦为各国自有交涉以来所未闻。"如果迁就，便会"辱国体，失民心"。"邦交固当兼顾，民心尤不可重违。""其英国损伤事由法国而起，抚恤赔偿之款似应索诸法国，乃得其平。"[②] 御史蔡金台也紧随其后，于次日奏称："近因法国神甫诱害南昌县知县江召棠，备极惨毒，激成公愤。""今以区区一神甫，公然戕我命官，为自来教案所未有，实凡有血气所不容。是则大曲在彼，铁案昭然。"蔡金台的意见是，"彼能崇我临难不屈之贤令，我始恤其无辜波及之余人"。他还提到，"臣正封折间，适闻戕我县令之法国神甫业已畏罪潜逃"。在他看来近数十年来的教案"皆苦于支拒无词，遂至一切惟命，国权尽失，独此案彼亦情亏，足可间执，是轩然大波转资我为推助也"[③]。此折上陈两日后御史杜彤也上陈一折，说"今者江西南昌之案由于天主教士逼害县官，我直彼曲"，可以借此机会"夺教士之气焰，杜教民之横恣"[④]。又过三日，御史张瑞荫因南昌教案而发，痛感"万国公认之教务交涉，至中国忽变为国际交涉"[⑤]，提议直接与教皇办理教案。

二月二十七日，梁敦彦、余肇康二人在南昌同端贵展开谈判，言路继续

---

① 《清末教案》第 3 册，第 814 ~ 815 页。
② 《清末教案》第 3 册，第 815 ~ 816 页。
③ 《清末教案》第 3 册，第 817 ~ 820 页。
④ 《清末教案》第 3 册，第 822 页。
⑤ 《清末教案》第 3 册，第 824 页。

关注。给事中左绍佐便于谈判开始后的第二天奏称天主教士“谋杀”南昌知县。据左绍佐风闻，该教士“自行放火焚烧教堂，以为嫁祸索偿之地，手执洋枪，轰毙行路华人多名”。他认为张之洞“于外交之事，素能讲求，其力维大局，尤为外人所信慕”，因此希望由其“会同出使各国大臣与各国外部妥筹民教相安之法，以定人心而弭后患”[①]。此后随着谈判信息的逐渐外泄，言路的奏折越来越多地把目光投向办案官员。三月初十日（4 月 3 日）御史王步瀛奏称，听说梁敦彦办理不善，遭到外务部申斥。“今者梁敦彦复为法参赞所邀，恐人微言轻，不足了此重事。传教杀官，寰球未有，江西一隅，关系全局，应请旨于内外三品以上大员中，特简一清正素有重望之臣，久驻江西，专办此事。”[②] 三日后给事中吴煦的奏折也将矛头对准了办案人员梁敦彦，并请派大员赴赣督办教案。折内批评梁敦彦受端贵愚弄，“竟以先行提议初三日杀教焚堂之事为请”，他建议道：“惟湖广总督张之洞名重望隆，外人敬畏。署两江总督周馥，谋远虑深，更事极多。拟请旨简派一员，迅赴南昌，与法人开议一切。”[③]

实际上早在吴煦推荐张之洞或周馥赴赣之前，由于御史黄昌年奏参周浩骫法，朝廷已于三月初四日命张之洞调查此事。张之洞派湖北按察梁鼎芬前往南昌查案，通过梁鼎芬的调查，张之洞分别于三月二十五日和四月初五日致电军机处，断言江召棠死于他杀。但是外务部根据其他渠道得来相反的信息，故而否定了张之洞所下的结论。但言路却与张之洞遥相呼应。如王步瀛的一个折子，先是表达了对江令不恤、波及正绅等合同条款的不满，称“其故由于原派之员梁敦彦一味护前，不顾其后。续派之员唐绍仪、邹嘉来等从而附和，不以为非”；随后称，“近日重臣如湖广总督张之洞，且有千言长电，力持公议，决然断江令之死为威逼而又加功。……伏乞圣明，严饬唐绍仪等，查照张之洞所拟，妥为办结”[④]。四月十七日（5 月 10 日）御史

① 《清末教案》第 3 册，第 827 ~ 829 页。
② 《清末教案》第 3 册，第 843 页。
③ 《清末教案》第 3 册，第 849 ~ 850 页。
④ 《清末教案》第 3 册，第 844 页。

蔡金台上折控诉江令身死不明，先是为江召棠写给教堂的手书做了辩护，随后又以凶器问题驳斥自杀说，称其为此案最关键之处，并质疑交涉官员，“徒与争皮毛而于此最要之关键，绝不一及，无怪刘司事等逍遥事外，而真情迷离愈甚也”①。四天后御史吴钫奏请坚持到底，折内也援引了张之洞的电奏，称：“近闻张之洞电奏江召棠之死，实因被逼自刎，该堂教士从而加功所致，众说佥同，毫无疑义。”② 与张之洞的电报一样，吴钫的奏折也以英法美医生的验伤单作为他杀的依据。

除了言官群体，江西京官和安徽京官也先后通过都察院联名上书。三月十一日（4月4日）也即梁敦彦和端贵离赣前一日，都察院代奏了江西京官的联名上书，此书坚称江召棠为他杀，说：“叠接公私函电及详询由籍来京诸人，咸称南昌知县江召棠确系法教士刃伤殒命，并有下手加功之人，有江令遗禀可凭，有伤痕可验，有英领事美医士验单可据。”③ 在此基础上，要求定信谳，惩从犯，评公理，安他教，戒株连，弭后患。闰四月二十八日（6月19日）都察院代递了安徽京官的联名上书，书中承袭了言官们贬梁挺张的论调，说：“查江令伤痕显然，众目昭著，只以江西大吏及查办道员梁敦彦过于迁就，致令是非莫明，几成疑案。嗣闻湖广总督奉旨覆查，主持公道，谓江令之死实死于威逼加功，有伤后手书可据，有中国医件所填尸格可凭，有美法查验伤单可证。” 上书还就凶器一节质问道：“当觥筹交错之际，刀剪从何处而来，伤后昏迷在教堂，阅数时之久，别无一人在侧，刀剪又从何处而去？”④ 这一质问徒然在句式上铿锵有力，却远不足以挽回败局，在这一上书呈递给朝廷的次日，中法两国外交官员便在合同上签了字。

上述陈言者，无一人为南昌教案的知情者。他们所得的信息，非来自报纸，即来自道听途说，最多是来自江西知情者的函电，而这些函电所表内容

① 《清末教案》第3册，第864～865页。

② 《清末教案》第3册，第868页。

③ 《清末教案》第3册，第846页。

④ 《清末教案》第3册，第887页。

真实与否，也大可疑问。在此情况下，言路却众口一词声称江召棠为他杀，并由此敦促政府奉行强硬政策。对真相的考察少热情，对是非的判断多激愤，虽于事无补，但对于政府总保持了一份压力。

2. 南昌

南昌是江西的省会，也是南昌府的治所，且由南昌、新建二县同城而治，加之有多名大绅居住此地，其官员之集中、权力关系和政治运作之复杂，当可概见。南昌教案的发生，展示了南昌各种角色和关系及其运作，其中对南昌教案产生最实质影响的，当属抚藩臬三个角色及其关系。此外，官绅之间的关系与政治实践也是南昌教案中一个值得关注的面相。

先来看江西的抚藩臬。

检索《清实录》可知，巡抚胡廷干是同治十三年甲戌科进士，曾任福建粮储道、湖南按察使、山东布政使、护理山东巡抚、署理山东巡抚、江宁布政使和江西巡抚等职，其中江宁布政使一职因署山东巡抚从未到任。藩司周浩曾任江西南安府知府、江西吉南赣宁道、直隶按察使、甘肃新疆布政使、直隶布政使，于光绪二十九年六月任江西布政使，后曾于光绪三十年十一月护理江西巡抚。余肇康是光绪十二年丙戌五月进士，曾任湖北汉阳府知府、湖北荆宜施道、山东按察使，于光绪三十一年夏四月迁江西按察使。

在清代乾隆以降的地方政府权力架构中，督抚总制百官，布政使和按察使即藩司和臬司都是其属吏。自太平天国运动以后，地方督抚的权力日渐膨胀，除了中央权力遭到削弱，藩臬权力也遭受挤压。与这一权力格局相对应的是，南昌教案发生后，国内舆论几乎一律把矛头对准巡抚胡廷干。不过二十九日事发后，江西大吏的种种因应和对策，并非出自胡廷干一人决策。后文将详述，余肇康在其中扮演了关键角色。

就南昌教案谈判而言，起作用的江西官员主要是余肇康和胡廷干，但由于周浩官居藩司，且与南昌教案起因颇有瓜葛，他在此案交涉中扮演的角色就不应完全忽略。据御史黄昌年的奏参，周浩徇私枉法，致使南昌教案发生，朝廷遂命张之洞调查。调查结果证实了该御史的说法，认为周浩操纵其姻亲崔湘与天主教的私下交易是南昌教案的诱因。余肇康对此人态度颇为冷淡，其日记记载，收到朝廷降罪抚藩臬三人的谕旨后，“鼎帅引为大憾，转慰藉之。周方伯同坐，说出请换帖为兄弟。余对曰，生平未尝换帖，请自今日起，我兄公，公弟我何如？乃解此纷”①。数日后，余肇康与胡廷干交谈时，把自己归隐山林的打算“密告”胡廷干，“帅几泪下，谓我两人真患难交，当通谱为兄弟，余生平未尝与人换帖，拟自今互呼昆弟以志勿忘。帅颔之”。同样是拒绝“换帖”的请求，余肇康对周浩远没有对胡廷干那样诚恳。

反过来从周浩的角度看，与余肇康结拜兄弟的提议也未必情真意切。因为正是余肇康命令江召棠索回提前释放的天主教案犯，这一举动不但破坏了周浩的交易，更给周浩带来巨大的麻烦。故而梁敦彦听来的“两司各有意见，不免相挤”的说法并非毫无根据。事实上，余肇康也获悉了周浩对他的挤压。在给瞿鸿禨的一封信中，余肇康说：“前书及希马之书，于一切情事，洞若观火。彼辈由趋避而忮忌，而运动，含沙射影，为鬼为蜮。”② 希马即瞿鸿禨的儿子和余肇康的女婿，其来信有“江西官场假公事以济私仇，从中播弄枢廷”语③。两相对照，可知余肇康信中的“彼辈”正是“江西官场”，而江西官场中对余肇康有“私仇”的只能是周浩。这就是说，周浩为了自身的利益，在南昌教案交涉期间对京城大员进行了运动，其运动一定程度上影响到了交涉的结果。这一影响恐怕不仅体现为余肇康的调任降级处分，很可能也在一定程度上影响到外务部和军机处对形势的判断以及对谈判的信心，从而导致余肇康先前在南昌收获的谈判成果最终不保。

《中外日报》批评道：“使当日南昌城内，抚藩臬之人中，有一胆量识见俱优之人，以主持一切，则奚止有此现象。”④ 就三人在南昌教案前后的行为来看，这一批评可谓恰中肯綮。此次江西大吏对南昌教案的因应，虽然胆气有余，但是见识不足。正如《南洋日日官报》所言，“然则使尚书而当

① 余肇康：《敏斋日记》第30本，丙午三月二十三日。

② 《瞿鸿禨朋僚书牍选》（上），《近代史资料》总108号，第16页。

③ 余肇康：《敏斋日记》第30本，丙午四月初十日。

④ 《论新城匪乱与南昌教案》，《中外日报》1906年7月8日，第1版。

此仓卒之变，其必能以廓然大公之心，用堂堂正正之手段以对待之，而又何至首鼠两端，作茧自缚，且增此大厉哉！”[①] 此文虽以他杀立论，然其所言“堂堂正正之手段”，恰是江西大吏应当被诟病的地方。江召棠在教堂被逼自刎，这对天主教来说已是天大丑闻，只须认定此节，便可掌握主动权。但是江西大吏无论上对朝廷、下对黎民，都吞吞吐吐，不肯明言真相，导致群情激愤，引发二月初三之事。事发后官方的因应更为失策，导致日后的谈判陷入相当被动的局面。

《时报》一篇来稿曾这样评论江西官场在二月初三前后态度的变化：“大吏于事前既掩耳盗铃，执大事化小、小事化无之谬见，及已肇大祸，始将真情宣布，冀诿罪于外人。而前后矛盾，又绝不顾虑倒持太阿授人以柄。”[②] 实际情况则恰恰相反，江西官场始终有诿罪于外人之心，特别是在闹教事件之后，不是将真情宣布，而是捏造事实。结果真的“授人以柄”。

再来看看江西大绅的作用。

除了江西官场高层内的运作，江西士绅对南昌教案交涉也发挥了重大影响。合同的最终达成，便有江西大绅的作用。据《时报》报道：“江西绅士于前月二十九日联名禀北洋大臣，请电外部速了南昌教案，袁宫保照电外部，谓当于新公使未到之前了结，外部尚无定见。”[③] 次日《南方报》的新闻也提到：

> 南昌教案上月中旬即有议结之举（拟定各款军舰专电），将签约矣。嗣因江西言官如蔡金台、如吴钫、外省言官如李灼华、王诚羲等交章力争，外部曲于清议，遂拟候新任法使到京重行磋商，近法使巴思德君业经到京，闻江西绅士亦有委曲求全、承认速结之意，日来重提此事，大概即用前稿略为增省，便可画押作结云。[④]

---

① 铎：《再书纪江令影片文字后》，《南洋日日官报》1906 年 4 月 23 日，第 1 版。

② 《记官场办理南昌教案之失》，《时报》1906 年 4 月 8 日，第 1 版。

③ 《南昌大教案六十一志》，《时报》1906 年 6 月 11 日，第 2 版。

④ 《南昌教案将结确信》，《南方报》1906 年 6 月 12 日，第 1 页新闻。

一周后此报再次披露：

> 南昌教案屡经反复，外部怵于清议，颇思争持，嗣因江西庸绅，有仰体当道之意，呈递说帖，甘愿早结者，外部得此机会，遂仍照前议以期从速定议。连日联侍郎芳亲赴法使馆与新任巴使商议一切，大约即用四月十九日专电所载六款，尚有加甚者。说者谓，此等事千万人争之而不足，一二人败之而有余。可为痛哭。①

据当时在朝做官的江西人胡思敬的叙述，《南方报》所谓“庸绅”当是指江西大绅李有棻。这一看法可从奕劻的一份奏折中得到证实，内称：“旋准署江西巡抚吴重熹电称，江西众绅前江宁布政使李有棻等呈递说帖，以现值大水为灾，民情困苦，加以案悬未结，商贾裹足，市肆萧然，恳求速结，以定人心。”② 江召棠的伤与死，江西大绅或多或少知道一些实情，最终主动请求妥协，侧面反映了他们对此案的一个认知。在言路和舆论强大的压力下，李有棻的举措给了外务部一个很好的收场“机会”。

实际上，李有棻及其他江西大绅，自始至终都对南昌教案发挥着影响。据余肇康日记可知，二十九日事发后，江西大吏的安民告示便征询了李有棻、程雒庵和梅台源等大绅的意见，此后李有棻与余肇康时有过从。中法在南昌谈判期间，端贵声称要罪及大绅，余肇康则坚决反对，结果江西大绅免受株连。余肇康降调后，特意提到“李乡垣诚谓江右士民同声一哭，如此爱民好官，替国家维持大局，竟为外人所持，不获保全”③。李有棻对余肇康这一态度，算是一种投桃报李。

3. 武昌

张之洞对南昌教案的关注程度远超一般疆吏，其强硬程度也首屈一指。

张之洞最早于二月初五日收到江西巡抚藩臬的联名致电，文称：“江令

---

① 《南昌教案将议结》，《南方报》1906年6月19日，第1页新闻。

② 《清末教案》第3册，第891页。

③ 余肇康：《敏斋日记》第30本，丙午三月二十九日。

不胜其忿，顺取桌上小刀遽行自刎。据江令扶痛手书，恍惚有人拿一剪刀，加功戮喉两下。”①次日，张之洞又接江西巡抚等电，被告知“痞棍”“游民”和“外来匪类”掀起闹教事件②。二月初八日张之洞致电南昌抚藩臬称：

> 初五接冬电即料民情必然愤怒，正在电复间，旋接江电，已开巨衅，不胜骇愕。然衅由教士激成，民间公愤不可遏抑，正宜以民情众怒抵制彼族，万不宜诿诸痞徒游匪，令外人借为口实，致有洋兵登岸拿人之事。未知尊处电奏如何措词，甚为悬系。③

回电反对来电将闹教群众称为“痞徒游匪”，旗帜鲜明地表达了对南昌教案的激进态度，“以民情众怒抵制彼族”的策略，此后一直为张之洞所奉行。

二月十二日（3月6日）张之洞致电余肇康，问余肇康“主议此案”是由胡廷干奏派还是由外务部奏派。由于江西来电的模棱两可，此时张之洞对江召棠受伤的原因仍不明了，故叮嘱说，先行自刎和全是被刺，差别甚大，“文义必甚明晰”，此电还建议余肇康让胡廷干奏请派孙宝琦来办案，认为和梁敦彦相比，孙宝琦“尤为得力”④。

三月初四日，由于御史黄昌年参劾南昌教案事起于藩司周浩的骫法徇私，故派遣张之洞查明复奏⑤，张之洞遂委派湖北按察使梁鼎芬赴赣查案。此时梁敦彦尚未返京，谈判还在梁敦彦、余肇康和端贵三人之间进行，故三日后外务部致电江西巡抚，通报说：“此案已于初四日奉廷寄交鄂都迅速查复。尊处所拟办法，自应俟鄂都查明，再行酌核，仍希与法参赞竭力磋磨，随时电达为要。”⑥

① 苑书义主编《张之洞全集》第11册，第9466页。
② 苑书义主编《张之洞全集》第11册，第9466页。
③ 苑书义主编《张之洞全集》第11册，第9465页。
④ 苑书义主编《张之洞全集》第11册，第9467～9468页。
⑤《清末教案》第3册，第841页。
⑥《清末教案》第3册，第841页。

三月十三日，梁敦彦与端贵一同返京。两日后，张之洞致电胡廷干和余肇康，说梁鼎芬次日可抵达南昌[①]。从梁鼎芬的生平履历看，此人不畏权贵，颇为敢言，是清末一个典型的清流人物。南昌教案交涉后期《华字汇报》曾载道："近日官场议论，此次周浩参案，经张香帅复奏，所劾诸人，虽无重罚，而考语颇为刻核，闻均系梁星海廉访所撰述，亦可谓嫉恶如仇矣。"[②] 从这一细节足知梁鼎芬的清流风采，正好与张之洞声气相通。

三月十六日，梁鼎芬到达南昌[③]。三月二十一日张之洞致电南昌的梁鼎芬，说军机处转达来的谕旨，要他查明江召棠死因。张之洞指示说："中西医仵及堂内刘、艾、胡三人必应先行设法招致到案查询，方有可下手处。此外有可质证之人，均可传讯。"[④] 梁鼎芬回电指出江令从受伤到死，"中间尚有七日，虽伤重不能言，而人有知觉，手能写字，何以各官不往详问致伤之故"。电文还介绍了各医生的验伤结果，但均为断章取义，且是先入为主的推断。另外，梁鼎芬还在电文中反对"拟照业经身故、应毋庸议之例，将廿九日事作一专条，悬而不断"，因为那样"是江令欲求上宪伸冤之望绝矣。"[⑤] 张之洞根据梁鼎芬这一回电，于二十五日致电军机处，认定江令为教士所杀[⑥]。此时外务部已知悉英法美三国验伤单的内容，遂致电回复张之洞说"江令事梁敦彦查讯明确，已无疑义"，英法美三国验伤单"均有自刎字样，并无加功实据"。最后说："如以空言诘难，徒博虚名，而其中实情，反被外人揭破。将来一经宣播，致兴大狱，不但此案无结束之日，且于国体有关。"[⑦]

在此之前的三月二十四日张之洞致电梁鼎芬，说"此案尚有紧要情节一段，必须确查"，即传言江令伤不致死，而初三闹教发生后，胡廷干让新

---

① 苑书义主编《张之洞全集》第 11 册，第 9477 页。
② 《文人之笔端》，《华字汇报》1906 年 7 月 13 日，第 4 页。
③ 余肇康：《敏斋日记》第 30 本，丙午三月十六日。
④ 苑书义主编《张之洞全集》第 11 册，第 9479 页。
⑤ 苑书义主编《张之洞全集》第 11 册，第 9480 ~ 9481 页。
⑥ 《清末教案》第 3 册，第 853 页。
⑦ 《清末教案》第 3 册，第 855 ~ 856 页。

建县令“劝其速死，乃自抉其伤而死，或云系某大员所遣，此节虽于江令之受害无所出入，然鬼蜮情状，亦不可不知”①。三日后张之洞又致电梁鼎芬质问，《新闻报》和《申报》都报道英医说江令伤是他杀，《申报》且提到胡抚已遵照外务部意思，将英医验伤单送达各国公使，为何胡廷干的咨文中没有一字提及英医生达葳（达威）？“此乃最要紧之证据，而赣不咨送，真不可解。”又说，“阁下既欲为江令伸冤，惟有百计访求证佐，或别思良策。不然，冤何从伸乎？”② 针对张之洞所说的“鬼蜮情状”，数日后梁鼎芬回电说这是谣言，是有人在诋毁江召棠，以推卸王安之的责任。并提到江令能活到初七，“或云人参之功，芬谓江之心不死，故能支持数日也”③。在梁鼎芬和各华字报的共同影响下，张之洞十日后再次致电军机处，坚称江令为他杀④。但已于事无补，外务部次日回电只有一句：“张之洞电奏南昌教案各节，外务部知道。”⑤

在张之洞的两次调查报告当中，都将英法美三国医生的验伤单引以为据，但是外务部显然注意到了报告的断章取义，更相信根据验伤单的全文做出的判断。后来北洋将英医验伤单译文交给外务部，外务部致电张之洞，特意将此译文和汇谦重译的法医验伤单抄送给他⑥。

坚持“加功”未果的张之洞将一腔怒火倾泻到江西藩司周浩身上，于闰四月初四日奏明朝廷，称其骫法徇情，与天主教的私下交易，诱发南昌教案⑦。在这笔交易中，天主教答应为周浩的亲家崔湘函请开复原官，周浩则回报以提前释放三名天主教案犯。但新任臬司余肇康秉公执法，要求索还案犯。这一报告，也算是替余肇康回应了梁敦彦致外务部电文中的两司“相挤”之说。

---

① 苑书义主编《张之洞全集》第 11 册，第 9481 页。
② 苑书义主编《张之洞全集》第 11 册，第 9486 页。
③ 苑书义主编《张之洞全集》第 11 册，第 9482 页。
④ 《清末教案》第 3 册，第 858 页。
⑤ 《教务教案档》第 7 辑（2），第 755 页。
⑥ 《教务教案档》第 7 辑（2），第 756 页。
⑦ 《清末教案》第 3 册，第 875 ~ 881 页。

4. 南京

南京是两江总督和南洋通商大臣驻地。南洋虽可办理外交和通商事务，但其在外交上的地位一直都比北洋低，其职官人选的政治影响力也要逊色于北洋。在南昌教案发生之际，两江总督兼南洋大臣一职由周馥担任。彼时此人口碑不佳，政治威望远不及北洋的袁世凯和武昌的近邻张之洞。按照当时的官制，无论是作为两江总督，还是作为南洋大臣，周馥都有权负责南昌教案的交涉。从程序上看，江西官场确实在二十九日事发后与周馥保持了密切沟通，而周馥也对此案做了建议和指示。如其给朝廷的电报称："初一初二连接江西抚电告，南昌县令江召棠在天主教堂受伤一案……馥一面电胡抚，谕诫绅民，勿暴动。又恐江西司道言语不通，情形隔膜，派译员副将陈季同前往帮同查办。"[①] 发完此电不久又补发一电，说：

> 顷接江西胡抚电，知法教堂被毁……一面将被害之人如法棺殓。被伤之人，赶紧调治，调集兵队，保护未毁之教堂。严饬各郡州县，一体警备，力任保护。现约上海英法总领事派员到彼，妥筹商办。大意谓教堂逼害官长，平民焚烧教堂，均无意识之举动。办交涉者，要当和平，秉公办理，下顺民情，上顾邦交，不必遽派兵船等语。望将此意转告英法使。[②]

随后周馥又发到朝廷一电，说"已电江西胡抚"，向其提出四项建议：一、保护外州县的教堂教士；二、英领事最好留在九江，如到南昌，应予以保护；三、死者速加棺殓，伤者调治；四、将来赔款"宜杜要求"，乱民虽借口为官泄愤，也当严惩。新昌各案，以后再办。在这份电报中，周馥还通报说昨派陈季同、今派杨文骏到赣"帮同查办"[③]。但就在外务部收到此电的同一日，法国公使吕班与外务部会晤，称不喜欢陈季同，因其"名声极

① 《清末教案》第 3 册，第 811 页。

② 《清末教案》第 3 册，第 811 页；《教务教案档》第 7 辑（2），第 729 页。

③ 《教务教案档》第 7 辑（2），第 730 页。

坏”，外务部只好解释说，派陈季同是二月初三事发前做出的决定，且仅充当译员，“并无办事之权”①。

从后面的结果看，陈季同未能代表中方参加谈判，但在谈判中断之时曾为中法谈判人员充当调人。后来，他还翻译了法国医官的尸检报告，其文本在各报广为流传，并被张之洞用来证明江召棠为他杀。鉴于其译文的不准确，北洋又重新翻译，其译文由外务部送交湖广总督张之洞和江西巡抚胡廷干。

此外周馥还授意《南洋日日官报》刊登江召棠手书等，从该报的评论看，周馥和张之洞一样，也有借舆论之势打压法国天主教的想法，但他对南昌教案的参与程度和影响力，都远远没有张之洞大，这与二人的地位和声望也正相符合。

5. 天津

天津是直隶总督兼北洋大臣的常驻地。自1871年李鸿章任北洋大臣后，北洋在外交上的地位几乎与总理衙门相颉颃。袁世凯入主北洋时，由于其地位极隆，对清朝外交的影响甚大。

南昌教案交涉期间，法国公使吕班曾专程会晤袁世凯。吕班提出“江西教案须将该处地方官严予处分，为保护不力者戒”。袁世凯回答说：

> 闻该省曾出示派兵保护，因兵役不甚得力，致生意外，我政府当查明疏防情节，分别核办。惟闻法参赞谓滋事根由在江令自尽，然如王神甫不以事逼迫，岂有无故轻生之理？江、王均已身死，无论根由何人，皆无办法。彼此因此相持，毫无实际，不如先就缉办凶手，商赔损失，较为着实。至江、王是非，应俟详细查明，另行核议，此时可不必深究。

吕班则说：“他事皆易商，而赔失尤为不计，但必须将疏防官员处分，

① 《教务教案档》第7辑（2），第730页。

以杜效尤。闻江令实为私债自尽，并非专为教案。前派参赞往赣，本为查明情形在京商办，恐在赣不能全结也云。”①

江西巡抚胡廷干也与袁世凯保持了沟通，在袁世凯与吕班会晤后不久，胡廷干即致电袁世凯，澄清了吕班所谓“江令私债自尽一层”。还提到“王安之二十五之缄”，“及江令伤后呈院与留堂之字，无往不见其逼迫之情状，教堂实在难辞其咎。近复连日与端参赞理争，彼已认王安之逼迫江令四字。云现此案须归内结，并请查核”②。

此外，外务部还曾委托袁世凯翻译英国医生的验伤单，于三月二十日致电称十七日收到英国交来的伤单，外务部已缮写一份，请其让医学堂翻译③。北洋的翻译于四月初二日到部④，外务部遂于四月初十日将其抄送给湖广总督和江西巡抚⑤。这一抄送行为，也意味着外务部已为江召棠的伤最终定调。

北洋对南昌教案最大的影响体现为津海关道梁敦彦的赴赣办案。单从《教务教案档》中的史料看，派遣梁氏赴赣只是外务部的一幕独角戏，而无法看到袁世凯在这一用人决策中的身影，但是据盛宣怀的一位线人汇报：

> 当时上意即拟将大吏分别惩处，英教堂则议偿，法教堂则与之争论戕官事。政府谓此时是非未白、骤办处分于大吏，当此人情汹涌不服，转恐又起波澜，不如稍待。于是拟派蔡二源、梁崧生两道台赴江西查办。唐侍郎建议：道员去查巡抚，事颇不顺，应请另简大员。那相[以]为然，公函请邸示。邸示决于北洋。北洋谓：上不必大员前往，惟两道中以梁为优。于是派梁及法参赞同往。⑥

① 《清末教案》第3册，第845页。按，引文根据原意对段落进行了调整。
② 《清末教案》第3册，第852～853页。
③ 《教务教案档》第7辑（2），第749页。
④ 《教务教案档》第7辑（2），第756页。
⑤ 《教务教案档》第7辑（2），第756页。
⑥ 陈旭麓等编《辛亥革命前后——盛宣怀档案资料选辑》，上海人民出版社，1979，第21页。

此段文字虽未言明是哪一方提议梁敦彦赴赣，但清楚地表明这一提议得到了袁世凯的支持，且袁世凯的这一态度对最终的定选起到了决定性作用。顺便提及，张之洞对这一任命颇不满意，认为从法国归来的孙宝琦比梁敦彦更适合担此重任，于是致电余肇康，令其说动胡廷干向朝廷奏请孙宝琦来赣。胡廷干致电外务部索要孙宝琦，并称此是张之洞的意思[①]，但外务部未遂其请。

从各种史料推知，梁敦彦的态度对谈判的走向具有重要作用。

自三月初六日起，正当外务部态度强硬之际，梁敦彦便同余肇康等共同放弃了加功之说，退而确定了只认威逼一层的谈判底线。此后，梁敦彦得悉南昌教案内幕，致电外务部称此案责任在于两司不睦。并声称法方已对内情知之甚确。外务部显然对这一报告信而不疑。因此当张之洞向军机处坚称自杀时，外务部专门截取了梁敦彦的电文加以转告。梁敦彦既然认为南昌教案罪在两司，自然认为谈判不便在南昌继续，以便将余肇康排除在外。余肇康三月十二日的日记云：“中丞缄约甚急。至则崧生先在，出外部唐少川侍郎电，谓庆邸以此案非外间所能速了，令崧生回京，归部核办。”又云梁敦彦“屡驰私电与所莫逆之唐侍郎请归内结”[②]。在余肇康看来，提京办理是出自梁敦彦的主意。

提京不久，江西大吏便接到朝廷降罪的上谕。余肇康在日记中愤言：“梁敦彦自从江西返京，乃妄腾口说，至谓电语歧异，实不知歧异者何电何事！一道负造膝数语，院司三人一同获戾，自来未有。”[③] 参照上文盛宣怀线人提到的“道员去查巡抚，事颇不顺”之说，以一个道台查办抚、藩、臬三人，从政治制度和政治文化的角度来说，即使不是“自来未有”，也一定是异常罕见之举。这自然不能简单归因于清末的名器大坏和纲常紊乱，还需要与北洋的强大政治影响力关联起来去理解。

① 《教务教案档》第7辑（2），第737页。

② 余肇康：《敏斋日记》第30本，丙午三月十二日。

③ 余肇康：《敏斋日记》第30本，丙午三月二十三日。

三　余肇康的角色

余肇康以按察使身份在南昌教案交涉中扮演关键角色，从制度史角度看，这在晚清教案交涉中是绝无仅有的案例。因此，进一步考察余肇康在南昌教案中的处境与活动，不仅有助于揭开案件本身的来龙去脉，还将有助于观察清末政治的权力结构及实际运作。

1. 制度史视野下的教案交涉

当前的教案史研究，多为对事件本身的关注，而忽视其背后的制度因素。下文通过对相关史料的整理爬梳，概括晚清通行的教案交涉制度在地方的运作方式。

第一，督抚负责教案。晚清的外交体制长期秉持“交涉在外”原则，希望“各省中外交涉事件，应由本省地方官按照条约，随时办理”[①]。其中督抚的角色自然最为重要[②]。这在教案交涉中有突出表现。如同治元年的一份上谕所言，“天主教自弛禁以后，教民案件即系地方大吏应办之事”[③]。实际上“教民案件”经常升级为中外交涉案件。在此类交涉中，一方面，负责办理教案交涉的委员均由督抚委派和指挥，委员向督抚汇报交涉情形；另一方面，督抚与总理衙门或外务部沟通办理和交涉情形。这在既存的教案档案史料中是司空见惯的现象。

朝廷对官员的责罚也反映了督抚在教案交涉中的地位。在晚清早期教案中，官员大都能逃脱惩罚。但甲午战后，朝廷开始严谴保护教堂不力的“地方官”，所谓“地方官”一般指的是督抚大员以下官员。自1897年德国借巨野教案强占胶州湾后，上谕在教案问题上开始三番五次明言罪及将军督抚等封疆大吏。

---

① 贾桢等编辑《筹办夷务始末（咸丰朝）》卷71，中华书局，1979，第2678页。

② 关于地方督抚在晚清外交体制中的角色，可参见刘伟《晚清督抚政治：中央与地方关系研究》，湖北教育出版社，2003。

③ 李书源整理《筹办夷务始末（同治朝）》卷11，中华书局，2008，第494页。

第二，道员负责直接交涉。道员负责与外国领事直接交涉教案，是晚清教案在地方交涉中的一般尺度。如 1869 年的酉阳教案，上谕“著崇实、吴棠饬令川东道会督该州文武持平办理”①。法国公使罗淑亚为教案事游历长江，马新贻派刚刚卸任上海道的现署苏州臬司候补道杜文澜迎接②。并“连日饬由杜道及洋务委员候补道吴世熊与该副领事狄隆会议皖案”③。罗淑亚到江西后，也是由各道办理，“随饬总局司道及广饶九南道景福分别委员驰往，会同各该县赶紧妥办”④。1874 年美参赞照会总理衙门，感谢东海关道持平办理即墨教案⑤。1878 年宁福海防督粮兵备道负责与英国领事讨论福建建宁府教案⑥。1879 年延平教案英国领事与闽督粮道进行交涉⑦。

这一制度一直持续到 20 世纪。有时督抚还奏调外省道员来省办案。如 1902 年岑春煊在到任山西之初便奏调道员沈敦和来山西清理教案。认为其“历办洋务教案，均著成效，且与各公使均称熟识”⑧。此外，值得一提的是，候补和试用道员越来越多地承担教案交涉职责。如 1894 年湖北麻城教案由候补道李谦和裕庚先后驰往办理⑨。1901 年李兴锐责成江苏候补道与广饶九南道在九江与法国主教和安当（Casimir Vic）及郎守信商办教案⑩。

第三，洋务局负责交涉。在晚清，各省洋务局相继设立。其中一些省份的洋务局开始承担教案交涉职责。如 1900 年江西巡抚松寿奏报设立洋务专局办理民教案件，江西督粮兼巡南抚建道任总办，候补道丁乃扬为专办⑪。

① 《清末教案》第 1 册，第 645 页。
② 《清末教案》第 1 册，第 730 页。
③ 《清末教案》第 1 册，第 732 页。
④ 《清末教案》第 1 册，第 741 页。
⑤ 《清末教案》第 2 册，第 64 页。
⑥ 《清末教案》第 2 册，第 187 页。
⑦ 《清末教案》第 2 册，第 281 页。
⑧ 《清末教案》第 3 册，第 360 页。
⑨ 《清末教案》第 2 册，第 568 页。
⑩ 《清末教案》第 3 册，第 80 页。
⑪ 《清末教案》第 2 册，第 900 页。

1901年花港教案，两江总督刘坤一派补用道洋务局总办丁乃扬赴上海与美、法领事商办。洋务局负责人多有道员或试用道、候补道的身份，这一点刚好符合晚清道员交涉的尺度。不过显而易见，由洋务局专办教案，是一种制度化的尝试。

1894年，时任两江总督的张之洞延请黄遵宪以候补道身份任江宁洋务局总办，负责与法国交涉江南、江西、浙江、湖南和湖北五省积压的教案，颇为成功。但这是一个极罕见的案例。两江总督兼任南洋大臣，系专为口岸外交而设，但在教案交涉上，所起作用一般不大。南昌教案发生后，两江总督兼南洋大臣周馥先后派陈季同和杨文骏赴赣"帮同查办"，但"并无办事之权"[①]，未起到实质作用。黄遵宪"一手议结"五省教案[②]，与其说是制度的效果，不如说是人的作用。

第四，臬司一般负责对涉案人员的审理，极少参与交涉。臬司即按察使在教案中的出现，大都与审讯涉案人员有关。如在1870年天津教案中，直隶按察使便负责派员押解犯案官员到天津听候审讯[③]。1886年的温州教案中，臬司审讯闹教人员[④]。1891年湖北武穴教案中亦由臬司审理案犯[⑤]。1893年的武穴教案由湖北候补道裕庚办理交涉。在议拟案犯罪名时要求裕庚禀报臬司，称案关人命，须禀报臬司[⑥]。1900年浙江巡抚严督臬司首府各员审理衢州教案案犯。除主要审讯案犯外，1904年江西臬司曾下令查办反教匿名揭帖[⑦]。

晚清臬司参与交涉的案例极为罕见。1880年美国福州领事"拟请派委叶署按察司在臬署审讯"延平教案[⑧]。叶某以署臬司的身份与美国领事交涉，因其前身为观察（即道员），一直经手此案。但到了清末，这一现象发

---

① 《教务教案档》第7辑（2），第730页。

② 陈铮编《黄遵宪全集》上册，中华书局，2005，第383页。

③ 《清末教案》第1册，第876页。

④ 《清末教案》第2册，第425页。

⑤ 《清末教案》第2册，第498页。

⑥ 《清末教案》第2册，第566~567页。

⑦ 《清末教案》第3册，第717页。

⑧ 《清末教案》第2册，第301页。

生松动。1905 年云南维西教案，便是由新授贵州臬司兴禄与法国驻滇领事罗图阁开议[①]。1906 年的南昌教案，余肇康也以臬司身份参加与法国参赞的谈判。

第五，朝廷直接派员。在涉及重大教案或交涉棘手时，朝廷会派员办理交涉。如 1869 年酉阳教案令李鸿章到川[②]。稍后令李鸿章派委员到贵州会同曾璧光查明案件[③]。法使则希望由总理衙门派员会同法国公使派员办理[④]。1901 年朝廷派宗人府丞盛宣怀会同浙江巡抚恽祖翼办理衢州教案[⑤]。1906 年，外务部奏派津海关道梁敦彦赴南昌参加教案办理。有言官认为梁敦彦不能胜任，希望挑选重臣张之洞直接前往。

朝廷派遣官员与在省大吏是什么关系呢？1869 年的贵州教案，上谕称“李鸿章系原派查办大臣，现虽未能入黔，此案仍须该督一手经理”，反过来证明李鸿章的决策权。上谕又称：“至此案虽由李鸿章派员往办，曾璧光系该省大吏，岂得置身事外？着即严督派出各员，悉心会办。”[⑥] 曾璧光因朝廷派员查案而“置身事外”，也摆明了是准备将交涉权交出。在 1906 年的南昌教案中，朝廷先是派津海关道梁敦彦赴赣查案，随后又命湖广总督张之洞确查。张之洞遂遣道员梁鼎芬赴南昌调查。

综上，在晚清的教案交涉中，督抚是主要负责人，道员或洋务局是经办者，臬司则处在非常边缘的地位。当然，其间制度本身发生了变迁。从史料可知，早在 1901 年李兴锐到任江西巡抚之初，便“饬将洋务局迁进臬司署内，特委现任布政使前按察使柯逢时总办局务，并委江苏候补道钱德培、江西试用道丁乃扬会同该司督催查办”[⑦]。这一设置，或许与以后余肇康主议中法和谈存在关联。

---

① 《清末教案》第 3 册，第 905 页。
② 《清末教案》第 1 册，第 682 页。
③ 《清末教案》第 1 册，第 690 页。
④ 《清末教案》第 1 册，第 695 页。
⑤ 《清末教案》第 3 册，第 1 页。
⑥ 《清末教案》第 1 册，第 768 页。
⑦ 《清末教案》第 3 册，第 369 页。

按察使兼管洋务局的动向，正好与清末教案改词讼的思想合拍。沈家本从一个法学家的角度如此观察教案：

> 教案为祸之烈，至今而极。神甫牧师，势等督抚，入教愚贱，气凌长官，凡遇民教讼案，地方官暗于交涉，拙于因应。审判既失其平，民教之相仇益亟。盖自开海禁以来，因闹教而上贻君父之忧者，言之滋痛。推原其故，无非因国内外国刑律之轻重失宜，有以酿之，此又惩于教案而不能不改者也。①

沈家本看到的问题，一种解决办法是教案改词讼。1905 年《江西官报》中的一篇论说便明确指出：

> 夫民教之酿成巨案者，皆积不能平，郁久而发者也。本属两造交讼，乃先划一教案之界，则堂上堂下均有成见，即使廉得其情，得成信谳。而曲直相较，必有胜负。使民直而胜也，从教者将曰：官明知我教民，不稍顾念，而众辱我，必得而甘心焉。甚且以仇教之词曲愬教士，冀生枝节。如教直而胜也，则民以官为枉法护教，积衅固以愈深，辗转寻仇，激成众怒，不但讼狱烦滋，恐从此益增隐患矣。然则如何而后可？曰民教皆隶宇下，为吾赤子，如回汉之杂处，何所谓教，何所谓民？凡两造之互控者，概不列为教案，并谕代书缮写呈词，亦不得写教民字样，则一视同仁，其心空洞无物，庶几审判平允，各无异词，不惟两造输服，讼案可清，即实在之教案亦可消弭无形，又何须罗列教案多起，徒乱人意而长讼端也。②

将“教案”改成“词讼”，不仅是措辞上的缓和，也是思想观念上的转

---

① 沈家本：《修订法律馆奏刑律草案告成分期缮单呈览并陈修订大旨折》，高汉成主编《〈大清新刑律〉立法资料汇编》，社会科学文献出版社，2013，第 19 页。

② 《论民教词讼》，《江西官报》第 3 期，1905 年，第 2 页。

变。概言之教案与词讼两个概念差异甚大：指为教案，便是外交，定以词讼，便是内政。在教案的中外交涉方面，按察使原本很少抛头露面，只在惩凶等内政方面现身。一旦教案改词讼成为方向，意味着按察使将越来越多地涉足民教案件。

2. “皆臬公一人把持作难”

正因教案长期由地方督抚负责，南昌教案发生后，国内舆论几乎一律把矛头对准巡抚胡廷干。但是，正月二十九日和二月初三日事发后，江西大吏的种种因应和对策，并非由胡廷干主导。

余肇康的未刊日记对南昌教案有大量记载。据其日记可知，他与胡廷干在此案进程中合作的密切程度大大出乎外人预料。如二月初二日余肇康得知城内遍发传单号召开特别大会，感觉“必酿事端”，便“急代中丞拟一剀切告示，告以官正秉公查办，勿得轻听传言，致失事实，且滋借口”[①]，并立即去抚院请胡廷干饬令张贴。又如三月初四的记载：“晨起，因政府、外部于江令一案尚多疑团，代鼎帅作长电，详述廿九日一切情形，并初三日一切事实。”又记载说“鼎帅来商，旁午乃去”。同日余肇康与端贵在谈判中互相拍案，余肇康“上院详述，即电知外务部请任其决裂回京”[②]。可见“任其决裂回京”的决定也是胡余商讨的结果。其后日记中经常有两人长谈的记载。

西方报界曾批评胡廷干下令江召棠速死。《时报》也指出：“法参赞坚欲以江令为自刎，且亦不认有华人拉两手之事，旋经余廉访禀明胡中丞，中丞进退维谷，特传江令家属，劝其承认自刎，许以重报。”[③] 张之洞听到风声后，专门致电南昌查案的梁鼎芬令其查明其中“鬼蜮情状”。其中除了质疑胡廷干，还提到“某大员”[④]。假设江召棠之死与江西大吏的劝解有关，这是否仅胡廷干一人之所为？据与江召棠关系密切的大绅朱元奥的儿

① 余肇康：《敏斋日记》第 30 本，丙午二月初二日。
② 余肇康：《敏斋日记》第 30 本，丙午三月初四日。
③ 《南昌大教案三十六志》，《时报》1906 年 4 月 7 日，第 2 版。
④ 苑书义主编《张之洞全集》第 11 册，第 9481 页。

子朱少章新中国成立初的回忆，是巡抚、藩司和臬司三人同到江召棠家劝其速死[①]。案发时在南昌任事的王迈常也曾听得传闻，他在多年后撰文暗示，由于诱发闹教巨案，“巡抚以下诸官”都希望江召棠速死“以对朝廷”和“外人”[②]。这些“风闻”均表明事情不是胡廷干一人所为。

再来看余肇康对江召棠之死的态度，其日记曾有“云卿居官处世均不甚可取，独其一死可塞责矣”一语[③]。闹教本因江召棠被刺而发生，但江召棠却实系自刎。故此江西大吏才劝其一死，以便达到“人死口灭，千古疑团”的效果[④]，在教案交涉中增加回旋余地。与此相应，此前明言自刎的余肇康日记从二月初三日戛然而止，到十六日重新开记后再也见不到自刎的措辞。这背后正经历了闹教案的发生和江召棠之死。

基于上述推论，再回过头来看一看闹教发生不久胡廷干相继发给外务部的两封电报，第一封发自初四日，内称：“查有司余肇康能持大体，现经札委该司专与各领事接晤商议。并委藩司周浩、粮道锡恩、署盐道沈曾植会同办理。仍由干主持一切。”[⑤] 次日又发一封，称：“江令伤势危急，昨夜晕而复苏，恐不能活。”[⑥] 胡廷干的人事安排与江召棠的伤势恶化之间，很可能存在因果关系。其中余肇康以臬司身份“专与各领事接晤商议”，从制度史角度看，在晚清教案交涉中不是常态。

至此，可以想见胡廷干与余肇康二人在南昌教案问题上的攻守同盟。不仅如此，胡廷干作为江西巡抚，名义上在此次交涉中“主持一切”，但他在南昌教案的因应中并未起主导作用，对江西官场决策影响最大的应当是余肇康。最能说明这一点的是，许多关键电文均由余肇康来拟定，以至于后来余肇康看到朝廷宣罪的圣旨时，对自己的罪名毫无怨言，反而对胡廷干的罪名

---

① 《关于“南昌教案”采访资料》，南昌市档案馆藏，卷宗号：1180－20－74。

② 王迈常：《南昌教案见闻》，中国人民政治协商会议全国委员会文史资料研究委员会编印《文史资料选辑》第10辑，1960，第134页。

③ 余肇康：《敏斋日记》第30本，丙午四月初七日。

④ 《清末教案》第3册，第839页。

⑤ 《教务教案档》第7辑（2），第727页。

⑥ 《教务教案档》第7辑（2），第731页。

颇为不满。上谕称梁敦彦“据奏各节，与胡廷干等电称情节，既多不符，即该抚等迭次来电，亦复前后歧异，实属颟顸贻误”。余肇康质疑说：“至谓电语歧异，实不知歧异者何电何事!”[①] 所谓电语歧异，虽是胡廷干的罪名，却多属余肇康所为。这一事实，恰与朝廷派来办案的钦差大臣梁敦彦“此次在江议不谐，皆臬公一人把持作难”的指责形成互证[②]。

梁敦彦指责余肇康“把持”中法交涉，也体现在谈判桌上的你来我往。余肇康在给军机大臣瞿鸿禨的书信中自称：

> 今试问英案，乃下走一人与之磋磨，何以能化强硬为和易？迨今在部议结，又何以无一字之增？此能不归区区尺寸之功乎？又试问江令之不革职夺恤，大绅不予以一人，学生不予以一人，城外不预建医院，死其六人而但偿其五命，示以王安之不偿新昌荏港（并不许其立碑给恤），一切新旧教案，一概销除，此皆下走一人在外，由磋磨而决裂而获谴所得来。夫己氏同坐，或不发一语，或往往不同坐，其人犹在，可询问也。[③]

引文中的“夫已氏”即梁敦彦，从余肇康信中可知，与英法谈判全有赖于他的据理力争，而梁敦彦在谈判桌前罕有表现。对比两人的态度，亦可大体理解“把持”之说。稍后沈曾植对来赣查案的梁鼎芬称赞余肇康，说“此案全仗我公”[④]，亦相当能说明余肇康的主导角色。直到多年以后，余肇康的“交游圈”还对此津津乐道。

不过，余肇康作为臬司取代巡抚胡廷干主导此案，终究不是晚清政治实践中的常态。那么，又是什么因素导致这一不正常现象的发生呢？

3. 作为政治资源的人脉

当前的政治史研究受社会运动中资源动员理论的启发，习惯寻求制度和

① 余肇康：《敏斋日记》第30本，丙午三月二十三日。
② 余肇康：《敏斋日记》第30本，丙午四月初十日。
③ 《瞿鸿禨朋僚书牍选》（上），《近代史资料》总108号，第16页。
④ 余肇康：《敏斋日记》第30本，丙午三月十六日。

事件背后的资源或社会资本，因此将目光投向地缘、业缘等各种“缘”。这正好与传统政治史对人际关系的注重不谋而合。下面要探讨的是，既然臬司“把持”教案并非晚清教案交涉的常态，那么，是不是跟背后的人脉有关系呢？

余肇康的奥援首推瞿鸿禨。瞿鸿禨时任军机大臣兼外务部尚书，深为慈禧太后宠信。他不仅与余肇康同乡，且为儿女亲家。从遗留下来的史料看，二人来往甚密。在南昌教案问题上，余肇康与他保持了密切的沟通，并得到了他的支持。据余肇康日记载，二月二十七日“缄致善化相国，详述此案始末”[①]。三月十五日，即梁敦彦离赣两日后，“又缄致子玖协揆，告以江令一案实情”[②]。三月二十一日则记载说，“接止庵协揆电，谓江令一案，言者误归狱两司，意见可诧之至”[③]。次日又提到，“止庵来电，谓言者纷纷以此案为两司意见不同所致，不可不辨也”[④]。可见二人多次就此案互通声气。

瞿鸿禨在行动上也表现出了对余肇康的支持，中法南昌教案合同原本在法国公使吕班离任前就有可能签订，但由于瞿鸿禨的反对，只好作罢[⑤]。最终合同签字之时，瞿鸿禨并未到场[⑥]，也表明了他对谈判结果的不满。

无疑，余肇康这一政治背景有助于其获得超出自身职位的影响力。其同僚署盐道沈曾植后来如此看待余肇康的降级调任：“江令一案，思之心痛，尧衢之去，尤切抚膺。此人有关大局。”[⑦] 沈曾植在一首写给余肇康的诗中又自注说：“当日逐君者意不仅在君也，一发全身，不堪重溯。”[⑧] 联系次年的“丁未政潮”，余肇康此次因案受谴，背后涉及的是清末的重大政争。

与之相对应的是，南昌教案交涉背后的政坛人际关系绝非止于余肇康与瞿鸿禨一脉。梁敦彦和梁鼎芬的先后到赣查案，背后也隐藏了权力角斗的成分。

---

① 余肇康：《敏斋日记》第30本，丙午二月二十七日。
② 余肇康：《敏斋日记》第30本，丙午三月十五日。
③ 余肇康：《敏斋日记》第30本，丙午三月二十一日。
④ 余肇康：《敏斋日记》第30本，丙午三月二十二日。
⑤ 《电报一》，《时报》1906年5月4日，第2版。
⑥ 那桐：《那桐日记》下册，新华出版社，2006，第572页。
⑦ 许全胜：《沈曾植年谱长编》，第318页。
⑧ 钱仲联校注《沈曾植集校注》下册，中华书局，2001，第1311页。

梁敦彦赴赣查案，与直隶总督兼北洋大臣袁世凯有直接关系。胡廷干与袁世凯为河南同乡，并曾在山东共事。而梁敦彦在天津为官，为袁世凯属下，这一任命自然有瓜田李下之嫌，难免引起外界的非议。《新闻报》就曾两次议及此事，先是于二月十七日撰文称：

> 政府于养乱之赣抚胡鼎帅不加惩处，于开缺之漕督恩艺帅纵其复出，全国之人无不疑，无不讶，无不愤，无不奇……胡与某督有渊源，而恩与某邸有瓜葛，现在中国政权半在某督之手，半在某邸之手，非附从某督不能保位，非趋奉某邸不可得官。①

所谓“某督”，无疑是指袁世凯。其后的一篇文章说得更加明白彻底：

> 梁观察以极能办理交涉之人，今为权贵所牵掣，势必动多顾忌，或生瞻徇，不得不希风仰旨，保全胡鼎帅之富贵功名，为之隐讳，为之开脱，则对于此案将不能照实情确据与法人相周旋，国体辱，主权失，此亦必然之事也。盖教案生发之地在南洋之辖境，不在北洋之辖境，而梁观察以北洋人员由奏派往赣查办教案，自其外观之，主之者一若郑重是案，显示不敢轻视之意，然自其内容以窥之，主之者意旨所在，实为胡鼎帅一人之富贵功名地，而并非为国体主权计也。梁观察不仰承宪意办理，犹可坚执万一。有投鼠忌器之心，必代胡鼎帅卸责而归狱于人，为胡鼎帅洗冤而嫁祸于国人。②

《新闻报》对于梁敦彦这一任命的批评或有过当，但无论如何都提示了胡廷干与袁世凯的关系非同寻常。

湖广总督张之洞则一直对余肇康鼎力支持。

---

① 《论政府徇私庇党》，《新闻报》1906 年 3 月 11 日，第 1 张。

② 《论扼要办交涉》，《新闻报》1906 年 3 月 30 日，第 1 张。

二月十二日张之洞致电余肇康，询问朝廷由余肇康“主议此案”的决定是来自胡廷干还是外务部的奏请。后来张之洞委派梁鼎芬到赣，对南昌教案进行了调查。在余肇康日记中，可以清晰发现张—梁—余之间的纽带关系。三月十六日余肇康的日记写道：“申后节庵来晤，极称余，谓江西微公，不知如何景状。余惶悚不知所云。又云，此次来江，教案事少，地方参案事多……子培亦在坐，三人相视莫逆。”[①] 三日后又记道：“一日三接节庵函，中有极不平事，直同谰语，极力为剖辨之。”[②] 二十三日又载：“节庵送两电来阅，皆张宫保属节庵有事与余熟商也。”[③] 二十八日提到“节庵送广雅长电来，力争加功二字”[④]。次日又在日记中说“节庵昨日两函谓余镇定淡雅不可及”[⑤]。沈曾植、梁鼎芬和余肇康等三人的同声相求、道义相规，应当从“清流”群体认同的角度去理解。余肇康获罪后，沈曾植“尤切抚膺”，致信张之洞，希望能“代膺严谴”。余肇康见到电文后“阅之泫然”，赞之曰“世乃有如此古道侠肠之人”[⑥]。

由以上所记可知，梁鼎芬及派其来赣查案的张之洞都颇推重余肇康，三人在查案过程中有着密切的合作。梁鼎芬对此案的调查结果也与梁敦彦大相径庭。后者称此案由于两司“相挤”，而前者则将责任完全归诸藩司周浩。在谈判期间，张之洞还专门致电军机处的亲戚鹿传霖“属向衮衮诸公，为君维持”[⑦]。正是张之洞的电文发挥效力，才有江西官场播弄枢廷之际，“除定兴外皆有先入之言”的一幕[⑧]。余肇康去职后，被张之洞电邀至武昌相晤。张之洞“所以嘉许之甚”，对梁敦彦则“大詈夫己氏不置”[⑨]，其态度对比至为明显。

张之洞对余肇康的推重，一方面固然是因为余肇康曾在湖北任职；另一

① 余肇康：《敏斋日记》第30本，丙午三月十六日。
② 余肇康：《敏斋日记》第30本，丙午三月十九日。
③ 余肇康：《敏斋日记》第30本，丙午三月二十三日。
④ 余肇康：《敏斋日记》第30本，丙午三月二十八日。
⑤ 余肇康：《敏斋日记》第30本，丙午三月二十九日。
⑥ 余肇康：《敏斋日记》第30本，丙午三月二十九日。
⑦ 《瞿鸿禨朋僚书牍选》（上），《近代史资料》总108号，第15页。
⑧ 余肇康：《敏斋日记》第30本，丙午四月初十日。
⑨ 《瞿鸿禨朋僚书牍选》（上），《近代史资料》总108号，第15页。

方面也是因为双方政治取向上的相同。张之洞会见余肇康时，如此解释自己对南昌教案的态度：“明知争亦无益，觉不可无此一争。”① 这句话正是典型的清流心态。张之洞由清流而为疆吏而为重臣，长时间为清议所追捧。南昌教案由于涉嫌教士戕官而引起清议的激烈反应，张之洞则成为一面旗帜，无论在言论和行动上，都对清议起到了鼓励和指引作用。清流的摇旗呐喊，给了外务部巨大的压力。但由于张之洞及清流所主张的“加功”一说与事实不符，其交涉目标也难以实现。

总之，南昌教案的交涉背后牵扯了复杂的人脉关系，反映了清末的政治格局。余肇康的人脉固然强大，其本人也主导了中法双方在江西的交涉，但决定此案最终结果的却是胡廷干和梁敦彦背后的北洋势力。至于抚藩臬的一同获咎以及教案合同的签订，无疑是国内外多方力量博弈的结果。现在的问题是，既然余肇康和胡廷干各有奥援，那么由余肇康主导中法在赣交涉便可能另有他因了。

4. 个性差异与教案交涉

在南昌教案相关史料中，报界对胡廷干的人身攻击引人注目。而余肇康日记也多次涉及胡廷干性格问题。这提示我们，个性因素可能在此次教案交涉中产生了重要影响。

报界对胡廷干的攻击相当普遍。《京话日报》说中国外交吃亏的第一原因就是糊涂，“现在的南昌教案，江西巡抚胡廷干就中了第一个糊涂原因”②。《申报》也以胡廷干革职为例劝告疆吏不可“刻意媚外”③。《南方报》也不客气，其《为南昌教案责难江抚》一文一举罗列了胡廷干的四大罪状，一是“江令被刺之时，不能拘执王安之”；二是“教案将起之时，不能遏制”④；三是“谬认江令自刎”；四是“媚外以求自全”⑤。尤其

---

① 《瞿鸿禨朋僚书牍选》（上），《近代史资料》总108号，第15页。
② 《中国外交吃亏的原因结果》，《京话日报》第590号，1906年，第1版。
③ 《赣抚革职问题》，《申报》1906年4月12日，第2版。
④ 宝：《为南昌教案责难江抚》，《南方报》1906年3月31日，第1页新闻。
⑤ 宝：《为南昌教案责难江抚》（续），《南方报》1906年4月1日，第1页新闻。

是上海《新闻报》，不但第一个将矛头指向胡廷干，此后更是不依不饶，对胡廷干进行了连篇累牍的攻击。先是 2 月 28 日刊登论说，称江召棠被刺后江西巡抚“仅向索取犯事华人而不问王神父之罪。王神父见抚台气馁，自必包庇犯事华人而不肯交出”。如果当时能“拘送犯事法人”和“拘禁犯事华人”，“则江西人民见抚台自能严办杀官之人，忿懑之气可平，即闹教之风不起”。因此认为此次变端，是胡廷干“有以养成也”①。3 月 10 日又责难说：“观于江西南昌县江大令之尸格，并非自刎，观于江大令之禀稿并非自刎，而胡中丞致法国外交官电，一再曰自刎，此实铸成大错者也。”②

对胡廷干的指责大多是颟顸畏葸，不能立即抓捕王安之等人，反倒谬认江召棠为自刎，致使群情激奋，造成二月初三之事。这种指责是以江召棠他杀为前提，但如前所述，胡廷干的决策并非建立在他杀的认知之上，他向各处电称自刎，以及不立即拿获嫌犯，甚至不贴出告示公布“真相”等种种行为，都是符合他对江召棠之伤的自杀认知的。

报纸对胡廷干的攻击固非基于案件真相，但作为胡廷干的同事，共同主持此案的余肇康私下却并不同情。他在给瞿鸿禨的信中曾嘲弄胡廷干“三月皇皇，报纸讥嘲，士夫讪笑”。其日记更多次记载了胡廷干的负面情绪。如三月初六日所载“再上院，帅愁叹沈吟”。初九日又称“鼎帅忧愁慨叹，办事颇沾滞”。二十二日记载“上院，鼎帅忧郁之状，不受辞解”。三月二十三日日记在叙述“院司三人一同获戾”时，称“鼎帅引为大憾，转慰藉之”。四月初七日又写道：“帅因有颟顸贻误之朝旨，恐尚有后命，彷徨恐惧，不能终日。余屡讽以甑已堕矣，顾之何益，不能解也。”

平心而论，在辛丑条约签订之后，教案直接危及官员仕途，面对重压时情绪低落是人之常情。实际上余肇康在日记中也常吐露焦急不安。如三月初四日谈判暂告中断时感叹“诚不知如何结局”。三月十二日从胡廷干那里得知教案提京办理的消息时感叹“此后夜长梦多，不知如何收束矣！良可叹

① 《论外交人才之消乏》，《新闻报》1906 年 2 月 28 日，第 1 张。
② 《论忍气吞声之害》，《新闻报》1906 年 3 月 10 日，第 1 张。

息”。三月十六日记载“晨起，头忽一眩，惆怅皆动，凝神久之，乃定。月来心神太悴，虚火上炎，方才杜门谢客”。四月初二日又记载“上院久谈，大局所关，国运所系，相对欷歔”。四月初七日又有“霪雨不止，益增愁叹”之语①。

但二人的惆怅不尽相同。如在个人去就方面便大异其趣。进退出处之道是衡量传统士大夫修养的一大标准。以获罪后的表现为例，胡廷干“彷徨恐惧，不能终日”。此种性格，似难有足够的胆气应对此次“巨案”与“巨祸”。而同样面对朝廷的严谴，余肇康则是一副“甑已堕矣，顾之何益”的超脱。南昌教案交涉由其“把持作难”也就不难理解。

余肇康的个性的确在此次交涉中得到充分展现。这也是中法双方“在江议不协”的重要原因。余肇康日记三月初四日载“端乃拍案而起，余亦拍案而出”②，此事发生在庚子之后，非有十足胆气不可。前已述及，陈三立后来写诗赞颂余肇康在交涉中的壮举，有“维公迭抗议，舌敝佐面折”之句。郑孝胥也写诗称“余公持不可，正论独侃侃”。沈曾植则有诗句形容他“尊樽可冲斗可撞”。余肇康在南昌教案中所表现出的强硬态度为其带来好名声，以致其离赣之际，士民饯行场面极为隆重，四方慰电也纷至沓来。瞿鸿禨信中赞其“巍然独有天下之名”，袁思亮为其所写的行状也称“公声名动天下”③。就连余肇康本人也觉得相当“体面”。

实际上，余肇康在南昌教案中的表现并非首次。他在湖北荆宜施道任上时，曾成功办理施南教案，口碑甚好。1907 年赣南教案发生后，两江总督端方保举江苏候补道俞明震办案之功时，还以此案为榜样，称“自光绪三十年湖北议结施南教案因应得宜，中外翕服后，此为仅见”④。袁思亮为余

---

① 上述日记，均出自余肇康《敏斋日记》第 30 本。

② 余肇康：《敏斋日记》第 30 本，丙午三月初四日。上海报界所谓“法参赞愤急拍案，廉访仍不为动”即本于此。（参见《南昌大教案四十四志》，《时报》1906 年 4 月 17 日，第 2 版）

③ 袁思亮：《长沙余尧衢先生行状》，《湖南文献汇编》第 2 辑，湖南人民出版社，2008，第 252 页。

④ 《清末教案》第 3 册，第 997 ~ 998 页。

肇康所作行状也提到其施南教案的经历，称其“侃侃持大体，不为威胁，外人卒言出所要挟，如公议”。余肇康有此成功经历，在南昌教案中也试图如法炮制，先是安定英国领事，然后对法国“坚执至辍议，法人知不得逞，介而谢公，许暴王安之罪状，教士勿得干讼。约垂成矣。而外部徇法使所请，移其议京师。于是公所力争而仅得者，皆败于庸懦恇怯之大臣，公且得罪去矣”①。苟如袁思亮此处所述，南昌教案的交涉结果无疑是因人而异。在中西权力失衡状态之下，“庸懦恇怯”已是中国官员的常态，但诚所谓“沧海横流，方显英雄本色”，余肇康恰恰是在这个“名节立已罕”的时代树立了名节。

① 袁思亮：《长沙余尧衢先生行状》，《湖南文献汇编》第2辑，第251~252页。

第五章

“疑案凭谁垂定论”：作为公众事件的南昌教案

南昌教案的引人瞩目，得益于此时公共舆论的勃兴。舆论界的崛起是足以改变清末权势格局的一个重大事件。实际上，“界”这个字本身就代表了清末权力的重新洗牌。它以职业为标准，将政商学等各自并为一列。而其中的舆论界，更是以绅商、知识界和学生界为基础，加之租界的庇护，某种程度上已成为可与政府相颉颃的公共领域。在南昌教案中舆论界两面出击，对内批评政府妥协退让，对外指责天主教和列强在华恶行。舆论界身在局外，未必掌握案件真相，也往往不了解当事人苦衷，所以其鸣虽高，却于事无补。不过报纸的煽动与民族主义情感的勃兴相因并至，是南昌教案的一个重要副产品。

一　双重舆论形象

南昌教案作为一起公共事件，吸引了大量报刊的持续性关注，尤其以上海报界为最。那么，报界如何报道这起案件，又如何就案件的真相产生两种针锋相对的看法，从而制造了南昌教案两种截然不同的舆论形象？在业已考证真相的基础上，对报刊的报道进行“深描”，可以清晰地凸显报刊对此案的信息、情感和立场表达及其与真相之间的落差。

1. 舆论界的分裂

南昌教案发生后，一时间成为重大新闻事件，引起了中西报界的广泛关注。尤其是国内报界，对南昌教案进行了长时间高密度的跟踪报道。

中国各地的官私各报或多或少都对南昌教案进行了报道。官报尤以《南洋日日官报》值得注意，由于其身份比较特殊，也由于其信息来源比较可靠，常为其他报纸所征引[①]。不过相比之下，私报的声音要大得多。需要提及的是，由日本人在南昌开办的华字报《江报》拥有得天独厚的地理优势，惜乎年久失传，无缘一睹。不妨从《时报》的一次转载中窥其一斑：

> 法参赞愤急拍案，廉访仍不为动。从此以后，廉访四日未至八旗奉直公所，议事暂停。后经梁观察转旋，参赞亦悔孟浪，梁观察介绍廉访与法参赞在百花洲宴会。参赞见面自认性情急遽，具道歉忱。廉访一笑置之，寻复开议。法参赞已承认王安之性情凶暴，江令为其所逼，略有头绪。忽奉外务部提归京议之电，遂尔中止。[②]

文中的“拍案”一说，正为余肇康日记所载。

南昌教案不但被国内的中西文报纸广为报道，同时也引起国外报界的注意。

美国的《纽约时报》便对南昌教案做了多次报道。此外，乍闻南昌教案发生，美国国内其他报纸也纷纷予以报道。综合各报的报道内容，一是主要认为江召棠为自杀；二是对中国的排外和中国报纸的民族主义情绪表达了担忧；三是指责法国天主教的在华传教政策。

日本报界对南昌教案也比较关注，张元济等人在上海开办的《外交报》便数次转载相关议论。他们都对江召棠和中国表达了同情态度，而谴责天主

---

① 上海图书馆馆藏《南洋日日官报》恰恰缺少交涉前期的部分，故难领略其全貌。但从后期部分和其他报纸的转引来看，该报在此事件报道当中体现出来的权威性在华字报中可谓独一无二。

② 《南昌大教案四十四志》，《时报》1906 年 4 月 17 日，第 2 版。

教的专横跋扈。如该报译登的《国民新闻》的一篇文章，先是批评了民众的暴动和官员的防范不力，继而评论说“天主教之行动，亦有无可是之者。其在往昔，教士苟与华人有隙，则其本国政府即为之后援，故恒有所恃而无恐。且其皈依徒侣，更以教士为护符，而肆行鱼肉同类之举”①。

从《外交报》看到的日本报界的报道，虽与前者的信息采择直接相关，但此类言论也符合日本的利益。《中法新汇报》即曾点名批评日本政府包庇中国报纸反对法国。

《外交报》也多次转载了英国的报道，其论调大体与日本报界相当。这一点也能从时在英国的外交官汪大燮的观察中得到佐证。他在给汪康年的信中说“此间初以为天主教所生之事，持论甚平”②。《字林西报》与英国本土报界联系密切，它的报道情况大体可代表英国报界的整体情况。

法国报纸的报道，直接反映其民众对南昌教案的态度和认知。法国国内此时已形成对天主教的人人喊打之势，但其在国外的传教士遇害却又涉及民族感情问题，故而法国人对此案心态矛盾。驻法国公使刘式训曾有电报称，“巴黎各报馆近日屡言中国排外风潮甚烈，因是民间谣传极盛，宜急筹解释之法”③。可知法国对南昌教案期间中国的民族主义感情的担忧。

围绕江召棠的死因，各报对南昌教案的报道分成了两个阵营。一个是华字报，坚持他杀说；一个是国内的外文报和具有天主教背景的华字报，宣传自杀说。不妨对比天津《大公报》和北京《京话日报》两家报纸的报道。

天津《大公报》创办者英敛之是一个天主教徒，他在南昌教案的报道中与天主教保持了一致的口吻。《大公报》第一次报道南昌教案已迟至2月28日，在“要闻”栏目里提到：“某西报云，近得上海专电，南昌府教士根汉氏夫妇及小孩二名，俱为土匪杀毙，闻此外尚有罗马教士六人被杀，教堂

---

① 《论南昌教案》（译自明治三十九年三月二日《国民新闻》），《外交报》第139期，1906年4月18日，第17页。

② 《汪康年师友书札》第1册，第845页。

③ 《法国谣传中国排外》，《中外日报》1906年4月30日，第1版。

业已被焚，故江西巡抚已将余外各教士用小轮送往九江。”① 从这条信息的采择便可看出此报对南昌教案的态度，即刻意淡化二十九日江召棠于教堂受伤之事，而突出二月初三闹教之事。直到 3 月 2 日，《大公报》才提到江召棠的死，称：“南昌县知县江绍棠大令因民教起事，有被杀之说。”② 此际关于江召棠的被刺已广为国内报界宣播，此条新闻却过滤掉江召棠受伤地点等多个敏感信息。3 月 14 日，《大公报》又得西报译文，提到皇上准备优恤江召棠，“江令因土匪仇教，实力保护该处教堂，致遭杀害”③。这一与事实相差甚远的报道，究竟是翻译之误，还是有意为之，很难分辨。

3 月 19 日和 21 日，《大公报》译载了天主教关于南昌教案的官方报告。此报告最初出现在《中法新汇报》，后为《字林西报》和上海多家华字报翻译转载。大公报在译文后添加按语，对闹教行为大加责备，称“支那国民之性质，其漫无意识，而好为暴动”。随后谈到江召棠的死因，说：“夫江令之死事，据南方中外之各报云云，其为自戕无疑，而竟欲归狱于教士，岂公理欤？恐教士亦必不认受也。于是遂酿为残暴之举动，以行其野蛮之手段，终演为我国民铁血之烈剧。呜呼，亦可惨矣。独不思江令之死，如果被戕杀，安有以地方之印官被人刺害而该管大员有不过问之理?”随后倡导民教调和，说“无论教民平民皆为吾国同胞之赤子”，称闹教实际上属于“自残骨肉，同室操戈”。还总结了闹教之害：“一曰失主权，一曰流民血，一曰穷国帑。三者交乘，几至不国，非细故也。”④

3 月 23 日，《大公报》刊载了教士保有的江召棠手书⑤。而通观南昌教案交涉始末，该报一直没有刊登江召棠的其他手书。

4 月 12 日和 13 日，《大公报》又刊登了一份南昌来函，再次站在天主教的立场上讲述南昌教案始末，文后的“识语”也再次谈到了闹教行为的

---

① 《南昌教案纪事》，《大公报》1906 年 2 月 28 日，第 3 版。
② 《南昌县令被杀》，《大公报》1906 年 3 月 2 日，第 3 版。
③ 《译报》，《大公报》1906 年 3 月 14 日，第 6 版。
④ 《南昌教案实在情形详述》，《大公报》1906 年 3 月 21 日，第 2 版。
⑤ 《南昌江大令之绝命书二则》，《大公报》1906 年 3 月 23 日，第 6 版。

危害，并就江召棠的死因问题说道：“经英美医生详加相验，佥曰实系自刎，均已签押，哄传被刺之说，西医均所不认，其事之真伪虚实实略见一斑。”①

获悉南昌教案合同签订后，《大公报》刊登其原稿，并颇为自得地按道：“南昌教案，教案中之怪现相也，虽为海内所注目，而各报喧传，迄未得其真相，兹本馆觅得合同原稿，登之报端，以供众览。”②

《大公报》在南昌教案上的态度曾引来读者的不满，有读者专门致信予以谴责。据此，该报特意刊文答复，论证江召棠为自刎，并对国内舆论几乎众口一词地宣扬他杀说做出了质疑，“盖以为果有被刺之冤，则由国际交涉而昭雪之，对付之，执公法以争辩之，自有水落石出之一日，所谓颠扑不破、南山可移此案不可易者是已。岂其众口一词、捉风捕影、随声附和而遂能援以定狱哉？”面对来函的批评，文章反驳说：

> 中外报纸多矣，其说久不一矣，何独于敝报侃侃而论、刺刺不休，岂报界亦有幸有不幸耶？抑只许他报言之而不许敝报言之耶？抑或于他报之言尚未省览而只见敝报，遂惊为衅说耶？抑或于敝报有他项之私憾，而姑借此以为难耶？不然，何对于他报皆置若罔闻，独对于敝报有誓不两立之势，岂其援春秋责备之义以责备敝报耶？是均不知。总之今日之各报或言被刺，或言自刎，不过各存一说，以符有闻必录之例。若欲定于一焉，自有后日之大结果在，非敝人与公等所得主持而妄为拟议者也。

对于为何刊登天主教的来稿，文章辩解说：“前稿之登，不过如两造对簿，各持一说，以俟裁判，何至有若韩宣受质，左右其辞，州犁讯囚，上下其手之故事哉。”对于来稿的真实性，文章则做了如下见解：“诚如尊函所

---

① 《南昌教案记略》，《大公报》1906 年 4 月 13 日，第 2 版。

② 《南昌教案记略》，《大公报》1906 年 4 月 13 日，第 2 版。

谓，并未目睹云云，此最为持平之论，而一切意见之词，均无谓矣。自南昌教案发起以来，即所闻异辞，所见异辞，即当事者旬月切磋尚不能折衷一是，况局外之人，但凭一家之言即断断据为如山之铁案，岂有当乎？岂有当乎？”①

署名为赵晓林、李忠民的两个读者，还致函北京的《中华报》，对英敛之和《大公报》进行了措辞严厉的攻击，引得英敛之署名还击：

> 该函谓此次江西教案，本报所纪为偏袒教士，污我官民，中复加以蛮骂各语。似此偏狭嫌忌之情状，殊不值识者一笑。本报所登来稿识语及复来函一文具在，苟非盲于心者，不难乎平心静气以观其后也。本报惓惓以消祸患、保治安为目的，曾何有一语之武断、一语之非理者乎？夫以劝人审慎则指为媚外无耻，劝人兼听则指为惑世污民，然则彼等所自命为爱国知耻觉世牖民者可知矣。噫嘻，但恐得达君等鼓吹激动之目的，则庚子之祸不难复见于今日，不知诚何心矣！况今以爰书未定之案，彼此皆为局外，何申申愤詈，一若挟九世之仇者乎？②

《京话日报》是彭翼仲在北京创办的一份白话报。此报以敢言著称，文风泼辣，感情色彩极其浓厚，甚至为此不惜牺牲信息的准确性。对南昌教案的一系列报道便充分体现了这一特点。

如其对南昌教案的首次报道，称“教士随手拿着剪刀，又扎了大令几下子，所以肚子上受有重伤”，显然与事实出入甚大。又说“这场祸乱，无论闹到怎样，过处全在教士一人”③，可见其态度之鲜明。

其文风相当煽情，如谓：

> 办理这一案的人，不问青红皂白，又把罪名搁在华人身上。现时法

① 《答来函》，《大公报》1906年4月18日，第2版。

② 《大公报》1906年4月21日，第6版。

③ 《江西首县被杀》，《京话日报》第540号，1906年，第6版。

国兵船，停在九江，吹胡子瞪眼，专用威吓。胡中丞很觉惊慌，请示外务部。部里也没什么高明主见，不过听外人的命令，决不敢说一句话，去跟人家辩驳。江西这一案的结局，大概也容易看到了。①

又如该报在刊登江召棠的尸像时，下附解说道：

江西南昌县知县江大令召棠，被天主教请酒谋杀，凶手便是劝人为善的教士。教士既下毒手，又肆毒口，捏造情形，说是自刎。本馆再四辩白，今特把江大令受伤的照像，做成铜板，印入报内。请大众看看，有这样自刎的没有！②

实际上自刎与他杀，仅从照片是不可能推断出来的。还如另一条新闻称：

南昌教案，地方官严拿滋事人犯，连累了许多穷民。有个十几岁的孩子，向来卖烧饼为生。不知为什么，也无故被彼拿了去。他的寡母，是个双眼瞎，因儿子不回家来，打听打听，知道被官拿去，上吊自尽。你说说惨不惨呀？③

这个悲惨故事全不见于采访能力更胜一筹的上海报界，其真实性大成问题。末尾一句的明知故问，使得这一报道极具煽动性。

《京话日报》为制造特定效果，会置事实于不顾。如谓：“天主堂恽主教，自己知道有了罪，私行逃走，听说就拿住一个人。”④ 从随后的按语可知，这讲的是南昌教案之事，但事实上，且不论南昌天主教堂有无恽教士其人，江西官场始终未曾缉拿教会人员，“私行逃走”和“就拿住一个人”的

① 《江西教案的结果》，《京话日报》第549号，1906年，第2版。
② 《南昌县江公召棠被刺的照像》，《京话日报》第570号，1906年，第6版。
③ 《因教案妄害无辜》，《京话日报》第588号，1906年，第2版。
④ 《南昌法教士私逃》，《京话日报》第551号，1906年，第2版。

说法完全不知从何而来。又如该报曾造势说各报都在刊登江召棠公祭的广告，实际上据巡警部调查，该广告只在《京话日报》一家刊登。

该报的敢言也体现得非常明显。如其中一条“要紧新闻”称：

> 法国公使吕班，因近来中国各报刷印江大令受伤的照像，说是有意激成众怒，恐怕更要闹出排外的风波，照会外务部，请严行禁止，大概说江大令办理教案不合式，怕上司责备他，故意自刎，就算完了他的责任，并且素恨法教士，因此捏造谣言，任意诬赖，为的是激成大乱，这种举动，深为可恶，各华报登载像片，鼓惑愚民，万一再闹出什么事来，中法两国的交涉更不好办了。以上这些话，强词夺理，不必细去分辨，但法公使如此说话，就算欺侮中国人软弱，难道不怕别国人见笑吗？况且我国四万万人，不至全是糊涂虫，要打算堵住众人的嘴，简直不叫人说话，只怕有点儿不行罢。①

实际上，《京话日报》就在吕班的视野之内。借助地理之便，《京话日报》先后提供平台，帮助京官召开江召棠追悼会和公祭。这一行为便引起了吕班的注意，特意照会外务部，要求对报纸和刊登广告之人做出惩罚。

两相对比，《大公报》和《京话日报》由于立场不同，对南昌教案进行了截然不同的报道和解读。由此两家推及中西报界，可发现存在一段针锋相对的南昌教案舆论史。

2. 上海中西“报战”

上海作为一个繁华的开埠城市，当时拥有英法德日等多个国家的多家外文报馆。而数量更为众多的“华字报”，也纷纷托庇于上海的租界②。上海

---

① 《法公使无理的干预》，《京话日报》第578号，1906年，第2版。

② 在近代中国，所谓“华字报”并非均为华人创办，且许多报纸虽为华人创办，却由于政治原因不得不托名于外国人之下。关于上海的报纸情况，可参见胡道静《上海新闻事业之史的发展》，上海通志馆，1935；马光仁《上海新闻史》，复旦大学出版社，1996；上海新闻志编委会编《上海新闻志》，上海社会科学院出版社，2000。

的报纸在中国影响甚巨，非但时人常常以之为消息源，即便各地报纸也往往援引为信谳。经历了日俄战争、抵制美约运动和会审公堂案等事件后，民族主义情绪早已在上海的华字报中弥漫。而西文报纸则时常流露出对中国排外情绪的担忧。因南昌教案触发的中西报战就在这一历史节点上展开了。

首先来介绍报战对立的双方。翻检上海图书馆馆藏的1906年上海中西各报，几乎所有的报纸都报道了南昌教案[①]，并在江令死因问题上形成了泾渭分明的两个立场。争论主要在四家报纸之间展开，一边是代表中国立场的《时报》和《南方报》，一边是代表西方列强立场的《字林西报》和《中法新汇报》。前两者为华人所经营之华字报，力主他杀论；后两者分别为英人和法人所办之西文报，力主自杀论。其余上海各报也大体以中西为畛域“相与扬波而濡沫”[②]，参与到江召棠死因的争论中来。

对《南方报》和《时报》的奋勇当先，当时的读者颇有体会，《南方报》刊登的一份南昌来信就说：“贵《南方报》及《时报》日来之论说极为确当。”[③] 所谓“确当”，正是就其力主他杀论而言。因此换个角度看，此二报的论说就从确当变成了激愤。尤其是《南方报》，在王安之已身死半月之后竟有“江令已死，首恶王安之又不知存亡”之论[④]。

相反，在法国天主教控制下的《中法新汇报》则一味偏袒王安之而攻击江召棠。通观该报这一时期的报道，竟然看不到法国人的丝毫反思，难怪《时报》训斥它“何不一自反乎”[⑤]。实际上，恰恰就在《南方报》说出王安之“不知存亡”的过激之言的同日，《中法新汇报》也刊载了本报记者发

---

① 当时的《文汇西报》（*Shanghai Mercury*）、《捷报》（*China Gazette*）、《上海泰晤士报》（*Shanghai Times*）、《以色列信使》（*Israel's Messenger*）和《同文沪报》等，上海图书馆并未收藏，不知是否存世。其中《文汇西报》的相关报道曾广为他报征引，但从中文报纸的资料反观，该报并未卷入此次报战的中心。

② 《说报战》，《警钟日报》1904年3月16日，第1版。作者对报战的这一描绘，恰恰也是此次上海报战的一个生动写照，颇为精妙。

③ 《南昌来稿》，《南方报》1906年3月26日，第1页新闻。

④ 宝：《敬告今日办理南昌教案者》，《南方报》1906年3月11日，第1页新闻。

⑤ 《南昌大教案二十二志》，《时报》1906年3月23日，第2版。

自南昌的一封通信，竟提到江令仍然未死，正藏匿在朋友家[①]，显然是意气之语。有意思的是，《中法新汇报》不光对江召棠大加挞伐，而且四面出击。在教案发生之初，江西的新教传教士常为上海的英文报提供不利于天主教的消息，因此该报批评道："近日江西有一耶稣教牧师，欲从乱党处寻求证据，以诬控王安之而谄媚南昌县，此事为自好者所不为，固有识者所最痛恨者也。"[②] 不光对新教传教士出言不逊，对西方的报界同行也用语尖酸。英国的《文汇西报》曾刊文述称，案发之初，一般的感情都倾向于认为错在天主教，因有更多理由可以为教士之死而庆幸。这一观察大体不差，但《中法新汇报》转载此语时，将字体加黑加大，并反问其作者是不是一个教徒[③]，意即其言论已违背基督教的精神。更有甚者，该报对其他列强也不留情面：出于对《字林西报》的不满，它讽刺西方列强忌妒法国在远东的保教权[④]；在谴责日本庇护《时报》时，它又称日本不能忌妒为其开辟道路的国家[⑤]。

上述三报自始至终都立场坚定，相比之下，《字林西报》有过一个明显的转折。最初它常刊发不利于天主教的文章，显得比较"中立"[⑥]，但从 3 月 15 日编辑评论明确表态后，一直力主自杀说，其中一位署名 L. O. 的作者尤其热衷于批判中国报纸。

其次，介绍一下上海报界报道此案的消息来源。上海报界的消息来源主要集中在南昌、九江和北京三地。南昌是事发地，最接近消息源，故所提供消息最多。闹教案发生后，南昌的教士和外国人均撤往九江，加之九江又是天主教江西北境代牧区主教郎守信的驻地，因此也传出了大量报道。北京作

---

① "Correspondance," *L'Echo de Chine*, 11 mars 1906, p. 2.

② "Bulletin: La Tragédie du Nantchang," *L'Echo de Chine*, 22 mars 1906, p. 1. 此处译文引自《南昌大教案二十二志》，《时报》1906 年 3 月 23 日，第 2 版。

③ "Une Ame Charitable," *L'Echo de Chine*, 3 avril 1906, p. 1.

④ "Les Massacres de Nantchang," *L'Echo de Chine*, 7 mars 1906, p. 1.

⑤ "A Propos de L'Affaire de Nantchang," *L'Echo de Chine*, 27 avril 1906, p. 1.

⑥ 该报初期常刊江西新教传教士的记载，后者曾被《南方报》称为"旁观中立者"，见下文。在中国人看来是"中立"，在法国人就未必然，《字林西报》本身也不喜欢这个词，它每期第 6 版的评论文章前便刊印"公正而不中立"（Impartial, not Neutral）的座右铭。

为皇城，是大量官方文件的收发地，所以也是极重要之消息来源地。此外南京、天津和武昌三地，分别是南北洋大臣和一度负责调查案件的湖广总督张之洞的常驻地，与本案交涉颇有关系，于是也成为信息采集对象。一些报馆在上述各地驻有“访员”，他们通过官场或民间、正式或传闻的渠道获得消息，然后再通过电报或信函发至上海。电报速度快捷，头日拍发的信息，次日便可登诸报端。但当时电报费用昂贵，长篇的新闻往往要通过信函邮递，这样就会缓慢许多，需要数天时间才能送达报馆。此外，一些关心教案的人会根据自己的立场主动向特定的报馆致信，或叙述情况，或评论是非。

除上述来源之外，各报之间无论中西，不分畛域，普遍相互征引，正面和反面材料都呈现给读者。华字报一般都加按语来确定立场，引导读者，甚或加大字体，加着重号等。西文报也往往配加评论。值得提及的是，最初华字报引《字林西报》为信谳，如《南方报》的一次短评便说，“江令自刎出于法教士之自言，未可为信谳也。而法教堂自焚出于旁观中立者之纪载”，随后加括弧称“此说见《字林西报》”①。到后来由于《字林西报》持续抨击中国报纸，后者不得不予以反击，《时报》更抓住它一次报道失实羞辱说，《字林西报》“于此等事尚作捕风捉影之谈，则其余所论更何足信”②。

最后，介绍一下此次报战的核心内容。中西报战是围绕江令自杀抑或他杀问题展开的，双方各有论据。

持他杀论的中国报纸，最有力、最常用的论据就是凶器问题。针对《南方报》的英文版提到的凶器问题，《字林西报》的编辑近乎无理地辩驳说：“江自己隐藏凶器，是一个很合理的解释，以免被人看出它不属于教堂。”③ 由于天主教把责任推卸得过于干净，即使英医验伤单见诸报端之后，《时报》仍能以凶器问题质疑，“此刀此剪从何而来，又何以至今尚寻不获，

---

① 宝：《短评》，《南方报》1906 年 3 月 1 日，第 1 页新闻。

② 《南昌大教案三十三志》，《时报》1906 年 4 月 3 日，第 2 版。

③ “The Nanchang Massacre,” *North China Daily News*, March 15, 1906, p. 7.

岂江令重伤后尚能拾而弃之耶？且使江令果为自刎，当日王刘等岂有不挟此凶器以为证据者耶？”①

上海西报则从国民性、个人品质和验伤单三方面来论证自杀说。在南昌教案中，西报对中国国民性的批判，主要集中在面子问题上。《中法新汇报》在对南昌事件首次回应中便认定江令因面子问题而自杀，《字林西报》当日即转载此文。后者于3月5日撰文推测说江令死于面子。十日后，该报态度不再模棱两可，明确断言江令系因要面子而自杀，《中法新汇报》次日也转载此文。此后两报又先后于4月2日和5月11日提到“面子”一词②。此外，西报还认为以自杀相报复是中国一种常见的文化现象。3月15日的《字林西报》便说，江令试图通过自杀来使教堂陷入困境，“这在中国是一种常见的复仇方式”③。次日该报的一封来信跟进道：江令的自杀行为，“在中国的涉讼者身上很常见，以致在中国人的隐秘内心中，都明白江令的伤是怎么回事”④。《德文新报》（*Der Ostasiatische Lloyed*）也讨论了中国的自杀现象，说自杀在中国是常事，尤其对于女人来说，当被丈夫误解或被虐待时就自杀⑤。

需要指出的是，虽然县令江召棠的自杀或他杀问题，始终都是中西各报报道、评论和争执的焦点，但从1906年2月到7月，上海报界高密度大容量地报道了南昌教案的方方面面。近距离审视其文本，头绪无比繁杂，如不加大力剪裁，则必成乱麻；若剪裁过度，则又必失具象之美、过程之真。下文将不避烦琐，力图通过对文本的整理加工，某种程度上再现当年报战的具象与过程，以期重返历史现场。

江召棠遇刺的第二日，也即1906年2月23日，上海的报馆便收到江召

① 《南昌大教案四十七志》，《时报》1906年4月21日，第2版。

② “The Nanchang Massacre,” *North China Daily News*, April 2, 1906, p. 6; “L'Affaire de Nantchang,” *L' Echo de Chine*, 11 mai 1906, p. 1.

③ “The Nanchang Massacre,” *North China Daily News*, March 15, 1906, p. 7.

④ L. O., “The Native Press and the Nanchang Murders,” *North China Daily News*, March 16, 1906, p. 7.

⑤ “Der Nan-changer Zwischenfall,” *Der Ostasiatische Lloyed*, 16 März 1906, p. 498.

棠在教堂被刺的电报，并登载于次日的报纸。最初的消息极不确切，《时报》将王安之误作王国安[1]，《中外日报》则将江令被刺伤误作被人殴伤[2]，《南方报》自己也不敢相信，其第 4 页新闻即其英文版在报道时声称对此“持全部保留态度”[3]。《字林西报》同日引述《南方报》此文时，也特地提到它这一态度[4]。

2 月 25 日，《中外日报》率先发表评论，讽刺说，江令性命之不保，“非劝人为善之教士，当无此举”[5]。27 日，有多家华字报发表评论，《申报》直呼法国教士此举“不可解”[6]。《新闻报》痛愤道，西方传教士自称文明人，“而何以文明人竟先杀人，文明人竟无端以杀人，文明人竟肆意以杀人”[7]。《中外日报》则表达了国人普遍的忧虑，称王安之“竟于杯酒之间，威逼县令，勒书笔据，则其素日之待平民可知。以堂堂一县之令长，不能自保其身躯，而致为教士所荼毒，则当地之平民又可知”[8]。同日，《中法新汇报》首次回应了南昌事件，称江令无力兑现当年在棠浦教案中的承诺，故为了要面子而自杀[9]。《字林西报》当日即转载了这篇文章，并同时转载了 26 日《新闻报》的报道[10]。后者称江令绝对不会带刀赴宴，自杀之说系天主教的“诿卸之辞”[11]。在同一版的“最新电讯”中，《字林西报》得到本报记者的南昌来电，称教士王安之刺了江令两次却谎称江令自刎，并称天主教堂系教士畏罪自焚[12]。《字林西报》的这则南昌来电次日被华字报广为征引，《南方报》《时报》《申报》和《中外日报》等以不同的笔触将

---

① 《电报》，《时报》1906 年 2 月 24 日，第 2 版。
② 《江西首县在天主堂被殴》，《中外日报》1906 年 2 月 24 日，第 2 版。
③ 《南方报》1906 年 2 月 24 日，第 4 页新闻。
④ *North China Daily News*, February 24, 1906, p. 7.
⑤ 《论南昌县被教民殴伤事》，《中外日报》1906 年 2 月 25 日，第 1 版。
⑥ 《论南昌县令被刺事》，《申报》1906 年 2 月 27 日，第 2 版。
⑦ 《论杀人》，《新闻报》1906 年 2 月 27 日，第 1 张。
⑧ 《论江西又出教案》，《中外日报》1906 年 2 月 27 日，第 1 版。
⑨ “Caveant Consules!” *L'Echo de Chine*, 27 février 1906, p. 1.
⑩ “Notes on Native Affaires,” *North China Daily News*, February 27, 1906, p. 7.
⑪ 《县令被戕志闻》，《新闻报》1906 年 2 月 26 日，第 1 张。
⑫ “The Latest Telegrams,” *North China Daily News*, February 27, 1906, p. 7.

其转译[①]。

同日的《中外日报》还通过《字林西报》转载了《中法新汇报》27日那篇首次回应南昌教案的文章。《字林西报》转载此文时在开头曾评论说："您将在'最新电讯'栏目里发现，本报记者的版本读起来已经足够令人难以置信，而下面将要出现的天主教自己的版本更令人难以置信。"[②]《中外日报》则把这句话放在文章的结尾，并翻译如下："《字林报》云：本馆访电恐不尽确实，然天主教会之所言，则更为不确也。"[③] 2月28日的《字林西报》刊登了两江总督周馥的一份电报，电报提到：一刀一剪置于桌上，据说县令一死，案即可了，江令于是拿起小刀试图自尽，但怕疼，不敢再割，有人用剪子加戳两下，加剧伤势，后两次受伤非常严重[④]。同日，《中法新汇报》也刊登了周馥的电报，自称刊登此电是为了公正地向读者介绍此次惨案。该报以不容商量的口气评论道，无人相信传教士会扩大江令的伤口[⑤]。

《南方报》同日的第4页新闻也同样斩钉截铁，它断言中国的媒体报道属实，相信江令为他杀，如系自杀，则刀从何来，为何不在家中自杀[⑥]。其后《南方报》连续撰文反驳自杀论。3月1日，它刊登短评说："记者臆度之，江令自刎出于法教士之自言，未可为信谳也。而法教堂自焚出于旁观中立者之纪载。"[⑦] 3月3日，该报又发表评论，通过情理推断，质疑江令自杀之说[⑧]。3月4日，《南方报》又根据"访函所述王教士自辨之语"非常犀利地追问道：

---

① 分别见：《南昌教案汇志》，《南方报》1906年2月28日，第1页新闻；《南昌大教案二志》，《时报》1906年2月28日，第2版；《南昌教案详志》，《申报》1906年2月28日，第3版；《再论南昌教案》，《中外日报》1906年2月28日，第1版。

② "Notes on Native Affaires," *North China Daily News*, February 27, 1906, p. 7.

③ 《附录 法文报述南昌教案情形》，《中外日报》1906年2月28日，第2版。

④ "The Nanchang Murder," *North China Daily News*, February 28, 1906, p. 7.

⑤ "Massacres de Nantchang," *L'Echo de Chine*, 28 février 1906, p. 1.

⑥ "The Outbreak in Kiangsi,"《南方报》1906年2月28日，第4页新闻。

⑦ 宝：《短评》，《南方报》1906年3月1日，第1页新闻。

⑧ 慧：《论南昌教案》，《南方报》1906年3月3日，第1页新闻。

藉使江令而果自刎，则必其身旁自携利刃。此刃为教堂之物，抑江令之物，当场辨明，则被杀与自刎之分不难立剖。今既谓江令之死为自刎，则该教士曷不从其身旁搜取其自携之刃，以辨其非教堂之物……该教士不能呈出江令自携之刀，则江令必非自刎可见……[①]

引文所指“访函”发表在两天前即3月2日的《南方报》，讲述江召棠遇刺的当晚盐道沈曾植等官员赴现场看望并质询王安之等情节[②]。3月5日，《南方报》的第4页新闻刊登了它的英文版[③]，它在十余天后引来了《字林西报》一封读者来信的批评，称中国报纸明显对王安之不公[④]。

在华字报撰文反驳自杀论的同时，《字林西报》相继刊载了两篇江西来函。第一函刊于3月3日，作者斯班瑟·刘易斯（Spencer Lewis），他认为所谓江令预谋自杀之说令人难以置信[⑤]。次日《时报》和《新闻报》都捕捉到这一关键之处，予以转译[⑥]。第二函刊于3月6日，作者匿名，他自称撰写此文时承受了极大压力。据他得到的“真相”，当是江令被逼自刎在先，教堂加功在后[⑦]。这两份来函似乎并不代表《字林西报》意见，在3月5日，该报发表评论文章，推测说江令可能是为了要面子而自杀[⑧]。

但是，《字林西报》的这一表态并不能消除法国人对它的不满。3月7日，《中法新汇报》在刊登天主教向法国官方提交的南昌教案报告时，先是若有所指地说西方列强或多或少忌妒法国在远东因保教权而占据的地位，随后直接责备“新教传教士并未见证南昌教案，他们只是为中国官方代言”[⑨]。

---

① 宝：《论南昌江令之死决非自刎》，《南方报》1906年3月4日，第1页新闻。

② 《志南昌县江令被杀事》，《南方报》1906年3月2日，第1页新闻。

③ “The Nanchang Affair,”《南方报》1906年3月5日，第4页新闻。

④ L. O. , “The Native Press and the Nanchang Murders,” *North China Daily News*, March 16, 1906, p. 7.

⑤ “The Nanchang Murders,” *North China Daily News*, March 3, 1906, p. 7.

⑥ 《南昌大教案六志》，《时报》1906年3月4日，第2版；《南昌教案译函》，《新闻报》1906年3月4日，第1张。

⑦ “Chinese Vengeance at Nanchang,” *North China Daily News*, March 6, 1906, p. 6.

⑧ “The Nanchang Massacre,” *North China Daily News*, March 5, 1906, p. 6.

⑨ “Les Massacres de Nantchang,” *L'Echo de Chine*, 7 mars 1906, p. 1.

3 月 10 日，《字林西报》转载了该报告，但对这些批评则只字不提[①]。在此前的 3 月 9 日，《文汇西报》已经将报告译成英文转载[②]，10 日《中外日报》又将此英文译成汉语转载。后者为表明立场，在文末添加按语称："右稿见诸法文报，是否真实，本馆未敢质言，亮阅报者必能明辨之。"[③] 3 月 13 日，《中外日报》又转载了此报告的结论部分，加按语说："按以法人之报章，而述中法交涉之教案，其处处归咎中国，诚无足异，本报所以译登者，则以知彼知己，为办交涉之要诀，必知外人命意如何，而后我乃有办法，此不易之理也。若其言之足信与否，则局中人当能辨之耳。"[④] 10 日和 11 日，《时报》也通过《文汇西报》连载了这份报告，并同样添加按语："按右所云系法人一面之词，所言多不近情理，读者合江令禀稿观之，并参有近日中外各报之所载，自能辨其谁为虚谁为实矣。"[⑤]

这份法国天主教官方报告出台不久，华字报开始报道江令的尸检问题。早在 3 月 6 日，《字林西报》的电讯中便提到英国医生的验尸报告，但只称此报告"相当没有偏见"[⑥]，却未言及自杀抑或他杀。此后数日各报都未提及尸检结果问题，直到 3 月 13 日，《南方报》率先发布消息，称江令的尸体经英国医生达威验明，"据云实系被刎无疑"[⑦]。15 日，《新闻报》也称江令"验非自刎"[⑧]。3 月 17 日，《中外日报》则称，"美以美会医生贾尔思君……验明伤痕，闻贾医生云，实非自刎，业已签字"[⑨]。19 日，《申报》也称英国医生已经"验得确系被人刀刺两伤"[⑩]。22 日，《时报》刊登一则

---

① "The Nanchang Massacre," *North China Daily News*, March 10, 1906, p. 7.

② 笔者未能读到《文汇西报》的原报，但《中外日报》称其文译自二月十五日即公历 3 月 9 日之《文汇西报》。见《法文报述南昌江令自刎详情》，《中外日报》1906 年 3 月 10 日，第 2 版。

③ 《法文报述南昌江令自刎详情》，《中外日报》1906 年 3 月 10 日，第 2 版。

④ 《法报略论南昌教案之原因》，《中外日报》1906 年 3 月 13 日，第 3 版。

⑤ 《南昌大教案十二志》，《时报》1906 年 3 月 11 日，第 2 版。

⑥ "The Latest Telegrams," *North China Daily News*, March 6, 1906, p. 7.

⑦ 《南昌教案汇志》，《南方报》1906 年 3 月 13 日，第 1 页新闻。

⑧ 《南昌县验非自刎》，《新闻报》1906 年 3 月 15 日，第 1 张。

⑨ 《江西教案近闻》，《中外日报》1906 年 3 月 17 日，第 2 版。

⑩ 《七续照录访函述南昌大教案》，《申报》1906 年 3 月 19 日，第 2 版。

消息：“《京津报》[1] 云，赣抚胡中丞咨报外务部，谓南昌县江令之尸身，经请英美两国医生检验后，佥谓其系自刎云。”随后加按语质疑说：“按日前中西各报均载江令尸身由医生验明并非自刎，今《京津报》忽载此反对之说，殊不可解，此事于全案关系最大，或者该报所纪有失实欤？”[2] 3 月 22 日，《中法新汇报》就上述报道撰文讽刺道，当欧洲的医生已然确定江令为自杀后，中文报还在坚持他杀论，《南方报》甚至还称欧洲医生的鉴定结果为自杀。中文报从不刊登真相，只知道诋毁。因为华人仇洋之心太深，见到外国人，不分青红皂白地称为洋鬼子。如此人是传教士，则除了种族仇恨之外又添一层仇教之心。该文列举了几十年来的华人仇教之案并总结说，必须用强硬手段压制华人，因为他们无法开化[3]。英文报《捷报》翻译转载了这篇法语文章，继而《时报》又通过《捷报》将其译成汉语刊载于 23 日，译文对原文所提及的《南方报》，均以“某华字报”代替，并加按语说：“法报袒法本无足怪，而此论支离牵合，务欲纳华人于罪，以鼓励各国之恶感情，则其立心之险，实为浅而易见。往事且勿论，而就事论事，试问此案孰为祸首，则法人何不一自反乎？”[4]

在《京津报》这则消息转引到上海报界之前，《南方报》3 月 17 日英文版刊载了两条来自北京的公文。其一称英国领事和医生已确认江令系他杀，外务部已将此结果遍告各国驻京公使。3 月 19 日，《字林西报》的选报栏目转载此文[5]。10 天后，《字林西报》的评论文章再次提及这一公文，称这个所谓公文只是一套谎言。此文还首次宣称，从官方最高层得知，英医的验伤报告确定江令为自杀[6]。《中法新汇报》的编辑在第二天转载此文时不无得意地说，看看《字林西报》的同行“是怎么严厉批评《南方报》

① 《京津报》是《京津泰晤士报》(*Peking and Tientsin Times*) 的简称，报馆在天津。
② 《南昌大教案二十一志》，《时报》1906 年 3 月 22 日，第 2 版。
③ “La Tragédie du Nantchang,” *L'Echo de Chine*, 22 mars 1906, p. 1.
④ 《南昌大教案二十二志》，《时报》1906 年 3 月 23 日，第 2 版。
⑤ *North China Daily News*, March 19, 1906, p. 7.
⑥ “The Nanchang Massacre,” *North China Daily News*, March 29, 1906, p. 6.

的”[①]。

4月19日，《中外日报》《新闻报》和《申报》等同时刊登了陈季同翻译的法国医生验伤单，内有“似此情形，可断为自刎乎，不能也”和“则又不能断为被杀也”两语[②]。《新闻报》将前者字体加大加粗[③]。《申报》则添加按语称：“按此法医生验单，虽与英美医生验单，稍为冲突，然云可断为自刎乎，不能。又云颇似本人自刎，是则被杀是真，而自刎不过得其疑似而已。”[④] 4月20日，《南方报》也刊载了此文，并将“可断为自刎乎，不能也”九个字打了着重号[⑤]。但就在此日，《字林西报》刊登了英国医生达威的验伤报告，报告的结论部分明确指出，江令伤属自杀特征[⑥]。同日的《德文新报》也提到达威的这一结论[⑦]。4月21日，《时报》从《字林西报》节译了一段报告，未提及达威的结论，但按语却对其结论做了辩驳，先论证江令无携带凶器之理，然后反问说：“然则英医所言或系但据痕迹而断，而江令所以有此自刎之痕迹者，安知非谋杀者智虑周密，预先下此一着以为灭迹之计，而更得藉此以图反噬邪?”[⑧] 4月23日的《南方报》将其按语译成英文刊登于第4页新闻[⑨]。有趣的是，《南方报》的中文部分非但没有提到达威的结论，连此验伤报告已在报纸登载之事都不曾提及。

在尸检报告问题喧腾于上海报界之际，另一个争论话题也在《南方报》和《字林西报》之间展开。3月11日的《南方报》撰文向南昌办案人员献

---

① “L'Affaire de Nantchang,” *L'Echo de Chine*, 30 mars 1906, p. 1.

② 《陈敬如副戎季同译出法医生验明江令伤痕原单》，《中外日报》1906年4月19日，第2版。

③ 《法医验明江令伤痕单》，《新闻报》1906年4月19日，第1张。

④ 《照译法医生验明江大令伤痕原单》，《申报》1906年4月19日，第3版。

⑤ 《南昌教案汇志》，《南方报》1906年4月20日，第1页新闻。

⑥ “The Death of Magistrate Chiang of Nanchang,” *North China Daily News*, April 20, 1906, p. 10.

⑦ “Politische Rundschau im Osten,” *Der Ostasiatische Lloyed*, 20 April 1906, p. 732.

⑧ 《南昌大教案四十七志》，《时报》1906年4月21日，第2版。

⑨ “Post-mortem Examination of Magistrate Chiang,”《南方报》1906年4月23日，第4页新闻。

策，文中出现“江令已死，首恶王安之又不知存亡”一语[①]。3月14日，该报第4页新闻刊登了此文的英文版。此文在3月15日遭到《字林西报》评论文章的强烈批评，该文称在英领事的官方报告出来之前本不打算进一步评论，但《南方报》偏见太甚，可能会对中国读者造成危险的影响。文章谴责《南方报》不应把广受爱戴的王安之称为罪犯。该文最引人注目之处是它首次表达了《字林西报》在江令被刺问题上的明确看法，声称：“我们一点也不怀疑江令是自杀；无法相信法国或其他国家的神父在邀请一个官员进堂讨论和解决分歧时会施加杀手；认识王安之的人都相信，关于他杀害人命的说法是难以置信和不可能的。”[②] 与这篇评论文章相呼应的是3月16日《字林西报》刊登的一封署名为L. O. 的通信。作者在信中指责上海中国报纸的排外偏见很明显，有意要挑起更多骚乱；上海的中国报纸因租界的保护而免受中国法律的惩罚，却反过来仇视西方。作者断言，熟悉中国和中国人的都不相信江为他杀，其实江并非真的想自杀，只是以自杀相威胁而已。作者还批评《南方报》将“该教士即刺该县令（二）次，旋托言系县令自刎”这句话放大字体以吸引读者注意力[③]。作者还谴责说，他未见到本地报纸有一句为受害者表示遗憾的话[④]。最后这句论断显然有过分之嫌，次日即遭到《字林西报》另一封署名H. I. H. 的来信的反驳。作者举例说他读过的《时报》便表达过对受害者的同情。该信还批评道，没有什么证据证明整个事件是江令蓄意制造的阴谋[⑤]。同日，《南方报》英文版也撰文驳斥L. O.

---

① 宝：《敬告今日办理南昌教案者》，《南方报》1906年3月11日，第1页新闻。

② “The Nanchang Massacre,” *North China Daily News*, March 15, 1906, p. 6.

③ 这句话出自《南昌教案汇志》，《南方报》1906年2月28日，第1页新闻。恰恰是《字林西报》2月27日一则报道的译文。另，《字林西报》和它的周末副刊《北华捷报》在刊登这句汉语时都漏印了“二”字。

④ L. O., “The Native Press and the Nanchang Murders,” *North China Daily News*, March 16, 1906, p. 7.

⑤ H. I. H., “The Nanchang Massacre,” *North China Daily News*, March 17, 1906, p. 7. 但是10多天以后，《字林西报》刊登了一封署名戴弗尔（Devoir）的通信，又对H. I. H. 的来信做了反驳，并讽刺说，如果他有时间看看外国的报纸，“或怀着善意将双方证据都看一看的话，他将会读到我们的一手证据，并推迟其逃亡者们应为惨案负责的权威论断”。见Devoir, “The Nanchang Massacre,” *North China Daily News*, March 29, 1906, p. 7。

的观点，并在此文的结尾，附录2月25日对受害的英国教士金传安的哀悼，以回应L.O.的指责[①]。这迫使L.O.在3月19日《字林西报》为自己辩护说，他的阅读范围仅限于《南方报》和《中外日报》而未包含《时报》，且特指《南方报》的中文栏目，而不是给外国人看的英文栏目[②]。其实《南方报》之文虽以《回应L.O.先生》为名，重点却是对《字林西报》15日评论文章的反驳，文中称：

> 外国公众很容易就接受了对江令毫无证据的指责，因为他们认为中国人已经卑劣和邪恶到无可救药的地步。但如果有人说传教士犯了罪，每个人都会喊：难以置信，不可能，中国人在撒谎！这种毫无根据的道德优越性假设，很让中国人反感。我们只知道，世界史上一些最黑暗的罪恶都是以天主教和西方文明的名义犯下的。[③]

同在3月17日，《南方报》《时报》和《新闻报》等同时登出江召棠受伤后的肖像，江仰面闭目，双唇张开，脖颈刃伤历历在目。《新闻报》配发解说称："吾人见此像者当惊而醒，不当惧而怯；当悲而奋，不当怒而仇。当无忘，当永永无忘；吾人能永永无忘，则此像即自强之铁券！"[④] 这段话后来被《南昌教案记略》一书刊于扉页以警醒读者，18日的《中法新汇报》也注意到这段话并加以概述[⑤]。《德文新报》3月23日出版的新一期周报也提到，上周几乎所有上海报纸都刊登了江召棠的照片，这无疑不是偶然的，而是一个有预谋的行动，并对中国报纸的普遍排外趋向提出批评[⑥]。有趣的是，3月19日的《字林西报》刊载L.O.写于17日的来信，绕过其他报纸，专门攻击《南方报》称："今日《南方报》刊登了已故江令的照片，

① "A Reply to Mr. L. O.,"《南方报》1906年3月17日，第4页新闻。

② L. O., "The Nanchang Massacre," *North China Daily News*, March 19, 1906, p. 8.

③ "A Reply to Mr. L. O.,"《南方报》1906年3月17日，第4页新闻。

④ 《江西南昌县知县江大令兆棠受刃伤之像》,《新闻报》1906年3月17日，第1张。

⑤ "Revue de la Presse Chinoise," *L'Echo de Chine*, 18 mars 1906, p. 2.

⑥ "Politische Rundschau im Osten," *Der Ostasiatische Lloyed*, 23 März 1906, p. 545.

喉部伤口完全暴露，非常恐怖。印制这样一张照片，品位和政策都成问题。”① 作者认为那些盯着这张恐怖相片看的人，将不再思考谁是凶手这样的问题，因为《南方报》之前早就误导了他们。在这些读者眼里，每一个传教士都成了能犯下这种罪行的人。L. O. 仅把矛头对准《南方报》，或许与他的阅报范围有关，当5月4日他再次刊文提到肖像问题时，已经把批判范围扩展到整个的上海华字报，称这些报纸流通于整个中国，已经种下了未来暴乱和屠杀的种子②。L. O. 在19日的来信中还曾质问，为什么他们不同时刊印那些死于暴民之手的外国受害者的照片呢？其实，就在此信写成的第二天，《南方报》和《时报》也刊登了王安之的尸照。但两报配以尸照的题目分别为《刺杀南昌县令之凶手王安之》和《南昌教案祸首法教士王安之像》③。

在中国报纸的言说中，王安之不但是个残忍的凶手，也是一个不称职的传教士和性格狡猾、暴戾之人。在教案发生不久的3月1日，《中外日报》即撰文披露“王安之之历史”，称其“性谬而又贪懒，久为彼教所轻视”④。次日，《南方报》叙述了江西官员赴江令受伤现场质问王安之的情形，文中说：“王操中国京话，口齿伶俐，词语狡展，从始至终，推卸尽净，众官非其敌也。”⑤ 4月29日《南方报》刊载了教堂三名华人的供词，其中教徒胡恩赐供称：“王神甫脾气不好，曾打过骂过我的。”⑥

与此形成鲜明对比的是，中国报纸对江召棠自始至终无一字负面报道。且字里行间透露出他是一个为民而死的好县令。如《新闻报》即称其“不惜牺牲一身，使天下知中国之官亦有为民请命，至死不屈者”⑦。更有趣的

① L. O., “The Nanchang Massacre,” *North China Daily News*, March 19, 1906, p. 8.

② L. O., “The Nanchang Massacre,” *North China Daily News*, May 4, 1906, p. 8.

③ 《刺杀南昌县令之凶手王安之》，《南方报》1906年3月18日，第1页新闻；《南昌大教案十八志》，《时报》1906年3月18日，第2版。

④ 《汇录详述南昌教案情形函稿》，《中外日报》1906年3月1日，第2版。

⑤ 《志南昌县江令被杀事》，《南方报》1906年3月2日，第1页新闻。

⑥ 《南昌教案余闻》，《南方报》1906年4月29日，第1页新闻。

⑦ 《哀江篇》，《新闻报》1906年3月6日，第1张。

对比是，在西方的报纸言说中，未有一语言及王安之的不足[①]，而关于江召棠的负面报道则再三出现。

早在2月25日惨剧发生前一天，即有人从九江写信给受法国天主教操控的《汇报》，称江令办理棠浦教案不善，"欺骗绅士，受人唾骂。其为人狡猾性成，专事欺诈，好大喜功，雅善逢迎"[②]。3月11日，《中法新汇报》本报记者的一封通信称："据说这位有名的江仍活着，被某个忠心的朋友所藏匿。这个消息虽不确切，但也没有什么好惊奇的。"[③] 通信还首次披露江令的官是非法获得的。此后，江令的仕途问题成为重点攻击对象。3月19日，《字林西报》一封本报记者的通信记叙了江令以银两换取其兄县令之职的情形，其兄死后，江令又想在宗祠做手脚，将自己与兄长的名字互换，被其兄的家属知道，向其勒索钱财，于是造成江令债务缠身[④]。3月23日，《中法新汇报》撰文猛烈批评江令是敲诈者、鸦片吸食者和家族败类，因为个人的窘境，所以想死在教堂做英雄[⑤]。同日出版的《德文新报》也提到江令的官职是从哥哥那里买来的[⑥]。4月7日，《中法新汇报》再次揭露江令的黑色仕途。[⑦] 值得注意的是，中国报纸对此始终没有直接回应。

西报大力宣传江召棠个人问题的同时，也分别披露了《南方报》和《时报》之所以坚定维护他杀论的一些内幕。3月31日，《字林西报》刊登的一篇署名麦斯尼（W. Mesny）的来信说，《南方报》的所有者蔡钧和主笔文公达均系江西人，可能因此才乐于为江令开脱。还讽刺说，蔡钧这类政客

---

① 笔者并未在此次报战期间的《中法新汇报》中发现任何关于王安之个人情况的报道，倒是《字林西报》有只言片语的提及，见于前文引述的3月15日的评论文章，声称"认识王安之的人都相信，关于他杀害人的声明是难以置信和不可能的"，意即从人格角度看王不可能是凶手。同文还称王"广受爱戴"。

② 《九江来函》，《汇报》第8号，1906年，第125页。

③ "Correspondance," *L'Echo de Chine*, 11 mars 1906, p. 2.

④ "Nganking," *North China Daily News*, March 19, 1906, p. 8.

⑤ "L'Affaire de Nantchang," *L'Echo de Chine*, 23 mars 1906, p. 1.

⑥ "Politische Rundschau im Osten," *Der Ostasiatische Lloyed*, 23 März 1906, p. 546.

⑦ "Le Suicide Kiang," *L'Echo de Chine*, 7 avril 1906, p. 1.

就跟战国时代的纵横家一样善逞口舌之利[①]。4 月 2 日，《字林西报》的评论文章更根据这封来信将《南方报》称为“江西喉舌”。并声称本报已经得知，最初上海报纸所登之江令被教士所刺的消息，并非来自这些报纸的记者，而是直接来自巡抚衙门[②]。第二天《中法新汇报》和《时报》分别转载此文[③]。后者加按语说：“按南昌令于正月廿九日在法教堂被戕一事，本馆于翌日即得访员专电报告，现有电底足据，并非由江西抚署发来。不知《字林西报》何所据而云然也。于此等事尚作捕风捉影之谈，则其余所论更何足信！故译之以见西报之真面目。”[④] 4 月 20 日，《时报》撰文痛责胡廷干办理此次教案之谬[⑤]，其中包括为前来办案的法国参赞召妓以献媚之事。此事在上海华字报多有披露，后来曾有人在《字林西报》为之辩解，说在如此严肃和庄重的问题面前，其外交代表会拒绝这种宴饮[⑥]。《中法新汇报》也在 4 月 27、28 两日转载了《时报》这篇评论，其编辑在开头加了评语，说《时报》为日本人所有，虽不能讲日本政府应对所有日本报刊负责，但日本驻上海领事应当确保他的国家不能忌妒那些为他们开辟道路的国家[⑦]。在译文结束后该编辑又质疑说，为什么不采取严厉手段防止此类文章刊登呢？[⑧]

6 月，中法南昌教案合同在京议结，数日后各报纷纷刊载原文并发表评论。6 月 27 日，《新闻报》评论道：“南昌一案，今已议结，几于掬西江之水不能洗此耻，聚皎日之光不能白此冤。”[⑨] 同日，《南方报》英文版也悲愤地感叹道：“谁会想到事件竟会如此结局？根据当前的事态看，我们觉得自

---

① W. Mesny, “Behind the Scenes at the Nanfangpao,” *North China Daily News*, March 31, 1906, p. 7.

② “The Nanchang Massacre,” *North China Daily News*, April 2, 1906, p. 6.

③ “Revue de la Presse: Presse Locale,” *L'Echo de Chine*, 3 avril 1906, p. 5.

④ 《南昌大教案三十三志》，《时报》1906 年 4 月 3 日，第 2 版。

⑤ 《论胡抚对付南昌教案之谬》，《时报》1906 年 4 月 20 日，第 1 版。

⑥ L. O., “The Nanchang Massacre,” *North China Daily News*, May 4, 1906, p. 8.

⑦ “A Propos de L'Affaire de Nantchang,” *L'Echo de Chine*, 27 avril 1906, p, 1.

⑧ “A Propos de L'Affaire de Nantchang (suite),” *L'Echo de Chine*, 28 avril 1906, p. 1.

⑨ 《书南昌教案合同后》，《新闻报》1906 年 6 月 27 日，第 1 张。

己的努力很荒谬。啊，世界太疯狂，老天不开眼！"6月29日，《字林西报》登载的L.O. 的来信转引了《南方报》上述评论，并认为是《字林西报》的文章迫使《南方报》缓和了关于南昌教案文章的荒唐论调。还说：

> 整个江西省正在非法暴动的边缘战栗。粮价上涨到饥荒时的水平，粮店和运粮船处处遭劫。假如本土报纸在对南昌屠杀起因的调查还未有定论时，都用这种发疯的论调评论已签订的合同，几乎可以肯定会有进一步的骚乱，甚或屠杀。你们宝贵的文章避免了此事的发生，正是可庆祝之理由。①

L.O. 以胜利者的口吻终结了这段长达四个月之久的中西报战。但这是西报对中报的胜利，还是真相对谎言的胜利，抑或强权对公理的胜利，答案或许并非那么明朗。

那么，如何评价这一场轰轰烈烈的报战呢？

1904年《警钟日报》一篇"社说"写道：

> 个人之思想，以言论表之，社会之思想，以报表之。有一种社会，各有其表之之报。社会有若干之阶级，而报之阶级随之矣。其阶级相近者，时而同途，时而异趣，淄渑之辨，或非知味者不能。至于阶级悬殊，理想迥别，随举一事，皆有其互相冲突之点，特其注意不同，遂成尹邢相避之态，而得免于冲突。及有一大问题出，为各种社会之所注意，则必占各报之主要部分，而论旨之冲突，于是烈矣，是谓报战。②

此文主要论述的是中国各报，但无疑也适用于中西报纸。在民族主义情绪日益高涨、民教畛域广受关注的背景下，"教士戕官案"很容易就

① "The Nanfangpao and the Nanchang Settlement," *North China Daily News*, June 29, 1906, p.7.

② 《说报战》，《警钟日报》1904年3月16日，第1版。

会成为“一大问题”，于是南昌教案一出，上海埠的中西报战便拉开帷幕。

不难看到，此次报战是在20世纪初中国民族主义盛行的背景下爆发的。它距义和团运动相去仅仅五六年，中外瞩目的抵制美货运动也刚刚落幕，轰动一时的上海会审公堂案甚至还未尘埃落定。翻检南昌教案交涉期间的西报译文和原文，“排外”（Anti-foreign）一词甚为流行，西方人对中国排外情绪的担忧颇为普遍[①]。有趣的是，此际许多国人正对中国“媚外”现象的流行表示担忧，对于这个“排外”名号自然很难释怀，“是我方且忧媚外而外人反以我为排外也。排之与媚，其相去岂可以道里计哉？”[②] 媚与排同时加诸中国一身，国人难免会归咎于西方列强的作祟。1905年，一位署名香雪的作者在上海一份中文报纸上感叹道：“夫今世界，一强权世界，世界强权，其言论亦强权，益者以为损，利者以为害。”[③] 在国人看来，将排外之名加于中国，正是西方列强言论强权的体现。对此，时人曾一语道破，称强国排外就是爱国，弱国爱国即为排外[④]。正是有鉴于此，中国的报人才下决心“一定要争回这说话的权柄”[⑤]。为了这个“说话的权柄”，时人还曾有创立西文报的设想[⑥]，此次报战中冲锋在前的《南方报》第4页新闻便是一个尝试。

在南昌教案交涉期间，面对西方的“排外”指责，清朝官方无力以拒，只能一边向西人解释中国没有排外倾向，一边颁布谕旨禁止国人排外。与此形成鲜明对比的是，民间报纸挺身而出，与西方的言论强权近身肉搏数月之

---

① 比如早在惨剧发生两天后，《字林西报》就提到，南昌素有排外之名。见“Murder of Missionaries at Nanchang Kiangsi,” *North China Daily News*, February 27, 1906, p. 7。另，《外交报》有多篇译文在论述中国的排外问题。

② 《论外人之误解》，《时报》1906年3月29日，第1版。

③ 香雪：《书某报自由党人论华工后》（续），《汇报》第32号，1905年，第254页。

④ 《论中国维新不宜排外》，《外交报》第160期，1906年11月11日，第16页。

⑤ 《答锦州赵礼南先生来函并谢曾孟二兄》，《京话日报》1905年2月4日。

⑥ 如汤寿潜和熊希龄都有此主张，报纸上也出现这样的鼓吹，其主旨皆在于争夺对外交涉之话语权。见：《瞿鸿禨朋僚书牍选》（上），《近代史资料》总108号，第4~5页；《熊观察希龄呈学部拟设寰球通报社文》，《时报》1907年5月14日，第1版；《论中国亟宜自设西文报》，《华字汇报》1905年8月7日，第5页。

久。在这次报战期间，西报曾数落说，中国报纸“极其确信没有外国人读他们的汉语新闻栏目，因此毫无根据地向中国读者散布恶毒的陈述”①。而报纸发表了谎言之后，“没有其他信息渠道的中国人会对谎言信以为真”②。这样的批评大体并不过分，中国报纸一些明显失实的报道，怕是有意为之。但在民族主义语境下加以审视，其做法也无可厚非。

查阅中法南昌教案合同，中国虽承认江令愤急自刎，被害的六名法国人却唯独王安之不恤。这正是中国报纸所说的“糊涂”结局③。梁鼎芬致江令挽联的上联称：“何物贼君卿，死状难明，疑案凭谁垂定论?”合同显然并未令人信服地解答梁鼎芬的疑问。这进一步提示中国报纸的激愤情绪不是没有来由。

汪大燮曾批评“报纸则临事一骂”④，但即便是这“一骂”，也不好全部否定，受此影响而形成的历史认知和历史记忆或许有助于民族国家的建构。中国从“一盘散沙”到“铁板一块”，未经点滴积累何得而成？从这一点上说，《南方报》的努力可能并不是“荒谬”的。

二　报馆与民族主义

通常认为，报馆深刻影响了晚清士人对于公共事务真相和情境的判断。不过需要注意的是，报馆与公众之间并非单纯的引导和被引导关系，双方时常在民族主义的情感下一拍即合，形成共识与共谋。从这个角度讲，报馆确实代表了“舆论”本身。报馆在南昌教案这一公共事件中的表现，充分体现了它与公众之间的情感同构关系。

---

① L. O., “The Native Press and the Nanchang Murders,” *North China Daily News*, March 16, 1906, p. 7.

② L. O., “The Native Press and the Nanchang Murders,” *North China Daily News*, May 4, 1906, p. 8.

③ 《电报一》，《时报》1906 年 5 月 23 日，第 2 版。

④ 《汪康年师友书札》第 1 册，第 851 页。汪之原文意在批判国人之无恒心，但他这个“骂”字，恰好把报纸易流于偏激的特点捉个正着。

1. 民气

在清末，“民气”一词屡被提起，为各界所提倡，如《东方杂志》中便经常出现鼓动民气的文章。梁启超在著名的《新民说》中写道：“一国中大多数人，对于国家之尊荣及公众之权利，为严重之保障，常凛然有介胄不可犯之色，若是者谓之民气。民气者，国家所以自存之一要素也。”[①] 梁启超认为光有民气还不行，民气必须与民力、民智、民德“相待”，方能成就新民。“民气”在这里是塑造公民和建构民族国家的工具，在实践中“民气”更多用于对外。官僚士大夫愈发意识到清政府的力量已不足以同列强相抗，是以寄望于民气。《外交报》便曾撰文指出，爱国“势力可以无量，而外交当局之所得而凭藉者，其亦可以无量”。因此“吾愿外交当局，鉴于民气之大可凭藉，而深悟外交之本体，实在国民”[②]。这里提到的民气，显然是用来对抗列强的武器。

在实际运用中，与民气概念相近的还有“民情”。1870 年翰林院侍讲学士袁保恒就天津教案事奏陈民气不可挫时，称“此正民情之可见，邦本之不摇，堪用之势，制夷之资也”[③]。这样的论调产生在 1870 年是有现实生活的经验的，太平天国运动的平定就与民情的勃兴有关。南昌教案甫一发生，张之洞就叮嘱江西大吏说“正宜以民情众怒抵制彼族”。这里的“民情众怒”固然是特指因江召棠受伤而引发的愤怒情绪，但用其“抵制彼族”的想法，在那个时期却绝非一二人的突发奇想。之前不久的日俄战争、抵制美约和上海会审公廨案等，都为张之洞的思考提供了切实的参照。

近代史上有许多关键概念都是外来词，“民气”则是传统概念被运用到新语境的一个典型例子，这个新语境就是民族主义的兴起。有着革命色彩的《复报》从南昌教案中看到了“民气之渐可用”。它由日本德川末期的民气论证到中国的民气说：

① 梁启超：《梁启超全集》第 3 卷，北京出版社，1999，第 725 页。
② 《论民气之关系于外交》，《外交报》第 130 期，1905 年 12 月 11 日，第 4 页。
③ 《清末教案》第 1 册，第 883 页。

> 我国数年来，仇教之案，捕首难者，辄畏死狡展，可为大耻。今南昌某对问官之言曰，江令我父母，有父母为人所杀，而子不报仇者乎？呜呼，复仇主义，虽下等社会，犹知之矣。谚曰：冤有头债有主，若某某者，恨其不知冤投债主耳。韩亡子房愤，秦帝鲁连耻。播民族之风潮，倡复仇之大义，公理既明，人心自奋，勿谓民气之不可用也。①

在这里，民气被用来“播民族之风潮”。中国的民族主义在庚子后的几年里，无论是从思想还是从行动上都蔚为风潮，与此相对应的正是时人对“民气”一词的屡屡提及。

王照在其《方家园杂咏纪事》一书中提到：“庚子三月，刚毅往涿、廊抚匪。还朝面奏曰：‘民气可恃。’皇上驳之曰：‘民气两字是虚的，怎能依靠。’”王照对此感叹说：“‘民气两字是虚的’，惟我景皇一言之。自道光至今，中国虚气之病未瘳也。”② 在王照看来，自道光以来中国一直病于民气过盛。但在另一些人看来，晚清民气的盛衰，经历过很大的转折。据《津报》某作者的观察：

> 我国于十数年前，交通未盛，民智迷蒙，人人但知图一己之私，而不顾公众之利害……遂构成一麻木不仁之时局。……甲午以后，迭受大创，刺激殊甚，举国上下，咸知非集合群力，不足以御外侮而图自强。于是一遇有国际问题，凡商界学界诸人，莫不以收回利权，保全国体为要图，或发电以力争，或上书以陈请，其弊也操之过急，见之不真，遂致肆口传闻，反构成一民气嚣张、人心不静之时局。③

---

① 《南昌教案之感情》，《复报》第 2 号，1906 年，第 36 页。

② 王照：《方家园杂咏纪事》，荣孟源、章伯锋主编《近代稗海》第 1 辑，四川人民出版社，1985，第 8 页。

③ 《论今日人心之不静》，《津报》1906 年 6 月 11 日，第 3 版。

这一观察更符合当时的主流认知，国人心态和思想以甲午战争为界碑发生巨大变迁。

对民气嚣张的担忧，主要在于它的激进和不可控。在南昌教案交涉期间，《汇报》曾三次刊登论说，以民气为批判对象。在第9号，作者香雪撰文说：

> 哀莫大于心死，患莫甚于气浮。社会多数人而心死，则昏昏焉，沉沉焉，如迷梦，如醉酣，几不知祸在眉睫间。社会多数人而气浮，则蠕蠕焉，蠢蠢焉，如蛮触，如蜗争，并不知祸在肘腋下。其情异，而误事之情实无异。二十世纪之天下，吾黄种人已不忧心死，而特忧气浮……而其气一浮，若犊之初生，绝不惧虎。[①]

第10号的《论南昌教案》一文又提到：

> 今日中国志士，以民气太弱，而竭力提倡之。无如蚩蚩之民庶，资格未深，故其蹈人之瑕，乘人之隙，几如天马行空，不就范围，是非曲直，混淆莫辨。今日南昌之暴动，盖犹是沪地罢市暴动之故态也。[②]

第12号又专文论及，称“民气膨胀，公理沦亡，遇事生波，或为一切无情之举动。于是吾之抗拒人者愈甚，则人之责备吾者愈严”，作者担心“民气愈强盛，国事愈纷扰”[③]。

如果说《汇报》此时的论说有替天主教辩护的嫌疑，那么且看上海《时报》以疾病比喻中国民气变化的一段论说：“中国从前之病，是为麻痹不仁，即投以濄剂，其病状忽易而为疯癫狂痫，病虽不同，其为病则一

---

① 香雪：《论谣言排外之原因与关系》，《汇报》第9号，1906年，第137页。

② 《论南昌教案》，《汇报》第10号，1906年，第154页。

③ 《论中国民气骤动之非福》，《汇报》第12号，1906年，第186～187页。

也。”此文意在提倡白话报，其结论是“白话日报者，其为救中国最得力之药石乎”[①]。无论是麻木不仁还是疯癫狂痫，都是疾病，而白话报则是“得力之药石”。

《时报》之论白话报，很大程度上是针对社会下层民众而言。如果把视野投放到整个晚清报界，会发现它与民气的兴起有着直接的关联。

出版于1912年的《转型中的中国》一书第五章专门提到了中国的“本土报纸”，说在新进化的因素中没有什么比中国的报纸更值得注意，虽尚处于其幼年时期，但它已经展示出勃勃生机。因此，它对这个王朝进程的影响必须得到严肃的考虑。作者指出：“邮政和其他通信方式的完善已促进了期刊印刷品的流通，结果是真正的民族国家意识和公共舆论的基础在中国的第一次诞生。”[②] 这显然是西方视野下的观察和判断，但民族主义正是当时中国报人的一个奋斗目标。梁启超在《清议报》一百册祝词中以无比豪迈的语气说道：“故报馆者，能纳一切，能吐一切，能生一切，能灭一切。”[③] 求全不是他的目标，所谓“一切”必有所侧重。在后来的另一篇文章中，他又说：“报馆者，摧陷专制之戈矛，防卫国民之甲胄也。”[④] 建构民族国家，方是其中的重点。

日俄战争期间，夏曾佑致信报人汪康年说：“今日之报馆，一以安天下之心，一以作天下之气。”[⑤] 在“求变”心理风行的清末，少有报馆“安天下之心”，而纷纷以“作天下之气”是求。报人梁启超便是其一，他认为：

> 报馆者，救一时明一义者也。故某以为业报馆者，既认定一目的，则宜以极端之议论出之，虽稍偏稍激焉而不为病。何也？吾偏激于此

① 上元顾金：《论今日亟宜多创浅易之白话日报》，《时报》1906年5月13日，第1版。
② Archibald R. Colquhoun, *China in Transformation*, Harper & Brothers, 1912, pp. 107 - 112.
③ 梁启超：《梁启超全集》第2卷，第476页。
④ 梁启超：《梁启超全集》第4卷，第969页。
⑤ 《汪康年师友书札》第2册，第1378页。

端，则同时必有人焉，偏激于彼端以矫我者。又必有人焉，执两端之中以折衷我者。

他以下面一个现象来佐证此理论：

二十年前，闻西学而骇者，比比然也。及言变法者起，则不骇西学而骇变法矣。十年以前，闻变法而骇者比比然也。及言民权者起，则不骇变法而骇民权矣。一二年前，闻民权而骇者，比比然也。及言革命者起，则不骇民权而骇革命矣。

又由此现象推论道：“诸君如欲导民以变法也，则不可不骇之以民权。欲导民以变法也，则不可不骇之以革命。”① 梁启超以此为报馆引导舆论的方式，正是一种“作天下之气”。后人对当时报纸之喧嚣与激进，亦当从此处入手，方能明其本意与价值。正是自信于这一功能，《京话日报》在闻知警部要宣示报律时，才以一种颇为从容与自得的口吻说，宣示报律可以，“但不可妄用压力，许多无谓的限制，便成了作茧自缚。世界上有强权无公理，报纸持平论事，得力也不在小处”②。

南昌教案发生后，远在日本留学的宋教仁得知消息后，也给予了关切。1906 年 5 月 11 日，他的日记提到：“阅《电报新闻》，载有中村进午论南昌教案一篇，痛诋法人之无道，遂译之出，拟送于内地报馆登之，以壮国人之气焉。”③ 5 月 16 日又记道：“作《清俄谈判与俄人之野心》成。复写致《津报》信，言以文换报之事由。遂以清俄谈判文与前译中村氏《南昌事件概论》同封械中，寄往该报馆焉。”④ 翻检此后一段时间的《津报》，并无

① 梁启超：《梁启超全集》第 4 卷，第 970 页。

② 《报律要由警部宣示》，《京话日报》第 617 号，1906 年，第 3 版。

③ 湖南省哲学社会科学研究所古代近代史研究室校注《宋教仁日记》，湖南人民出版社，1980，第 178～179 页。

④ 《宋教仁日记》，第 181 页。

《南昌事件概论》一文，但国内报界能够“壮国人之气”的相关报道不胜枚举。《新闻报》对江召棠相片配加的解说称：“吾人见此像者当惊而醒，不当惧而怯；当悲而奋，不当怒而仇。当无忘，当永永无忘；吾人能永永无忘，则此像即自强之铁券!”[①] 这正是报纸“作天下之气”的典型尝试。

报人“作天下之气”的设想确实得到了实现，前文所说的民气骤动便有报纸的一份功劳。实际上，由于手握“说话的权柄”，占据话语强势，报纸对人心和社会影响甚巨，不失为晚清社会的一大新势力。在与俄国政府的庚子谈判期间，驻俄公使杨儒病逝于异国。这一事实已为常识，但当时却有报纸称杨儒是在谈判桌前被俄国人踢下楼而毙命。后来史学家陈登原就曾以此说印证列强的残暴。史家尚为误导，何况一般读者，报纸的影响可见一斑。

周作人在记述近代报纸的盛衰时，说报纸自甲午后“成为时务的入门书，凡是有志前进的都不可不看”，而即使是“不喜欢时务的人”对报纸也信赖有加，认为“凡是有什么事情，只要是已见于《申报》，那么这也就一定是不会假的了”[②]。这则材料反映的不光是读者对《申报》的信任，周作人提到当地人把所有报纸统称为《申报》。报纸对新式学堂的学生影响尤其之大。叶圣陶在中学时代曾从报纸中读到朝廷致电某督要求报纸禁言中英、中俄交涉事，心中大愤：“如吾等者，居此似乎稍安之地，边虞之危难实不得知，全赖报纸为之探听，为之警醒，使无人得有以为之备，有以为之换回。”[③]

报纸于社会人心影响之巨，使“其势力不下于地主乡绅的说话”[④]。一些官场官员，由于害怕负面形象被揭露，会有意为报馆提供资助。而一些不肖的报馆和访员，也抓住人们的这一心理，进行网利[⑤]。有文章描述访员的招摇过市，便知其社会地位之高，亦知报馆势力之大。

---

① 《江西南昌县知县江大令兆棠受刃伤之像》，《新闻报》1906 年 3 月 17 日，第 1 张。

② 周作人：《知堂小品》，陕西人民出版社，1991，第 543 ~ 544 页。

③ 商金林：《叶圣陶年谱长编》第 1 卷，人民教育出版社，2004，第 49 页。

④ 周作人：《知堂小品》，第 544 页。

⑤ 胡思敬：《国闻备乘》，第 91 页。

回到南昌教案。交涉期间国内报界对他杀的坚持和对天主教的批判，很大程度上就是一种“作天下之气”的想法使然。《大公报》曾评论说南昌教案自有法律可凭，“岂其众口一词、捉风捕影、随声附和而遂能援以定狱哉？”① 单从交涉的角度看，事实的确如此，舆论的报道尽管连篇累牍，也很难左右南昌教案的最终谈判结果，但对于中国的民族主义来说，却是一次难得的检验和动员。

2. 中国公众

南昌教案发生后，除去天主教的喉舌外，国内华字报异口同声地坚持他杀说，而中国的言路也几乎人人以他杀立论。那么，中国的舆论为何要坚持他杀说？

这需要从二十九日江召棠案发后国人的心理说起。正如江苏某知县的陈言：“即如二月二十九日江西南昌大教案一出，稍有寸心肝者，莫不为之狂极忿极。”② 各华字报最初的激烈“论说”也都反映了国人普遍的心理。张之洞通过电报向江西大吏提议，此时“正宜以民情众怒抵制彼族”。这恐怕也正是报人的想法。

报界既判断为他杀，便有符合其职业角色的意见，正如《南方报》所言：

> 江令之死，明明被戕，而法人坚执，指为自刎。办教案者，虽竭力与争，而凭据未能揭出，亦复于事何济！闻大令受伤后，有亲笔所书冤状四纸，上呈胡抚，已经胡抚用西法拍出。何不分送各报馆，刊登报端，俾成铁案，使法人无所藉口？乃胡抚竟见不及此，殊属不解。③

《南方报》是一个很有趣的例子。它是由江西人开办的，主笔当中亦有

---

① 《答来函》，《大公报》1906 年 4 月 18 日，第 2 版。

② 《教务教案档》第 7 辑（2），第 778 页。

③ 《南昌教案汇志》，《南方报》1906 年 4 月 12 日，第 1 页新闻。

江西人。因此才有江西人来函请上海江西商会和《南方报》公鉴①，落款则是“江西同人”②。也正因如此，《字林西报》方才将其称为“江西喉舌”。在南昌教案发生之际，民族主义情感已超越地缘因素，促使案件成为举国瞩目的公共事件。

一个西方人曾提到：

> 在战争期间中国的报纸是一种毫不妥协的沙文主义，即使有灾难，即使它不能胜任，这一点也无法改变。这或许仅仅是得到爱国主义名声的一个捷径，也许是由“要面子”的愿望引起的——那是中国人性格的一个普遍特征，任何时间任何情况下都是如此——但可能有更复杂的原因可以解释。为什么中法战争热能够保持？报纸和官员都隐瞒真相并迎合大众口味。③

那么，本土报纸对南昌教案的报道是否有隐瞒真相和迎合大众口味的情况？下面分别来探讨这两个问题。

关于报纸隐瞒真相事，应当说，在华字报对南昌教案的报道中，隐瞒真相的事例不算罕见，《京话日报》是其中的典型，《南方报》也曾经出现过“江令已死，首恶王安之又不知存亡”的离奇报道。各报对验伤单的反向报道也相当普遍，即声称西医的尸检结果为他杀。张之洞都似曾对这些报道信以为真，还专门致电梁鼎芬进行核实，其后，在写给军机处的报告中，也截取西医报告的部分内容，得出他杀的结论。

问题是，主张他杀说的“本土报纸”，究竟是否知道江召棠自杀的真相？换言之，究竟是否一直相信江召棠是他杀？是否对他杀说产生过怀疑？时在英国的汪大燮曾向汪康年致信询问说“南昌教案，报载情形

---

① 《要件》，《南方报》1906年3月26日，第1页新闻。

② 《要件》（续），《南方报》1906年3月27日，第1页新闻。

③ Archibald R. Colquhoun, *China in Transformation*, pp. 121 - 122.

未知确否”[①]。汪大燮对江召棠的死因有疑惑，报人自然也会有疑惑。且汪大燮询问同为局外人的汪康年，可见对报纸信息的不信任。各个报人与报馆的认知不能一概而论，但总的说来，一方面，鉴于国人对法国强权和朝廷媚外的固有认识，即使得到官方信息，也未必相信。另一方面，报馆即使综合各种信息，得出了自刎的判断，也未必实录。现在来看，《中外日报》便曾质疑江召棠的死因，为此披露了江召棠初一日早晨在教堂写给余肇康的八字手书。但这种情况在报战时期极其罕见。

当报纸猜到或者知道真相后，它为什么会继续坚持下去？且看汪大燮私信所言：“若认自刎，损名失体，为天下笑，且后患无穷，不知究做何了结也。”[②] 汪大燮的话，对理解华字报的处境和态度不无帮助。华字报从一开始便与西报及各天主教喉舌两军对垒，针锋相对，很难再中途倒戈承认自刎。从这个角度也可以审视余肇康的变化。最初他对江召棠的加功之说满腹狐疑，在谈判初期即放弃对加功一层的争执，但最后却说：“乃以外人要挟，竟将江令亲笔所谓加功二字一笔抹煞，何以服死者而塞清议耶！”[③] 余肇康出此反复，很大程度上是舆论和言路的压力使然，弄假成真，骑虎难下。甚至江召棠的死，恐怕也与舆论有些关系，二月初五日江西官场向外务部汇报江召棠病危之前，外地的报纸便已纷纷报道江召棠属于被刺。这一事实是否会对江西官场产生影响，很值得考虑。

关于报纸迎合大众口味事，对当时的报人来说这是个陌生的概念，引导舆论才是流行的思想，梁启超所谓“舆论之母”表达的就是这个意思。不过迎合与引导往往并非截然对立，如民国时期章士钊批评清末“梁任公献媚小生，从风而靡天下病之”[④]。据此提示，引导与迎合颇有暗合处。无论

① 《汪康年师友书札》第1册，第847页。

② 《汪康年师友书札》第1册，第847页。

③ 余肇康：《敏斋日记》第30本，丙午三月二十九日。

④ 章士钊：《东西文化及其哲学——答梁漱溟》（1925年8月1日），《章士钊全集》第5卷，文汇出版社，2000，第86页。

是迎合还是引导，读者即受众对信息的采择无疑是一个需要考察的维度。民初蔡元培曾谓："有一事焉，与吾人之所预期者相迎合，则乍接而辄认为真；又有一事焉，与吾人之所预期者相抗拒，则屡闻尚疑其伪。"① 在南昌教案中，正如《南方报》所说："就法国人言之，必信教士之言；而就中国人言之，则必信江令之言。"② 这是报纸能够成功引导读者的一个情感和心理基础。举例说，对陈季同有利于他杀说的半句译文，报纸故意强调突出之，这自然是对受众的一种引导。而受众本就有列强凶残强暴和政府畏葸媚外的认知底色，有他杀的猜疑在前，又有报纸的引导在后，只会将两可之说理解成有意掩盖他杀的事实，而忽略了译文的实质内容：实际上自杀基于生理解剖，而他杀基于情理推断。

同样能说明问题的是前文提到的《中华报》的两个读者对英敛之及其《大公报》的谩骂，二人显然是读到《大公报》关于南昌教案的报道，但是他们的判断却是：该报故意偏袒天主教。

报纸关于他杀的报道，很大程度上会左右读者的视听，却无法左右谈判结果。对此，《复报》以苛刻的语气否定了舆论的功效，说"南昌教案，以一教民戕杀官吏，牵动国际，激发公愤，以全国之舆论，经半年之交涉，乃仅仅以自刎二字含糊了结"。并得出如下教训：

> 夫欲监督政府者，必有监督之实权，乃能使政府不得不降心相从。今处此膻腥异族，万重专制之下，人为刀俎，我为鱼肉，人为鞭笞，我为牛马，而犹哓哓然自命为监督，且悻悻然责人以不监督。则今日南昌之事，不可谓无一致之舆论，试问有丝毫之影响否耶？呜呼，改弦更张不足悍，补苴粉饰难为功。同胞同胞，当谋所以自处矣。③

① 蔡元培：《〈国民杂志〉序》，张汝伦编《蔡元培文选》，上海远东出版社，2012，第 327 页。

② 宝：《为南昌教案责难江抚》（续），《南方报》1906 年 4 月 1 日，第 1 页新闻。

③ 《南昌教案之结果》，《复报》第 4 号，1906 年，第 21 页。

《复报》因政府承认自刎而呼吁民众“改弦更张”推翻清廷，也是国内华字报大力鼓吹他杀说的一个副产品。对那些被误导的大多数来说，南昌教案合同成了朝廷媚外和列强强权的一个典型例证。这是种瓜得瓜，还是种瓜得豆，答案并不那么统一。

3. 西方列强

在强烈民族主义情感支配下的中国报馆，因南昌教案与列强发生了短兵相接。

在南昌教案期间，法国外交官曾数次对中国报纸的报道进行抗议。第一次是二月十二日，吕班向外务部发出照会，认为“华文各报颠倒是非，若不查究，任意虚诬，播诵日久，实属于治安大有损碍。亟宜勒令据实更正”①。但中国方面显然未遂其请。于是吕班于三月初七日再次照会，批评说“各报馆仍系虚诬日加”。随后指出北京有报馆宣传为江召棠开追悼会，说“似此妄行唆煽，实属断难容忍”。在照会发出前一天，吕班已派参赞到外务部交涉此事，外务部当时回答说会予以“重视”，并“酌议办理”②。在外交压力下，巡警部出面对追悼会予以禁止，并且“停止报载”③。

三月二十八日法国吕班又致函外务部，称《京话日报》张贴公祭江召棠的广告，认为这种聚会“足酿巨祸”，应行“禁止”④。对此，巡警部认为“祭奠为本国风俗旧有之举，旁人不能干预”⑤，只可严加防范，不可禁止。最后公祭在警察的严密监督下举办。

此后，法国署公使又于四月十六日抗议《四川官报》刊载恽毓鼎论南昌教案的文章，随即端贵也于十七日抗议此事，外务部仅敷衍说“《四川官报》我们并未看见，当再查明”⑥。此后也未见下文。

抗议并非仅发生在北京，《南方报》曾披露法国领事端贵在南昌谈判期

① 《教务教案档》第7辑（2），第742页。
② 《教务教案档》第7辑（2），第742页。
③ 《教务教案档》第7辑（2），第754页。
④ 《教务教案档》第7辑（2），第753页。
⑤ 《教务教案档》第7辑（2），第754页。
⑥ 《教务教案档》第7辑（2），第773页。

间纵酒召妓之事。对此，身在南昌的端贵专门向余肇康提出交涉，余肇康只好“徇其请”[①]。《南方报》本身也刊载了端贵干预舆论的事：

> 本馆十三日南昌访函云，法参赞□□□□，各报均已登载。经法使知悉，电撤参赞回京。参赞接电后，即谒见胡抚，询系何人电告各报馆。胡抚派南昌县孟令至电报局查询。该局总办魏太尊答以此系访员责任，外人不能干预，且发电时均持有执照前来，按公理定须照发，至于访员姓名，无从查考。孟令回复，参赞无策可施，今日至抚署辞行就道。[②]

文中四个缺字符号的使用，可谓此时无声胜有声。

德国公使在三月初七日与那桐的一次见面中，也曾对中国报纸的报道提出质疑。该公使从英国公使口中打听到江召棠为自杀，认为“报纸所传与此案大为不符，与此关系甚剧”[③]。

南昌教案交涉期间，《江报》也曾有两次险些惹火上身。一次是它对南昌和云南教案的报告引起端贵不满[④]；另一次则是英国领事对其印制集会传单的不满。《中外日报》曾记载：

> 英领事前以传单而嘱江报馆停报。法参赞到江，亦嘱鼎帅转饬停报。经上海日本总领事永泷君电嘱鼎帅保护，以江报所印传单，文明抵制，并无劝人暴动之事。除日本领事派白山彦三郎来江，驻在报馆保护外，上台饬县派差在门首保护。现在江报馆可保无虞矣。[⑤]

---

① 余肇康：《敏斋日记》第 30 本，丙午三月初十日。

② 《南昌教案汇志》，《南方报》1906 年 4 月 12 日，第 1 页新闻。

③ 《教务教案档》第 7 辑（2），第 742 页。

④ 吴永兴：《梁敦彦在南昌教案中的往来函稿》，《清史研究》1992 年第 4 期。

⑤ 《江西教案近闻》，《中外日报》1906 年 4 月 12 日，第 2 版。

《新闻报》则比较详细地登录了《江报》经理与英国领事的交涉情景：

> 余在上海闻南昌教案，即于月初由上海回南昌。二十日六点半钟，英国驻浔领事倭讷遣人来《江报》馆支店，邀余往英领所住本省洋务局。余与英领素无交涉，不欲往见，辞不赴。七点半钟又遣原人来，定要接见李君。遂往见。……（领事）手一纸而言曰：此系《江报》所印否？问系何物。曰传单。余答以此传单系江报馆分设之江英印字馆所印。领事云，此传单关系甚重。余答以领事所言尚未明白，譬如领事公署有文件交印，在印字馆亦只代印而已。至于关系，印字馆何能得知？领事又言：西文或不知，此系华文，总该明白。余答以华文中皆系平和之语，且有劝戒众人力戒暴动之语，是以代印。领事又言：此单面子上虽和平，而意思不好。余答以无论此单内文意思好坏，自有公论。且印字馆亦不必代刊单之人申辩。即有关系，均有付刊传单之人承此责任。且非随报分送之件。言至此，领事语塞，略停。复怒容满面，起而大声言曰：一定要你报馆闭门停报。前所言彼此皆静细如常，至此忽现此变状，余亦不欲与之抗辩，遂辞出。告之馆东，电请该管之日本领事交涉。①

列强对舆论的打压屡经报纸报道，无疑会固化西方列强的负面形象。《外交报》曾就中外关系做过一段精彩的评述：

> 今日中国之所以料外国者，舆论已如此矣。而外国之所以待中国者，其实事又如彼。此所谓两以不肖之心相应也。（如中国人时时防外国人之无理要索，而外国人亦时时防中国人之义和团，即是不肖之心相应）而此不肖之心，因果迭乘，逆而推其至朔，不知自谁开之。其事当考鸦片之战之事实，非空言所能争也。若夫吾所谓以君子之心相待

① 《南昌案牵涉报馆》，《新闻报》1906 年 3 月 22 日，第 1 张。

者，乃通其情伪，不设成见之谓。非委屈将顺，先意承旨之谓也。如谓委屈将顺，先意承旨，即可以感通殊俗，则今之办外交者，出其细弱，与彼之舆皂相殷勤，贱吏走卒，皆引而与之抗礼，亦大有人。而外人且愈养而愈骄，其蹴踏凌侮，乃无所不至，此仍所谓以不肖相待耳。岂以君子相交，而能有是哉?[①]

“两以不肖之心相应”八个字颇能概括鸦片战争以来的中西关系史。东西之间的隔阂，需要长时间的交流沟通方有消除的可能。

三　两起案件的比较

南昌教案之广受瞩目，某种程度上得益于清末公共舆论的形成，与之形成鲜明对比的是十年前的江西知县阎尚庚案。

清光绪二十二年十一月二十八日，亦即西历1897年元旦，江西省吉安府永新县署理知县阎尚庚去世。阎尚庚，四川人，字少白，又名高文，在官方文书中则用尚庚之名[②]。根据一份自称是阎尚庚亲笔绝命书的反教揭帖记载，他是在处理民教纠纷时受教士步师嘉“逼毙”[③]。此外，永新县西乡十四都的士绅龙学泰在为其所作的哀文中也称其因教案问题“不胜逻逼”“服毒而卒”[④]。而根据江西巡抚给总理衙门的一份报告可知，江西地方官员对此案进行了调查，调查的结果是阎尚庚死于疾病。报告中唯一提到的证据是来自阎尚庚之子阎汝霖的供述。但正如前文提及的揭帖所说，阎尚庚之子为免葛藤，不承认其父自杀之说，对其父的绝命书隐而不发。除此之外，又无直接涉及阎尚庚死因的史料。因此阎尚庚的死因，实际上还是个未解之谜。

---

① 《排外宜有别择》，《外交报》第124期，1905年10月13日，第3页。
② 中研院近代史研究所编《教务教案档》第6辑（2），台北，中研院近代史研究所，1980，第1039页。
③ 《教务教案档》第6辑（2），第1026页。
④ 龙学泰：《署永新县事阎少白大令哀辞》，《永新县志》，新华出版社，1992。

阎尚庚的绝命书究系真伪，也是个问题。当地士绅在揭帖中称此书是阎尚庚“殁后从怀中捡出”。而法国教士则称其为士绅李芳鑫等“捏造”[①]。江西巡抚的调查报告提及此书时，仅称“其法使所称士子传送阎知县遗状不足凭信”[②]。究竟是遗状即绝命书的存在不足凭信，还是其所书内容不足凭信，显有歧义。在晚清官方文书中，经常出现此类故作模棱两可的语句，这并非全因中国语法习惯使然，而更多可能是被当作一种折冲转圜的手段。

揭帖是在阎尚庚身故不久张贴的。在民教关系紧张的背景下，知县如因教士刁难而自尽，在地方上无疑是件大事，但它并未立即引发官方或民众的仇教行为。据后来一位法国传教士所称，士绅的此次诽谤造成了教民刘绿阶的财产被毁案[③]。此案源于西乡十四都天主教民刘绿阶强夺宗祠土地，遭到同族士绅刘九润的抵制。但刘绿阶案发时已经在光绪二十三年三四月间，两案相隔数月之久。因此，很难说此案是受揭帖的直接影响。

在 19 世纪末 20 世纪初的江西省，先后发生的两起涉嫌知县自杀的教案相似之处颇多：都发生在中外关系和民教关系紧张的晚清；都发生在仇教情绪较为突出的江西省；皆因民教冲突而起；都反映中国官员与法国天主教传教士之间的紧张关系，尤其是清末地方官在面对教案问题时的两难困境；两位知县在临死前都有反映民教和政教紧张关系的遗书传世；两案真相在当时都存在争议，当事者究竟是否为自杀，时人认知和言说并不一致；两位涉嫌自杀而死的当事人在生前都遇到了教案之外的困境[④]。

尽管如此，两案所造成的政治和社会影响则相差甚巨。在前一案中，乡绅张贴死者的绝命书后，并未引发直接的和严重的闹教行为，也未引发中法

---

① 《教务教案档》第 6 辑（2），第 1031 页

② 《教务教案档》第 6 辑（2），第 1039 页。

③ 江西巡抚德寿在一份报纸中提及“永新县绅李芳鑫等捏造阎故令遗嘱揭帖谤教，捉逼教民，致教民刘绿阶等居屋被毁等情一案”。见《教务教案档》第 6 辑（2），第 1031 页。

④ 吾师董丛林先生即以地方官处境为主题，撰文探讨阎尚庚（字少白）之死案，该文倾向于认为阎尚庚为自杀［参见董丛林《清末地方官员在教案中的难堪处境——以署江西永新知县阎少白死事为例》，《井冈山大学学报》（社会科学版）2011 年第 1 期］。从考据角度讲，阎尚庚是病死抑或自杀，并无确证；而由于情感和立场原因，江召棠他杀说在国内根深蒂固，至今仍有议者主此说。如不能确认江召棠的真正死因，就无法解释与之相关的一连串问题。

之间大的交涉；在后一案中，在官府布告称江召棠为“一时激愤致生此变”的情况下，仍然引起民众的严重闹教活动，公共舆论也迅速介入，认定江召棠为他杀，对法国天主教大加挞伐，中法双方围绕江召棠之死反复谈判方才定案。

1897 年的阎尚庚案与 1906 年的江召棠案，就其真相而言，前者可大体确定绝命书为阎尚庚所作，也即表明他至少有自杀意愿；后者则为被逼自刎。所不同的是两者的受逼迫程度，在前案中传教士仅负有道义和政治责任，在后案中传教士则涉嫌司法犯罪。两案程度上确有轻重之别，但这一差别不能完全解释两案截然不同的政治和社会影响。

此处要考察的是，究竟是哪些因素导致了情形相近的两案在影响程度上的巨大差异。江召棠案即南昌教案不仅引发了公共舆论的长期关注，而且其后续走向即其交涉过程显然受到公共舆论的影响。相比之下，在阎案中，公共舆论登台亮相的时间非常短促，发挥作用的空间也非常有限。相应地，江案成为影响力远远超出南昌城的公共事件，而阎案只是影响力止步于永新县的地方性事件。

接下来的问题是，这两起内容和性质相近的案件，何以公共舆论的参与度相差如此之大？笔者对两案史料进行比较后，发现时间、空间和传媒三个变量扮演了重要角色。在此需要特别说明的是，比较法是历史学的基本方法之一。限于样本的先天不足，史学研究很难通过逻辑严密的理论框架和方法严格的实验室步骤去进行，这也是比较史学很难取得成功的原因。但不同样本之间的比较，对于解读史料和解释历史现象具有不可替代的作用。

首先，通过两案的对比，会发现时间是一个重要的变量。这里的时间，并非指前案发生在 1897 年，后案发生在 1906 年。两案相隔 9 年的时间差的确涉及背景环境的改变，但总的来说，晚清教案的分水岭出现在 1895 年。尽管经历了导致德国强租胶州湾的曹州教案和义和团运动，但 1897 年初和 1906 年初的地方官员在面对教案问题时的处境基本上是一致的，只是后者更难。此处所指的时间变量，指的是各方对两案的反应时间的差异。

时间因素在两案的政治过程中扮演了重要角色，且来看中央和地方政府在阎尚庚案中的反应时间。

阎尚庚死于 1897 年元旦，在其死后，该县士绅将其绝命书张榜于市。知县因教士逼迫自杀，在晚清前所未有，这条新闻对受众的震撼力可想而知。但是，地方大吏对此案竟似毫不知情，至少没有向中央主动汇报。总理衙门竟是时隔半年多之后从法国公使的照会中获悉此案。光绪二十三年七月二日，法国公使为教案事照会总理衙门，抄送了这份去岁冬月的揭帖。六日后，总理衙门电告江西巡抚询问此事，称“知县阎令是否因此自尽，未据贵抚咨报，本衙门无案可稽”。总理衙门对此事未做进一步表态，仅根据程式称“相应钞录原照咨行贵抚查明持平妥办，详细具复可也”[1]。

江西巡抚德寿的回复竟一直拖到十二月十八日。据其回复，江西吉安府知府许道于七月二十四日奉命调查此案，“前署永新县阎令尚庚委系病故缘由，既经该府县一再确查，并面询其子阎汝霖。据称，伊父病故，委无服毒别情。其法使所称士子传送阎知县遗状不足凭信”[2]。“一再确查”的内容仅以此寥寥数语概括，实在说不上是“详细具复”。相比总理衙门的轻描淡写，地方大吏更是敷衍了事。

回头来看，阎尚庚绝命书揭帖公布后，上级官员不可能一无所知，但地方官因教案自尽的行为，很可能被长官视为“损名失体”[3]，因此难免倾向于“大事化小小事化无”的策略。不仅如此，绝命书自称被传教士步师嘉“逼毙”[4]，但实际上逼迫不仅来自教士，也来自长官。据绝命书透露：“即如卑县教民傅成发与族人傅华里口角一案，委系衅起家务，与教民毫无干涉，乃教堂步师嘉竟函致宪台，即蒙委员来县会办，步师嘉亦即随同到县，

---

① 《教务教案档》第 6 辑（2），第 1029 页。
② 《教务教案档》第 6 辑（2），第 1039 页。
③ 《汪康年师友书札》第 1 册，第 847 页。
④ 《教务教案档》第 6 辑（2），第 1026 页。

多端要挟。”[1] 对知县而言，这里的宪台和委员无疑是比传教士更直接的压力，反过来也就不难理解宪台对此事的淡化。因此，阎尚庚之子阎汝霖对绝命书的“恐留葛藤，反致羁累，坚不肯上”也就有了更多的解释空间。

不妨做个假设，以体会时间性在此案中的重要性。如果案件能够在阎尚庚死后迅即得到处理，那么绝命书中提到的“验官”将派上用场。据晚清仵作常用的《洗冤录》，从技术层面而言，古代常见的服毒方式的症状是可判定的。在传统文化中，一旦盖棺入殓，再行开棺验尸将是件阻力很大的事。因此，后来查案官员的“一再确查”肯定未有验尸之举。而即使验尸，限于当时技术水平，也很难有准确的判断。

抛开这个假设，阎尚庚案中的时间与政治的关联，通过与 1906 年江召棠案的对比，可以得到清晰的体现。江召棠在教堂受伤当晚，江西大吏即向北京发“艳电”（即二十九日代码）称“南昌县令在教堂被伤，情节极重”。外务部遂于初二日回电，要求查明江召棠“究系如何致伤”，“迅速电复”[2]。随后外务部于次日即收到江西的电报，内称江召棠为“自戕”，但是又引述江召棠受伤次日的手书，称“伊取桌上小刀自刎，畏痛不能再割，觉有人用剪加戳两下”。电文虽一面认为“事在疑似”，一面又说“但教堂尽屏从人，不令入内，举动殊为叵测。王安之素性狡谲，悍鸷异常，藐视印官，动辄挟制。江令服官多年，清正廉明，老成练达，若非窘辱难堪，断不致出此拙见”[3]。外务部当日据此电文，照会法国公使，通报江召棠于教堂受伤一事，未透露江召棠受伤原因。将江西致外务部的电报和外务部致法国的照会加以对比，可知外务部省略了“自戕”等语，而突出了对于县令教堂受伤一事的“骇异”[4]。当日南昌发生毁教堂杀教士暴动，江西大吏电文汇报后，外务部初五日致电江西胡廷干，令其严拿闹教案犯，保护教堂，抚恤受害教士，并宣示了外务部对此案的定性，称：“此案因地方官在教堂身

① 《教务教案档》第 6 辑（2），第 1025 页。
② 《教务教案档》第 7 辑（2），第 722 页。
③ 《清末教案》第 3 册，第 809 页。
④ 《教务教案档》第 7 辑（2），第 723 页。

受刃伤，以致人心不服，激生众怒，惟应静候查办，据理评论。"①

由上可知，自江召棠受伤后，江西大吏同外务部保持了密切的沟通。电文基本上在一两日内抵达，便于外务部尽快了解案情并做出指示。此后外务部一度非常强硬，这一态度自然与其对该案的认知相关。知县在教堂被教士戕害的认知，对外务部官员情绪的影响可想而知。这一情绪正由江西的前两份电报直接促成。江西的电报，第一电仅寥寥数语，第二电对事实仍无断语，这就给了外务部官员广阔的想象空间和判断余地。电报的使用在大大缩短了信息沟通时间的同时，也造就了信息本身的不完整性②。李鸿章在奏折中形容电报为"瞬息之间可以互相问答"③，这种情况显然压缩了为自身利益而进行深思熟虑的机会。相比 30 多年前田兴恕引发的贵州教案中的函件往返动辄逾月，电报的应用使得地方官员在突发案件中大大减少了折冲的余地。它改变了中央与地方在"国体攸关"的案件中的博弈规则，谁都不希望背负骂名，从而均无法再轻易地采取"大事化小小事化无"的策略。

由前述可知，时间因素在两案的处理过程中扮演了重要角色。前者的拖延导致案件的不了了之。后者的即时性导致官方不能无视。此外，时间不仅与政治关联紧密，与公共舆论亦然。江案发生后，远在上海的报纸即侦得消息，尤其在南昌的闹教活动爆发后，关于此案的新闻成为沪上各报的重头戏。时效性对于新闻的重要程度不言而喻。

其次是空间因素。如果不考虑空间因素，前述两案的一些现象很难得到合理解释。此处的空间主要关注案发地点，并以案发地点为中心展开讨论。

---

① 《清末教案》第 3 册，第 812 页。

② 晚清沈曾植曾对比电报与信函如下："近日内外之相商以电，同治旧事则以函，电简而函详，电直而函婉，电迫而函舒，电质函文。夫寻常例行公事，尚有待反复指陈者，况新政之变动不居、情形百变乎？先事当预筹，既事当补救，奏牍有所不尽，公文有所难言，凡皆以函启达之，略如宋人高庙堂以劄子之意。必疆吏先示恪慎之风，而后可望柄臣以虚和之度，事有甚细而不可忽者，三寸之辖，以制千里，此类是也。"（许全胜：《沈曾植年谱长编》，第 251 页）引文所述"电简而函详"及"电迫而函舒"，对电报特点的概括可谓精辟。这些特点对晚清政治的运作模式是有影响的。

③ 《李鸿章请设南北洋电报片》（1880 年 9 月 16 日），熊志勇、苏浩、陈涛编《中国近现代外交史资料选辑》，世界知识出版社，2012，第 84 页。

两案的案发地点可以从宏观、中观和微观三个视角进行比较。两案在宏观地点上都是发生在中国江西，故毋庸论。以下分别简述中观和微观地点的不同所带来的不同影响。

一是中观地点。阎案发生在吉安府永新县县城，而江案则发生在南昌县县城。这里的重要区别是，南昌县城同时也是江西的省城，城内不仅有县衙，而且有知府、道台、抚藩臬等诸多长吏的衙门。这些衙门在空间上的密集分布，对江案产生了至关重要的影响。案发当晚，当事人之一王安之便曾奔赴巡抚衙门拜见巡抚胡廷干，向他解释此案情况。在此之前，江召棠在教堂内曾嘱咐其中一个仆从，邀请县城同样设在南昌城内的新建县知县赵峻前来。此处且不论其动机，若非二人同城，是很难有此举的。赵峻到达教堂时，江召棠已经受伤，并写给他手书数纸，讲述其受迫情形。赵峻随即禀报上宪。巡抚派南昌府知府徐嘉禾前往探查后，与藩臬两司等官员讨论对策，并于当晚电报外务部及法国主教郎守信、湖广总督张之洞等人。这中间各级官员之间的人际信息传播如此迅捷，完全是拜各衙署空间上的集中性所赐。可以肯定的是，事发当晚，江西大吏已经对案情有基本了解。这在余肇康日记中有清晰的反映。根据清人万枫江的经验，“命案初报，事起仓猝，其情尚真，稍迟则有挑唆，有装点”[①]。这个在第一时间获得的判断，比后来的叙述更接近真相。江西大吏能有此判断，很大程度上要归因于空间的接近，使得官员能够在第一时间亲赴现场获得一手信息。

次日，余肇康作为按察使，亲往教堂探问。结果其日记中出现新的记载，称江召棠手书中多出“加功”之意。他对此虽颇为怀疑，但还是与胡廷干等商定向外务部汇报这一新情况。随后的南昌教案，几乎是在江西大吏的眼皮底下发生，有资料显示余肇康甚至还亲赴现场制止未果[②]。如此一

① 万枫江：《幕学举要》，李志敏编《中华资政绝学》第 4 卷，光明日报出版社，2002，第 273 页。

② 在新中国成立初胡廷銮对闹教的回忆称：“当时有个臬台余肇康，坐着绿呢大轿，前呼后拥，指挥弹压，行到荆波宛在口上，被群众向前围击，用石块把他击了下来，堂堂的一个臬台丢了绿呢大轿，只顾没命而逃。”（《一九〇六年南昌教案资料专辑》，第 8 页）

来，根据《辛丑条约》的相关规定，江西大吏全部被卷入此案，甚至都可以以保护教堂不力的罪名被革职永不叙用。因此，这对江西大吏后来的政治决策无疑会有重大影响。江召棠从伤不致死到恶化而死，便与此有着直接的关联。余肇康所谓“独其一死可塞责”，也正代表了当时省垣官场的一般心理。

相比之下，发生在永新县的阎案完全不具备这种空间条件。案发的初始，吉安府官场不存在阎案信息的人际传播渠道。这样一来，不仅拉长信息传播时间，且上级官场无人需要为此案负责。因此就为案件的不了了之提供了条件。

二是微观地点。江案发生在教堂而非其他场所，这对此案的进程产生的影响可能是决定性的。案发后，公共舆论一片骂声，教堂这个案发地点得到一再强调。江召棠赴堂遂被解读为“诱入教堂”①，他在教堂的受伤也相应被解读为“诱杀”②、“诱害”③ 和“谋杀”④ 等。同样，外务部在二月初三日给法国公使的照会中也强调“查江令身任地方，此次教士函邀前往，在教堂猝受刀伤，实堪骇异”⑤。案发地点也最大程度点燃了南昌民众的仇教情绪，以致在官方告示并未认定江召棠为他杀的情况下，仍然产生他杀的认知，并在“为父母官报仇”的动机下爆发闹教。可以说，这个案发地点让天主教承担了难以脱卸的责任。

对此有切肤之痛的天主教一方曾在多种叙述中力图将江案描述成一场精心策划的骗局，即江召棠蓄意设局在教堂自杀以诬陷对方。正如西方人曾注意到的，在中国尤其是江西的地方文化中，有一种在仇人家门口自杀以让对方陷入人命官司的复仇方式。这也提示教堂自杀是整个江案乃至南昌教案的关键一环。相比之下，阎尚庚死亡之际，永新县尚无天主教教堂。天主教原想翻掉一桩旧案并由此建立教堂，此案也正是阎尚庚绝命书中所写的自杀的

---

① 《清末教案》第3册，第814页。
② 《清末教案》第3册，第816页。
③ 《清末教案》第3册，第817页。
④ 《清末教案》第3册，第827页。
⑤ 《教务教案档》第7辑（2），第723页。

原因之一。最终阎案发生在家中，这不仅减缓了案件的冲击力，也使得其子阎汝霖可以垄断此案的诸多相关信息，从而阻止了阎尚庚所期望的“恳求验官仁兄大人代禀转详”之事的发生。即使绝命书最终辗转而出，但可信度却不免大打折扣，以致天主教称其为“捏造”，江西巡抚称其“不足凭信”。

此外，对比两案，还可知传播媒介的多样性与公共舆论的强弱程度有直接的关联。公共舆论往往是在多种传播媒介的共同作用下形成的。抛开信息的内容本身不论，江案在传播媒介的多样性上远超阎案。与此相对应，江案中的公共舆论所发挥的影响也比阎案大得多。

第一，揭帖是一种传统的传播媒介，几乎与晚清教案史相伴始终。整体看，晚清教案史上持续且大量出现的反教揭帖，部分功能接近一种公共舆论。即使特定揭帖的确可能仅出自私人利害，甚至揭帖常为匿名，但一定程度上仍可视为一种公共舆论。通过对大量揭帖的阅读和比较可知，揭帖作者即使在谋求特定群体甚至个人利益时，也会在民－教或华－夷等更大层面上进行敌我划分，从而使之具有了公共性。

在阎案中，记载当事人绝命书的揭帖很可能是由与天主教方有直接冲突的士绅李芳鑫和龙学震、龙学泰兄弟所张贴。但纵然假设绝命书为这些士绅“捏造”，“捏造者”也并未专以切身相关的案件说事，而是将问题上升到华夷之辨，做了华民和教民的重大区分。江案中士绅和学生的揭帖也都超越了自身利益。

第二，电报这种传媒，很大程度上消除了地理空间对信息传播的隔阂。正如清末西人在勾勒“新中国”（new China）蓝图时常说的，电报和铁路的发达将把中国南北连为一体，使中国成为一个真正的民族国家。在1897年江西已经有电报，但是永新县城并不在此列，因此它不能建立与外部世界的便捷信息沟通渠道。这也是为什么阎案始终是个地方性事件。1906年的江西省城，电报成为官绅民与外界重要的沟通渠道。电报的作用在南昌教案中得到了淋漓尽致的展现。张謇在日记中便提到：“与子培电，询南昌令被教士逼死事。”① 张謇与南昌教案几乎毫无干系，仅因与沈曾植有交，便致

① 张謇研究中心等编《张謇全集》第6卷，江苏古籍出版社，1994，第570页。

电询问，其余电文之纷呈，已可概见。报载：“江省电报局开办以来，向无夜班，自正月廿九日江大令被刺后，来往电音朝夕不间，以致局中异常忙碌。现闻业已禀请总局添派报生来赣襄办夜班，俾免误公。”[①] 南昌电报局加夜班的消息被多家报纸提及，实际上，报纸也正是导致其加夜班的一大原因。检诸上海各报，来自南昌的电报难以计数。按照当时规定，官方电文可加密，而“各报馆访员往发密码则概不允许”[②]，且发电时应“持有执照”[③]。法国参赞端贵被曝纵酒狎妓后，颇为不快，要求调查此事。余肇康便命人去电报局查询，结果电报局的答复是“除暗码外并无明码告此事者，惟报馆中有数电，亦未详何人所发”[④]，且说“此系访员责任，外人不能干预，且发电时均持有执照前来，按公理定须照发”[⑤]。

电报的大量使用，让南昌在江案中得以与整个中国同呼吸共命运。这正是江案作为一起公共事件的最显著特征之一。

第三，报纸是清末迅速崛起的一种更接近于后来的大众传媒的媒体。梁启超赋予报馆“舆论之母”的使命，希望能够借助报纸引导中国的舆论。报纸的发达，大大提升了公共舆论在中国社会和政治等公共事务中的力量。在上海这样报业发达的城市，一度产生了公共领域和民间社会的萌芽。

相比 1897 年，1906 年的报业已大幅发展。在助推江案成为一起全国瞩目的公共事件方面，中国尤其是上海的报馆起到了关键作用。在江案中，即便如张之洞这样身处晚清权力核心层的人物，也宁愿相信报纸的报道比官方的信息更可靠。可以想象，如果阎案发生在 1906 年，即使在远离政治中心的永新县，也仍可能受到中国报界的关注，从而产生不同的结果。

第四，奏折作为一种传播媒介，一般情况下受众数量极少，但言官群体在江案中所上的奏折也获得了公共性，成为公共舆论的一部分。在该案中，

① 《南昌大教案三十志》，《时报》1906 年 3 月 31 日，第 2 版。
② 《南昌教案汇志》，《南方报》1906 年 3 月 21 日，第 1 页新闻。
③ 《南昌教案汇志》，《南方报》1906 年 4 月 12 日，第 1 页新闻。
④ 《南昌大教案四十一志》，《时报》1906 年 4 月 13 日，第 2 版。
⑤ 《南昌教案汇志》，《南方报》1906 年 4 月 12 日，第 1 页新闻。

公共舆论不仅意见趋同化，且存在明显的互文现象。不仅报纸与报纸之间会彼此转载，言路与报纸之间也会相互征引。如御史王步瀛在奏折中称“臣近日叠阅报纸，证以传闻，知江西省城内南昌县知县江召棠为法国教士诱入教堂，逼签合同，江令不从，百般凌辱，勒使自刎”①。这表明他认可报纸消息来源的可信度。而诸如恽毓鼎等人关于南昌教案的奏折，也被多家报馆登载。

相比江案，阎案完全没有引起言官群体的注意，除了江西巡抚给总理衙门的报告，没有一封官员奏折在讨论此案。

① 《清末教案》第3册，第814～815页。

第六章

“二百年养士之报”：南昌教案与清末身份政治

教案的发生很大程度上是晚清士大夫对朝廷的“养士之报”，是为了捍卫正统文化和清王朝的统治，是一种关于身份认同的政治。但频发的教案不断招致列强的不满，因此渐渐被视为“教祸”。梁启超注意到，义和团运动后教案锐减。这便是时人对于空前的教祸的回应，相应朝野上下流行化除畛域调和民教之说。南昌教案的发生，进一步激发各界对民教调和的呼吁。这种声音表面在于化除民教问题，实则指向民族国家建构。

一　晚清的“教祸”

“教祸”是中国近代基督教史中的一个关键词。它并非指教之祸，而多指教案之祸，强调教案对中国造成的恶果。那么，教案究竟能带来怎样的灾祸？当灾祸即将来临，又是一副怎样的景象？在南昌教案这一义和团运动后影响最大的教案中，教祸又是如何具体呈现的？

1. 发现“教祸”

国人对教祸曾抱有极大的忧虑。夏曾佑在给汪康年的信件中便提到：“盖教祸一端，乃我灭种千万因中之一大因也。”① 南昌教案发生不久，《申

① 《汪康年师友书札》第2册，第1381页。

报》发表评论说："窃谓际此时艰，遇此异事，吾国对付之方法，一面由政府电达教皇，请示办理，一面戒国民静候朝旨，勿出暴动，致成国际交涉。如此则中国之教祸可以不作，而国家之命或稍可苟延以待医乎？"① 《新闻报》也撰文指出：

> 江西教案了后，而政府对于教务再不急思变计，以教亡国之祸，殆将实践其言也。……政府若欲永靖教祸，非乘此急起直追筹一完全销弭之善法，仍不能免他日之教案也。……否则政府仍袭用处一教案了一教案之故智，而于教案之祸根不锄而去之，日暮途穷，吾不知祸患之所居矣。可哀哉可痛哉！②

半个多月后该报又以更加沉痛的语气重复了这一观点：

> 教案之在中国，如炸弹埋地，到处皆遍，偶触即发，一波未平，一波又起，警信噩耗沓至纷来……中国受教案之祸不谓不深，不谓不巨，延至今日，犹复不知挽回，是真坐待教案亡国者也。……万一使释教再有人干预其中，将来困难必较耶教尤为酷烈者，中国灭亡直以教案为断送之具。③

但同样是教祸，不同的人有着截然不同的态度。在议论南昌教案带来的祸患时，具有革命倾向的《复报》如是说："通商传教以来，凡六十年，民怨日益增，教祸日益烈，入教之徒，借外力以欺压平民，殆已司空见惯矣。"④ 而天主教徒英敛之开办的《大公报》则做了如下评论：

---

① 《论南昌县令被刺事》，《申报》1906 年 2 月 27 日，第 2 版。

② 《论教案亟筹善后之策》，《新闻报》1906 年 3 月 2 日，第 1 张。

③ 《论中国已见未来之祸》，《新闻报》1906 年 3 月 19 日，第 1 张。

④ 《南昌教案之感情》，《复报》第 2 号，1906 年，第 36 页。

> 古语云，一之谓甚，其可再乎？独我国民教之案层见迭出，罄竹难书，割地赔款习为故事。譬如人之好赌者，然即百战百败而樗蒲戏叶，积习不悛，虽破产倾家，罔知愧悔，愚亦甚矣。……总之闹教之大害有三：一曰失主权，一曰流民血，一曰穷国帑。三者交乘，几至不国，非细故也，呜呼，愿我同胞其猛醒之。[①]

文中所谓“闹教之大害”正是一般国人所谓教祸，由于英敛之的天主徒身份，自然不肯使用“教祸”二字。实际上，教祸除了失主权、流民血和穷国帑之外，还有着更深的危害，是以《新闻报》才有亡国之忧，夏曾佑才有灭种之虑。

教案对主权之影响，由来已久。晚清最早一起引起重大历史后果的教案是1856年的西林教案，它成为法国参与第二次鸦片战争的直接借口。抛开义和团运动不说，在晚清史上，因教案而失主权的最惨痛案例应为胶州湾事件。德国以两个教士被强盗杀害为由，强租胶州湾，从而揭开了“瓜分狂潮”的序幕。乔治·林奇的《文明的战争》故此把传教士称为“活饵”（livebait）。在解释义和团运动时作者又反问，“如果是中国的两个传教士在德国的乡村被杀害，德国皇帝会同意割让波罗的海港作为暴行的赔偿吗？如果迫于环境压力不得不同意，他的臣民愤而用武力将其夺回会令人感到奇怪吗？”[②] 胶州湾事件给列强起到了极其恶劣的“示范”作用，也给国人心头蒙上一层深深的阴影。清政府极不希望看到类似的事件再次发生，特别叮嘱出使法国大使庆常设法同法国签订只需就案论案、不许案外需索的合同，“复有教案，只应就案议结，不及他事”[③]。法国开始借口德国有先例，不予允准，虽最终还是答应，但国人依旧郁结于心。1898年御史张承缨奏应招抚余栋臣，便出于“将命价之外必

① 《南昌教案实在情形详述》，《大公报》1906年3月21日，二。

② George Lynch, *The War of the Civilisations*, New York and Bombay: Longmans, Green, and Co., 1901, p. 8.

③ 《清末教案》第2册，第766页。

索码头，码头不足，必索铁路某处、矿务某处，如德人胶州故事”的担忧[①]。

殷鉴不远，南昌教案发生后，报界多次报道英国有借案开吴城为商埠之心。这样的敏感，也算其来有自。在晚清史上，这类认知相当普遍。杨度在论及康有为设孔教对抗天主耶稣教时说，西方“特以护教推行以张国力”[②]。章太炎甚至认为教案之发起乃列强所乐见，认为外国人故意使之在中国引发争端，从而要挟中国政府[③]。文廷式则说：

> 近年以来，西人之传教者愈众，而教案亦愈繁。盖百年前专谈教事，而或从或违，不以强人。道光以还，西人兵力愈强，民间每生疑忌，或以教士为觇国之谍，或以教务为用兵之媒。故不复论教理之是非，而惟恐祸机之潜伏，其激而生变，亦势使之然也。[④]

《中外日报》在南昌教案交涉期间发表评论，说“近今以国际交涉之故，遂有所谓教案者。其祸之烈，为自古所罕闻，九洲所未有，可愤孰甚焉！然推其致此之由，则非宗教之过，宗教与外交联合之过也”。中国政府不仅要保护教士，还要保护教民，问题是“我政府虽竭力争持，而中外国势不同，即明明我直彼曲，而交涉之终，仍不免我受其枉”[⑤]。

这种认知还可以从不少西人的表述中获得佐证。许多西方人确实主张对中国使用强权，如法国的高第就曾针对天津教案评论说：“强权即公理那个悲痛的格言，必须严厉地在中国予以实施。”[⑥] 方苏雅在庚子年给他朋友的

---

① 《清末教案》第2册，第793页。
② 北京市档案馆编《杨度日记》，新华出版社，2001，第140页。
③ 章炳麟：《訄书详注》，上海古籍出版社，2000，第700页。
④ 汪叔子编《文廷式集》上册，第148页。
⑤ 《论政府宜与法人别订传教专约》，《中外日报》1906年7月14日，第1版。
⑥ 高第：《中国对外关系史》第1卷，第390页，转引自马士《中华帝国对外关系史》第2卷，张汇文等译，商务印书馆，1963，第284页。

信中写道：“跟中国人打交道，哪怕放弃一丁点儿权利或特权都会导致可悲的后果。”[①]《中法新汇报》在南昌教案交涉期间也声称华人无法开化，必须用强硬手段压制[②]。一个美国人对西方国家这一倾向表达不满，称：“在中国各个地方的外国人都寻求通过武断的强权施行他们的意愿。战舰上的大炮和海军的军刀是他们唯一的论据。”在他看来美国政府倒是更委婉一些，总算知道去“借用它在中国的代表的道德支持来侵犯中国的权利”[③]。

晚清国人常愤怒于外国人任意曲解条约。这种现象后来在国人的言说和思维中有了明确的解释，这就是所谓强权即公理原则。许多中国人在庚子后开始学会使用强权和公理这对概念来描述和分析中西关系。如蔡元培在1902年称“公理者，附丽于强权而始行”[④]。两年后，他又借助一篇小说的主人公之口来表达自己的愤怒，说“他们外国人是讲强权，不讲公理的”[⑤]。南昌教案发生后，御史吴钫也曾在奏折中痛言“国势攸殊，有强权而无公理”[⑥]。清末在江西洋务局任事的汪钟霖曾有“自叙”称：

> 曩岁肄业上海师范学堂，时学制尚未完备，仅就学者性之所近，分科受书。钟霖即喜治公法家言，遂得以参考法政诸书，旁及约章成案等编。顾心虽好之，而横览列强政策，往往两不平等之国相遇，有强权而无公法，几疑虎哥等书，可以废读矣。[⑦]

在国人未懂公理公法之前，列强以炮舰相灌输，在国人希图借公理公法以自保之后，却发现自己面对的依然是列强的炮舰。但“废读”毕竟只是

① 奥古斯特·弗朗索瓦（方苏雅）：《晚清纪事：一个法国外交官的手记（1886～1904）》，第213页。

② “La Tragédie du Nantchang,” *L'Echo de Chine*, 22 mars 1906, p. 1.

③ James A. Whitney, LL. D., *The Chinese and the Chinese Question*, New York: Tibbals Book Company, 1888, p. 98.

④ 高平叔编《蔡元培全集》第1卷，中华书局，1984，第161页。

⑤ 高平叔编《蔡元培全集》第1卷，第236页。

⑥ 《清末教案》第3册，第868页。

⑦ 汪钟霖：《赣中寸牍》，《近代史资料》总17号，科学出版社，1957，第31页。

一时气话，面对炮舰，又不能以炮舰相抵挡，只好退而继续讲公法。地方官王念祖在上胡廷干书中论南昌教案时便摆出一种现实主义姿态，他说：

> 公法一书，条例繁重，然综其大要，不外“情理”二字。夫以强国遇弱国，既不免舍情理而用权力，而以弱国遇强国，则不得不舍权力而言情理，能言情而不能言理，则不免于失败。能言理而不能言圆满完足之理，犹不免于失败。

王念祖提了三条自认为合情合理的建议，呈请向法国方面陈述。其中一条是江召棠为“南昌百姓之代表”，对西方人来说“代表尊重不可侵犯”，教士“戕贼代表”的举动是为公法所不容的[①]。显而易见，这位上书者不是食洋不化，就是不谙中西交涉之事，其建议无异于隔靴搔痒。

强权即公理原则运用于福音的传播，难免使“殉道者的鲜血成了外国人殖民帝国的种子”[②]。其中天主教表现尤甚，以致其传教政策被新教批评为“玩剑者必死于剑下”。一个新教传教士吉布森大胆预言：“他们正在种植仇恨和痛苦的成果的种子，在未来的年代将以一种悲惨的形式收割。”[③]

显然，被收割的不光是教会，清王朝在教案中也付出了巨大代价。1897年的巨野教案甚至直接带来领土主权上的巨大损失。当然这种例子毕竟罕见，教祸更常见的一个形式是赔款。方苏雅曾描述过一位法国主教，整天唠叨“我们被打劫了”，连袜子被偷都要向中国官员寻求赔偿[④]。在这方面新教传教士也无法独善其身，有的在旅馆丢失衣服也要向官员索赔[⑤]。不过总的来说，新教在赔款问题上的做法要远远比天主教“大度”。以1900年江

---

① 《一九〇六年南昌教案资料专辑》，第24～25页。

② Alexander Michie, *China and Christianity*, p. 91.

③ J. Campbell Gibson, *Mission Problems and Mission Methods in South China*, New York, Chicago, Toronto: Fleming H. Revell Company, 1901, p. 310.

④ 奥古斯特·弗朗索瓦（方苏雅）：《晚清纪事：一个法国外交官的手记（1886～1904）》，第129页。

⑤ Geo Phillips Esq., “Thoughts on Social Life of the Chinese,” *The Missionary Recorder*, Vol. 1, No. 4, April 1867, p. 6.

西闹教风潮的赔款为例，据李兴锐奏报，在赔偿教堂方面，“通共议给陪修款项，法天主教占银五十一万六百五十两又九万五千六百九十四元，英、美、德之耶稣福音堂共占银四万三百七十一元，又钱五百二十五千四百二十七文”。至于“教民具控被抢被诈之案”的数量，天主教案件有 1633 起，尚不算无名无姓的六百来起，而英美新教案件只有 58 起。赔偿天主教教民 26 万多两白银，而赔偿新教教民只有 7000 多两白银。至于赔偿教堂问题，法国教堂被毁 29 所，其余国家 10 所，赔偿法国 50 多万两，赔偿他国 4 万多两①。赔付天主教的款额远远高于新教，固然是由于天主教教产更多、受损更大，但也在于天主教以赔款养教的政策。方苏雅曾提到，一个教士直言不讳地告诉他，为了创建传教会的事务，他必须搞迫害。“至少要有一个殉道者，才可能有相当数量的赔款即发一笔横财。”② 赵尔巽奏折中提到，庚子后山西有教士独揽赔款，而教民无所获，所以纷纷退教。教士为取悦教民，故意怂恿他们敲诈平民③。江西天主教和新教教徒索赔人数的巨大差异，或许就可以从这里得到部分解释。

天主教这一政策，得到了法国政府的默许。当方苏雅抱怨法国以威逼得来的赔款来传播福音时，法国外交部长发电报指责他“有破坏法国 50 年外交政策的倾向”④。由于这一政策，赔款的数量往往远超教产受破坏的程度。还以 1900 年江西教案的赔付为例：

> 教士索赔款项，多者五、六十万两或一、二十万两，少亦数万数千余元不等。各守令以其数过多，思与磋磨，而愈议则愈增，愈延则愈巨。即如吉安府属之庐陵县，所毁教堂先据该县冯兰森禀报，与教士估计，需赔银八万八千余元，乃并不立时切实订定，事不旋踵，又加索至

---

① 《清末教案》第 3 册，第 82 页。

② 奥古斯特·弗朗索瓦（方苏雅）：《晚清纪事：一个法国外交官的手记（1886～1904）》，第 109 页。

③ 《清末教案》第 3 册，第 517 页。

④ 奥古斯特·弗朗索瓦（方苏雅）：《晚清纪事：一个法国外交官的手记（1886～1904）》，第 130 页。

二十二万余两，以致他县亦有相视效尤者。[①]

最后经过讨价还价，赔偿了 13.3 万两[②]。但并非每次都有如此“好”的谈判效果，面对形同敲诈的天价索赔，清政府在谈判中往往无可奈何。正是忧心于此，不少官员曾主张统计教堂财产，以便发生教案时利于评估损失程度，这一设想无疑很难得到大范围实施。

天主教的喉舌《汇报》曾从经费来源的角度解释过天主教与新教在索赔政策上的差异：

> 事既关于传教，其成讼未可非之。至事起之后，其弥缝收拾，天主教较他教为难。是亦有说。耶稣教士岁得西国捐资，五倍于天主教，用度则少于天主教，故慷慨豁免，鲜索赔偿，洵有足多者。天主教士进款无多，经费反巨，其索偿所失，情有可原。[③]

此说颇有为贤者讳的嫌疑，去掉饰词，便可理解为天主教经费来源不足，才从赔款中开源。

《京话日报》曾评论说：“中国如此穷弱，不是从交涉上闹的吗？跟各国交通，为甚么就闹交涉呢？不都是为教案吗？因教案，生交涉，因交涉，出赔款。诸位呀，请想想是不是呀。”[④] 想想也是，天主教“情有可原”的索赔为中国社会带来了巨大的经济负担。中国的教案赔款，一般都由地方政府赔付。由于地方财政紧缺，有时要通过贷款形式赔款。总理衙门提出新的教案赔款办法，即由地方各员分担。这一提法遭到给事中褚成博的反驳，他为地方官辩护说由于国家意主怀柔，“故地方官遇有教案，莫不惧膺严责，竭力维持。平

---

① 《清末教案》第 3 册，第 20 页。

② 《清末教案》第 3 册，第 82 页。

③ 《驳严又陵〈论南昌教案〉书》（一续），《汇报》第 29 号，1906 年，第 457 页。

④ 威岑：《自立教会的所以然》，《京话日报》第 591 号，1906 年，第 1 版。

日言及此事，几于谈虎色变，一旦祸机猝发，更苦无术弥缝”[①]。总理衙门解释说，是两江总督刘坤一上奏提到由地方官摊付教案赔款。“臣衙门因复奏请通行，原非责难于州县，殆欲知所警惕，当不致漠然无动于中，庶几实力防范，教案或亦渐少耳。”[②] 后来官员分摊教案赔款之事虽未通行，但时有此举。如江西庚子闹教风潮，各涉案官员便分担赔款，崔湘虽罢官，仍然承担了自己的份额。即便如此，教案赔款还是给江西带来了巨大的经济负担，汪钟霖在给瑞澂上条陈时提到：“伏查赣省自庚子以来教堂赔款八十余万，南昌一案三十余万，赣南一案二十余万，此外公用尚不在内，民间凋敝极矣。”[③] 地方财政的羊毛终究要从民间的羊群身上采，如是则使官与民两受其伤。

教祸的一个易于被忽略的面相是它对社会的割裂，这首先要从词讼说起。前书已述及，官员在教案中的处境往往相当困难，晚清因教案而影响仕途的官员比比皆是。官员的困境，主要体现在民教诉讼中。一个西方人说：“一旦天主教徒遇到麻烦，本地的神父几乎一律支持他的诉讼事由。如果本地县令断案对他不利，神父便求助于北京的公使。公使则向北京施加压力，使得地方官被严谴甚至革职。”新教传教士情况要好得多，但有时候他们也“利用特权说服县令公平断案”[④]。

教士为扩大传教计，袒护教民往往不遗余力。这使得许多无赖刁民为争讼而入教。一个中国官员自述道：“此间偶有睚眦小故，欲求讼胜，先行入教，鄙人必痛绳之，然未已也。可叹！”[⑤] 像这样的官员在清末已属罕见，多数官员是明哲保身，袒教抑民。御史蒋式瑆在一个奏折中提到，由于朝廷的严谴，“后此为地方官者兢兢焉，惟罢斥罪逮之是惧，曲护教民，压制平民，且百倍于曩时”[⑥]。民教争讼本是民教畛域形成的一个重要原因，教士助讼和官员袒教行为则拉大了这一鸿沟，造成中国社会的分裂。

---

① 《清末教案》第 2 册，第 649 页。

② 《清末教案》第 2 册，第 664 页。

③ 汪钟霖：《赣中寸牍》，《近代史资料》总 17 号，第 33 页。

④ F. L. Hawks Pott, *The Emergency in China*, pp. 203 – 204.

⑤ 《汪康年师友书札》第 1 册，第 454 页。

⑥ 《清末教案》第 3 册，第 265 页。

词讼问题的背后是官教权力关系的失衡，它所带来的恶果之一是加剧了晚清政府的认同危机。洋人通过官长威逼百姓，“迨行之既久，民心乖离，知官府不足恃，朝廷不能庇，弱者将庇于洋人，强者必变乱以自庇，则天下事不可为矣”①。这一悲观的景象在清末渐成现实。从 1891 年开始，哥老会和在理教等“会匪”开始频繁出现在教案文书中，官员反教热情的下降和袒教倾向的上升，逼迫民众通过国家控制外的团体去对抗基督教势力。会党的反教活动或许为官员乐见，但官员的反教手段从假借于民到借口于匪，无论如何都是一次被动的转型。国家的社会控制能力的衰落，从 1898 年两广总督谭钟麟的一句话里体现得淋漓尽致，该督就广西永安教案事称“愚民生事，贻害官长，尤为可恨”②。非但不能保民，且无力以自保，这正是王朝末日的凄凉写照。既无力自保，便也只好如“弱者”一般托庇于洋人，遂有媚外之讥。山西举人刘大鹏的日记在义和团运动后记载了一个事例，教徒家里办丧事时“邑宰率其所属文武皆为之吊，城中绅士亦联臂而往”③。清人之媚外，虽有几分虚构，更有无数写实。媚外现象的兴盛，意味着清王朝的统治已经从心理上开始瓦解了。

2. 南昌城的恐慌

一个名叫万叶林的南昌县人，在他 50 岁那年碰到了霉运。当时他正在南昌一家烟馆做帮工，听说自己在省城的叔叔患了病，便前去看视。这天，他替叔叔上街买米时，发现街上积了雨水。如果是夏天，他大概会蹚水过去，可当时正值春寒，他不愿让脚下的鞋子沾到泥水。于是，他从路旁一处被火烧过的废墟中搬了一块石头来垫脚。他万万没料到，这样一个小小的举动竟导致自己被官府判罚半年的苦工④。那块为万叶林惹来麻烦的石头，正

① 《清末教案》第 3 册，第 660 页。

② 《清末教案》第 2 册，第 742 页。

③ 刘大鹏：《退想斋日记》，山西人民出版社，1990，第 148 页。

④ 此段对万叶林的叙述和下文对各案犯的叙述来自沈曾植所存的案犯口供抄本（参见《一九〇六年南昌教案资料专辑》，第 38 ~ 43 页；群力《一九〇六年南昌教案资料辑录》，《近代史资料》总 8 号，第 107 ~ 112 页）和外务部致法国公使的照会（《清末教案》第 3 册，第 893 页）。

是光绪三十二年二月初三日南昌城厢内外那四场大火的见证之一。

有人提到，“庚子义和拳之事，壬寅湖南辰州之事，今日江西之事，皆教祸之最惨烈者也”①。事实上，南昌教案是庚子后最大的一起教案。教案发生后，南昌城出现一派恐慌景象，据《时报》记载：

> 自经初三日午间事变后，大吏始派驻省常备军及三营练兵警察兵梭巡街道，往来弹压，大有满目皆兵之象。当时幸无外来游匪煽惑其间，不致酿成大乱。然匪徒布散谣言，又以外国兵轮将至不免玉石俱焚等语恐吓居民，致令人心皇皇，争先迁避，竟有候补府道者附和先逃，以致旱道夫马轿车、水程船只均被雇尽，无不利市三倍。而初四、初五两日间粮食米价骤增至每石钱四千五百文，市面钱价每银一两易钱二千一百文，金一两易钱八十三千文。②

如其所述，南昌教案从多个方面影响了这个城市的正常生活。

南昌教案发生后，胡廷干下令严拿匪徒。有人专门就查拿凶手事撰写《释冤》一文：“南昌因教案捉拿之人多至一百五六十名，一经被拿，并不讯问，即行大监。及至提讯，不容分辩，辄加严刑，冤屈者不知凡几。初三日在监自缢一名，近始稍有省释无辜被累者，闻者怜之。”③ 报界曾有一则新闻，绰号“二草包”的要犯陈某远遁湖北老家，官方“当即移请关提，并派差张瑞湖等前往，协同武黄江防府差役，将该犯陈曾明，由伊姊丈家拿获，递解江省，由南昌县讯供”④。从这一例即可知江西查拿凶手之不遗余力。为了使缉凶工作得以落实，胡廷干还特别开出赏格如下：

> 江抚胡为行知事：据南昌府徐太守嘉禾禀称，前奉宪饬严密访查，

① 《论调和民教之办法》，《津报》1906年4月25日，第3版。

② 《南昌大教案十志》，《时报》1906年3月9日，第2版。

③ 《释冤》，《新闻报》1906年4月9日，第1张。

④ 《解到闹教要犯》，《中外日报》1906年5月8日，第3版。

焚折教堂，行凶首要各犯，倘能查报正犯多名，或协同拿获，及自捆送者，一经讯实，照后开赏格，按名给赏，弁勇则不次超迁，差役亦一律照赏。计赏格内开：查报首犯姓名住所拿获者，赏洋银四百元，能协同弁勇拿获首犯者，赏洋银八百元。能自行捆送首犯者，赏洋银一千元。其查报及协获捆送，为从行凶要犯者，每名照首犯减半给赏等因。奉此，当经移会各营，及督同南新二县，悬赏选派干练员弁勇役，不动声色，严密查缉，先后拿获多犯。经卑府随同司道，并督饬谳局委员，及南新二县，逐日研审。业经讯定各供词，录呈宪鉴。所有拿获首要各犯之员弁勇役，不无微劳，谨按各开具清折，至应如何给赏之处，伏候均裁等情。据此，查折开已获焚毁教堂各犯，业经分别讯明，首要正从定拟，所有拿获各犯之员弁勇役，自应按照前开赏格，按名给奖。业经本部院，当堂分别发给具领。除将各印领存案并批行外，合亟札处即便遵照，并分别移行知照，毋违此札。

计粘清折：英案正犯四名：首犯一名，警察巡兵徐光勋等拿获，八百元；要犯三名，分别由警察巡长璩炳焜、颜魁、警察巡目舒茂滋等拿获，四百元。法案正犯五名：首犯一名，卫队都司蔡和林督勇拿获，八百元；要犯四名，分别由都司蔡、南昌孟、巡捕陈鼎元、右营游击洪点魁、南昌孟等督勇兵差拿获，四百元。法案监禁人犯三名：即从犯，分别由巡兵喻光华、常备军标统裴其勋、城守营副将刘竹书拿获，各赏二百元。①

为了获得奖赏，差役和兵弁严刑逼供，以致造成冤狱。据《南方报》记载：

此次教案，内有秃头某甲经某乙指为正凶，前已供认。日昨重讯，复又血泪交流，大呼冤枉。诉称初三日伊实在进贤门外吴姓家内箍盆桶

① 《拿获南昌教案要犯赏格》，《中外日报》1906年5月10日，第3版。

等件，系包工，日得工钱八十文，吃饭二餐，早去晚回，未曾稍离。并有邻人持桶一只命之打箍一道，得钱八文，可以为证。前之所供系受刑不住，谳员沈敬亭大令廷鉴，乃革履布衣，私至该处察访，果有是事。现已据实禀陈上宪，尚不知作何办理。[①]

抓到嫌犯之后，采取严刑逼供的形式令其招供。报界对此多有批评，王迈常的回忆证实了这一点，他当时正应老师沈曾植之邀寄居南昌，为南洋译书局译述日文书籍，"曾亲见发审局酷吏审讯教案嫌疑诸犯之种种苦痛，种种经过，种种冤枉"，据其述称，那些时日"闻官怒叱声，犯人叫冤声，板子劈拍声，声声不绝，而通宵彻夜不得宁静矣"[②]。一些吏役还借严查凶手之机，肆扰乡里，据《新闻报》披露：

拿办之始，赣省游手无赖之地痞及倚仗外势之莠民，挟仇诬陷，借故罗织。不肖署差，狠毒亭长，均皆持缉匪之文，为生财之券。骚扰乡社，狐假虎威，叱咤所至，鸡犬夜惊。予则释，靳则缚。而官又不问情由，不追赃据，豕执羊牵，尽驱而纳于狴犴之中。[③]

据《南方报》提到的一个例子："右营兵丁某甲在乡间藉缉凶犯为名，任情讹索，并击死小孩一名。"[④]

有人曾撰文评论案发后的严拿凶手，称"小民虽愚，不可不惩，而亦不无可矜可哀也"，提到官府严拿嫌犯竟致全城"风声鹤唳，草木皆兵"。文中一边赞扬湖广总督张之洞的"须照公愤办法，不应照匪徒办"之说；另一边又批评江西当道"明明公愤而必指为匪者，守寻常之故智，软弱媚

① 《南昌教案汇志》，《南方报》1906年3月28日，第1页新闻。
② 王迈常：《南昌教案见闻》，《文史资料选辑》第10辑，第134～135页。
③ 《释冤》，《新闻报》1906年4月9日，第1张。
④ 《南昌教案汇志》，《南方报》1906年3月30日，第1页新闻。

外”，以便“自轻罪名”[①]。外界对江西严拿凶手的认知和叙述或不免夸张失实之处，但“自轻罪名”之说很可能正说中了某些官员的心思。

教案发生后，以炮舰相威胁是列强的一个惯用伎俩。翁同龢日记曾提到1898年南昌揭帖事件：“吕班会晤，言南昌揭帖将仇官，不特杀教，坚欲调兵船往九江，力止之。”[②] 南昌教案发生后，南洋大臣周馥料知列强炮舰必将赴赣，因此致电英法外交官和外务部，希望炮舰不要遽行来赣，以免恐慌[③]。然而列强根本不听劝阻，英、法、美、德四国炮舰于南昌教案发生后相继进入鄱阳湖[④]。炮舰的到来一度引起恐慌。据一位西方记者在南昌的采访，当时百姓纷纷传言洋人的炮舰携带着大如冬瓜的炮弹，要来毁灭这个城市[⑤]。

当炮舰抵达岸边之际，常要鸣炮示意，但一般百姓不谙此道，亦可能引起巨大的混乱。南昌的一位美国教士便忧心于此：“特电九江领事，略谓省城居民纷纷迁移，如兵船来省议事，切勿放到境炮，致生惊扰。”[⑥] 这也算是黑暗中的一线光明，中西交流史上的一抹暖色。

出于对列强兵舰复仇的担忧，南昌还一度出现了逃难现象。据《南方报》报道：“江西官场候补人员闻乱逃避者不计其数，其最著者则为候补道贺良杦，伪称感冒逃往吉安。候补知府李士儁亦迁居船上，刻闻风声稍定，始复回寓。……连日人心稍定，绅商住户纷纷从外搬回省垣者颇有人。”此报道还提到：“初四日风声正急之时，闻有某巨户雇舟迁徙，甫至河汊地方，舟即遭风覆没，财物生命无一存者。”[⑦] 这一沉船事件见于多处史料，几成当日恐慌事件的缩影。《申报》勾勒了这次恐慌的经过：

---

① 《要件》（续），《南方报》1906年3月27日，第1页新闻。

② 翁同龢：《翁同龢日记》第7卷，第3151页。

③ 《清末教案》第3册，第811页。

④ 参见胡廷干对英法美德四国兵舰的活动报告，《教务教案档》第7辑（2），第756页。

⑤ Everard Cotes, *Signs and Portents in the Far East*, p. 75.

⑥ 《优待持论公平之教士》，《新闻报》1906年3月10日，第1张。

⑦ 《南昌教案汇志》，《南方报》1906年3月13日，第1页新闻。

> 自江令因伤溘逝后至初八日早，省垣复又惊惶。缘巨富某姓先于初四五日用大船数艘搬移衣物金银人口。本欲赶紧开驶，适有电信，外部商允法使不派兵轮来赣，遂暂泊河干。讵初八日早接九江电信，谓有兵轮至浔，即日来省。巨富不辨其为领事所乘之兵轮，立即开驶。某巨富见之，亦即搬迁。一时市面遂复震动，民心大为惊惶。[①]

恐慌心理影响了南昌的市价。亲历此事件的王迈常回忆说：“城内百物涨价，农产物尤居奇货。最可笑者，洗澡堂亦涨价，托词城外取水不易也。”[②] 南昌的“市面震惊”还影响到各种流通货币的比价，洋元对铜钱比价上涨，黄金对市平银的比价也“随之而大涨”[③]。

面对恐慌局面，江西大吏发布了多纸告示来消除恐慌。闹教发生后，胡廷干为防引起后续案件，急忙出示四言告示曰：

> 江令一案，正在查办。院司迭示，开导解散。乃有匪徒，纠集流氓，肆行焚杀，波及英人，天主三堂，一概毁坏。不服弹压，形同化外。事外洋人，杀毙多名。似此衅举，从来未闻。谕尔良民，各安生业。毋得附和，致遭殃孽。所有凶犯，严饬拿问。再滋事端，格杀勿论。[④]

此后官方一再发布告示声称严拿案犯。

针对市面物价的上涨，余肇康“严示查禁，市上各物价乃稍平”。其安民告示如下：

---

① 《三续照录访函述南昌大教案》，《申报》1906 年 3 月 12 日，第 2 版。

② 王迈常：《南昌教案见闻》，《文史资料选辑》第 10 辑，第 134 页。

③ 《金价陡涨》，《新闻报》1906 年 3 月 10 日，第 1 张。

④ 《南昌大教案七志》，《时报》1906 年 3 月 6 日，第 2 版。

照得各省查办教案，如派洋人前来，无不乘坐兵轮，并无他意。本司自来均所目击，不知凡几。江令一案，先并无兵轮来省之说。即英法领事果坐兵轮来省，亦系向来如此，并不希奇。现奉抚宪本司上轮与领事商办，必能和平。如尔商民不听告诫，复事惊惶，以致人心纷扰，别生枝节，必更无从着手。用特明白开谕，务各父诏兄勉，各安生业，市廛不惊，方有办法。如有首先搬移之家，定当从重示罚。倘有痞匪再敢布散谣言，希图乘机劫掠，亦饬密行查拿，立予重办，以为奸民滋事者戒。各绅士等均受国家嘉惠，现当讲求公理，无不通晓事情，尤望安堵如常，不先浮动，以为齐民表率。此则本司谆谆劝谕之苦心也。特示。①

英国兵轮来江的消息一经传出，又致使各界惶惶不安。故此南昌、新建两县当即出示曰：

现奉督宪派中国小兵轮并委大员会同英领事来江，商办公事。照章兵轮抵岸，船上施放礼炮，以示敬意。凡尔军民人等，切勿惊恐疑虑。即观看之人，亦不准喧哗拥挤，致干重咎。特示。

巡抚胡廷干亦出简明告示曰：

英法领事乘坐兵轮来江商议，并无别情。各省教案，兵轮必临。因护领事，均主和平。示诸良民，安分营生。勿怀疑虑，惊扰纷纷。如有匪棍藉端妄行，立拿严办，勿蹈典刑。

臬司余肇康则出详明告示曰：

① 《南昌大教案十志》，《时报》1906年3月9日，第2版。

顷奉抚宪发出初七日酉刻奉外务部电开，英领事所派系一炮船，仅吃水一尺八寸。此船专为领事乘坐，藉可保护。只须查明实在情形，并无他意，居民无庸惊疑。将来法国来查，均系如此。合亟晓谕为此示，仰绅商士庶人等，一体知悉。英法所来小兵轮，均系领事所乘之坐船，至于别派兵轮，早已不来，业经本司出示在案。向来各省教案，均系如此，务各安静如常。倘有痞徒妄布谣言，立即拿案重办。如有不晓事理之家无故迁移，现派专员指查，定予从重示罚，并治以摇惑人心之罪。此事被痞徒败坏至此，岂堪滋事端，用再痛切言之。特示。

警察总局亦派巡弁巡目督同巡兵，肩扛告示牌走街串巷晓谕民众，称：“众人不必惊惶。即使英法领事来省，亦不过商议善后事宜，断不与百姓有碍，望我同胞谨遵此谕。”①

梁敦彦来省办理时，余臬司又出告示：一讲拿犯要按情节分别轻重，一讲兵役不得妄拿，受害者可向官员控诉，一讲乡愚不得以讹传讹②。据《申报》访函称，上司要求严拿案犯的告示多达 13 条，因此兵弁借机扰民。得到臬司的告示后，上控案有 80 余起。南昌知府徐嘉禾与知县孟庆云也出示告示，告诫兵弁不可扰索。随后又张贴一简明告示称：“莠民伤害洋人，自应按名严拘。兵役查拿正凶，断不株连无辜。倘敢藉端扰索，准尔指名控诉。无分兵弁差役，捆送惩办不恕。其各禀尊无违，慎勿妄为自误。”③

巡兵傅祖训击毙巡长胡廷杰案发后，外间谣传是洋人所为，梁敦彦为此专门致函胡廷干，请其辟谣④。于是胡廷干出示晓谕云：

本月初一日寅刻，查夜之警察局巡兵傅祖训，因疑窃被该管巡长胡廷杰训责，怀恨，胆敢枪击该巡长，登时因伤殒命。似此凶横暴戾，实

① 《三续照录访函述南昌大教案》，《申报》1906 年 3 月 12 日，第 2 版。
② 《十续访函述南昌大教案》，《申报》1906 年 3 月 28 日，第 2 版。
③ 《十一续访函述南昌大教案》，《申报》1906 年 3 月 29 日，第 3 版。
④ 吴永兴：《梁敦彦在南昌教案中的往来函稿》，《清史研究》1992 年第 4 期。

> 属目无法纪。除饬按察司兵备处督同提调南昌府徐守、候补府潘守严行审讯，按照军法惩办外，特将该巡兵罪状宣示，以昭炯戒。嗣后各营兵弁，务须交相亲爱，毋再好勇斗狠，干犯名义，致罹法网。再倘有痞徒藉端造谣滋事，（因教案未曾议结，人心惶恐之故）定行严拿惩办。切切特示。[①]

此外，江西在省绅士也发布公启，通报说“省垣人心早已一律相安”，呼吁外府州县“慎勿滋生事端”，并表达了“民教无争，同游化宇”的愿望[②]。

城门失火，殃及池鱼，南昌教案中遭受池鱼之殃者所在皆有，一大批知名和不知名的小人物的命运受到影响。据《新闻报》载，“江大令在南昌任内三年，赔累不下数万金，均在久大、庆丰各钱庄，往来拖欠巨款。此次因伤殒命，各庄款无从归还，恐将有倒店之事”[③]。江西学生出洋留学的事也受到影响。“去冬考取咨送出洋之各学生，多已来省，因见教案决裂，考送一事当必从缓，日来纷纷购办物件，作归计者已不绝于途。”[④] 如前述及，一个名叫胡廷杰的巡长还间接为南昌教案付出了生命代价。事件原委大体如下：

> 警察南局巡长胡廷杰，因保护朱家濠耶稣堂，租定左边民房一间下榻，每月租钱百五十文。二月三十日，有巡兵傅祖训私窥巡目下榻之处，被巡目瞥见，疑其偷窃，当即扭其辫而批其颊。巡兵抱头鼠窜而去。巡长又与巡目商议，拟将该巡兵送至总局严办。巡兵闻之怒极，竟将手枪击中巡长，当即毙命。[⑤]

① 《赣省巡兵击毙巡长定罪》，《南方报》1906年4月3日，第1页新闻；《不法巡兵请照军法惩办》，《中外日报》1906年4月4日，第6版。按，后者比前者稍有缩略。

② 《江西在省绅士公启》，《中外日报》1906年3月20日，第2版。

③ 《南昌巨案近闻》，《新闻报》1906年3月17日，第1张。

④ 《学生纷纷归去》，《新闻报》1906年3月10日，第1张。

⑤ 《江西教案近闻》，《中外日报》1906年4月2日，第2版。

事实上，南昌教案发生前，巡兵的枪支是不配发弹药的。“教案事起，各军营经余廉访禀准鼎帅，发给子药。迨地方安静，理应饬缴，而廉访仍置之不问，致本月初一寅刻，有巡兵傅祖训枪毙巡长胡廷杰之事。”[①]

南昌教案触及的不光是江西社会的中下层，江西官场也遭受了一场劫难。按照中法双方的谈判意见，城守营耑城守备刘国梁、新建县把总严尚忠、右营外委吴廷贵等一批官员分别受到革职、摘顶、罚俸和记大过等处分[②]。抚藩臬等三个最重要的官员也遭到严谴，巡抚胡廷干撤任、臬司余肇康降二级调用，而藩司周浩更是因为贪污受贿而革职。

江召棠应当是官员中最大的受害者，他为此付出了生命代价。在桐城文人马其昶的文章中，江召棠死后被朝廷追加了“太仆寺卿”的荣誉。这一赠恤也记录进了江召棠的族谱。实际上，清政府确曾议定了这一恤号，但由于法方的外交压力，清政府许诺“断不准该地方官及绅民等给予一切好处”，因为江召棠“自尽情形与为国捐躯者不同”[③]。这一决定对江召棠的“后事”影响颇巨，其家属忆称，由于江召棠死后不能加官，连墓志铭也无人敢做[④]。

沈曾植在南昌教案后不久即迁官离赣，在给胞弟沈曾桐的信中回顾道：“今年自春徂夏，终日在梦中。……幸脱身于惊涛骇浪之中，祖德天恩，良深庆幸。”[⑤] 在此案中，沈曾植虽未遭谴，却仍有“惊涛骇浪”之感。这一感叹可能不仅是就教案本身而发，也包含了交涉当中官场派系间的暗潮涌动。但无论如何，用“惊涛骇浪”四字表达南昌教案对江西官场的影响都不为过。后来江西巡抚冯汝骙曾提到，自南昌教案“谪及疆吏”后，江西官场办理教案事“皆有戒心”[⑥]。可见此案深刻影响到日后江西官场办理教案的态度，这自然会波及江西的官教关系和民教关系。

---

① 《江西饬缴前发子药》，《中外日报》1906 年 4 月 4 日，第 5 版。

② 《清末教案》第 3 册，第 894 页。

③ 《清末教案》第 3 册，第 896 页。

④ 《关于南昌教案抄自有关文件之记载》，南昌市档案馆藏，卷宗号：1180－20－75。

⑤ 许全胜：《沈曾植年谱长编》，第 318 页。

⑥ 《续修四库全书总目提要稿》，转引自吕友仁主编《中州文献总录》下册，中州古籍出版社，2002，第 1786 页。

以上是南昌教案所呈现的“教祸”的部分面相。“教祸”一词虽侧重国人所受之祸，但它毕竟是把双刃剑，基督教和西方列强亦不能独善其身。南昌教案中共有九人罹难，其中六人属于天主教，共有四处教产被焚毁，其中三处为天主教所有。但正如厄内斯特·杨所说，天主教在江西失去的“绝不仅仅是人和教产”[①]，郎守信即在一封信件中痛言该教“在赣北失去了一切”[②]。这一惨痛的教训也促使天主教有更多的反思。郎守信于1910年去世后，一位赣东的天主教教士说，南昌教案耽搁了整个江西传教士在与官员和民众关系方面的努力。他谴责了郎守信和王安之的咄咄逼人[③]。与义和团运动前后直隶的经历相比，此次悲剧后传教事业并没有一个迅速的反弹。一个县令在教堂里被逼自刎，即使法国方面通过外交努力全力化解这桩丑闻，但天主教还是受到了各方的质疑。除了中国的舆论对其大加挞伐，日本和西方的报纸也对其行为颇有微词，甚至参与谈判的法国外交官也批评天主教对其中国教徒的事情干预过多[④]。这种舆论氛围，对适逢1905年政教分离法案的法国天主教来说，无疑有点雪上加霜的意味。

二 从民教畛域到民教调和

教案史研究者曾遇到过一个令人困惑的问题：清末以后教案是如何消失的？实则直到民国，教案从未消失，只是基本淡出了公众视野。这也提示我们，教案是不是一个社会问题，以及是一个多么严重的社会问题，都是有赖

① “The Politics of Evangelism at the End of the Qing：Nanchang，1906，” Daniel H. Bays ed.，*Christianity in China*：*From the Eighteenth Century to the Present*，p. 110.

② Ferrant to Fiat（superior generai），Jiujiang，21 July 1906，Lazarist Archives. 转引自“The Politics of Evangelism at the End of the Qing：Nanchang，1906，” Daniel H. Bays ed.，*Christianity in China*：*From the Eighteenth Century to the Present*，p. 110。

③ Mgr. Vic to Lazarist superior general，25 Nov.，Lazarist Archives. 转引自“The Politics of Evangelism at the End of the Qing：Nanchang，1906，” Daniel H. Bays ed.，*Christianity in China*：*From the Eighteenth Century to the Present*，p. 110。

④ Bapst to forein minister，Beijing，11 June 1906，AMAE，n. s. 312. 转引自“The Politics of Evangelism at the End of the Qing：Nanchang，1906，” Daniel H. Bays ed.，*Christianity in China*：*From the Eighteenth Century to the Present*，p. 110。

于时人的情境定义的。下文从民教畛域与民教调和两个关键概念入手，来考察教案作为问题的出现和消失。

1. 晚清民教畛域与教民敌对身份建构

在晚清70年的历史上，教案此起彼伏，给清政府带来无尽的交涉之苦，也为中国社会的分化、分裂制造了一大端绪。具有讽刺意味的是，晚清民教之间的畛域一定程度上是由官绅通过对教民的敌对身份建构而实现的，其意图在于限制洋教的传播。但是随着教案所产生的后续影响越来越深远，晚清士人不得不再三提醒国人警惕“教祸”，并不断发出“民教调和”的呼喊，提出各种调和方法。这种反思，是清末教案渐形消亡的一个重要内因。

一个基本问题是：晚清的官绅为何仇教？其中一个重要原因是他们担心平民入教会产生“化外之民”。

清朝官方在基督教问题上实际上要对付的是两种人：传教士和教民。由于条约的约束和中西实力的对比，清朝对在华传教士一直缺乏有效的监管。1845年，两广总督耆英上奏称，他对付法国天主教的办法是“于曲示笼络之中，寓严加拒绝之意”①。此后很长一段时间，朝廷对基督教都采取同一策略。1862年上谕致江西巡抚沈葆桢，便声称要对天主教“于羁縻之中，默寓防范之意”②。内而防范，外而羁縻，纸面上的一内一外在实践中就变成了一阴一阳。地方官员对传教条约的“阳奉阴违”常常为人乐道。权术和手段成为美谈与佳话，体现的不是道德问题，而是中西实力的对比。有西方外交官称中国官员的花招可以成书，更有传教士称中国官员最善撒谎，反映的就是国人在“羁縻”的前提下“制夷”的各种尝试。这种游戏对弱势一方来说，更多的是无奈。如官员办理教案时的拖延之术，大概是众多花招里最易掌握的一个，但正如吕海寰所说，这无非反映了官员“权力不足以制外人”故而“强之不能，听之不可”的无奈③。

---

① 《清末教案》第1册，第13页。

② 《清末教案》第1册，第241页。

③ 《清末教案》第3册，第834页。

官员对外国传教士无可奈何，自然会把目光转向本国教民。薛福成在给一个大员上书时称，中国虽然民教冲突很多，但好在“民之未尽变于夷”①。在时人看来，平民入教，即“变于夷”。正如王炳燮上某中堂书中所说，“一入其教，则人心但知有教主，不知有国法矣。此其动摇邦本，害之一也”②。“民为邦本”是一个传统表述，为士大夫尽知。平民入教便动摇邦本，显然意指教民不再是民。汪康年的一个朋友则有另一种表述：“说者又谓教虽外国之教，民仍中国之民，此语非也，盖教民绝无一信其宗教而归之者，皆为词讼起见耳。既已归教，有教士庇护，可以不服国权，则一国而有二种民矣。夫今遍地球之国家，一国之中可以任民信用何宗教，不能任民信用何律法也。”③“一国而有二种民”，某种程度上是当时司法实践的忠实反映。有人干脆将此现象概括为“一入教中，即成化外”④。平时视为“化外”，一到战时，更是疑为“汉奸”⑤。

《申报》1878 年的一篇文章提到，西教招纳教徒时，贤愚不择，以致众恶所归，为拉拢教民，且对其加以庇护，从而导致“不信教者乃区别教中人，与之结怨构衅”⑥。不止平民区分教民，教民也自外于平民，1869 年御史袁方城的一份奏折就提到：“盖自和议既成之后，夷人之所谓教主者，俨然与督抚平行，而头目之分处各郡县者，又皆有睥睨官长之意，凡从教者皆自称教民，不受地方官管束，或因讼事上堂，立而不跪，即有理屈之处，地方官不敢加刑。”⑦显然，“教民”逸出“平民”“齐民”之列而与之对举，关乎的不仅是一个语言表述，某种程度上也确是一个社会事实。江西的一个

---

① 薛福成：《庸庵文编》卷 2，沈云龙主编《近代中国史料丛刊》第 95 辑（943），台北，文海出版社，1973，第 225～226 页。

② 王炳燮：《毋自欺室文集》卷 6，沈云龙主编《近代中国史料丛刊》第 24 辑（237），台北，文海出版社，1973，第 251 页。

③ 《汪康年师友书札》第 2 册，第 1380 页。

④ 《江西景兵备道复九江英领事照会》，故宫博物院文献馆编《文献丛编》第 34 辑，故宫博物院出版物发行所，1936，第 56 页。

⑤ 教中率真子：《教民不为汉奸说》，《益闻录》第 520 期，1885 年，第 1 页。

⑥ 《论民教失和》，《申报》1878 年 9 月 13 日，第 1 版。

⑦ 《清末教案》第 1 册，第 683 页。

知县甚至数次将“教民”与“华民”并称[①]，其隔阂之深自不待言。

因为互为异己，彼此猜忌之心就重。有文章从最底层最日常化的角度审视了民教之间的冲突：“三家之村，十室之邑，其所见不逾咫尺，其所知不出闺闼，而恩怨之见，计较之私，则最为分明。一钱之出入，教民沾便宜，而平民受亏损，便视为切肤之痛。一寻常之事，教民得意自鸣，而平民相形见绌，便视同贸首之仇。”[②] 引文揭示了民教冲突起因的琐屑，但日常琐事，却因民教之分而被平民放大。平民对教民固然抱有敌意，而教民也往往意识到自身身份的特殊性，与平民产生认同对立。一个新教传教士注意到，教徒略微吃亏便说自己“受逼迫”。他发现，“逼迫这个术语，经常用于一个非常有弹性的意义。如果原告是一个异教徒，他会说他是受人气。但如果是个教徒，他会用圣经术语，说他被迫害了”。而且，“麻烦或许完全与教会事务无关，它或许与债务归还有关，或许是用水权和捕鱼权问题，或者是河堤、税收或家族的慈善事业的控制问题，但如果抱怨者是一个教徒，而他的对手是一个异教徒，一般就假设这是一起迫害案件”[③]。

上述史料共同显示，平民区分教民与教民自外于平民相因并至，导致民间的日常矛盾被放大。在不信教甚至仇教的国人那里，难免将此种矛盾归咎于教民的特殊身份，因此会发出“多一入教之人，即多一生事之人”的感叹[④]。

实际上晚清士大夫言及教民，几乎全是负面表述。时任川督的鹿传霖说道：“凡入教者，类皆刁诈之徒。”[⑤] 恭亲王奕䜣称：“臣等查华民甘心入教，见异思迁，断非安分之人。”[⑥] 庆亲王奕劻指出：“中国无赖莠民既甘心入

① 在这份据称是永新知县阎少白的遗稿中，三次将教民与华民并称，分别为“教民与华民偶相口角”“教民得志，华民含冤”和“教民与华民传颂”。见《教务教案档》第6辑（2），第1025、1026页。

② 《论中国近日防乱之策》，《中外日报》1906年5月25日，第1版。

③ C. S. Champness, “The Duty of the Missionary in Relation to Cases of Persecution,” *The Chinese Recorder and Missionary Journal*, Vol. XXXVI, No. 2, February 1905, pp. 55 - 56.

④ 程宗裕辑《增订教案汇编》卷4，实学书社，1902，第8~11页。

⑤ 《清末教案》第2册，第610页。

⑥ 《清末教案》第2册，第641页。

教，无非倚教士为护符，其因词讼到官，无不狡展。”[①] 驻俄公使杨儒也谈及，义和团运动是起因于民教不和，民教不和则起因于教徒“多系无赖莠民，皆恃教为护符，争讼攘夺，欺压平民，积怨成仇”[②]。类似的表述在晚清史料中不胜枚举。

教民的这一形象，主要是来自词讼问题。在晚清教案史料中，有大量的例证可证明，教士干预词讼是一个常见现象。恭亲王曾称：“数十年来，臣衙门办理教案，从未见教士责罚教民之事。”[③] 其说意在反映教士袒护教民，不过也应看到，跟教士干预词讼紧密相关的是官员的袒民抑教。1874 年某山西教民控告庄稼被盗事，长官说：“尔不入天主教，何致田地将成荒芜。禾稼被人盗取，自招其祸，反行控人违法欺良。”[④] 某地教民受冲击后请官方保护，结果反被地方官诘问道：“尔本中民，衣中服，食中饭，做中买卖，为何转学外国教?”[⑤] 这是两则典型的官员袒民抑教的例子。从这个角度讲，教士干预词讼也是有以致之。

教士干预词讼引来的后果是多方面的。其中一方面就是法律天平的继续倾斜。直隶深州吴牧将官员分为两类，说“各地方官贤愚不等，大约不出强弱两途”[⑥]。弱者畏惧教士之干预自然袒教抑民，强者抵制教士的干预，更加袒民抑教。袒教抑民，则平民为寻求庇护而从教；袒民抑教，则教民愈发与官员对立。

当然，将教士干预词讼归咎为官员办理不能持平，结论也未必牢靠。事实上，考虑到官员和教士的个体差异，再考虑到时间和空间的参差不齐，这一结论无法逐一推及各个案例。即如时人所论，中西之间本就“两以不肖之心相应”，在这一背景下，官员与教士也难免互相猜嫌。德国的卫礼贤曾记载，教民欺骗教士，自称遭到打劫。教士不信官府而信教民，结果却证明

---

① 《清末教案》第 2 册，第 663 ~ 664 页。

② 《书中国驻俄大臣杨星使论民教不和后》，《申报》1901 年 1 月 10 日，第 1 版。

③ 《清末教案》第 2 册，第 641 页。

④ 中研院近代史研究所编《教务教案档》第 3 辑（1），台北，中研院近代史研究所，1975，第 477 页。

⑤ 中研院近代史研究所编《教务教案档》第 4 辑（1），台北，中研院近代史研究所，1976，第 8 页。

⑥ 《教务教案档》第 3 辑（1），第 256 页。

教民说谎[①]。这样的例子非止一二。

为了围堵教民并限制平民入教，晚清国人尝试过多种办法，其中一种区分民教的思路时常见诸史料记载。

1869年9月御史袁方城奏称：“臣请皇上密谕各督抚，各督抚密授意地方官，凡遇教民犯事到官，其责处之数，必须较常人加倍，如彼罪只五分，我必傅致以十分之罪；彼杖宜二十，我偏故予以四十之杖。……盖阳语以责备贤者之严，实阴示以深恶痛绝之。”[②] 这种区分民教的手段虽多为地方官所奉行，但毕竟不是名正言顺的应对之策。时人更多思考的是教民的注册问题。

1866年南京绅士在一份公禀中称：“既从其教，则自有区别。即如回教与汉教，大端无异，而婚丧之礼悬殊，故联姻必回汉各从其类。若将来从彼教者漫无稽考，实有不便。”[③] 至于如何区别，技术手段之一便是教民注册报官。1860年署陕西巡抚谭廷襄便奏请将“习天主教之户，另册密记”[④]。次年，署四川总督崇实也奏请于“编查保甲时，将习天主教者暗为从托，随时严密稽查”[⑤]。1865年，湖北一个补用知县受秀才入学时教官为其注册一事的启发，提出由教士为教民造册，然后送州县注册，意在防止“教匪冒充该教名目”[⑥]。次年，江西巡抚刘坤一也提出此节，称：“可否以查假冒为名，饬各教士将各教民造册，送各该州县，得以按籍而稽，俾入教者有所忌惮。”[⑦] 天津教案后，总理衙门为规范传教活动，拟订八项传教章程，其中第六条便提到，教会收受教徒“应照中国所有庙宇知会地方保甲登记册内，便于查核”[⑧]。总理衙门将这八项章程照会各国之后，各国要么反对要

① 卫礼贤：《中国心灵》，王宇洁等译，国际文化出版公司，1998，第181页。

② 《清末教案》第1册，第685页。

③ 中研院近代史研究所编《教务教案档》第1辑（2），台北，中研院近代史研究所，1974，第868页。

④ 《清末教案》第1册，第179页。

⑤ 《清末教案》第1册，第192页。

⑥ 《教务教案档》第1辑（2），第1040页。

⑦ 李书源整理《筹办夷务始末（同治朝）》卷41，第44页。

⑧ 刘锦藻撰《清朝续文献通考》卷350《外交十四》第4册，王云五总编《万有文库》第2集，商务印书馆，1936，第10938页。

么置之不理，致使总理衙门的努力付诸东流。但仍时常有给教民注册的呼声。中兴名臣彭玉麟便曾奏请给教民编册，“宜将教民开明年贯姓名，报明地方官，另编为一册”①。此后郑观应《盛世危言》亦提到“开列姓名、籍贯，报明地方官”②。

李东沅觉得仅注册还不够，应当“另编门牌书教民二字，衣帽亦稍事区别”③。李东沅此文刊于葛士浚的《皇朝经世文续编》，戊戌变法时期，光绪帝下诏广开言路，刑部学习主事张宝琛大概是读到过此文，向光绪帝上书陈言：“请谕令总理各国事务衙门，咨行各国领事，自后华民入教，开列姓名籍贯，报明地方官，查无过犯、更名者，方准注册。其先入教者，亦一律查明注册。编为教籍，另编门牌，书‘教民’二字，冠服亦稍为区别。即令依彼教中原有之例，不得入试，不得捐纳，不得充兵。更令毋得与平民交易田宅户婚等事，以省狱讼。”④

为教民注册的意图就是区分教民，将其打入另类。在戊戌这波上书潮中，翰林院编修宝熙也主张给教民编册，称其目的是“阳托保护之名，阴收稽核之实”⑤。其实早在1867年直隶某地方官的一个奏陈，便直言不讳地称此举意在“俾士民一望而知为奉教之人，以示异则相远之意。是阳为奉之，即阴为绝之，人即至愚，未有不自惭不类者。即不自惭，而其势自孤，亦无害于事而有所别也。其教将不戢而自弭矣”⑥。这恐怕是道出了多数主张教民注册者的真实意图。20多年后，时人仍有类似表述，如杨毓辉1893年的建言称：“今惟有编籍贯，示以区别之意，发其省悟之心。先将教民住

---

① 孔广德编《普天忠愤集》卷14《编教民》，沈云龙主编《近代中国史料丛刊续编》第23辑（226～228），台北，文海出版社，1975，第693页。

② 郑观应：《盛世危言》，辽宁人民出版社，1994，第120页。

③ 葛士浚：《皇朝经世文续编》卷112，沈云龙主编《近代中国史料丛刊》第75辑（741），台北，文海出版社，1973，第3021～3022页。

④ 张宝琛条陈见于《军机处录副·补遗·戊戌变法项》，转引自茅海建《救时的偏方：戊戌变法期间司员士民上书中军事外交论（二）》，《近代史研究》2005年第1期。

⑤ 佚名辑《戊戌变法档案史料》，沈云龙主编《近代中国史料丛刊续编》第32辑（317），台北，文海出版社，1976，第128页。

⑥ 李书源整理《筹办夷务始末（同治朝）》卷49，第32页。

址，一一查明，编以入教籍。另刻教籍门牌，按户张贴。一入教后，不许与平民结婚，三代以内，不准考试，不许为官，示不得齿于平民。如此卑贱之，则教民必生悔意，痛改前非。入教者不期其少而自少矣!”[①] 说白了，将教民打入另册，无非是示以歧视之意。

对前引谭廷襄和崇实的奏请，咸丰帝曾分别批示说“只好如此办法”和“依议”。但大多数传教士对教民注册一事比较警惕，有教士即以此举容易造成民教隔阂为由予以反对。咸丰帝的号令根本无法及于教士，故而此议并未得到普遍实行。基督教的不予合作只能加深官绅的敌视，正如某御史在提议造册时声称的：“其不肯报名者，必非良善，就此可以稽考。”[②] 一些激进的地方官曾放弃与教会的配合而单独行事。如 1881 年德州的一份示谕便提到：“惟责成庄地邻佑人等，随时查明习教人名、数目，赴州报明，以便稽查。”如不报，“必将匿不呈报之邻佑庄地，从严惩办不贷”[③]。由于教会抵触，只好责成“庄地邻佑”报明，性质几乎等同于揭发。1885 年，法国公使施阿兰据成都教堂的报告致函总理衙门，也提到川省藩司“近有察点教民之举。甚至凡有教民之乡里街坊，按户以红十字画之，以明其所在”。教堂的报告称此法“令人畏虑”[④]，足见其抵制之心。

1898 年瞿鸿禨在奏请造册时称此举“似亦釜底抽薪之法”[⑤]，但终究未获响应，其效果究竟如何，自难评估。然而正如时人李庆铨担心的，注册一事“仅能识教民之多寡，不能化教民之习俗，是仍不能弭其患也”[⑥]。王韬曾点评过前文所引的杨毓辉的建议，认为“刻教籍门牌，按户张贴”的举措“恐致骚扰”，而“一入教后，不许与平民结婚，三代以内，不准考试，不许为官”等举措也十分不妥，“如此办法，各国必致龃龉，不能杜弊，反

① 程宗裕辑《增订教案汇编》卷 4，第 8～11 页。

② 《清末教案》第 3 册，第 403 页。

③ 廉立之、王守中编《义和团资料丛编：山东教案史料》，齐鲁书社，1980，第 134 页。

④ 《教务教案档》第 6 辑（2），第 1207 页。

⑤ 《清末教案》第 2 册，第 766 页。

⑥ 李庆铨：《钩石文集》卷 2，槎溪李氏，1938，第 34～38 页。

致生衅，非所以安教民，非所以安中国也”[①]。

除注册之外，还有人从籍贯和族谱上打主意。杨毓辉曾提到不准教民考试，无独有偶，学政黄体芳也有此意，他在1885年便曾奏请将教民注销籍贯，不准应试，“嗣后在教者，即以身家不清论”[②]。事实上，科举涉及的祭拜礼仪对许多教徒来说属于偶像崇拜，单此一节，科举的大门便向大多数教徒关闭。

教民被逐出族谱也是常见的事情。广济县士绅在一次修谱时便曾呈请不得将入教者入谱，理由一是宗族失去管理权，二是辱没祖宗。官方对此的意见是可入谱，但谱内可注明耶稣教字样。士绅则以“注耶稣于脚下，未免亵渎实多”为托词相拒[③]。可见民教不可两立之势之无所不在。

国人对基督教的围堵究竟效果如何？这要从两方面看，一方面，教民虽能受到教士的庇护，但事实是大多数国人并未选择加入基督教；另一方面，官绅反对洋教，导致了大量的教案，带来种种祸患，而洋教非但未被扑灭，反倒日益壮大。国人谈论更多的自然是后者。《时报》在1906年南昌教案发生后曾大发感叹：

> 我见我国人之与外人交涉亦多矣，然而无不千覆而同辙。其始强而其终弱，其始是而其终非，其始可以责人而其终反为人责。其始强者，乱也，终弱者，无能也；其始是者，必人侮我而无我侮人也；其终非者，激于一时之愤，动于一时之气，而不暇详审其报施也；其始可以责人而其终反为人所责者，我民愚举事必趋其理之短者，而舍其长者。……其始也为人所侮，其继也怒人之侮而操切对之，其终也因操切对之之故而人转得以挟此以责我侮我，展转相生，而至于无尽。[④]

① 程宗裕辑《增订教案汇编》卷4，第8～11页。

② 《教务教案档》第4辑（1），第29页。

③ 中研院近代史研究所编《教务教案档》第5辑（2），台北，中研院近代史研究所，1977，第1094页。

④ 《论南昌教案》，《时报》1906年2月28日，第1版。

这样一种恶性循环不仅愈加凸显中国人的“乱”和“无能”，也势必强化民教对立。如此愈演愈烈，伊于胡底？但事实却并非如此，早自庚子之后，中国的教案便突然锐减。其种种原因也早为史家所常道，但有一条原因却总易遭人轻视：国人在不断“为人所侮”这一“展转相生”过程中，会伴生出越来越多的反思，这些反思正是转机之所在。

与此命题相关联的是“民教畛域”和“民教调和”两个关键词的流行。民教畛域指的是晚清时期平民与教民对立冲突的社会事实。民教冲突与对立的格局，从19世纪60年代开始便已显露。不过国人一度欲区分民教而不可得，自然不会提及“畛域”二字。从20世纪前夜开始，随着人们对社会分裂的担忧日益加剧，“畛域”一词越来越多地被提起。与此对应的是，“调和”一词也不断跃入人们的视野。满汉问题如此，新旧问题亦如此，民教问题更是如此。“畛域”与“调和”，一个是病灶，一个是药方，是以相提并论。

调和民教，最大的意图即在于消除教案，而消除教案的目的则在于消除教祸。国人一讲到民教调和问题，经常使用“不分畛域”与“化除畛域”两个词组。民教畛域的核心问题是词讼，它是引发教案的一大诱因，无论是不分还是化除，大都是针对词讼问题立论。

1876年内阁侍读学士广安便曾奏请以后“凡民教呈词，均称为民，不必别为教民字样”①。但这一建议，不是为了化除民教畛域，而是为了防止官员袒教抑民和教民借教压官。最早产生调和民教需求和愿望的是总理衙门。他们常年处在交涉的风口浪尖，最能感受教案之害。1891年朝廷根据庆郡王奕劻的意思颁布上谕：“至泰西之教，本系劝人为善。即从教之人，亦系中国子民，归地方官管辖，民教本可相安。”② 这样的表述原本一直存在，但它在闹教活动风起云涌的1891年提出来，便很是多了几分情真意切。1896年恭亲王复奏御史潘庆澜关于民教问题的奏折时，埋怨地方官在办理

① 《清末教案》第2册，第129页。

② 《清末教案》第2册，第479页。

教案时不是袒教就是抑教，希望督抚能够教导地方官“但论是非，不分民教，持平审断”[①]。国人区分民教的建言不但窒碍难行，且颇多挑衅意味，相比之下，“不分民教”的思路显得温和许多，故而容易在中西权力失衡的形势下得到朝廷认可。两年后的一份上谕便说，地方官“遇有民教交涉案件，非漫不经心，即意存歧视，畛域未化，斯不嫌隙易生，无怪教案之层见迭出也”，上谕还特别要求地方官“平日如有教士谒见，不得有意拒绝，使彼此诚信相孚，从教之人自不致借端生事”[②]。几个月后慈禧的一份懿旨也延续了这一态度，批评“近来各省民教起衅之案层见叠出，总由畛域之见未化，致嫌隙之端易开”，呼吁“民教相安，彼此消除疆界之见”[③]。

朝廷的态度得到了张之洞的积极回应，他在维新运动期间发表的《劝学篇》中便提倡“非攻教”，将教案起因概述为“学士倡之，愚民和之，莠民乘之，会匪游兵借端攘夺”[④]。山东巡抚袁世凯也与朝廷此前的态度保持了一致，据《筹笔偶存》一书载，袁世凯到山东任后，一改山东官员“区别民教，以息争端，而弭患源”的做法，他批示道：“平民教民，胥是中朝赤子，何容区别。来禀谓以区别息争端，不知正所以导其争也。欲息争端，在于不分民教，但论曲直而已。”[⑤] 1900 年 1 月袁世凯上奏山东民教积不相能时，又指出教案治本的方法“在于调和民教而已”[⑥]。

袁世凯这一论调出现在 1900 年初，虽难称流行但亦不算罕见。随后，大半因民教问题而起的“庚子国变”引来了空前的历史反拨，调和民教的论调蔚为风气，即如某报所述，“自庚子国祸以来，痛定思痛，调和民教之名词，朝野上下，几乎一致”[⑦]。在素以保守和仇教著称的江西，也吹进了民教调和之风。1905 年，刚从山东代理巡抚升任江西巡抚的胡廷干在一份

---

① 《清末教案》第 2 册，第 659 页。
② 《清末教案》第 2 册，第 764 页。
③ 《清末教案》第 2 册，第 798 ~ 799 页。
④ 张之洞：《劝学篇》，中州古籍出版社，1998，第 167 页。
⑤ 中国社会科学院近代史研究所、中国第一历史档案馆合编《筹笔偶存》，中国社会科学出版社，1983，第 101 页。
⑥ 《清末教案》第 2 册，第 889 页。
⑦ 《论南昌县令被刺事》，《申报》1906 年 2 月 27 日，第 2 版。

劝导民教示谕中称：

> 本部院查得各属民教词讼案件，每多龃龉，皆由地方官显分畛域、不能持平论断。或以平民为可欺，或视教民为化外，两端偏执，均失其平。及至办理不公，致以细故微嫌，激成衅隙，则必籍口于教民之恃符、教士之袒护。①

引文暴露了江西地方官“显分畛域”的积习，也体现了胡廷干调和民教的意愿。自清末以降，教案的逐渐销声匿迹，与国人的化除畛域、调和民教的声声呼吁是分不开的。

2. 民教调和的契机

一种长期延续的观念，往往会因为一些突发性事件而改变轨迹。

毫无疑问，南昌教案体现了民教畛域的存在。但诚如严复所论，南昌教案事起后，官兵“于天主、耶稣两教会人，所救免者颇多”，包括之前的连州教案在内，“皆于黑暗中渐露光明之意”②。根据时人观察，中国从1895年后便已进入“民教相安后因细故争教”的时期③，民教已有调和之机。梁启超也注意到，庚子后关于教案史料大幅度减少，他认为这反映的是教案数量的减少。

如果往后看，可发现南昌教案是近代中国最后一个重大教案，也是最后一个引起重大交涉的教案。对此，何刚德的一段记载很值得重视：

> 中外交涉，译署总其成，而教案则地方官之责也。教民播恶，鱼肉平民，余守赣九年，适丁其阨。百计镇压，终未得当，抱疚在心。嗣义和团起义，仇教号召，不无卤莽。外人以杀使辱国，藉保教为名，联军入京，索赔巨款，协定苛约，而始退兵。因是而教焰愈张，民怨愈甚，

---

① 胡廷干：《江西巡抚部院胡劝导民教示谕》，《江西官报》第15期，1905年，第21页。

② 王栻主编《严复集》第1册，第187～188页。

③ 《论调和民教之办法》，《津报》1906年4月25日，第3版。

不数年，遂有南昌之变。南昌之案，外人实无戕官之事，兵舰一到，自满所欲而去。然外人从此亦大有觉悟，知教民之不可袒也，乃隐将教权裁削，禁教士不得干预讼事，而数十年之教祸息，而民脱水火矣。然外人初无明文宣布也，余到苏州时，见教士之不入公门，后始询知其故，此诚中国教祸起灭之大转机也。①

在何氏看来，南昌教案对中国教案史的历史走向影响极大。平允地说，教祸的平息绝不仅是由于教士的收敛，也源自国人的各种努力。值得注意的是，南昌教案的发生引来了更多的民教调和的呼声，这也是教祸消亡的一个关键因素。

如《中外日报》便认为，中国近日防乱之策有二，“一曰宜亟筹生计”，“一曰宜调和民教。夫民教不和，实为致祸之本，故欲使地方乂安，必先求民教协洽”②。该报的另一篇论说则指出，今日的中外关系有三个问题需要应付：“其一则排外之说，究由何而起，必如何而使其自行消灭，不致酿成重大之交涉。其二则教民与非教民，当如何而使之永远相安，勿令以一社会之龃龉，牵涉国家之大局。其三则中外交涉大事，吾人应如何对待，俾国家实受其益，而不致有损。”③ 南昌教案发生后，江西在省绅士发布保护教堂公启称：“谅诸公时局关怀，亦必愿民教无争，同游化宇。”④ 接替江召棠代理南昌知县的孟紫卿在一个告示中说：

本县为民父母，民教皆吾赤子。凡事公是公非，决不视分彼此。如有恃众逞强，甚至横行闾里，或竟藉事生端，胆敢风潮突起，定照痞棍查拿，断无姑纵之理。自此出示之后，各宜安分守己。总期民教相安，

① 何刚德：《春明梦录·客座偶谈》，山西古籍出版社，1997，第149~150页。

② 《论中国近日防乱之策》，《中外日报》1906年5月25日，第1版。

③ 《论西报述台州天主教会虐待华农事》，《中外日报》1906年3月22日，第1版。

④ 《江西在省绅士保护教堂公启》，《江西官报》第2期，1906年，第2页。

岂不风庞俗美。倘敢顽抗不遵，惟有拘办而已。[①]

上述引文，无论是“协洽”“相安”，还是“无争”抑或“皆吾赤子”，都是民教调和的字眼。可见民教调和思想之风行一时。而南昌教案中体现的文明抵制与自立教会等，也都是一时之思潮。它们与民教调和思潮的合流，造就了多种调和民教的设想，细节虽各有不同，但大致分来，有以下数端。

第一，重订传教条约，此为外交的解决路径。

南昌教案交涉期间，江西京官联名上书建言道：“应请饬中外大臣，与各国妥筹改订传教专条，互相遵守，以弭后患。”[②]《中外日报》也建议：“再订一传教条约，举凡教士之何如传教，地方官之何如保护，教民之何如奉教，一一明定规则，颁之天下。庶乎为地方官者，有所遵循，不致一无把握。”[③]《申报》则一下提出了三条设想，一是与法政府直接交涉，二是与教皇及天主教直接交涉，三是付之万国会议[④]。在近代干预词讼的主要是法国天主教传教士，英美等新教传教士则有意避免，越是晚近，二者的区分越是明显。因此，重订教约针对的主要是法国天主教，但它又包括两方面内容，一是与法国政府修订原有教约，一是与教皇直接交涉教务教案。时人主要以后者为目标，但由于与教皇订约绕不开法国，二者常被放在一起进行讨论。

与教皇订约的想法和尝试久已有之，但一直未得成功。南昌教案交涉期间，《津报》刊登一篇论说，提到了三个调和民教的办法，其中“最重要之义”便是“派专使与罗马皇订立教约，担任一切身命财产之保护，第使教案与交涉分为两事，此后各事自易着手”[⑤]。实际上，“使教案与交涉分为两事”正是与教皇订约最大的目的。御史张瑞荫的奏折分析道：

① 《南昌孟紫卿大令发出简明韵示》，《时报》1906 年 4 月 11 日，第 2 版。
② 《清末教案》第 3 册，第 848 页。
③ 《论政府宜与法人别订传教专约》，《中外日报》1906 年 7 月 14 日，第 1 版。
④ 《论天主教在华传教宜速订新约》，《申报》1906 年 3 月 3 日，第 2 版。
⑤ 《论调和民教之办法》，《津报》1906 年 4 月 25 日，第 3 版。

在法王拿破伦创霸以前，天主教皇之权特尊，近数十年日渐颓敝。其地皆为义大利所侵，陋处一隅，毫无势力。无论至泰西何国，绝不敢为强横之行。惟至中国不然，势焰赫赫，动起交涉。盖各国皆有使臣于罗马，与教皇直接交涉，中国无此。何国教士有事，何国即以全力助之，以为恢张权势之地。是万国公认之教务交涉，至中国忽变为国际交涉，所以易轻为重，化易为难也。欲救此弊，莫若遣使常驻罗马，与教皇面议教务规条，不得兼他国使差以专责成。[①]

张瑞荫的奏折考虑到了罗马教廷的现状，认为罗马教皇势力弱小，构不成对中国的威胁，故与之订约，可使教务与交涉脱离。

《新闻报》的一篇针对南昌教案合同的论说指出："江贤令因何受伤，若能先按刑事办理，必可得胜，然后再行归入国际问题，乘法国政教龃龉之时代，重定教士权限，以弭教祸。岂非千载一时之机会？"[②] 这显然是注意到了当时法国国内的政教分离运动。一直关注此事的商约大臣吕海寰的上奏也提到：

上年四月间，闻法廷与罗马教皇撤使绝交，不愿以国力保护。当经臣敬陈管见，奏请特简专使前往罗马，与教皇议订教约或派驻义使臣就近商订。恭奉朱批：外务部查核办理，钦此。钦遵在案。近又闻法廷已收回保护教堂之权，将教堂产地归入国家承业，各教士均向法廷求资赡养，似教案不在法国保护之列。讵前夜复有南昌教案，法国仍出而干预，是其借端要求已可概见。

吕海寰给出的对策是：

---

① 《清末教案》第3册，第824页。

② 《书南昌教案合同后》，《新闻报》1906年6月27日，第1张。

> 拟请由外务部乘议办南昌一案，诘问法国驻使，现在法廷既不保护教权，是案应否经与罗马教皇直接商办。若仍照约保护，即与声明将来必须派员另行商订详细教约，以便彼此遵守而弭教衅。案结以后，应否另派专使与各国会订保教约章，抑照会各国径与教皇直接订约？

吕海寰还专门奏陈了土耳其与教皇商订的教务条款。并介绍道：

> 臣又查土耳其国，曾因教案纠葛，受制于法，遂遣专使结好教王，通问报聘，彼此密商，推诚相待，互换条约，设立教使，专理教务，明示宽大之政，阴收自主之权。其教使不用头二等公使名目以为区别，一切礼仪悉从优待，另为一班，不与各国公使并列，亦不与同时觐见。而土廷遣使并不驻扎罗马，所有教务章程及教会一切权利，均由其外部与教使直接商订。

其结果是，“自定约后，教士皆秉承于教使，不复受辖于法使。遇有事故，和平迅结，法使竟无从借口”①。

浙江道员世增在南昌教案期间也辗转上书，称：“去年法国与教皇互撤公使，限制教权，且向中国声明，只保本国天主教士。急应乘此时会，与之订定教律，减损教权。现法国催订商约，行将开议，似宜略让他事之利，力祛教务之害，以彼易此，稍觉便宜。”他也预见到“脱离法国羁绊，与教皇直接办理”的设想行之匪易，故此鼓励道：“诚能由中国遣使，与教皇直接，斯为上策。法人或未肯遽许，在我实有非常之关系，自当出以毅力，期于必成。”② 世增的话后来证明是对的，在中国的多次努力下，多年后法国终于放弃了在中国的保教权。

第二，教会自立，这是一种教内的解决路径。

---

① 《清末教案》第3册，第833～835页。

② 《清末教案》第3册，第871～872页。

据汪康年讲："上海华人之入耶稣教会者，因见近日辰州教案大失国权，并以一二教士之故，至使官长被戮，实怀惭愤。且有碍教会名声。爰集众会议华教士自行传教之法。"[①] 汪康年受此启发，向某大臣建议朝廷应支持华人自行传教，虽未得实行，但上海的耶稣教牧师俞国桢等人还是在1905年组建了中国耶稣教自立会。主张"本会既命名自立，凡事不假外人之力"，以"教案消弭，教义普传及调和民教，维持公益，开通民智，保全教会名誉，顾全国家体面为目的"，号召"各会华教友，不分彼此，不限区域，庶几联合同志，合而为一"[②]。江召棠于天主教堂受伤一事披露后，该会大受感触，专门向报界发函，鼓吹教会自立，现摘引如下：

> 夫我国之所以不能自强者，因吾国民置身于国外，素知有身而不知有国，故国自国、民自民，风马牛不相涉也，殊不知国之于民有密切之关系，民为国本，无民何以成国？国为民家，无家何所依归？今吾教会之所以不能自立，圣道不能畅行，亦因吾教友不知教会之责任，对国家之义务耳。如庚子拳匪之役，有教友语人曰："好了，不怕义和拳了，我们大法国的兵将到了。"又有教友语人曰："我们大英国的兵亦将到了。"呜乎，若斯辈者，岂尚知己为何国人耶？当西罗马灭亡后，义大利诸小国受奥国之压制，四分五裂，几不成国。幸有马志尼、嘉富尔起，而有今日之义太利。彼二豪杰者，岂非基督教中人耶？志在恢复祖国，不忍陵夷荼毒于外邦，大声疾呼，唤起国民之沈梦，鼓舞爱国之精神，卒成功义大利统一之基础。如是方不愧为基督教中人，设一经入教，遂不知己身为何国人，天下又何贵有此教哉？吾同胞见于此，亦将愧死乎？……教会者固有益于民生国家，有造于风化者也。然则吾国之教会，何以转发生种种之交涉，牵累大局，大则割地失权，小则偿费赔

---

① 汪诒年编《汪穰卿（康年）先生传记、遗文》，沈云龙主编《近代中国史料丛刊》第1辑（5），台北，文海出版社，1966，第109～110页。

② 柴连复：《中国耶稣自立会》，《中华基督教会年鉴》第11期（上），第92～94页，转引自段琦《奋进的历程：中国基督教的本色化》，商务印书馆，2004，第115～116页。

款？饮水思源，所以演成如是之因果，故不能不归咎于恃势作歹之假教友，招人致怨，贻人口实，卒至毁教堂戕教士，酿成交涉。彼无知之徒、无赖之民安知？虽消怒于事先，实所以肇祸于事后耳。正本清源，惩前毖后，则所以调和民教，消除向来之嫌隙，消弭种种之教案。振兴主国，挽救危机，舍自立会其谁与归？①

同时，该自立会还呈报上海苏松太兵备道批准立案，得到如下保护示谕：

为出示晓谕事。据牧师俞国桢、黄治基、举人黄乃裳、西医缪仲茂、姚伯希、执事丁楚范、俞廉泉、谢永钦等禀称，耶稣圣教，兴自泰西，传入中国。详考圣教新旧两约，首重昭示上帝，普爱世人，以悔过为入德之门，以迁善为进修之功。举凡君臣之义，父子之道，一切伦常大义，莫不至详且备。我国民屡有误会宗旨，以此事为外人主持，视民教两歧，妄想揣测。一旦酿成交涉，致碍大局。即如近日连州、漳浦、南昌诸案，并历来叠出各案，上贻君父之隐忧，下伤百姓之元气，殊非教会之本意。国桢等在美国耶稣教会传道劝善以来，相安年久。近届我中国风气渐开，百度维新，是即不事傍假，务求自立之意。国桢等有鉴于此，爰集各会同志，议设中国耶稣自立会。务在实事求是，整饬教规，发明在教亦民，不分畛域为主义。即遇有民教词讼，一以和平办理，不假外人分毫之力。所谓合群爱国当在先爱同胞，庶几道一风同，俾此后不独民教之嫌隙尽除，即中外误会之祸亦可因之而弭。实为二十世纪全局之大本，岂仅吾会与中国之前途之福而已哉。惟事属创始，难保无歧视异议之人，或匪徒以吾外人出面，故意欺凌等事。是以不揣冒昧，联名环求恩准立案给示，将国桢等所设中国耶稣教自立会一体保护等情到道。

① 《中国耶稣教自立会鼓吹教会自立文》，《申报》1906 年 3 月 8 日，第 10 版。

据此查历来各处闹教之案，每由民教不和，各怀猜忌而起。今该牧师等自立教会，发明宗旨，无分民教，一主和平。遇有词讼到官，只问事之是非，定其人之曲直，从此消释嫌疑。大局所裨，良非浅鲜。除批示并分行县廨外，合行出示晓谕，为此示仰诸色人等一体遵照，勿得藉端滋扰干咎。切切特示。光绪三十二年三月初三日示。①

晚清官方对教会自立罕有支持，此次上海道批准中国耶稣教自立会，与此际为人热议的南昌教案有莫大关系。

《京话日报》闻知上海教会自立的消息尤为兴奋，撰文鼓动北方的教会效仿此举：

南昌教案……这一番风波，实在不小。上海耶稣教友大为激动，联合各教友，一定要自立耶稣会，（真明白）不受外人牵制，免得国家跟着受委屈。入教不是入籍，上海教会里面，很有些明白大体的人，所以才想到自立教会。但愿地方官绅化除界限，实力提倡，大可收回已失的民心。北方的教友，合天主耶稣算起来，知真爱国的，也很有些个人。自立教会的大英雄，不知是谁。②

在几天后的一篇“演说”中又用极其煽情的语调说道：

我说一句归总的话罢，教会能自立，国家便能自立；教会不能自立，国家必不能自立。国家若不自立，一旦灭亡，无论是平民教民，都得给外人当奴才呦。快自立教会罢，快自立教会罢！③

---

① 《真光报》第5卷第3期，1906年5月，转引自段琦《奋进的历程：中国基督教的本色化》，第116～117页。

② 《热心教友请看》，《京话日报》第584号，1906年，第2版。

③ 《自立教会的所以然》，《京话日报》第592号，1906年，第1版。

四天后该报刊登出好消息：

> 听说东直门外，早就有中国教会，知道官场不认许，至今总没肯出头。自从本报上提倡了两次，就纷纷有人来投信，都说是很愿意自立，大概耶稣教的人居多。第一先得筹经费。海外耶教华民有大力量的真不少，也很盼望朝廷认许他们。彼此一联合，经费并不难。此次端、载两大臣到了美洲，［耶］稣教华民也曾递过禀帖。趁此机会，大可提倡起来罢。这件事如果办好了，可以永远不再出教案。耶稣教能自立，天主教自然也要出头。无论信那教，谁不是中国的子民呀！①

但并非所有人都赞成，由于教会自立的民族主义背景，一些西方人和教会人士对此表示了警惕。有人在读到中国耶稣教自立会散发的传单时，担心道：“传道与国政无涉，乃语气之间，皆从对外着想。未免有排外之流弊。虽自立会之领袖，则谓并无此意，惟中国既有自立会之组织，而其起点曾不各与其母会相商确［榷］，以明大公无我。致从此疑虑，斯较为可惜耳。”②

第三，倡立民教平和会，这是一种民间的或曰社会取向的解决路径。

教士干预词讼和官员不能持平的问题一直得不到解决，为此，许多人转移思路，希望能通过地域社会的民间调解，将词讼和教案扼杀在摇篮中。《中外日报》在南昌教案交涉期间，专门撰文呼吁设立民教平和会，称：“今者中国，有一绝好之时机，以挽回中央政府外交上失败之权，而兴地方自治之基者，何也？即设立民教平和会是也。”作者看到，“外人之求我也，协以强力，而我国之应之也，又乘以私心”③。列强和政府均不可凭恃，不得不把目光转向民间。此后该报又撰文论中国近日防乱之策，指出：

---

① 《爱国的教民真要出头自立》，《京话日报》第596号，1906年，第2版。

② 英国季理斐译、东吴范祎述《印度自立传道会之发起》，《万国公报》第208册，1906年，第56页。

③ 《论内地绅衿宜亟设民教平和会》，《中外日报》1906年4月8日，第1版。

……而姑为急则治标之计，莫如设立调和民教会之法。当就教民最多之处，择教民之明白事理者，与夫绅士之为民教所信服者，公立一会。平时则互相往还，各泯猜嫌。有事则聚集商议，秉公调处。若调处而不从，或其事关较巨，非绅民所能从事，则当各以其所见，告诸县官，听其判断。①

这一简短引文道出了民教平和会的构成和性质：首先它是由有威望的绅士和教民构成，其次它是一个民间的调解机构，意在隔断教会与政治的关系。

早在1901年，湖北枣阳为平息天主耶稣二教之争，便设立一个“两教会议公所”，这个公所由一个天主教民、一个耶稣教民和两个平民绅士组成，“专理该镇民教相争、两教交涉之事”②。南昌教案交涉期间，报纸又披露了福建两则民教平和会的实例。先是《中外日报》报道说：“闽省漳浦闹教，良民被累者，诚为可悯。近闻某绅商议倡设民教和平会，并立条约十二款。禀官出示，并请各领事存案。此事果成，所益甚大。”③ 该报还逐一载录其条款。一个月后，《时报》又登载了厦门的民教平和会的第一次集会，除介绍会议情况外，还一一列举与会者名单④。可见报人对此事的重视与宣扬之意。

在南昌教案交涉过程中，余肇康也同端贵议及此事。据余肇康三月十二日日记称，经过艰苦谈判，对方已“允立以后教士不准干预词讼及别立绅董、教董评论教务专条”⑤。后来，在报界披露的草约第八条写道：

嗣后各州县均遴选公正有名之绅耆及在教端正之士数人，正其名曰

① 《论中国近日防乱之策》，《中外日报》1906年5月25日，第1版。
② 《光绪丁未年交涉要览》，转引自杨大春《晚清天主教会与耶稣教会的冲突》，《史学月刊》2003年第2期。
③ 《福建拟设民教和平会》，《中外日报》1906年4月3日，第4版。
④ 《民教平和会第一次集议纪事》，《时报》1906年5月3日，第3版。
⑤ 余肇康：《敏斋日记》第30本，丙午三月十二日。

> 绅董、教董。专为评理教案而设。凡关涉教务之案，一经教士禀由领事照会地方官，即交该绅董、教董和衷理处。总以不使蔓讼酿衅为宗旨。如教士有必须与地方官会晤商办之处，亦即同往该绅董、教董所设公所接洽，以示大公而免隔阂。

这与民间流行的民教平和会思潮如出一辙，即尽量摒除政治因素。在第八条内容前的括弧里注明“此条法参赞允立，且允通行中国各教堂”一语①，但教案提京之后，中方做出了重大让步，这个议题胎死腹中，只能依靠自下而上的努力去实现。

第四，开民智和文明抵制，这种迂回间接而不失为治本之策的思路可视为一种宣传教育的解决路径。

晚清士大夫对民众以暴力手段反教是有一个认识转变的。先前群众闹教是维系王朝认同的一个重要手段，因而为士绅明里暗里所支持。但由于耳闻目睹了教祸之愈来愈巨，同时由于新知阶层的崛起，反对暴力、主张文明抵制则一变而为主流思想。如章宗祥给汪康年信中论及曹州教案时便说：

> 溯通商至今，闹教之案百出，因之以失地偿款者亦数矣。近德人复因戕教一事，据我胶岛，大肆恫喝。谣言四起，岌岌可危。原其故，皆由愚民无知，肇此祸端，其实于洋人非有素仇也。又吾华之败衄，受辱极矣，而民气顽钝如故，无复有崛起民间偿忠义以图报者，非华民皆无耻，实未之知也。②

章宗祥的愤懑似乎来得有些早，不久义和团运动即告爆发，期间暴露出来的民智问题恐怕远远超过了他的想象。南昌教案发生后，对“愚民暴动”

---

① 《南昌教案余闻》，《南方报》1906年5月1日，第1页新闻。
② 《汪康年师友书札》第2册，第1946页。

的批判不绝于耳。《新闻报》在南昌教案合同签订后便总结说，“愚民之无思想”是此次交涉三大败因之一：“教育不普及，则国民思想不富，思想不富，则无时无地无事不可以肇祸。故教育普及为中国今日立国之要素。”[①]同样主张以教育普及调和民教的《津报》说得更是轻松写意：“窃谓今日办法，有最高之义一，盖待诸数年后者，宪政实行，乡官遍设，教育普及是也。”[②]

“愚民暴动”在当时又称作野蛮排外，与后者对举的便是文明排外。文明排外一度为晚清士人广泛提倡，就连许多激进学生和革命党也持此论调，陈天华在其反清小册子《警世钟》里便号召文明排外而非野蛮排外。但是有人注意到，文明排外的立意固然很好，却很难落实，南昌教案便是由学生集会演讲的文明抵制方式引发的。《中外日报》对此有感而发道：

> 综吾国数年以来，所遘之大祸，皆由上流社会，所抱文明之思想，一为下流社会之所得，皆成为野蛮之举动。遂使上流社会自陷于枉曲之境，无可自明，而上下乃交受其酷。……则凡有上流社会与外人有一细微之交涉，而下流社会即从而演出一无意识之暴动，则吾国前途，必致促成列国瓜分之局。[③]

关注南昌教案动态的孙宝瑄也在日记中感叹道：

> 我国今日之大患，在志士之爱国与愚民之暴动，糅杂而不清也。夫志士者，正气也；愚民者，邪气也。譬诸人身，正气既衰，当思所以扶之，而邪气乘焉。于是医者束手而无策。盖欲扶正气，则恐并邪气而扶之；欲抑邪气，又惧并正气而抑之。[④]

---

① 《书南昌教案合同后》，《新闻报》1906 年 6 月 27 日，第 1 张。

② 《论调和民教之办法》，《津报》1906 年 4 月 25 日，第 3 版。

③ 《论使中外不和之蠡贼（上篇）》，《中外日报》1906 年 3 月 31 日，第 1 版。

④ 孙宝瑄：《忘山庐日记》（下），第 832 页。

严复有感于民众在南昌教案中伤及无辜，说“蚩蚩者流，一摇足，一举手，皆足祸延国家”。有鉴于此，他倡议说：“吾愿今日聚众昌言爱国之演说家，与夫治国保民之守宰，讦奸督宄之警察军人，皆以此案为前车，而于出话施令之时，怜吾国小民之失教而顽愚，且置文明排外之谈，而亟图教育之所以普及。”[①] 严复这一提法并非全由南昌教案触动。在之前写给《外交报》的一封书信中，他针对该报原序中的文明排外之旨，议论道：

> 窃谓处今日之中国，以势力论，排外无可言者矣，必欲行之，在慎毋自侮自伐而已。夫自道咸以降，所使国威陵迟，驯致今日之世局者，何一非自侮自伐之所为乎，是故当此之时，徒倡导排外之言，求免物竞之烈，无益也。与其言排外，诚莫若相勖于文明。果文明乎，虽不言排外，必有以自全于物竞之际；而意主排外，求文明之术，傅以行之，将排外不能，而终为文明之大梗。

严复的结论是：“期于文明可，期于排外不可。期于文明，则不排外而自排，期于排外，将外不可排，而自塞文明之路。”[②] 在致张元济的私函中，严复也不止一次提及此事，说“民智不开，则守旧维新两无一可”[③]，又说“民智不开，不变亡，即变亦亡”[④]，词气决绝而骇人。

及至庚子后，开民智的思想已近乎常识，连一向以守旧著称的言官群体也不无推崇。南昌教案发生后，御史杜彤受讲报所和说书处启发，奏请将历次教案汇辑成书，“广为建设宣讲”以开通民智，称“与其事后叹办理之难，何如平时尽开导之力”[⑤]。三日后御史张瑞荫奏请与教皇办理教务时也有“民智未开，教案滋多”之语[⑥]。

---

① 王栻主编《严复集》第 1 册，第 190 页。
② 王栻主编《严复集》第 1 册，第 557 ~ 561 页。
③ 王栻主编《严复集》第 3 册，第 525 页。
④ 王栻主编《严复集》第 3 册，第 539 页。
⑤ 《清末教案》第 3 册，第 823 页。
⑥ 《清末教案》第 3 册，第 824 页。

浏览近代中国史料可知，自庚子以降，调和民教呼声益高而教案益稀。自南昌教案之后，中国几乎再无大的教案，更无因教案而引起的有影响的交涉。教案的减少有多种原因，民教调和思想自然不能独揽其功，然其襄赞之力亦可概见。

三　南昌教案中的国民性神话

南昌教案之所以在国内引起巨大舆论反响，主要在于它涉嫌“教士戕官”[①]。而在法国、天主教乃至整个西方世界的叙述中，事情则变成了江召棠为了“要面子”而精心策划一场自杀骗局，以此报复王安之。实则江召棠为被逼自刎。如果说中国人相信江召棠死于他杀，乃是基于对列强和洋人的一贯形象的判断，那么，西方人相信江召棠死于自杀，某种程度上也是基于同样的判断。在晚清，中国人固然有将列强和洋人妖魔化的倾向，而西方人也建构了关于中国的国民性神话[②]。对后者做出决定性贡献的是西方在华传教士群体。以这个群体为主体的西方人对中国形象的描述就被称为传教士话语[③]，它是在后殖民理论氛围中诞生的一个概念。

正如刘禾所论：“有关中国国民性的西方传教士话语，我们不应该只看成是一种歪曲，而应理解为发生过的真实的历史事件，因它曾经塑造中西间的现代历史和关系。”[④] 下文并非试图论证爱撒谎、要面子和以自杀报复等是不是中国人的国民性，而是考察西方人对中国人的整体印象如何影响他们对南昌教案的认知和言说；与此同时，南昌教案本身的历史事实又是怎样。进一步讲，借助国民性问题，可以将南昌教案和整个晚清教案史措置在一个

---

① 《清末教案》第3册，第824页。

② 参见刘禾《跨语际实践：文学、民族文化与被译介的现代性》，宋伟杰译，生活·读书·新知三联书店，2002。

③ 美国学者何伟亚曾利用“传教士话语”概念来审视传教士作品对义和团运动的叙事。认为传教士对中国和中国人性格的塑造，影响了对义和团运动的理解。参见 James L. Hevia, “Leaving a Brand on China: Missionary Discourse in the Wake of Boxer Movement,” *Modern China*, Vol. 18, No. 3, July 1992, pp. 304 - 332。

④ 刘禾：《跨语际实践：文学、民族文化与被译介的现代性》，第85~86页。

近代以来中西话语与权力关系的分析框架之下。

1. 作为神话的撒谎、面子和自杀

在晚清，主要由传教士所塑造的中国形象，不可避免地被西方人演绎到具体的事例中。在南昌教案中，江召棠被描述为一个撒谎者，一个为了面子而自杀、又以自杀相报复的人。而撒谎、面子和自杀正是在传教士的作品中频频出现的中国人的国民性。下面依次展示西方人的相关论述。

曾长期在中国担任外交工作的英国汉学家翟理斯（Herbert A. Giles）曾以非常夸张的语调写道：“中国人是一个说谎者的民族。假如观念可能是天生的，说谎的观念将形成中国人头脑的一个基石。他们本能地说谎。”他举例说，“中国文学中最庄重最严肃的作品都充满了谎言；他们的历史学家撒谎；他们的科学著作也说谎”。因此他的结论是：“似乎中国所有东西都逃脱不了这一污点……在任何情况下，说谎在中国都是一个非常可以原谅的冒犯，甚至就不是一种冒犯。”① 关于中国人爱撒谎的论说在传教士的笔下也一再提及，尤其是中国的官吏，经常受到这类指责。

在南昌教案的主角江召棠在教堂受伤后不久，便有人从九江写信给受法国天主教操控的《汇报》，称江令办理棠浦教案不善，“欺骗绅士，受人唾骂。其为人狡猾性成，专事欺诈，好大喜功，雅善逢迎”②。南昌教案发生后，上海法文报纸《中法新汇报》更屡次攻击江召棠的品质问题，称其是敲诈者、鸦片吸食者和家族败类，因为个人的窘境，所以想死在教堂做英雄③。并指其知县一职是冒名顶替。同时，天主教的官方报告也把江召棠的赴宴描述成一个精心设计的阴谋，天主教徒英敛之的天津《大公报》曾予以译载，前文已录。报告为了更好地解释正月二十九日发生的事件的真相，首先介绍了此次宴会的缘起和枝节，说这次宴会的日期是二十四日江召棠在教堂向王安之提起的。在这两个日期中间的二十六日，江召棠专门来教堂叮嘱教会写一封威吓信，以便向他的上司施压。如果这一叙述符合事实，那结

---

① Herbert A. Giles, *Chinese Sketches*, Shanghai: Kelly and Co., 1876, pp. 123 – 125.

② 《九江来函》，《汇报》第 8 号，1906 年，第 125 页。

③ “L'Affaire de Nantchang,” *L'Echo de Chine*, 23 mars 1906, p. 1.

合后面的叙述，就可以认定江召棠在二十九日之前，便已有了自杀于教堂然后归咎教士的图谋。随后叙述江召棠二十九日在教堂的情况时，更是处处展示江召棠的自杀图谋。

为了证明这份报告的可靠性，郎守信在报告的末尾提到了两个证人。一个是直到二月初三日一直与王安之同住教堂的法国教士马禹鼎，一个是进贤门外老天主堂的教士罗望达，后者二十九日虽未在场，但于次日王安之把他邀请到教堂，亲口向他叙述了当时的情况[①]。后来罗望达在天主教的传教年鉴中以王安之的口吻对事情做了转述。相比上文的官方报告，在罗望达的文本中存在大量的对话和心理活动，更生动细致地刻画了江召棠的“阴谋”。

此外，在上海中西报馆围绕江召棠死因展开的报战中，西方报纸也批评中国报纸撒谎。《字林西报》刊登的一份读者来信指责说，中国报纸积极报道江召棠被杀是“蓄意进一步挑起麻烦”，“现在谎言已经传遍中国，即一个传教士邀请南昌知县到家并背信弃义地谋杀了他”[②]。在该报稍后的一篇报道中，又说江召棠是“蓄意自杀”。并将《南方报》的一份报道称为“一派谎言”，“尸检报告的结果是江的伤是自刎，插入‘不是’一词是个无耻的谎言”[③]。其后刊登的一位读者长信特地回应了“无耻的谎言”一说，指责中国报纸报道了谎言却从不报道对它的驳斥，因此“这一谎言会被没有其他信息来源的中国人所相信”[④]。

关于中国人要面子的说法也经常出现在传教士的著作中。明恩溥（Arthur Smith）的名著《中国人的素质》第一章便叙述了中国人的面子问题。他的另一部名为《基督王》的著作也重复了这一论调，称：“中国的理论和实践都认为，外表比实际重要，这就是面子的实质。”[⑤] 有“传教士政治家”之称的亚瑟·布朗（Arthur Judson Brown）后来也提到，“面子是一

① “Les Massacres de Nantchang,” *L'Echo de Chine*, 7 mars 1906, p. 1.

② L. O., “The Native Press and the Nanchang Murders,” *North China Daily News*, March 16, 1906, p. 7.

③ “The Nanchang Massacre,” *North China Daily News*, March 29, 1906, p. 6.

④ L. O., “The Nanchang Massacre,” *North China Daily News*, May 4, 1906, p. 8.

⑤ Arthur Smith, *Rex Christus*, New York: the Macmillan Company, 1903, p. 107.

种国民风俗，冒任何风险都要维护”[①]。尼尔森·比顿（Nelson Bitton）牧师干脆说中国人不惜自杀以救其面子[②]。1912 年，在华生活 50 余年的传教士麦高温（John Macgowan）《中国人生活的明与暗》一书出版，本书专门有一章标题为“面子”，作者认为面子代表两种思想，一是荣誉或名声，比如官员离职时绅民送万民伞便被看作一件很有面子的事。另一种意思则是自尊和高贵。有趣的是，作者居然将中国人爱面子的传统一直上溯到周朝[③]，真是“吾欲仁，斯仁至矣”。欲仁得仁的结果便是“面子”一词的滥用，一部美国著作提到：“‘势力范围’是英国外交官多年来的一种口头禅。它并不是依据中国的妥协和与中国的协议，因为从无这种文件的存在。当英国公使询问总理衙门中国是否割让中央地带即长江流域时，总理衙门随口回答说‘当然不’。这一外交通信不得不小心准备并为西方而非东方政治家编辑出版，以便‘要面子’。”[④] 中国官员所做的回答事关国家尊严和安危，却被西方人说成是为了要面子。这不啻是说，中国人维护主权就是要面子，西方人维护主权才是维护主权。

前书已述，在南昌教案中，面子问题多次被西方媒体用来解释江召棠自杀的原因。一个西方记者在南昌教案发生数周后前往南昌采访，他在于次年出版的《远东的迹象和征兆》一书中，也指出江召棠是因为要面子而自杀，说“受人尊敬的中国人对它的恐惧更甚于死亡”[⑤]。

西方人还认为中国人有在仇人家门口自杀相报复的习俗。汉学家翟理斯的《中国札记》一书专辟一章讨论中国的自杀。说妇女失去心爱的父亲或者被逼打破贞操或被逼放弃守寡时会自杀。而男人则有两个原因，“或者他无法偿还债务，害怕在新年这一不详的时刻，骂骂咧咧的债主挤破他家的门槛。或者他急于解决一个长时间的宿怨，去报复某个足够不幸地伤害过他的

---

① Arthur Judson Brown, *New Forces in Old China*, p. 37.

② Nelson Bitton, *The Regeneration of New China*, London: United Council for Missionary Education, 1915, p. 201.

③ 麦高温：《中国人生活的明与暗》，朱涛等译，中华书局，2006，第 288 页。

④ Archibald R. Colquhoun, *China in Transformation*, pp. 164 - 165.

⑤ Everard Cotes, *Signs and Portents in the Far East*, p. 61.

人。为了这个目的，他或许会恰好在敌人的房子里自杀”。作者认为这在中国这样一个“地方官贪财、证据律不严谨、审判除非以一命抵一命的方式结束才让人满意的国家”，是种行之有效的报复手段①。

由于自杀违背基督教教义，所以这一话题也常被传教士谈起。传教士美魏茶（William C. Milne）在其出版于1857年的一部著作中，便讲到了中国的自杀问题，说中国流行的自杀方式有溺水、上吊、吞食鸦片和金叶子等。他还特别提到中国的仙鹤，说中国人相信它有剧毒，因此把它做成珠子，高官们把这样的珠子藏在自己的项链饰品中，一旦不受帝王欢迎，就用舌尖舔一下，登时毙命②。传教士们也注意到中国人以自杀相报复的现象。亚瑟·布朗便在他的一部著作中写道：“我们决不为了给别人找麻烦而自杀，但这种事在中国天天都在发生。因为据信死于宅院是对屋主的持久的诅咒。因此中国人自溺在敌人的井里或在对手的门前服毒。”③ 尼尔森·比顿也关注到中国人的自杀问题和以自杀相报复问题，他乐观地认为自杀的邪恶一定能被基督教的生命价值观所改良，“最终不再是国民生活的特征”④。

在南昌教案交涉期间，天主教官方报告的结论中就说江召棠自杀是为了给教会添麻烦，这在中国是老一套的做法。《字林西报》也顺理成章地联想到了这一习俗，说江召棠自杀是“为了将教会卷入一场严重的麻烦”，而“这并不是一个罕见的中国人的复仇方式”⑤。德国人在上海开办的《德文新报》也同样从中国的自杀习俗寻求江召棠死因的答案⑥。丁韪良（W. A. P. Martin）出版于1907年的《中国的觉醒》提到江召棠在教堂的自杀属于“中国最可怕的复仇方式”⑦。同年出版的《远东的迹象和征兆》也说“自杀在敌人的屋檐下或者门前以让对方陷入麻烦，在中国是一种复仇

① Herbert A. Giles, *Chinese Sketches*, p. 129.

② William C. Milne, *Life in China*, London: G. Routledge & Co., 1857, pp. 121 - 123.

③ Arthur Judson Brown, *New Forces in Old China*, p. 26.

④ Nelson Bitton, *The Regeneration of New China*, p. 203.

⑤ "The Nanchang Massacre," *North China Daily News*, March 15, 1906, p. 7.

⑥ "Der Nan-changer Zwischenfall," *Der Ostasiatische Lloyed*, 16 März 1906, p. 498.

⑦ W. A. P. Martin, *The Awakening of China*, New York: Doubleday, Page & Company, 1907, p. 259.

方式”，江召棠的行动就是一个“实例”[①]。

2. 作为历史的撒谎、面子和自杀

由上可知，撒谎、面子和以自杀相报复等现象，多次出现在西方人针对中国人的叙事中。同时它们也非常明显地影响了西方人对南昌教案的解读。如果说这些属于传教士话语所塑造的国民性神话的话，那么南昌教案的历史真相又是怎样的呢？将神话与历史加以对比，无疑有助于加深对“国民性神话”这一概念的理解[②]。

首先，撒谎现象显而易见是真实存在的。江召棠受伤之后，他在不同的时间和场所给不同的人写下了多纸手书。但是江召棠的手书支离破碎，自相矛盾，如果排除记忆因素，则势必有一部分手书是谎言。另外前书已证江召棠的仕途也确实存在疑点。实际上，与江召棠有工作来往的江西按察使余肇康私下里也认为江召棠“生无可纪，且多诡行”。这与汉语叙事中流行的江召棠的清官形象相差甚大，倒正贴近和印证了天主教和西方人对江召棠的指责。

同时，西方人对中国报纸的攻击也不无根据。如英国医生对江召棠的尸检报告本是以自杀为结论，但中国报纸却报道说尸检报告证明为他杀。这一报道不但如《字林西报》读者来信所批评的那样可能被一般中国读者接受，甚至曾一度令湖广总督张之洞信以为真，还发电质问前往查案的湖北按察使梁鼎芬和胡廷干不以之为据，称“此乃最要紧之证据，而赣不咨送，真不可解”[③]。

但中国真的是一个撒谎者的国度吗？西方人对此就有不同的看法。明恩溥的回答便是否定的。他虽然提到中国人的多疑和不真诚，但也指出中国不是一个撒谎者的国度[④]。此外，撒谎也不是中国人特有的现象。《教务杂志》

---

① Everard Cotes, *Signs and Portents in the Far East*, p. 76.

② 刘禾的“国民性神话”概念，遭到一些中国人的质疑。实际上，20 世纪以来，许多中国人都接受了始自传教士对中国的国民性的言说。尤其是面子问题，20 世纪二三十年代鲁迅、潘光旦、李景汉等一批中国社会精英都将其看作中国人的国民性。

③ 苑书义主编《张之洞全集》第 11 册，第 9486 页。

④ Arthur Smith, *Rex Christus*, pp. 104 - 105.

的一篇文章便以一对师生对话的形式指出了存在于西方世界的大量谎言①。西方的天主教就曾被人称为“撒谎的教会”②。

在南昌教案中，天主教和法国人同样有撒谎的嫌疑。如上文提到的天主教官方报告中的江召棠到教堂的时间问题，就与当时在教会“司茶水”的胡恩赐的供词不符。天主教一方的前后矛盾，可证明他们有意塑造江召棠蓄谋自杀并加害于人的假象。以此事而论，天主教方面无疑说了谎话。同时，天主教和西方人的报纸也并非如他们自身标榜的那样“有闻必录”和“公正而不中立”。特别是亲天主教的《汇报》和《大公报》都充当了本教的喉舌。

其次，“面子”和“体面”等概念及相应的观念在中国也是存在的。如麦高温提到的官员离职时群众送行的例子，在余肇康的日记里便有体现。余肇康因南昌教案而去职，离赣之际，绅民的欢送场面甚是隆重③。对此，余肇康在日记里写道：“此案以朝廷极不体面之事，而民间偏为余作极体面，于心何安!”④ 此处的“体面”与传教士笔下的“face”显然指称相同；所谓“于心何安”恐怕也要改成“于心有安”才更贴近余肇康此时的心境。但是，面子的重要性不可过分高估，西方人所谓江召棠为了要面子而自杀之说很难站得住脚。下面根据江召棠当时的处境稍加论证。

西方人所说的面子是由荏港和棠浦两起旧教案而来，但江召棠之自杀，是由种种因素共同促成的，其中王安之的威逼，起到了直接作用。这又需要从凶器问题说起。在英国医生的验尸报告中，明确指出江召棠的第二伤和第三伤是由剪子造成的，江召棠和中国朝野纷纷要求“追剪子”，但教方却有意回避剪子问题。个中缘由，当不难断定。

实际上，后来的很多表述都圈定在威逼自刎一层。前往南昌进行调查和

---

① Isaac T. Headland, “A Nation of Liars,” *The Chinese Recorder and Missionary Journal*, Vol. XXVIII, No. 4, April, 1897, pp. 161 - 169.

② Hiram Stevens Maxiam ed., *Li Hung Chang's Scrap-book*, p. 155.

③ 余肇康的日记和书信都专门提到士民为其饯行的盛大场面；陈三立和郑孝胥等人的诗作也有反映。从现存文献看，余肇康在南昌教案中的表现得到了晚清士大夫的大量赞许。

④ 余肇康：《敏斋日记》第 30 本，丙午四月十三日。

谈判的法国参赞端贵也一度承认，并在草约第七条中专列王安之罪状，称“王安之办事不平不公，强江令以万办不到之事以致受逼，自应明白官示，以见二十九日肇祸之由”[①]。但是在最后定稿的中法南昌教案合同中，江召棠的死却变成了“愤急自刎”，王安之毫无罪责，法国天主教的一桩丑闻也得以成功化解。

正如西方报纸自己也承认的，若非遇到极大困境，像江召棠这样身份的人是不会轻易自杀的。而刘禾更是指出：“几乎可以肯定地说，西方传教士话语来到之前，‘重体面’在文化比较中不是一个有意义的分析范畴，更不是中国人特有的品质。”[②] 还应指出，关于面子的国民性叙事存在明显的互文现象，瓦格曾指出：“传教士的一些讲话和许多缺少第一手资料的个人著作中都宣传着明恩溥对中国的看法。他的几本著作流传很广，不仅是传教士社会的读物，而且成为远东许多学院的教科书。”[③] 亚瑟·布朗便引用了明恩溥的《基督王》讲中国人的面子问题[④]。麦高温在讲面子问题时也提到：“面子是中国语言中最有影响力，也最有趣的词汇之一。它不是描述人们的容貌，而是代表一种渗透到整个中国社会的观念。据说它是最戏剧性的元素，它使每个中国人都成为一个演员。”[⑤] 此处的“据说”便是据明恩溥所说。在明恩溥关于面子问题的叙述问世前，极少见到传教士以“面子”一词说事。如麦高温，他 19 世纪 70 年代便来到中国，在三四十年后讲面子问题时，却还要据明恩溥之说。有趣的是，麦高温对面子问题的看法比明恩溥要积极一些，而后来罗素（Bertrand Russell）在讲“要面子”问题时，则完

---

① 在官方档案中仅能见到这份草约的个别条款，但当时的报纸登载了全文，可见《南昌教案余闻》，《南方报》1906 年 4 月 30 日，第 1 页新闻；《南昌教案余闻》，《南方报》1906 年 5 月 1 日，第 1 页新闻。此外，《申报》和《新闻报》等也刊载了这一草约，不过这两家报馆都未刊载后三条。

② 刘禾：《跨语际实践：文学、民族文化与被译介的现代性》，第 92 页。

③ P. A. Varg, *Missionaries, Chinese and Diplomats*, Princeton University Press, 1958, p. 114，转引自陶飞亚、刘天路《基督教会与近代山东社会》，山东大学出版社，1995，第 266 ~ 267 页。

④ Arthur Judson Brown, *New Forces in Old China*, pp. 37 – 38.

⑤ John Macgowan, *Men and Manners of Modern China*, London: Adelphi Terrace, 1912, p. 301.

全成了正面的评价①。

最后，以自杀相报复的行为方式确实在中国存在。如南宋提刑官宋慈的《洗冤录》中便提到“广南人小有争怒赖人，自服胡蔓草”②。英国法医达威在其尸检报告中也提到，他在对江召棠做尸检时，听一个为江召棠疗伤的中医说：“如此之症，曾已治过数人，皆系气道割断。”达威随后说：“予闻此言，可知自刎之事，系华人所恒有也。”③ 余肇康在得知江召棠自杀消息当晚的日记中提到的“前者有无赖自刎”④，也正是指的这种情况。但自杀现象在中国的普遍性不应被高估，正如翟理斯所说：“自杀，作为一种头脑不健全的状况，是稀少的；由于它的非常愚蠢，不管是短暂的还是长期的，在中国都是极端不寻常的。虽然这儿那儿有几个个例，但不足以构成中国人的民族特征。”⑤

江召棠自杀，未必有明确的报复教堂的意图，至少他不希望出现二月初三日的暴动。从多名犯人的供词可知，这次闹教很大程度上是为了“替父母官报仇”。但是，此举未必是江召棠本人所乐见。从结果上看，也正是二月初三日之事的发生将他置于死地。

两相对比，可确认南昌教案的基本史实如下。江召棠是应邀到教堂赴宴，其伤属于被逼自刎。事后双方为推卸责任，都进行了一些违背真相的叙述。相比国民性神话影响下的西方叙事，江召棠在手书的书写上是说了谎话，但天主教方面同样逃不脱作伪的干系。至于因面子而自杀，更是夸大了面子因素的作用。无论如何，其自杀举动也是在王安之以刀剪相逼的情况下做出的。而法国在合同中为王安之和天主教开脱的行为，反倒有些“要面子”的嫌疑。此外，江召棠自杀以报复教堂之说，也不无可议之处，未便指为定案。在南昌教案这一案例中，传教士话语所塑造的中国国民性神话，

---

① Bertrand Russell, *The Problem of China*, London: George Allen & Unwin Ltd., 1922, p. 204.

② 宋慈：《洗冤集录今译》，福建科学技术出版社，2005，第 170 页。

③ 《教务教案档》第 7 辑（2），第 760 页。按，此文由外务部交北洋大臣袁世凯由医学堂翻译，抄送给湖广总督和江西巡抚。

④ 余肇康：《敏斋日记》第 30 本，丙午正月二十九日。

⑤ Herbert A. Giles, *Chinese Sketches*, p. 131.

明显影响了西方人对南昌教案的认知和理解，并导致其认知与事实有不小的出入。

3. 传教士话语的教案语境

通过对南昌教案神话和历史的对比，可知传教士话语作为西方人观察中国的人和物时的“前见”，确实导致了对事件的认知和理解偏差。那么，回过头来再看，西方人对南昌教案的“前见”即传教士话语又是如何形成的呢？对此，学界一般将注意力集中在两个方面：一是中国的现实是否与传教士的叙述和论断相符；二是传教士对中国的论述是如何受到其母国的现实的影响，即传教士在观察中国之前的知识结构和思想资源问题。以上讨论当然有其必要，但鉴于晚清教案频仍，民教和官教关系长期处于紧张状态，传教士话语的形成，亦难免受这一语境的影响。

翻阅晚清教案档案资料，即使专业的史家，也会被其中大量的互异的叙事所震惊和迷惑。中国官绅和传教士各执一词，莫衷一是的现象比比皆是。总体上讲，国人常常将传教士妖魔化，而反教的官绅则成为英雄和卫道士。反之，传教士则又多将自己美化，而常常指责中国官员善于欺诈。

1877 年一位天主教传教士在一份报告中曾写道：“我们的官吏们，甚至是那些戴红顶子的官吏们也都很容易放纵地说谎和进行欺骗。”为证明这一论点，他举例说道，山东的一个中国人因为杀死了一个英国人，而被当地官员判处死刑并且行刑，但是，“稍后却又发现这个中国人仍活在人世间并且身强力壮。你们是否相信我们的官吏会对这样的行为感到脸红呢？你们应该认识到自己大错而特错了，中国是一个很善于玩弄欺骗手段的国家”[①]。近代在华工作的英国人庄士敦（Reginald Fleming Johnston）曾假中国人口吻批评道，即使诉讼双方的证据都呈给传教士，他们还是强烈倾向于接受自己教徒的证据。传教士“作为一个教徒，被假定是不会容忍虚假证词的，反之，他的对手作为一个异教徒，是谎言之父的奴隶和傀儡”[②]。反过来看，传教

① 《清末教案》第 4 册，第 392～393 页。

② Lin Shao-yang, *A Chinese Appeal to Christendom: Concerning Christian Mission*, London: Watts & Co., 1911, pp. 40－50.

士这种倾向，固然跟感情立场有关，但一定程度上恐怕也是基于自身的经验判断。

应当指出，中国官员的所谓“欺骗”很大程度上是由中西方的权力关系决定的。一方面官员希望围堵基督教这一“洪水猛兽”；另一方面，由于条约的制约，官方表面上不便阻止，只得默许、纵容、暗示甚至挑唆绅民与教士为难。官员这种阳奉阴违的抵制之术在晚清一度非常流行。这在传教士看来，无疑就是一种欺骗了。

但在官员与教士的交往中，说谎的并不只是中国人，马克沁就曾批评说，传教士“过去和现在一直是地球表面最大的谎言家。我们对中国和东方国家的大量的误解都是由于传教士的谎言。我赞成建立军事反教社会和误导人的传教士的邪恶影响作战”。他举例说，法国传教士年年报道说某地中国人拿女婴喂猪，中国驻法国代表团表示抗议，但传教士每年还要刊登同样的故事。有位西方人去该传教士所说的地区考察，遇到负责此报道的传教士，问他为何年年刊布这样不断被抗议且已经证明是错误的故事。教士回答说，那个故事每年能给他们带来 100 万法郎，是他们最大的资产①。一个赴美留学的中国基督徒在一封信中也批评道，是传教士让中国变成未知的和被误解的国度，他们有意或无意、直接或间接地制造了错误的陈述，从而导致西方人对中国的误解，“传教士利用和玩弄了他们”。“事实上，传教士在中国的态度很大程度上是自负的吹毛求疵，几乎从来都不是有益的批评。当他们给国内写信时，他们总是描述所看到的最糟糕的画面，并经常对好的东西做坏的解释。当他们回到国内，他们告诉人们其所知道的不正常和不常见的例子。当然，传教士的目的是寻求同胞的传教士同情。他们想激起和复苏他们的传教士精神，引起和掀动传教士热情。”②

不妨断言，官员固然会欺骗，教士也同样会撒谎。马克沁就曾对双方各打五十大板，称传教士熟练掌握了撒谎的艺术，但撒谎不是他们的独家专

---

① Hiram Stevens Maxiam ed., *Li Hung Chang's Scrap-book*, pp. 155 - 156.

② “Nationalism of a Chinese Christian,” *The American Journal of Sociology*, Vol. 14, No. 1, July, 1908, pp. 56 - 57.

利。中国人在撒教士的谎方面和教士在撒他们的谎方面一样，都相当在行[①]。英国人宓克也指出，在各种迫害事件中，当事双方的报告都有保留。一方面，传教士的报告被剪辑成片段，其事实不得不靠对事件过程的推测得出，而另一方面中国人的表达也含糊不清[②]。宓克曾生活在中国，比马克沁更了解实际情况，他的说法没有马克沁那种情绪化，却更能说明问题。当官员与教士双方都在同一件事情上撒谎时，他们递交的报告就难免有天壤之别了。

这一现象，不能简单归结为道德问题，更存在一种权力关系。可以说，中国官员与教士之间的相互欺骗甚至构陷，一定程度上正是双方“两以不肖之心相应”的表现和结果。双方的敌对行为是一个相因并至的互动过程。1906 年的南昌教案，其发生及其解读都是这个过程中的一环。西方人对江召棠撒谎、要面子和以自杀相报复的看法，表面看是国民性问题，更深层次的原因还在于对中国官员长期以来的不信任和敌视。在 19 世纪末明恩溥的表述出现之前，传教士并不拿中国人和中国官员的面子说事。而官员以自杀报复传教士的实例，在南昌教案发生之前也从未一见。

四　身份抗争的两种话语

许多士人曾担心，词讼偏袒教民，则平民皆将入教，但结果却不是这样，这在一定程度上便牵扯到认同问题。晚清反教运动中的身份政治，一度主要表现为传统的华夷之辨，但是到了 20 世纪初，随着知识的转型，产生了与现代民族国家相关联的认同问题。

1. 士绅群体与传统认同

1867 年一份南阳绅民公呈提到：“经云：用夏变夷。今既不能变，何可变于夷乎？”[③] 大名府拒英国公檄中则说：“且华夷不可同居，人鬼岂容并

---

① Hiram Stevens Maxiam ed. , *Li Hung Chang's Scrap-book*, p. 159.

② Alexander Michie, *China and Christianity*, p. 70.

③ 王明伦选编《反洋教书文揭帖选》，齐鲁书社，1984，第 18 页。

域。”[1] 薛福成上某相书指出：“中国之衅，何时而弭？虽然多事，犹中国之幸也。何也？以民之未尽变于夷也。”[2] 三则引文所论之事各有不同，但“夷”的表意完全不出于传统的华夷框架。

某种程度上，认同是一种区分，是一个对边界的不断界定的过程。在晚清的反教和排外文本中，大量存在对外国人和传教士的极端描述以相区分。1863年湖南巡抚毛鸿宾上奏称：“大抵凡人之情，乍见则相惊，积久则相忘。其相惊之时，纵反复开导，不能骤破其疑。殆久而习焉，不见其异。”“各属居民向未睹洋人之形状”[3]，故而难免聚众围观以致骚乱。此处提到的“洋人之形状”，是国人区分身份的一个重要凭据。1873年德平县李家楼告白中便称：“鬼子其形……羊眼猴面，淫心兽行，非人也。”[4]“形状”之分并不绝对，1874年施南府禁教揭帖中称：“从来鸟兽不可同群，人鬼难以并立。夫人而知之矣，而明明腼然人面，问其名则鬼也，考其行则禽兽不若也。”[5] 此处便承认洋人亦是“人面”，却称“其名则鬼”。相比名字，服装是一个更重要的更显而易见的区别。孔子曾称“微管仲，吾其披发左衽矣”，这便是以发型和服装作华夷之辨。正是有鉴于此，许多传教士自觉改穿华服，仅此一招就为他们的出行减少了大量的麻烦。当然，穿华服还远不能被中国人接受，江西学政黄均隆到1905年还未消除对洋人华服传教的担忧。

界定边界，同时也是对自我的一种指认。伴随着晚清反教话语的是大量的自我认同的表述，它们主要有王朝认同和文化认同两种。且看下面几条材料：延平一份告白曾提到“不受洋人荼毒，亦不受官长欺凌，皇上也出气，百姓也欢心”[6]；福建龙岩州一份揭帖也提到“我圣上被奸兽花言巧语瞒许条约，岂能瞒我等乎”[7]；1869年南阳县合邑绅商士民公呈有“绅等食毛践

① 王明伦选编《反洋教书文揭帖选》，第154页。
② 王明伦选编《反洋教书文揭帖选》，第35页。
③ 《清末教案》第1册，第288页。
④ 王明伦选编《反洋教书文揭帖选》，第157页。
⑤ 王明伦选编《反洋教书文揭帖选》，第163页。
⑥ 王明伦选编《反洋教书文揭帖选》，第127页。
⑦ 王明伦选编《反洋教书文揭帖选》，第129页。

土二百余年，沐浴教泽，至深至渥”之语[①]；1869年遵义合属士民公恳状也出现“士民等食毛践土，当思报答四恩，遵习五伦”的措辞[②]。“皇上”与“圣上”二词的意义指向不须多言，所谓“食毛践土”之说，其原典为“封略之内，何非君土；食土之毛，谁非君臣”。这显然是对王朝的认同。

文化认同更是随处可见。如1883年龙岩州公议条规便声称要“议黜异端以崇正学”[③]。据载，辛卯科天榜题目录有“攻乎耶稣，斯害也已”和“君子反经而已矣。经正则内地安，内地安，斯灭猪羊矣”两则[④]。1869年永年县城乡绅民公禀提到：“窃以通权济变，朝廷有不得已之苦心，守经安常，士庶有必宜遵之宪典。……我朝昌明正学，如日中天。”[⑤] 1889年邹县绅民揭帖告白：“道统不绝，人心亦赖以固尔。”[⑥] 所谓正学、正经和道统，无不是文化认同中的常见符号。

实际上这两种认同本就是一事之两面，故而常常同时得到表述。周汉以实名刊刻反教之书，预先为自己撰写挽联一副：“以遵神训、讲圣谕、辟邪教而杀身，毅然见列祖列宗列圣列仙列佛之灵，稽首自称真铁汉；若忧横祸、惑浮言、惧狂吠而改节，死犹贻不忠不孝不智不仁不勇之臭，全躯岂算大清人。”[⑦] 周汉的“孔门弟子大清臣”诗句正可概括此联[⑧]。“孔门弟子”涉及的是一种文化认同，而“大清臣”则是一种王朝认同。

1876年一份湖南士民公传写道：“但我湖湘士民，情溺纲常，俗拘廉耻，食毛践土，久承北阙之恩；肄礼读书，只识东山之教；假令华夷杂处，那堪鸟兽同群。”[⑨] 同年的一份湖南防洋条约则称：“所恃吾民众成城，相与

① 王明伦选编《反洋教书文揭帖选》，第141页。
② 王明伦选编《反洋教书文揭帖选》，第147～148页。
③ 王明伦选编《反洋教书文揭帖选》，第131页。
④ 王明伦选编《反洋教书文揭帖选》，第184～185页。
⑤ 王明伦选编《反洋教书文揭帖选》，第152页。
⑥ 王明伦选编《反洋教书文揭帖选》，第160页。
⑦ 王明伦选编《反洋教书文揭帖选》，第175页。
⑧ 王明伦选编《反洋教书文揭帖选》，第176页。
⑨ 王明伦选编《反洋教书文揭帖选》，第104页。

诛除异种，延圣脉以全人类，卫身家以报圣朝。”① 次年一张湖南匿名揭帖写道：“一旦使洋教入境，满地腥膻，坐视中国三千年之诗书礼乐之化夷于禽兽，圣朝二百年爱民养士之恩付诸流水，是六十余州县，皆无男子也。”② 在上述三条引文中，王朝认同和文化认同都同时得到表述。王炳燮的一封上书说：“自古邪教之兴，皆足以败常乱俗，为国家之大害，故王者设为严禁。”③ 其中“败常乱俗”指涉的是文化认同，而“国家”和“王者”则是王朝认同。

尽管这些反教文本和行动可以强化国人的认同感，但其作用不足以抵制来自各个领域的冲击。到了清末，随着王朝的社会控制力的急剧下降，皇朝观念动摇，满汉畛域拉大，国人对“食毛践土”一说大加质疑，谭嗣同、邹容、于右任等人便同声质问说“谁食谁之毛，谁践谁之土”④。此为认同危机的一大明证。同时，由于文教和学术上的西风压倒东风，从此正学不正，邪教不邪，道统将绝，人心不固，以文化反教的事，在庚子后已相当罕见。民国非基运动打起了“反对文化侵略”的口号，但反对者所秉持的文化本身已是外来文化。

2. 中等社会与现代认同

1902 年，梁启超发表文章，提到了亚里士多德的上等社会、中等社会和下等社会的概念，文中提及中等社会在当今欧美政治中的关键作用。在另一篇文章里，梁氏指出“各国改革之业，其主动力者恒在中等社会”⑤。此后，“中等社会”概念在中国一度流行。这一社会阶层虽主要指代学生群体，但实际上也包括一切具有新知的士人与知识分子。新的知识结构让他们对反教问题有了新的看法，这在南昌教案中得到清晰的体现。

科举考试为读书人提供了大规模聚会的契机，一些教士趁此机会进行布

---

① 王明伦选编《反洋教书文揭帖选》，第 105 页。

② 王明伦选编《反洋教书文揭帖选》，第 107 页。

③ 王明伦选编《反洋教书文揭帖选》，第 23 页。

④ 其中尤以谭嗣同之说为最著名。参见谭嗣同《仁学》，中华书局，1958，第 53 页。

⑤ 梁启超：《雅典小史》，《饮冰室合集·专集》（16），中华书局，1989，第 16 页。

道，很容易形成“正教”与“邪教”之间的激烈交锋，甚而发生骚乱。当然，科考期间是否有“辟邪教”的集体行动发生，往往还要视官方的态度为转移。如某地童生考试，正值民教关系紧张之际，但因官方的预先安抚，便与教士相安无事。及至清末，新式学堂兴起，学堂学生受民族主义思潮影响，多有集会演讲的冲动，频闹学潮，令部分士大夫为之深忧。有趣的是，一向反对学潮的经学家皮锡瑞对南昌教案中的学生集会给予了理解，称南昌教案虽“起于学生演说”但“亦由古月无用所致，不能专怪学生”①。教案多系“愚民暴动”，学生极少参与，但南昌教案因涉嫌“教士戕官”，事关主权，故而引起南昌学生的义愤。江召棠二十九日事发后，学界撰写并印发传单在南昌城四处分发，其内容如下：

> 现本省天主堂教士王安之，诱刺南昌县江贤尹召棠，欺蔑我国已达极点，凡我同胞，莫不心痛。兹准于二月初三日上午十时，开特别大会于百花洲沈公祠内，无论官、商、工、农、学界均请降临。以筹文明抵制，挽回国权，决不暴动，致碍大局，专此通知，敬祈转布江西全体学生。②

余肇康于初二日早晨得知传单事后，认为匪徒才是“最可累者”，学生“尚易开导”③，打算明日找来一个姓高的学生谈话。后来，在谈判中法国参赞应该也提到惩罚学生之事，但余肇康成功地予以抵制，因此才有了在给瞿鸿禨书信中“学生不予以一人”的自诩④。据蔡惠的回忆，江召棠被刺后易知社社员曾“印发传单，到处讲演宣传”⑤。易知社是一个有革命倾向的组

① 皮锡瑞：《师伏堂日记》，丙午年二月十六日，转引自吴仰湘《通经致用一代师：皮锡瑞生平和思想研究》，岳麓书社，2002，第 268 页。

② 《一九〇六年南昌教案资料专辑》，第 18 页。

③ 余肇康：《敏斋日记》第 30 本，丙午二月初二日。

④ 《瞿鸿禨朋僚书牍选》（上），《近代史资料》总 108 号，第 16 页。

⑤ 蔡惠：《江西易知社与共进会简介》，中国人民政治协商会议全国委员会文史资料研究委员会编《辛亥革命回忆录》第 4 集，中华书局，1963，第 345 页。

织。

在北京，学生也参与了江召棠的公祭活动。据《京话日报》称："昨天各省公祭江大令，由江小涛、江元甫父子承办。来祭的人，学界居十分七八，足见立了学堂，最容易结团体。人民有了团体，然后国才算是一个国。"[1] 数日后又报道说：

> 日前陶然亭公祭江大令，凡有爱国思想，够上国民资格的，都愿意前去上祭。五城学堂和某学堂学生，因为这件事，很是热心，预先赶做操衣，预备去公祭。自从某部有了风声，学堂的监督告诉各学堂，说江大令的公祭，已经改了初一。你们众位初一再去罢。如果认为不当去，可以劝解，解劝不听，还可以严行禁止，何必说这种瞎话，无论那国的宗教，都不准说瞎话。监督的见解，偏偏如此。[2]

中等社会的崛起不仅创造了新的街头反教运动方式，更重要的是伴生了新学压倒旧学的历史事实。新思想和新名词在20世纪初对旧秩序产生革命性的破坏力的同时，也在以惊人的力量创造新世界。在这中间，民族国家话语体系迅速形成，产生了基于同种、同胞认同的社会动员。相比传统的同乡、同僚、同年、同业等身份，这种基于民族国家的身份无疑囊括了空前广泛的群体，从而使具有近代意义的大规模的社会动员成为可能。

在南昌教案中，基于近代民族国家的身份政治成为一个醒目的政治现象。当时一副关于南昌教案的对联的上联曰："会垣重地而敢戕官，目中岂尚有人哉？吁，同僚之耻也，同宗之戚也，同乡之疚也，同种之忧也。"[3] 其中的"同种之忧"已具有清晰的现代民族国家色彩。

《京话日报》是个典型的例子。在一次谈及江召棠的死因后，该报论

---

① 《公祭江大令的情形》，《京话日报》第595号，1906年，第2版。

② 《拦阻学生公祭》，《京话日报》第599号，1906年，第3版。

③ 《南昌大教案二十六志》，《时报》1906年3月27日，第2版。

道：“本报宗旨，正想联合各教会，同是国民，无分彼此，断无仇教的心。”① 在鼓动中国教徒自立教会时，又说：“我劝各教的教友，赶快自立教会。诸位既是中国人，不可不爱惜中国。”② 在一则关于教会学校的新闻后，该报又说：“人人有了学问，同国同种，一定能生出爱力来，那还会再闹教吗？”③

民族国家的观念也深深地影响到中国的基督徒，从而改变中国基督教的历史轨迹。中国耶稣教自立会在一份教会自立倡议书中便反问道：“吾同胞其亦闻风而兴起，各尽己之才能钱力以荣神爱人为己任乎？”“同胞”一词八次被提及，显见其情感之强烈。在向上海道台提交的申请中也以“合群爱国当在先爱同胞，庶几道一风同”为词。当时“同胞”一词是指陈国家认同的最重要概念之一。

这种基于民族国家的身份抗争促使形形色色的“地方事件”具有了国家指向。有人曾指出：“中国近代史上的反洋教运动，具有爱国主义性质，它在我国反帝斗争史上，理应占有一席之地。”其第一条理由便是“它的矛头始终是指向帝国主义侵略者的”④。李时岳更是指出：“反洋教运动是近代中国历史上巨大的、广泛的、持续的反帝爱国运动。”⑤ 在建构论大行其道的今天，这一定性自然大有可疑。一方面，“反帝”已经被当作一种“神话”；另一方面，中国民族国家的成规模建构是从 19 世纪末 20 世纪初开始的，此前连“国”都不存在，皮之不存，毛将焉附！但是，同样从建构的视角看，晚清的反洋教运动也是一种基于朴素的“华夷之辨”的身份政治，它先后对王朝国家的认同和民族国家的建构发挥了影响。风水、谣言、地域权势争夺等引发的教案，并不直接具有国家指向，但对教案的评论和言说却赋予它们这方面的意义。

---

① 《含糊其词》，《京话日报》第 545 号，1906 年，第 1 版。

② 威岑：《自立教会的所以然》，《京话日报》第 592 号，1906 年，第 1 版。

③ 《杜懋德反对学堂赴罗马》，《京话日报》第 626 号，1906 年，第 2 版。

④ 刘焜炀：《反洋教运动综论》，四川省哲学社会科学学会联合会、四川省近代教案史研究会编《近代中国教案研究》，四川省社会科学院出版社，1987，第 45 页。

⑤ 李时岳：《近代中国反洋教运动》，人民出版社，1985，第 112 页。

在晚清，对教案无论是赞成还是反对，其论说始终围绕国家层面展开。即使教案的起因与国家并不直接相关，但其后果亦指向国家。教案与中外交涉的息息相关，一方面使每一个本可以是地方事件的教案都有可能被上升为影响“大局”的国家叙事；另一方面，与西方各国的教案交涉过程，也是一个自身形象的发现与重塑过程，同时也是一个认同产生和强化的过程。南昌教案也一度被当作一起“地方事件”，但其影响显然已超越了它的地域局限和地方性，具有了“政治史”的意义，从而在南昌之外改变了国人的“整个生活世界”[①]。

① 杨念群：《为什么要重提“政治史”研究》，《历史研究》2004 年第 4 期。

第七章

“杯酒之间”：晚清政府媚外形象的形成

“媚外”是在清末庚子国变后出现的一个流行语。梁启超认为以义和团运动为分水岭，“排外的反动一变为媚外，将国民自尊、自重的元气斫丧殆尽，此为心理上所得最大之恶影响”①。此处的批评显然指向了整个国人②。但在清末的舆论界，媚外的恶名主要集中在朝廷内外官员群体身上，并成为政府的整体形象③。但诚如清末报人汪康年观察到的：“今之诟外交官，动曰媚外。此语未圆足也。实则吾国关涉外交之人员，并未尝以此为事，且视为极可憎厌之事。遇有事，意绪纷乱，惟以推出为第一要着，至于不能，则惟有坐听外人吩咐而已。至于平时，隔绝殊甚，同在一处之官，相见亦且不相识，何况言融洽乎？”④ 汪康年关注外交多年，对庚子后外交与舆论的关系多有反思，此语不可等闲视之。自甲午特别是庚子以降，清政府在外交上的软弱退让，以及大量官员面对外人时自重自尊的丧失，都是不容否认的事

---

① 梁启超：《中国历史研究法》，中华书局，2009，第150页。

② 杨国强即讨论过庚子国变后国人人心由排外到媚外的丕变。（参见杨国强《1900年：新旧消长和人心丕变》，《史林》2001年第1期）

③ 此处的“政府”称谓，并非晚清时的所指（参见王宏斌《光绪朝“政府”词义之嬗变》，《近代史研究》2007年第6期），而是20世纪后受西方和日本学界影响后的现代用法，泛指包括中央和地方在内的整个国家机器。与“民间”概念相对应。

④ 汪康年：《汪穰卿笔记》，中华书局，2007，第68页。

实。但媚外形象的形成本身是知识与权力关系交织其中的历史过程[①]，与这一过程相关联的是，晚清社会舆论如何审视和评判中外权力失衡格局下的政府外交行为。

一 形象与事实

在义和团运动后，“媚外”以固定短语形式出现并迅速流行，但在鸦片战争后到20世纪之前的晚清文献中则常见“媚夷”的说法。鸦片战争后浙抚刘韵珂致直隶总督讷尔经额书，批评地方官“捉民以媚夷”[②]。1854年左宗棠在一封信中认为“粤东三合会之起，因罢林文忠用耆英，媚夷而自弱，致失民心”[③]。1858年潘祖荫在奏折中批评叶名琛“一味畏夷”并弹劾粤东疆吏“媚夷辱国”[④]。彭玉麟在咸同之交写给其胞弟的信中告诫“为官吏者，切不可处处媚夷而压华”[⑤]。“夷”的用法虽经西人的外交抗议，但同治初媚夷之语在中兴名臣群体圈子的书信中经常使用。曾国藩同治元年致左宗棠信中有“恐一二不靖之徒自神其媚夷之术”句[⑥]。三日前李鸿章上曾国藩书也批评“沪道媚夷，失之过弱”[⑦]。但曾氏因办理1870年天津教案“失之过

---

① 学界对此问题无专文论述。学者一般是从中外力量的对比失衡和时势的不得已等“客观原因”来论证。如王开玺《“量中华之物力，结与国之欢心”新解》，《近代史研究》2006年第4期。本书则关注历史背后的“神话”“想象”“发明”和“制造”等因素，意在探究历史形象与事实之关系。

② 葛士浚：《皇朝经世文续编》卷101，沈云龙主编《近代中国史料丛刊》第75辑（741），第2579页。

③ 左宗棠：《左宗棠全集》书信1，岳麓书社，2009，第106页。文中略去的主语显然是朝廷，这在当时实为罕见，与左宗棠性格很有关系。据称，左宗棠有“君父之恩，略已报矣，胡光墉之恩，未能报也”之语，官场多笑其“耄昏”，郑孝胥独赞其“不昧本心，亦是豪杰本色”。（郑孝胥：《郑孝胥日记》第2册，中华书局，1993，第590页）

④ 贾桢等编辑《筹办夷务始末（咸丰朝）》，第827页。

⑤ 沈云龙编《清代四名人家书》，《近代中国史料丛刊》第63辑（624），台北，文海出版社，1973，第75页。

⑥ 曾国藩：《曾国藩全集》（25）《书信4》，岳麓书社，2011，第387页。

⑦ 顾廷龙、戴逸主编《李鸿章全集》（29）《信函1》，安徽教育出版社，2008，第96页。之前在另一封书信中李鸿章也言及“沪道吴晓帆与会防局官绅，阴主中外合剿之议，所以媚夷者无微不至”。［顾廷龙、戴逸主编《李鸿章全集》（29）《信函1》，第79页］

弱”，庚子后有人将其视为媚外的始“作俑”者[①]。李鸿章在中法战争前夕被弹劾“专欲媚夷以保其资”[②]。十多年后更因甲午战争失利饱受批评，给事中洪良品批评其“主持洋务数十年”而“平日专以媚夷为事”[③]。痛感于李鸿章广招媚夷之谤，李氏门生吴汝纶所编《李文忠公全书》特意将其早年信中非议沪道时的“媚夷”二字删除，于此可窥世事之变迁。

曾在总理衙门任事的董恂是一个典型的“媚夷”的负面案例。天津教案后醇王奕譞上章弹劾总理衙门诸臣与西人“彼此拜会，恬不为耻”，其中董恂“一味媚夷”，证据是“为之刻书作序”和“孚郡王偶挞夷奴，董恂令该子赴夷馆认过”二事[④]。当然事情并非仅限于此，翁同龢日记中亦记载董恂在津案交涉中“曲意奉迎，不堪言状”[⑤]。据董恂后来自辩，在总理衙门与文祥共事期间，“遇有事须稍自贬损，国难始纾者，恂辄任之”[⑥]。其门生缪荃孙在笔记中讲得更为直接：“文忠于总理衙门，外人有所求，正色严词，往往拒绝。而令董甘泉师择其无关大局者，酌许一二件，实与文忠公商妥，以为转弯地步，非董一人之见。外间无识者，以董为媚外为权奸，击之不遗余力。”[⑦] 由此可知总理衙门的外交策略，而董在此中扮演的角色使其极易为清议所谤。

值得注意的是，缪荃孙笔记作于庚子后，已用“媚外”取代“媚夷”。《清史稿》中说郭嵩焘使英导致“一时士论大哗，谓嵩焘媚外”同样属于这种情况[⑧]。实际上在庚子后百余年间，自鸦片战争以来的许多晚清官员都被追责戴上了“媚外”的帽子。但“媚夷”与“媚外”各自背后的历史语境有巨大差异，媚夷之说多指向特定官员和特定举措，从未用来描述官场和政

---

① 可愕：《论说南康教案之感言》（续），《申报》1907 年 11 月 12 日，第 3 版。

② 故宫博物院文献馆编《清光绪朝中法交涉史料》第 8 卷，沈云龙主编《近代中国史料丛刊》第 15 辑（149），台北，文海出版社，1973，第 655 页。

③ 戚其章编《中日战争》第 2 册，中华书局，1989，第 450 页。

④ 吴相湘：《晚清宫庭实纪》第 1 辑，台北，正中书局，1982，第 123 页。

⑤ 翁同龢：《翁同龢日记》第 2 卷，第 813 页。

⑥ 董恂：《还读我书室老人手订年谱》，沈云龙主编《近代中国史料丛刊》第 29 辑（282），台北，文海出版社，1973，第 216 页。

⑦ 缪荃孙：《云自在庵随笔》卷 1，商务印书馆，1958，第 22 页。

⑧ 赵尔巽：《清史稿》卷 446，第 41 册，中华书局，1977，第 12474 页。

府的整体形象。晚清政府的媚外形象则是伴随“媚外”一词的流行形成的。反过来说，“媚外”一词的出现和流行是一个包含了重要历史议题的历史过程，因此有必要加以考察。

据笔者所见，“媚外”于庚子年尾开始出现在报端。汪康年主办的《中外日报》于1901年1月初论交涉事有“媚外过甚，名必恶”语[①]。此后整个辛丑年仅有数次出现。其间社论中曾有“始之疾视外人者，今忽求媚外”语[②]；论载沣赴德谢罪见德皇事，有“今醇邸亲聆德皇之言，始知辑睦邦交之道，在我之能文明与否，无取乎矜谈交涉，处处以媚外为心也”之慨[③]。两个月后该报论外交事时又出现此说法。值得提及的是，该报在辛丑年多次出现“媚悦”一词，其中《论专求媚悦之外交》一文，论述从“蛮悍之外交”到“媚悦之外交”的转变[④]，实际上讨论的就是后来知识界常说的从排外到媚外的转变。壬寅岁首，《中外日报》发表感言，希望“政府诸王大臣”不可“畏外人而专尚媚悦”，“外务部王大臣”不要“敷衍对付”，“尤不宜专尚柔媚，事事退缩”[⑤]。

有意思的是，“媚外”的说法恰恰从本年度开始流行。1902年梁启超在日本所办的《新民丛报》即多次使用，如梁启超本人在一篇文章中即指斥“朝野上下以媚外为唯一之手段”[⑥]。在此期间，天主徒英敛之刚刚开办于天津的《大公报》，也开始使用“媚外”的说法。《大公报》与《新民丛报》在基本政治主张上相一致，特别是均扬光绪而抑慈禧[⑦]。1902年底，《大公

① 《论内地州县遇交涉案件宜竭力持平办理》，《中外日报》1901年1月26日，第1版。

② 《论近日纲纪之废弛》，《中外日报》1901年7月31日，第1版。

③ 《纪德皇答醇邸语感书》，《中外日报》1901年9月10日，第1版。

④ 《论专求媚悦之外交》，《中外日报》1901年4月25日，第1版。

⑤ 《壬寅岁首敬告全国文》，《中外日报》1902年2月12日，第2版。

⑥ 中国之新民：《敬告留学生诸君》，《新民丛报》第15号，1902年9月，第3页。笔者见到的梁启超文章第一次出现“媚外”字样，是1901年的《维新图说》一文，称“有排外以行维新者，有媚外以行维新者”。（《维新图说》，《清议报》第93期，1901年10月3日，第1页）

⑦ 《大公报》曾经在“名家丛谈”栏目转载《新民丛报》所刊康有为的文章。（《辨革命书》，《大公报》1902年10月14日，附张）此时康梁属于人人避之的敏感人物，引文隐去“南海先生”之名，但亦足见其好恶。同时考察此际《大公报》的政治主张，可知它很明确地支持光绪皇帝，也为康梁新党在戊戌变法后所受到的舆论指责鸣不平。（《论公理为万事之的》，《大公报》1902年10月16日）

报》论述官场派别，认为“排外派”因担心“与于罪魁之列”而“务博外人之欢心，悦色怡声，传出全身之媚态”，从而摇身变成“媚外派”[①]。矛头直指戊戌变法期间与维新派相敌对的顽固守旧势力。

在看待戊戌变法及处理两宫关系的问题上，《中外日报》的倾向性也非常明显[②]。其在庚辛年间的社论，多次主张皇帝“亲政”[③]。1900 年底反思庚子之乱时，认为“中国此次之乱，始于守旧，成于训政，迫于废立，终于排外”。将其系谱明白无误地追溯到戊戌变法。文中称排外者因“外人之势盛，恐一官之莫保，则又相率而尚逢迎，递消息，讲联络，敦信睦，俄顷之间，顿易面目”[④]。汪康年虽与梁启超因故决裂，但始终自命维新，庚子国变后在《中外日报》上对“顽固党”的抨击不遗余力。梁启超写给汪康年的一封书信很能说明问题，信中希望“相属岁寒勿衰其志”，并赞扬“《中外日报》之婞直，实可惊服，前者《清议》论说，尚当退避三舍也”[⑤]。翻看庚子辛丑年间两报的相关言论，可知此言并非恭维语。由上可见，媚外一词当流行于维新派人士笔下，用于攻击旧党。正如时在汪康年《中外日报》馆内任主笔且此前与梁启超颇有厚交的夏曾佑 1904 年所论：“庚子以前，旧党主排外，新党主法外；庚子以后，旧党主媚外，而新党则深不以媚外为然。”[⑥]

此时招牌性维新人物康梁已远遁东洋，但国内维新思想已不可遏抑[⑦]。

---

① 《论中国官场之派数》（续），《大公报》1902 年 11 月 19 日。

② 英敛之筹办《大公报》时曾多次与汪康年商讨赴津担任主笔事。［见方豪编录《英敛之先生日记遗稿》，沈云龙主编《近代中国史料丛刊续编》第 3 辑（21～23），台北，文海出版社，1974，第 333、335、336、342、345、349 页］

③ 如《论惩罪魁不如请亲政》，《中外日报》1900 年 12 月 29 日。是以日后邹嘉来才在庆亲王前诋毁汪康年的报纸“诸多不法”。（《汪康年师友书札》第 1 册，第 834 页）

④ 《原乱续篇》，《中外日报》1900 年 12 月 11 日，第 1 版。

⑤ 梁启超在信中还介绍了自己新出的《新民丛报》，自谓其“视《时务》《清议》，似稍有进”，并“望在贵报中赐评骘，并能将第一号所载章程、本报特色两段登入报中”。（《汪康年师友书札》第 2 册，第 1870 页。按，书中两处“清议”均未加书名号，乖离作者原意）

⑥ 杨琥编《夏曾佑集》（上），上海古籍出版社，2011，第 121 页。

⑦ 黄遵宪在 1902 年底致函梁启超，略带夸张地说：“此半年中，中国四五十家之报，无一非助公之舌战，拾公之牙慧者，乃至新译之名词，杜撰之语言，大吏之奏折，试官之题目，亦剿袭而用之。精神吾不知，形式既大变矣；实事吾不知，议论既大变矣。”（陈铮编《黄遵宪全集》上册，第 449 页）

荣禄在庚子后惨遭上海报馆攻击，易顺鼎就此向荣禄进言称“自康、梁余党散布海内，数年以来，天下几无真是非”，荣禄之被攻击源自“康党欲借此以图报复，汉奸欲借此以媚外人”[①]。有意思的是，媚外作为流行语于1903年第一次在《申报》出现时，攻击对象也是康梁的“新党”[②]。此际《申报》正病以保守，从汪康年师友的来信中清晰可见。如高尔伊来信问道：“《申报》近来守旧万分，不知何人主笔？昨日《康梁习气论》似有意刺讽《日报》，是何居心？”[③] 夏曾佑也表达过对《申报》的嫌恶之情：“此处只见《申报》，令人不可卒读，不知公等何以听其自然，不加惩创？”[④] 1903年某官员调查上海舆论情形，亦认为《申报》“素以守旧，为人所恶，故其言亦不足重”[⑤]。经由维新人士创制的“媚外”一词，矛头指向的是守旧势力，因此才引发后者的反戈一击。

“媚外”的含义，也与维新人士在戊戌之后极喜欢提及的“奴隶”一词相关联[⑥]。1902年，一位天津人致函《大公报》劝诫同乡，有“媚外人者无良之民而奴隶之质”语[⑦]。将近一年后该报主笔又评论说“媚外则确系发自服从之劣根性而甘心为外人之奴隶也”[⑧]。相似论调在稍早时候的《清议报》中已十分常见。1900年麦孟华以“伤心人”为笔名发表文章，讲述中国人从排外“一变而为服从主义”。其表现就是“视外人也如鬼神，如天帝，如奴仆之服其主，如妾妇之媚其夫。向之方怒为仇敌者，今乃甘为其奴隶”[⑨]。随后他又发表《说奴隶》一文，描述“拥封疆、尸厚禄”的官员所操“奴隶之术”。随着庚子年权势的急剧转移，官员“乃举其昔日之巴结上

---

① 杜春和等编《荣禄存札》，齐鲁书社，1986，第164页。

② 《新党不平必贻外人祸患说》，《申报》1903年6月25日，第1版。

③ 《汪康年师友书札》第2册，第1594页。按，此处《日报》是《中外日报》简称，书中原文断句有误。

④ 《汪康年师友书札》第2册，第1354页。

⑤ 金鼎：《金鼎致梁鼎芬书》，庄建平主编《近代史资料文库》第7卷，上海书店出版社，2009，第186页。

⑥ 时人即注意到，“十九世纪之末二十世纪之初，忽发现一奴隶之新名词焉”。（《中国人奴隶性之平谈》，《大公报》1903年7月20日）

⑦ 劫庐：《天津收复与诸乡人书》，《大公报》1902年8月15日。

⑧ 《中国人奴隶性之平谈》，《大公报》1903年7月20日。

⑨ 伤心人：《排外平议》，《清议报》第68册，1900年1月1日，第1页。

司，谀媚权贵，所自诩为奴隶之秘传绝技，移之以媚外人”[①]。稍后更趋激进的《国民报》亦不乏此种论调，描摹“奴隶”心理时称因“外人而能庇我豢我也，则摇尾乞怜于外人之前，以求保其身家，甚或藉外人之力，戕贼同类以媚外人”[②]。这种逻辑广为流行，1903 年杨度作《湖南少年歌》，即有“拳民思想一朝熄，又换奴颜事洋鬼”句[③]。民初有作者开宗明义确认“媚外两字的意思，就是己身之对于外国，如同奴隶仆妾之对于主人”[④]，随后对奴隶侍主的情形大家阐发。实则相关叙述在清末已随处可见。

借助庚子和辛丑舆论界的一再提起，媚外很快成为一个重要政治话题。1902 年 8 月底上海《新闻报》发表《论媚外之祸》一文[⑤]。这是迄今为止笔者见到的最早使用“媚外”字眼专就媚外现象进行剖析论述的文章。此文承袭此前《中外日报》和《大公报》的论调，将媚外视为庚子以来外交的重大转向。这一看法随后被舆论普遍接受，使之成为清末描述和定义官员与政府外交行为的核心概念。其影响力无所不至，以至于不仅舆论界操之为武器，对政府的批评不绝于书，官场内部也借用此概念观察和衡量同事的行为。如岑春煊幕中的高凤岐私下评价同道中人温宗尧说：“此君伉爽无诞语，并不沾染媚外习气。”[⑥] 此距“媚外”成流行语仅仅三五年，高氏已称媚外为习气。连一向背负媚外骂名的慈禧也慨叹：“庚子之役，予误听人言，弄成今日局面，后悔无及。但当时大家竞言排外，闹出乱来，今则一味媚外，又未免太过了。”[⑦] 反过来，一些官员体会到媚外骂名之可畏，主持外交时“顾忌舆论，遂不论如何，必试为驳拒，以见己非媚外”[⑧]。且对官场媚外

① 伤心人：《说奴隶》，《清议报》第 69 册，1900 年 1 月 11 日，第 3 页。

② 《说国民》，《国民报》第 2 期，1901 年，第 4 页。

③ 刘晴波主编《杨度集》（1），湖南人民出版社，2008，第 93 页。

④ 《媚外与排外均失交邻之道》，《讲演汇编》第 10 期，1917 年，第 39 页。

⑤ 《论媚外之祸》，《新闻报》1902 年 8 月 30 日。

⑥ 《汪康年师友书札》第 2 册，第 1606 页。

⑦ 此为何刚德 1906 年放苏州知府前蒙两宫召见事，何氏记此原意在展示两宫关系，认为“今者玉步已改，无可忌讳，而吾身亲见之事，尽有可资印证者”。所涉排外与媚外之说，实为无意史料。且何氏自言“不敢赘一辞”，因此可断言，庚子后的媚外话题及主流说法一并为慈禧太后所接受。（何刚德：《春明梦录·客座偶谈》，第 7～8 页）

⑧ 汪康年：《汪康年文集》上册，浙江古籍出版社，2011，第 328 页。

趋向的悲观估计也成为政府持强硬态度的理由，1906 年南昌教案发生不久，御史王步瀛便向外务部施压，其理由之一便是如若退让必导致“官率媚外”①。

这一流行语直接参与了政府整体形象的塑造。1907 年有论者写道：“人之名政府者多矣。一则曰媚外之政府，再则曰贼民之政府，三则曰割地赠礼之政府，四则曰制造盗贼纵民非行之政府。”② 清王朝在其末年身负多重负面形象，媚外便是其一。这种整体形象与中西交涉个案往往相辅相成，坐实中国官场媚外的口碑。笔者所见第一例报纸对官场媚外的点名批评，是胡燏棻在庚子后向俄英索还路权事。《大公报》批评其“见英则言英，见俄则言俄，一味谄媚，毫无定见，蒙混迁就，无所不可”。与此同时，作者认为胡燏棻媚外并非个例，庚子后“中国举朝大员”皆然。因此报道的结尾处才专门解释说：“本报有闻必录，一秉大公，况此事关系大局，故尤不敢稍隐，庶媚外者稍知忌惮，并非于胡侍郎独不恕焉。”③ 1907 年《云南》杂志一篇文章在列举了两个官员媚外案例后指出其“足以代表一般官吏之意志”④。1909 年某画报为江西某县令因媚外被斥一事绘图并评论说“中国官场，狡黠通病，专以媚外为不二法门”⑤。在清末最后近十年发生的诸多涉外公共事件中，具体涉案官员和整个官场同时遭受舆论界的媚外之讥已成常态。

媚外形象与史实之间的微妙关系⑥，需要放在具体的案例中考察。《大公报》在论述当时官场“媚外之术”时提到两个源头，其一是“自皇太后

① 《清末教案》第 3 册，第 815 页。

② 《进退两难之政府》，《申报》1907 年 12 月 3 日，第 1 张第 2 版。

③ 《时事要闻》，《大公报》1902 年 7 月 20 日。

④ 志复：《滇官吏媚外之丑状》，《云南》第 9 期，1907 年，第 135 页。

⑤ 《县令被斥》，《戊申全年画报·图画新闻》第 22 期，1909 年，第 11 页。

⑥ 以天津教案为例，翁同龢在日记中罗列崇厚种种“丑行”，其中有“言及迷拐事则力白其诬”一条。但借助近年来对天津教案的研究可知，引发此案的迷拐之事纯属不经（董丛林：《“迷拐”、“折割”传闻与天津教案》，《近代史研究》2003 年第 2 期），翁氏判定崇厚“直是心悦诚服，非含垢忍辱而已”。（翁同龢：《翁同龢日记》第 2 卷，第 813 页）此语及所举诸事，在庚子恰可用“媚外”二字概括。曾国藩将朝中对办理津案的态度分为“论理者”和“论势者”两派，“论理者佥谓宜乘此机与之决战，上雪先皇之耻，下快万姓之心，天主教亦趁此驱除。论势者则谓中国兵疲将寡，沿江沿海略无豫备，西洋各国穷年累世但讲战争，其合纵之势，狼狈之情牢不可破，邂逅不如意，恐致震惊辇毂”。［曾国藩：《曾国藩全集》（31），第 451 页］显然他所讲的理与势都与此案的事实原委无关。

迭次召见公使夫人，而王公士夫莫不以多识外国人为荣矣”[①]。慈禧此举后来成为其媚外的最有力证据。章士钊在谈论其“媚与惧之两心”时，便提及“竭力趋承各国公使及夫人”事[②]。此说在民国强化和定型，记者黄远生1912年撰文称回銮后“西太后研究媚外主义，乃大宴各国公使夫人及在京东西洋贵妇人，耗资巨万，人所共知也”[③]。徐一士则说“后自辛丑回京后，以媚公使夫人为媚外之要诀。公使夫人随时请见，均殷勤款接”[④]。但军机王文韶视角却大不相同，在日记中誉之为“千古未有之创举，可谓躬逢其盛矣”[⑤]。慈禧太后获此骂名，跟她的声望和形象在庚子后的急剧下降有直接关系。实际上非独宴请西人，连其所行新政都被视为有媚外目的。黄遵宪致函梁启超称“变法之诏，第为辟祸全生，徒以之媚外人而骗吾民”[⑥]。梁士诒私下也认为“太后锐意维新，主媚外以安天下”[⑦]。

另一则是“开平煤局改为英国公司”事[⑧]。德国人德璀琳在庚子之乱后，利用卑劣手段从张翼手中掠取了开平矿权。舆论批评张翼为私利将矿产赠予西人。但诚如严复十年后所回顾，国内舆论对张翼的评价颇殊，“右之者，则取覆巢之完卵”，而“攻之者，则云卖国而私交”[⑨]。当时严复本人即在报纸公开撰文称其做法实属保矿有功[⑩]。事发之初朝廷也不以为非，经袁世凯的一再弹劾方才将其革职。在经济和司法、外交和内政的复杂纠葛之下[⑪]，很难对张翼的行为做出定性。当时舆论和后来研究者皆集矢于张翼，

---

① 《忧俗篇》，《大公报》1902年8月4日。

② 章士钊：《章士钊全集》第1卷，第141页。

③ 黄远庸：《黄远生遗著》，台北，华文书局，1968，第174页。

④ 徐凌霄、徐一士：《凌霄一士随笔》（2），山西古籍出版社，1997，第580页。

⑤ 王文韶：《王文韶日记》，中华书局，1989，第1057页。

⑥ 陈铮编《黄遵宪全集》上册，第449页。

⑦ 凤冈及门弟子编《民国梁燕孙先生士诒年谱》，王云五主编《新编中国名人年谱集成》第3辑，台北，台湾商务印书馆，1978，第50页。

⑧ 《忧俗篇》，《大公报》1902年8月4日。

⑨ 李桂华整理《严复关于开平矿案的说帖》，《近代史资料》总93号，中国社会科学出版社，1998，第226页；孙应祥、皮后锋编《〈严复集〉补编》，福建人民出版社，2004，第101页。

⑩ 在1905年抵制美约运动中严复本人也因对美国“略有推挹之词”，而被某报“詈其人为媚外为忘本”。（孙应祥、皮后锋编《〈严复集〉补编》，第37页）

⑪ 王天根：《在场与追忆：中外开平矿权纠纷缘起探析》，《史学月刊》2013年第11期。

严复反倒认为袁世凯才是此案的“首误”，盖因其作为地方官长“徒知参劾前督办张翼，而不知以正式诉讼法直向有限公司交涉”[①]。欲评断袁世凯所为，则更须参酌其外交知识与趣向以及当时政治文化。实际上，袁世凯入主外务部不久也同样背负媚外骂名[②]。

自1905年后路权成为困扰清政府的极大问题，路权的不断丧失和保路意识的不断增强使经办官员极易遭受媚外骂名。在此之前胡燏棻即因参与索路被讥媚外，胡氏自然无法接受此项指责，委托律师林文德向《大公报》写信质问：“胡侍郎奔走于各公使之门，其用意不过欲联络各公使，以冀各公使依允所订合同，交还铁路，不致转生枝节。故迫得不存谦让礼貌，和衷共济也。贵报馆遂以此为谄媚乎？”[③] 平心而论，“谦让礼貌”与“一味谄媚”之间的微妙差别，局外人很难意会。

路事当中最典型的案例莫过于1907年集中爆发的苏杭甬铁路风潮。被同僚汪大燮私下认为“当今外交最高等之人，有心思，有手段”的唐绍仪便受到此类困扰[④]。汪大燮在谈论路事时提到“唐于外人则名之曰排外，而中国人则谓之媚外”，随后以近乎居高临下的语气称唐病在“不知内情，而自命善于张弛”[⑤]。然何谓“张弛”却见仁见智。随后汪本人也因参与苏杭甬路对英借款谈判而转瞬间成为媚外典型，报界此后讥人媚外时竟有汪大燮第二、第三……之说[⑥]。但诚如汪大燮所辩称的，谈判事“无一语无所秉承”[⑦]，其背后的外务部也难逃干系。浙江同乡向外务部状告汪大燮十大罪

① 李桂华整理《严复关于开平矿案的说帖》，《近代史资料》总93号，第226页。

② 有报纸刊文指出：“袁尚书一到部，而苏浙铁路奉旨商办之成局，顷刻翻腾，并举西江缉捕之权，径许外人以干预。”（《论媚外为自困之道》，《广益丛报》第160期，1908年，第1页）

③ 林文德：《来函》，《大公报》1902年8月28日。

④ 《汪康年师友书札》第1册，第844页。

⑤ 《汪康年师友书札》第1册，第896页。

⑥ 革命党人之《民呼日报》击之尤力。于右任撰文感叹卖路事即提到：“更奇者，汪大燮第一、第二、第三、第四、第五之外，而伤心惨目，今日之汪大燮第六又出现。”（大风：《时局之哀谈二》，傅德华编《于右任辛亥文集》，复旦大学出版社，1986，第23页）

⑦ 中华人民共和国财政部、中国人民银行总行编印《清代外债史资料（1853～1911）》中册，1988，第400页。

状时称其“以媚外得侍郎”[①]，实际是把矛头指向权力核心层。此时舆论界将借款视同媚外[②]，整个外务部都难逃“因媚外而借款”的骂名[③]。后来护路领袖汤寿潜拟给摄政王载沣上书，逐一批评参与此事的外务部和邮传部袁世凯、盛宣怀和汪大燮等大员“媚外则不复知有国”[④]。但在汪大燮看来，汤氏的强硬无非是“干誉之心太重”，甚至以此为“洁身而退”之计[⑤]。实际上资金问题被保路士绅严重低估，商办铁路的资金筹集普遍难以为继[⑥]。

在其他各种类型的涉外公共事件中，1906 年初发生的南昌教案是观察媚外形象与事实出入的绝佳案例。报纸在报道中不断披露江西官场接待英法外交人员的细节，并且使用“媚外”二字来定性各级官员在此案中的相关行为。最引人注目的是江西地方官对英法办案人员奢华的招待。南昌教案发生后，英法两国分别派领事倭讷和参赞端贵前来调查。江西巡抚胡廷干款待甚是殷勤，以致当时报纸讥讽他为“办差长才”[⑦]。据报传，为了迎合办案洋人的生活习惯，其寓所内的一切家具用品都采用洋式，《江报》馆的经理李振唐曾被英国领事倭讷传讯到其下榻的寓所，李的叙述证实这一报道的真实性：“英领事住藩属大门内之洋务局外，地方官派常备军数十名持枪分立。再进至二门，亦有常备军十余名。再至领事住处，系一厅二房，厅中为会客办公之处。室中铺设精雅，皆系洋式，中置大餐台一，皆地方官供应者也。”[⑧] 朝廷派来办案的津海关道梁敦彦被安排在奉直公所，为他预备的房

① 墨悲编《江浙铁路风潮》，光绪三十三年十一月十五日，转引自浙江省社会科学院历史研究所《辛亥革命浙江史料选辑》，浙江人民出版社，1981，第 285 页。

② 易惠莉指出，“1905 年间受留日学生言论操控的报刊舆论，正在引导社会对借款造路的认知评价日趋主观并绝对主义化”。（参见易惠莉《易惠莉论招商局》，社会科学文献出版社，2012，第 211 页）

③ 《外部奏苏杭甬借款折驳义》，《申报》1907 年 10 月 31 日，第 2 ~ 3 版。

④ 汤寿潜：《拟上摄政王书》，政协浙江省萧山市委员会文史工作委员会编《萧山文史资料选辑》第 4 辑《汤寿潜专辑》，1993，第 536 页。

⑤ 《汪康年师友书札》第 1 册，第 843 页。

⑥ 了解此中内情的奕劻曾对英使萨道义讲：“浙人无款，不过瞎闹而已，将来仍是你们办的。”（《汪康年师友书札》第 1 册，第 982 页）

⑦ 《办差长才》，《新闻报》1906 年 3 月 26 日，第 1 张。

⑧ 《南昌教案牵涉报馆》，《新闻报》1906 年 3 月 22 日，第 1 张。

室铺陈“与法参赞一律”，但梁敦彦嫌“过于华丽，谦不肯居”[①]，搬往别处寓居。据多家报纸披露，在交涉期间，江西官员陈某在巡抚胡廷干的授意下，为办案的法国参赞端贵“摆花酒”。“陈领命，设宴于崔公馆，遍列群花。端大悦，而尤赏识月楼。月楼者，妓中之翘楚也。端贵酒醉兴发，抱月楼不释，月楼大啼，陈大笑，端大乐，某公闻之乃大喜。于是连日请宴，无不花天酒地焉。”[②] 报界披露了江西官员招待英法外交官的开销，数字颇巨[③]。

不但外国人受到殷勤款待，负责接待洋员的地方官员也近水楼台，获得优赏。据报载，“此次洋务局派委招待英领事各员，多谄求英领交名条托委优差，胡中丞不敢拂外人之意，旋将王涵之大令祖彝委办瑞昌统税分口，一时物议沸腾”。《中华报》就此讥讽道：“南亭亭长所著官场现形记已可谓穷形尽相，乃近日南昌一案，官场之下贱无耻，有非现形记所及料者。”[④] 适值一名巡兵枪杀了一个名为胡廷杰的巡长，遂产生了一副趣联：“巡兵杀巡长巡抚惊心，胡廷杰牵累胡廷干；洋局办洋差洋员说项，王安之成就王涵之。”[⑤]

更可怪者，一个为法国参赞担任文案的中国人赵赓云也狐假虎威，借随同办案之机，对地方官敲诈勒索。赵某“此次由汉口至省，沿途已经需索百金，至省后，无物不要，衣服、皮棉以至单夹夏布瓷器洋货大小皮箱各物，无不任性需索”[⑥]。其丑行被揭发之后，法国参赞又羞又恼，把他交给江西官员处置[⑦]。尽管参赞已声言严惩此人，但地方官仍忌惮赵某的洋背景，均不愿接手此案。“总局不收，移送南昌县，孟大令亦不收，以现借八乡公宇为署，现在管押人犯已多为词。及交新建县，赵大令又以本署管押人

---

① 《南昌大教案三十志》，《时报》1906 年 3 月 31 日，第 2 版。
② 《论胡抚对付南昌教案之谬》，《时报》1906 年 4 月 20 日，第 1 版。
③ 《办理南昌教案用款》，《时报》1906 年 7 月 2 日，第 3 版。
④ 《南昌之官场现形记》（录自《中华报》），《华字汇报》1906 年 5 月 3 日，第 6 页。
⑤ 《南昌大教案四十八志》，《时报》1906 年 4 月 23 日，第 2 版。
⑥ 《法参赞送办文案》，《新闻报》1906 年 4 月 12 日，第 1 张。
⑦ 《教务教案档》第 7 辑（2），第 771 页。

多，互相推诿，及孟赵两大令谒见南昌府徐太守，太守大加申斥，卒经警察总局带回管押。”①

尤其令人啼笑皆非的是，为英国领事提供餐饮服务的菜馆都试图借势上位。据报载，“此次英领来省，所有一切酒馔，皆由当道聘泰昌番菜馆陈瑞森前往供应，陈于英领前竭力趋附，央求英领转托胡抚，番菜准予专利，不准别家开设，并特准该馆叫局侑觞。胡抚即传新建县赵令，商以此事。赵令对以办馆准予专利，自无不可，惟准其叫局一节，则官府不便明予利权，任其自为可耳。省中尚有一品升及西园两馆兼卖番菜，不日当道即当饬其停止西餐，售卖中国酒食”②。

最荒诞的是，地方官接待英国办案人员时，居然称领事为公使，以示敬意。英国领事当即表示了不满。某报就此事撰文“推江西官场之心”，其结论是其“因惧生畏，因畏生媚”，因此才“卑躬曲节，胁肩谄笑，竭力逢迎于其来”③。

可以说，“媚”字成为报界抨击官场的核心字眼。《京话日报》即感叹其“专在一个字上用心：‘媚。’为的跟洋人讨好”④。《南方报》先是批评“当道者一味媚外”⑤，继而矛头直指江西巡抚胡廷干，称其“为媚外以求自全”⑥。当时一副对联如此戏谑胡廷干：“辜负朝廷，纵使摩顶捐躯，难报万分之一；有何才干？只因热中媚外，酿成二月初三。”⑦ 且有论者结合胡廷干革职一事，提醒和劝诫疆吏“恍然于媚外之未可深恃”而“一返其媚外之所为”。国人固然认为其“媚外当革”，而外人也不因媚外而“感其情谊”⑧，结果两不讨好。

简言之，南昌教案交涉中存在大量与人们“阅读期待”相一致的媚

---

① 《江西教案近闻》，《中外日报》1906年4月13日，第2版。
② 《南昌教案汇志》，《南方报》1906年3月27日，第2页新闻。
③ 《论称谓之谬》，《新闻报》1906年3月16日，第1张。
④ 《严责江西巡抚》，《京话日报》1906年4月9日，第3版。
⑤ 《南昌来稿》，《南方报》1906年3月26日，第1页新闻。
⑥ 宝：《为南昌教案责难江抚》（续），《南方报》1906年4月1日，第1页新闻。
⑦ 李伯元：《南亭四话》，江苏古籍出版社，2000，第369页。
⑧ 《赣抚革职问题》，《申报》1906年4月12日，第2版。

外现象，一向被西方人看作“排外之城”的南昌此时似乎一变而为媚外之城。问题是，事发前不久对法国传教士态度并不友好的江西巡抚胡廷干，此时为何饱受媚外之讥？案发后与其过从甚密的余肇康在日记中的确多次提及其性格的柔弱，但在交涉方面恰恰是事事听诸余肇康。结果却是胡廷干独遭“报纸讥嘲，士夫讪笑”，余肇康却因对外强硬而“巍然独有天下之名”。至于胡廷干办差之殷勤，乃至授意下属请法国领事吃花酒事，据汪康年后来反思：“酬酢之余，并招妓侑酒，此亦外交中平常之事。”问题是此事不能见容于舆论，“各报大为讪毁，并讥及法领”，汪氏只能慨叹“其不解事乃一至此”[①]。有论者分析，胡廷干媚外却未蒙外人见谅，是因为后者讲究“公是公非”[②]。但此案的是非也并非如外界所知的那样一目了然。

值得一提的是，饱尝媚外骂名的外务部在此案中其实也一度不稍退让，甚至决心“如彼竟有意决裂，只可听之”。但此项与媚外形象相左的举动是建立在江召棠为他杀的认知基础之上的。外务部在确认江召棠为自杀且江西官场有种种“鬼蜮”之后万分气馁，在中法南昌教案合同中做出重大让步[③]，将江召棠之死由之前双方一度议定的“受逼自刎”改定为“愤急自刎”[④]。但在合同条款中法国六名死难者中唯王安之未予抚恤，这就变相确认了天主教传教士在此案中的过错。总之外界的诟病并未建立在事实基础之上，往往有无的放矢之感。

二　排外与媚外

在“媚外”作为一种语言事实在清末最初出现时，其使用者便开始

① 汪康年：《汪康年文集》上册，第295页。

② 《赣抚革职问题》，《申报》1906年4月12日，第2版。

③ 不过《中外日报》注意到，合同与草稿相比，中方在措辞上让步，在银两上得利。（参见《南昌教案合同校勘记》，《中外日报》1906年7月3日，第2版）

④ 《清末教案》第3册，第892页。

认为，以庚子国变为分水岭，清政府发生了从排外到媚外的急剧转变。如《中外日报》在辛丑年即指出“向来主张排外宗旨，亦一变而为媚外之思”[①]。次年《大公报》指名道姓讥讽胡燏棻媚外时，特意强调“中国举朝大员庚子以前专主排外，庚子以后专主媚外”[②]。稍后《新闻报》发表的《论媚外之祸》一文也认为：“戊戌以后，庚子以前之举动，皆原于排外之目的，排外之成见也。辛丑以后，则一变而为媚外之目的，媚外之成见。”[③] 此后清末和民国的知识界众口一词地持此说法。问题是看似一致的说法当中，实则有细微差别。其实最初报界在叙述排外到媚外的转变时，大都以戊戌为排外的起始。但后来人们通常认为排外是清王朝乃至中国历史上的一个悠久传统[④]。起初一般认为媚外始于庚子后，但其后却时常推及整部晚清史[⑤]。但据夏曾佑1904年底的看法：“自道光之季，与英人战，其时即有‘美夷’二字之名词。自此以来，大都仇媚杂用。有同此一事，一人仇外，一人媚外者；亦有同此一人，于彼事仇外，于此事媚外者。至戊戌以后（自秋起），乃有画一之政策。戊戌、己亥、庚子，为纯乎仇外之期；自庚子秋至今，为纯乎媚外之期。”[⑥] 这些不同判断的存在，提示我们这种转变本身是个言说、认知和事实相交织的历史过程。

众所周知，传教士是近代在华外国人中的一个重要群体，由传教引发的

① 《论外交宜以国体为重》，《中外日报》1901年11月10日，第1版。

② 《时事要闻》，《大公报》1902年7月20日。

③ 《论媚外之祸》，《新闻报》1902年8月30日。

④ 汪精卫转引古芬氏所著《最近之支那》云：“一六四四年，满洲人征服支那，而建清朝，专从事于鼓吹国人之排外思想。今日欧美人恒言，支那人之排外思想，为其固有之性质，不知鼓吹激动此思想者，实满洲人也。盖满洲人欲以少数之民族，制御大国，永使驯伏其下，因而遮断外国之交通，杜绝外来之势力，其结果遂致使支那人有强烈之排外感情。”（精卫：《驳革命可以召瓜分说》，《民报》第6号，1906年，第20页）严复认为：“宗法社会之民，未有不乐排外者，此不待教而能者也。中国自与外人交通以来，实以此为无二惟一之宗旨。”（严复：《读新译甄克思〈社会通诠〉有感》，《外交报》第71期，1904年3月21日，第3页）

⑤ 清末京官胡思敬有言：“考世变者当知中国之弱，不弱于甲申、甲午、庚子之败，而弱于总理衙门外务部之媚夷。”（胡思敬：《国闻备乘》，第43页）后世论晚清外交，常像胡思敬一样“感情”四溢。

⑥ 杨琥编《夏曾佑集》（上），第290页。

民教冲突一度成为晚清对外交涉的主要内容[①]。辛丑后教案锐减，但因其为庚子国变的一大肇端，在舆论界极具敏感性。在处理民教关系时所产生的示弱行为，以及与教士交往时的示好行为，是晚清官员群体媚外形象的一个重要组成部分[②]。1906 年有作者呼吁制定天主教在华传教新约时写道："庚子拳匪之乱，其近因则在于政府之排外主义，其远因则仍在民教之不得其平耳。不然，其蔓延断不至如彼之速也。多经一惩创，排外之主义变为媚外。媚外之结果，使教会之势力日长而民教益不得其平。"[③] 可见地方官的袒教抑民被明确定性为媚外行为。在作者看来，官场袒教抑民行为由来已久，故而视之为"远因"。1907 年江督因江西南康教案而请赣抚查办当地知县。有作者为该知县抱不平，称此举源自一种"媚外惯习"。作者认为"官场中媚外之遗传性"与教案息息相关，自天津教案"曾文正以张府刘县枉情治罪后流传以来，几经沿革，几经变迁，而始成此一种完全无缺之外交惯习"[④]。这一追溯未必可靠，但提示了教务教案问题对晚清政府外交形象有着重要影响，因此下文借助官员与传教士关系的变迁来追溯和理解晚清排外与媚外及其转变。

基督教在晚清借助列强的坚船利炮进入中国后，士大夫们一度视之为足以"动摇邦本"的心腹大患，因此做出种种抵制的尝试。但由于中西权力天平的加速倾斜，1895 年后官员对教士的态度明显好转[⑤]。《辛丑条约》签

---

① 梁启超即指出："自天津教案以迄义和团，数十年中，种种外交上至艰极险之问题，起于民教相争者殆十七八焉。"（中国之新民：《保教非所以尊孔论》，《新民丛报》第 2 号，1902 年，第 68 页）驻美公使伍廷芳曾对美国人宣称："不幸发生在中国的绝大部分中外纠纷是起因于反对传教士的骚乱。因此某些在华外国人说，没有传教士，中国就不会发生涉外纠纷。"［丁贤俊、喻作凤编《伍廷芳集》（上），中华书局，1993，第 70 页］

② 1909 年报载某候补通判向广东代理总督袁树勋呈递履历，"长篇累幅叙其委办某某等教案，蒙某某国领事照会督宪，特准给予优奖等语"。袁督讥笑道："吾国人媚外性质，牢结脑筋，然从不肯明以告人者，君乃大书而特书之，可称率真。"（《袁督轻视媚外之属员》，《广益丛报》第 221 期，1909 年）无论此事是否属实，至少是舆论界观念的真实反映。

③ 《论天主教在华传教宜速订新约》（续昨稿），《申报》1906 年 3 月 3 日，第 2 版。

④ 可愕：《论说南康教案之感言》（续），《申报》1907 年 11 月 12 日，第 3 版。

⑤ 史式微即指出："我们将看到，直至 1895 年左右，传教士们常被迫不断地要同官员作斗争。"（史式微：《江南传教史》第 2 卷，天主教上海教区史料译写组译，上海译文出版社，1983，第 202 页）

订后情况更是如此。南昌教案发生后，《申报》针对教士的跋扈曾作此感言：“自朝廷以保护不力之罪，重谴地方官，于是懦弱之州县，奉教士若神明，凡有要求，无不应也。”① 这句“奉教士若神明”在当时是一个常见的修辞，问题是国人对“神明”一向持实用主义态度，未必那么虔诚。民国时期鲁迅有一篇杂文，借用中国腊月二十三日送灶神的传统民俗讽刺中国人“请吃饭”以防“说坏话”现象②。巧合的是，1906年上海英文《字林西报》的一篇文章也使用过这个类比。该文针对南昌教案期间江西地方官宴请法国外交官一事挖苦道：“当中国官员与外国人发生严肃交涉时，他们用香槟和雪茄代替灶神使用的糖浆。在一般事务中这种政策值得表扬，但在像南昌教案这样的事件当中，最好还应把官员的交往限制在纯粹的公务范围之内。”③

与此关联的是晚清地方官员与传教士的交往策略问题。面对攻守之势不利的时局，官员需要担心可能引发的外交冲突，对付传教士不能一味直接用强。据熟悉晚清官场掌故的张祖翼所闻，英翰抚徽时听说上海的天主教传教士来晋谒，“立即延见，词意殷勤，并云购地造屋一切，如百姓有阻挠者，我为尔重惩之”。当晚却将传教士及随员尽数灭口。随后云南因马嘉理事件引发交涉，英翰为自己办得“干净”而“自鸣得意”④。此术在南昌传承有年。前书已述及，南昌自沈葆桢到刘坤一再到刘秉璋，都设一把总，暗中“抵制外人入境”，任此职者“受秘密任务，颇著能名，长官垂青，常有优差调剂”⑤。刘坤一本人也曾私下承认：“先在江西，于洋人来省起造教堂一事，借士民之力，多方维持，麾之使去，洋人屡来屡却，至今章门尚无教堂。弟在江西十一年之久，所谓俟开导地方始可起造之说，竟至无可藉词。其中别设方略，似有未便形诸笔墨者。”⑥

这种现象在庚子以后仍未断绝。1902年《大公报》论辰州教案时不点

① 《论天主教在华传教宜速订新约》，《申报》1906年3月2日，第2版。
② 鲁迅：《送灶日漫笔》，《华盖集续编》，人民文学出版社，1980，第64页。
③ L. O.，“The Nanchang Massacre”，*North China Daily News*，May 4，1906，p. 8.
④ 事见张祖翼撰《清代野记》，中华书局，2007，第54页。
⑤ 刘体智：《异辞录》，中华书局，1988，第69~70页。
⑥ 《刘坤一遗集》第5册，第2520页。

名批评湘抚俞廉三的行径："遇洋员则多方献媚，对教士则一意护持。迨至外人欢联，该员则顽胆高张，分置心腹于要津，乘机伺发。"而"一旦酿成交涉重案"，可以最大限度地逃避惩罚。原因是"外人亦惑于平日接洽之伪，稍有诘责，一经加以革职留任诸名目，亦得缄默无辞"[①]。1906年南昌教案中，涉嫌对江召棠行凶的法国神甫王安之，在案发前不久也曾对人提到江的两面手段，"当我们的面，他是非常亲密的，很多好话，但他的行动，总是图谋伤害我们"[②]。据何刚德自称："教民播恶，鱼肉平民，余守赣九年，适丁其阨。百计镇压，终未得当，抱疚在心。"[③] 引文所谓"百计"无疑包括了各种术的使用。何氏1906年离赣，其任职时间跨越庚子，亦可见中西形势变化后地方官对洋教的态度的延续性。

实际上，晚清官员群体长期而普遍地采用"阳奉阴违"的欺诈手段作为"驭夷之术"。就表象而言，阴违与排外对应，阳奉则与媚外关联。于此可见排外与媚外之内在关联。

1844年耆英上奏称要对英国人"驭之以术"。耆英虽最终因其术败露而身败名裂[④]，但术的使用一度因颇能体现官员御夷的态度而为其带来清誉。沈葆桢暗自煽动南昌闹教，郭嵩焘便认为他"徇愚民之情以干誉"。郭嵩焘此种见解在当时很难见容于世，他自己也痛感"举国如醒，非疏贱之言所能发其覆"[⑤]。第二次鸦片战争中僧格林沁利用西人换约之机"设诈以诱而击之"，兵败后仍以主战得名。直令郭嵩焘在日记中感慨"古今之悠悠毁誉是非，无可凭信者多矣"[⑥]。

---

① 《辰州教案平议》，《大公报》1902年11月15日。

② 《关于帝国主义分子对"南昌教案"捏造事实的报导的材料》，南昌市档案馆藏，卷宗号：5080-20-77。

③ 何刚德：《春明梦录·客座偶谈》，第150页。

④ 耆英原奏云："固在格之以诚，尤须驭之以术"，最终果然弃诚而取术。湘人王闿运在辛丑年感慨此事道："昔耆英与李太伯语，太伯出其奏稿质之，耆遂遁还赐死，所谓行蛮貊者必忠心笃敬，楚辞之'孰虚伪之可长'也。然则今之为奴虏，实诸臣之自取矣。"（王闿运：《王闿运日记》，岳麓书社，1997，第2387页）

⑤ 郭嵩焘：《郭嵩焘全集》（13），岳麓书社，2012，第100页。

⑥ 郭嵩焘：《郭嵩焘全集》（8），第454页。

随着中西之间攻守平衡的日益倾斜，要弄阴阳之术需要付出的政治成本越来越难以承受[①]。由此势必导致整个官场特别是“不肖”与“懦弱”官吏的阴违日少和阳奉日多，但阴阳之间的反差可能更大。1901 年《新闻报》主笔即担心，“各国之人辄以中国为无信，其与中国交涉，处处防中国之欺骗”，如此则导致交涉愈益棘手，而“愈棘手遂愈工其欺骗之术”[②]。同年某报报道“洋教士到山西，山西的官办差供给，体面到十二分。洋教士偏说他是假惺惺，并不是真心和外国人相好”。林白水据此撰文批评说：“那奉承外国人的，岂不是瞎巴结吗？原来外国人最恨的，是当面背后两样。背后咬牙切齿，要吃外国人的肉；当面磕头礼拜，去讨外国人的好。外国人早经知道这种人，反复无常，是混账东西，肯看重他的么？”[③] 可知在他的认知中地方官的阳奉阴违之甚。严复即注意到并且用“宗法社会”概念来解释外表愈媚外则内心愈排外的现象[④]。阴阳表里之间的张力也造就了庚子前后从排外到媚外表象上的剧变。有论者就辰州教案讥讽俞廉三“忽焉肯宴西客，忽焉肯办洋务，与此前杀教士时演剧称贺另换一副面孔”，前后差异之大“竟成两人”[⑤]。正因如此，《中外日报》批评说排外者变为媚外后的行径“较之平日喜近西人略知洋务者，转或过之”[⑥]。

这一现象对清末士人来说其实不难理解。《大公报》论官场“媚外派”

---

① 1879 年《申报》主笔撰文指出：“盖外国之所重者信义，所恶者欺诈。今中国凡遇交涉事件，每以文饰欺蒙为事，即至无可文饰，不能欺蒙，则又卸责于他人而已，则委蛇近葸，以期颟顸了事。”（《洋务难易说》，《申报》1879 年 4 月 3 日）可见，欺诈不失为一种相对“积极”的因应之术，其政治风险相应更大。

② 《信以立国说》，《新闻报》1901 年 8 月 21 日。

③ 突飞子：《续论中国人对付外国人的公理》，《杭州白话报》第 13 期，1901 年，第 2 页；林伟功主编《林白水文集》（上），福建省历史名人研究会林白水分会，2006，第 11 页。

④ 严复认为中国属于“宗法社会”，天性排外，“至今物极若反，乃有媚外之象。然其外媚之愈深，其内排之益至，非真能取前事而忘之也”。因此他担忧当前“自谓识时者”对民族主义的提倡，认为“民族主义非他，宗法社会之真面目也”。（严复：《读新译甄克思〈社会通诠〉有感》，《外交报》第 71 期，1904 年 3 月 21 日，第 3 页。按，学界大都将“物极若反”误改为“物极者反”，实则有悖作者原意。此处用“若”字意在说明媚外仅为表象，实质仍是排外）

⑤ 《论忘耻之隐忧》，《新闻报》1901 年 4 月 26 日。

⑥ 《论外交宜以国体为重》，《中外日报》1901 年 11 月 10 日，第 1 版。

时指出，官员对西人“非必有见于西政之美善因以重乎其人，实由怯其威慕其势遂至于殷勤献媚”，因此作者得出的结论是，媚外者“其心固犹是排外之心也”①。意指排外与媚外在心理层面上的同根同源。1908年《申报》一篇评论文章提到，政府对于列强之要求“无不惟命是听，于是责备政府之持媚外主义者有之，赠礼主义者有之。然于政府心理上观察之，亦未始不引为大敌。惟引为大敌，而对付此大敌者，一味出之以调停，加之以柔顺，而别无所以对付之良法”②。这一心理分析可谓一针见血。其实，在“媚外”名词刚刚问世之时，其对应的行为曾得到充分的体谅：“当此国步艰难群雄环视之会，非结外人之欢心，则不能养国民之元气，非养国民之元气，则不能复主国之威权。故此日之媚外，未始非臣妾侍吴卧薪尝胆之成规也。”③此后“媚外”骂声愈发甚嚣尘上，而“排外”则从对官员的骂名变成对民间之美誉，由此造成媚外与排外不可以道里计的局面④，很难再有人承认政府媚外表象背后会暗藏排外的雄心壮志⑤。夏曾佑则别有所见，他感慨仇外和媚外虽如水火冰炭两不相容，但从仇外急剧转为媚外的“变革之机”却“只不过庚子夏秋间之数日，天下安有如是之人情哉”。在他看来，这无非源自一部分中国人在对外上的投机心理，即“仇外可以得富贵则仇外，媚

① 《论中国官场之派数》（续），《大公报》1902年11月19日。

② 《论政府心理上之四大敌》，《申报》1908年2月19日，第1张第3版。

③ 《论媚外之祸》，《新闻报》1902年8月30日。早在同治年间，曾国藩对李鸿章谈及与洋人交际事，称“孔子忠敬以行蛮貊、句践卑逊以骄吴人二义，均不可少”。（曾国藩：《曾国藩全集》25，第423页）丁日昌论天津教案时则建言“内则卧薪尝胆，外则虚与委蛇”。（《清末教案》第1册，第856页）

④ 1906年初《时报》曾有如下论述：“我国上下柔弱甚矣，以不尚武之国民而又加屡受外人之巨创。故一遇外人，类皆俯首下心，唯唯而不敢稍动。此媚外之习，所以日积月盛，而我辈国民所以欲洗涤之而未能也。然今外人见我稍有不顺，辄以我为排外、排外。是我方且忧媚外而外人反以我为排外也。排之与媚，其相去岂可以道里计哉？”（《论外人之误解》，《时报》1906年3月29日，第1版）

⑤ 起初舆论界批评政府由排外转为媚外时，实际是对二者均不以为然，但稍后鼓吹排外者日多，由此在价值上压倒媚外。有作者即指出：“排外与媚外，二者之比较孰优？曰排外为优。盖排外者，知恐怖时代之将至，因惧生愤，因愤生仇，以外力之终不可已也，遂奋力而排之，虽不可得排，而排者固全未丧中国民族之资格。”（《恐怖时代》，《国民日日报汇编》第3期，1904年，第29页）张元济在其《外交报》叙例中称“外交其表面而排外其里面”，亦即认为排外是外交的本质。（张元济：《张元济全集》第5卷，商务印书馆，2008，第21页）

外可以得富贵则媚外”[①]。

由上可知，清末官员的媚外表象背后不乏排外心理。二者统一于鸦片战争以来外交实践中的“术”的泛滥。必须指出的是，与这一传统对立的是另一些士人对诚信的坚守[②]。在天津教案交涉中，李鸿章曾写信向曾国藩建言“参用痞子手段”[③]，但曾国藩回信明确拒绝。曾氏在另一封信中述及：“自古善驭外国，或称恩信，或称威信，总不出一‘信’字。非必显违条约，轻弃前诺而后为失信也。即纤悉之事，颦笑之间，亦须有真意载之以出。心中待他只有七分，外面不必假装十分。”[④] 曾氏此处的“对手方”显然就是当时流行的术与欺诈。他给李鸿章的信便明确指出“与洋人交际，要言忠信，行笃敬。忠者无欺诈之心，信者无欺诈之言”[⑤]。据传慈禧太后召见陆元鼎时曾问道：“闻人言，汝在上海做官，名声颇好，洋人交涉，都很得法，到底怎样对付?”陆对曰：“臣在上海，遇有洋人交涉，臣不去欺他，却也不去怕他。”[⑥] “不欺”成为外交诀窍之一，足知欺之常见。郭嵩焘日记转述曾国荃语：“大抵《中庸》之言，不诚无物，便与洋人议和，须出以诚，议战亦须出以诚。今人都喜炫弄聪明，以诚为笑，吾乌知所终极哉!”[⑦] 所谓以诚为笑，足见不诚之流行。

这一切当然是时人基于对西人侵略者身份的认知。在庚子和议未定的敏感时刻，托庇于上海租界的《新闻报》仍公开提醒国人“夷狄之辱何日雪”[⑧]。列强带给国人的耻辱感很难在短期内消除。面对不速之客奢谈诚信

---

① [杨琥编《夏曾佑集》(上)，第290页]。

② 晚清很多士大夫都有以诚信待夷的说法，王尔敏甚至认为它是晚清士大夫的主要外交态度取向。(参见王尔敏《十九世纪中国国际观念之演变》，《中国近代思想史论续集》，社会科学文献出版社，2005) 在夏曾佑笔下，这类人是与“主富贵”的投机分子相对立的讲究“义理”的士人。此类人“以事理为衡，不为随声附和，凡今日之不主媚外者，皆前日之不主仇外者”。[杨琥编《夏曾佑集》(上)，第290页]

③ 顾廷龙、戴逸主编《李鸿章全集》(30)《信函》(2)，第75页。

④ 曾国藩：《曾国藩全集》(29)《书信》(8)，第128页。

⑤ 曾国藩：《曾国藩全集》(25)，第231页。

⑥ 孙静庵：《栖霞阁野乘》，《清代野史》第7辑，巴蜀书社，1988，第62页。

⑦ 郭嵩焘：《郭嵩焘全集》(11)，第367页。

⑧ 《论人心忘国之可忧》，《新闻报》1901年6月21日。

并非易事。汪康年批评“中国外交，素不讲信义”[①]。但在王炳燮看来则不然。他反驳“国家之所重者信也”一说时认为“信也者，缘义以行者也”。其论据是《论语》中所说的“信近于义”，结论是“事苟非义，虽百改之不为失信”[②]。列强的虎视狼窥对国人来说自然是“非义”的[③]。

问题是敌强我弱之势愈明朗，外交回旋空间愈小。以欺诈事外人，往往自寻其辱且徒然偾事[④]。外人可以“挟威以行术，挟力以行智”[⑤]，国人无威无力，术与智均难施展。陈虬认为“一切权谋诈术”，在今日局面下已“举无所用”，徒然见轻于人。因此他认为“外交之道，亦去彼之所以轻我者而已矣”[⑥]。冯桂芬既反对当时的“无报人之志而令人疑之”，也反对“一切曲从”，认为“曲从其外、猜疑嫌忌其中之非计”[⑦]。问题是如何得计。总理衙门曾劝告督抚“先尽其在我之端”[⑧]，但如何尽法却被悬置。1902 年《新闻报》鉴于“中外启衅，在彼此失信”而鼓吹中外交谊。文中称：“中人之弊在虚文太过，或仅酒肉征逐，或仅馈送往来，即偶尔奖誉外人，非由惧怯即由阿附，其实言不由衷也。一见西人，握手言欢，甚或医院善举，未尝不略为资助，公文往还，未尝不谦抑为怀，究之全系衍饰，并无真意也。”作者特以荣禄宴请西方外交官为例，称“荣中堂宴会西人，极从丰盛，技俩尤为狡猾”，实属“面交西人者，非心交西人”[⑨]。问题是面对凭借炮舰侵入的侵略者，“心交”谈何容易！荣禄此类行为很快被舆论视为媚外的凭据，而如作者所见之“言不由衷”与“并无真意”，却在暗示其排外之心不死。

---

① 汪康年：《汪康年文集》上册，第 327 页。

② 王炳燮：《毋自欺室文集》，沈云龙主编《近代中国史料丛刊》第 24 辑（237），第 113～114 页。

③ 经常放言诚信的曾国藩在多个场合表达过对天津教案“措置失方”的悔意，据翁同龢日记称其“每诵言不合于义”。（翁同龢：《翁同龢日记》第 2 卷，第 822 页）

④ 在郭嵩焘看来，欺诈之术从未奏效，所谓“国家办理夷务二十馀年，大抵始以欺谩，而终反受其陵践”。[郭嵩焘：《郭嵩焘全集》（13），第 99 页]

⑤ 《大愚误国说》，《新闻报》1901 年 2 月 3 日。

⑥ 东瓯陈虬：《论外交得失》，《经世报》第 16 期，1897 年，第 43～44 页。

⑦ 冯桂芬：《校邠庐抗议》，上海书店出版社，2002，第 52 页。

⑧ 《清末教案》第 2 册，第 944 页。

⑨ 《中外交谊下篇》，《新闻报》1902 年 3 月 10 日。

三 交际与交涉

民国时期学者蒋廷黻评价说：“耆英所谓‘驭之以术’，就是肯与外以交际。这没有什么了不得。但清议骂他‘媚外’，因为清议要死守‘人臣无私交’的古训。”[①] 蒋氏此论道出了术、交际与媚外之间的逻辑关联，不过尚未触及相应观念的历史发生过程。下文便讨论蒋氏所说之“交际”为何物，并展示其与“媚外”的关系。

实际上，在晚清官教关系中还普遍存在另一种现象，即官员囿于华夷之辨，刻意回避与洋人的接触。李鸿章同治年间在给曾国藩信中称，洋人“日与缠扰，时来亲近，非鸿章肯先亲之也”[②]。且不论郭嵩焘因出使而谤满天下，董恂代为西人作序也可算作媚夷的证据。这种观念一度严重阻碍官教交往。如美国某教士因教案事屡次前往抚院道署求见“均未蒙接见”。“且每次前往，均系在街上等至许久，并不容其进门房暂候。”[③] 传教士们在拜会中国官员时常吃闭门羹，不断遇到“不在”“没空”和“改天吧”的推诿[④]。这种推诿很可能会成为教案的诱因，如御史张元奇即云官员“下车伊始，或来拜而不答，或授意以相难。愚民无知，以为官先仇教，群起攻之，遂成巨案”[⑤]。其实早在1862年法国公使即专门就此向总理衙门抱怨。恭亲王奕䜣不得不表态称，传教士“如有要件与地方官会晤，自系宾主来往之常，地方官不得推托不见。如实有公务，未能分身，亦可商明，另订期会”[⑥]。

奕䜣同时也不忘强调：“该传教习教者，亦不得恃教自尊，藐视长

---

① 蒋廷黻：《中国近代史》，武汉出版社，2012，第176页。

② 顾廷龙、戴逸主编《李鸿章全集》(29)《信函》(1)，第88页。

③ 《清末教案》第2册，第322页。

④ Gilbert Reid, "The Difficulties of Intercourse between Christian Missionaries and Chinese Officials," *The Chinese Recorder and Missionary Journal*, Vol. XX, No. 5, May 1889, p. 210.

⑤ 《清末教案》第2册，第872页。

⑥ 《清末教案》第1册，第254页。

官，如乘坐四轿，与地方官平行等事。”[①] 此说缘于晚清洋教解禁的早期，传教士经常因官场礼仪问题引发官员不满。1899 年总理衙门与法国主教樊国梁（Pierre Marie Alphonse Favier）商订地方官与教中往来事宜，给予外国各级传教士与中国官员相对应的品秩，试图以此规范双方的交往。新教传教士对天主教此项行为颇不以为然。他们在 1907 年传教士大会上自豪地声称，天主教神甫与地方官是“官员与官员”的官方关系，而新教牧师与地方官则是“朋友与朋友”的私人关系[②]。这种官员与朋友的分野，更多是为了显示与天主教识别度的一种“政治正确”的表态，它本身不是对新教与官员关系的确切描述，且两教之间的差异也并非如此泾渭分明。

1899 年所订事宜中专门提到地方官“必须平日与主教、教士善为联络，情意相通”[③]。几个月后，御史张元奇也奏陈贤牧令应该“礼接教士”，“彼牧师、神甫亦人耳。平时无菲薄之心，随事有通融之益”[④]。平日“情意相通”，办事就能“通融”。但有意思的是，不少士人很快发现外国人与中国人交往之道的异趣。翰林恽毓鼎在日记中因感于会客之苦，而艳羡西人公私分明：“午前连会五客，头昏气促。客去，遂大呕吐。西人彼此相访议事，启口即论此事，其意既伸即行，不迎不送，故无废时失业之苦。若谈说闲情，则专于宴会游处时及之，不论公事也。中国则异是。凡来访者，明明有欲言之事，乃先作无数浮泛游衍之谈，然后及正文，则已费却无限精神，耗却无限时刻矣。而所说之事，则又反复杂沓，刺刺不休，听之使人厌倦，究竟其事不过十馀言即了。如此，主人安得不困。有一种人往往怕会客，亦坐此耳。即如今日某友托余一事，数语即可讫，乃翻来复去述至七八遍。濒行至大门，犹照说一次。”[⑤] 当然，这种公私差异很大程度上是在相互比照中

---

① 《清末教案》第 1 册，第 255 页。

② China Centenary Missionary Conference, *China Centenary Missionary Conference Records*, p. 742.

③ 《清末教案》第 2 册，第 831 页。

④ 《清末教案》第 2 册，第 872 ~ 873 页。

⑤ 恽毓鼎：《恽毓鼎澄斋日记》第 1 册，第 300 页。

凸显的，汪康年就不相信西方人能够做到“办事与交情截分为二”[①]。

其实这是一个中西社交文化的调适问题。毫无疑问，并非所有西人对中国人的适应都是建设性的[②]，也并非所有西人都努力迎合中国官员的日常习惯[③]。汪大燮认为“排外、媚外，其病根同出一源，实以洞悉外情者真少也”[④]，实际上讲的是国人面对西人时的无所适从。同治六年郭嵩焘日记中的两广总督瑞麟“一见洋人，倒地便拜”，便是一个不能“推究夷情”的典型例子[⑤]。平民令人哭笑不得地尊称传教士为“鬼子大人”[⑥]，自然也懵懂于对方的身份。但中西权势的此消彼长，迫使中方转变行为方式以适应西方。

---

① 汪康年针对国人常见的“西人办事与交情截分为二”的看法，批评“近人述西事者，每不详察而贸然言之，贸然信之”。在他看来，“世界上凡在场面中人，动相交接，万不能直露其好恶之真，故貌合而情离者，在在皆是。吾国官场中人，亦大率如是，惟有所私仇、公怨之分，又有大相憎恶及微有意见之别耳。盖彼此相争，或一时之是非，无大关出入者，犹可事过即忘；倘所争而关一党一乡之利害，及一己之荣辱，一以口舌偶钝之故，为彼机牙所轧，而谓事过之后，彼此交欢，无稍芥蒂，此安能之？”（汪康年：《汪康年文集》上册，第263页）

② 自马嘎尔尼使团以来，西人始终拒绝在觐见清朝皇帝时行叩首礼，庚子后醇王载沣赴德谢罪，德人却要求随员向德皇“照中国臣下觐君礼叩首”，驻德公使吕海寰反过来认为此事有关国体故而“焦愤万分”。［顾廷龙、戴逸主编《李鸿章全集》（28）《电报》（8），第406～407页］唐才常也发现“西人于其本国之政务，及其相亲之国之交涉，法在则治之以法，法所不通则准之于情，往往有仁至义尽之处。独于中西交涉之案，往往以盛气相陵，而不顾情法之安，或且屏中国于公法外，而悍然悖之”。（唐才常：《唐才常集》，岳麓书社，2011，第341页）薛福成曾对此现象反躬自省，说总理衙门官员在与西人交往中，若遇到“性情稍悫，不甚施挟制之术者，非特要事无一可商，且有以微事而受严拒者”。结果“彼见夫善挟制者之多得所欲也，于是相承而趋于挟制之一途，即悫者亦渐化为黠，懦者亦渐变为悍矣”。［薛福成：《薛福成日记》（下），吉林文史出版社，2004，第728页］罗志田所说在华西人在行为上的不中不西南橘北枳现象（参见罗志田《帝国主义在中国：文化视野下条约体系的演进》，《中国社会科学》2004年第5期），一定程度上就产生于这样一种互动模式当中。

③ 1882年美国署使何天爵抱怨山东德州地方官无礼，说其“初次致函德翻译，用德教士字样，晤见称委员等为老先生。明告知以系苏领事、德翻译，彼仍不用官员称谓，又改称为老兄。其一切举动语言，毫无礼貌”。（《清末教案》第2册，第343～344页）“老先生”和“老兄”均是中国官绅中间流行的敬称，但在此语境下被美国人解读为一种轻慢。

④ 《汪康年师友书札》第1册，第1001页。因此夏曾佑才会说“北人顽固甚于南人，故北人媚外亦甚于南人”。［杨琥编《夏曾佑集》（上），第121页］

⑤ 郭嵩焘：《郭嵩焘全集》（9），第266页。

⑥ Herbert A. Giles, *Chinese Sketches*, p. 171；李提摩太：《亲历在华四十五年——李提摩太在华回忆录》，李宪堂、侯林莉译，天津人民出版社，2005，第118页。

薛福成痛感总理衙门官员因“皆未洞识洋情”而因应不当[①]，便是基于这一历史语境。

与在中西文化比较视野中凸显的公私之分相关联的，是“交涉”与“交际”这对外交概念。薛福成在其1879年出版的《筹洋刍议》中指出“西人以交际与交涉判为两途，中国使臣之在外洋，彼皆礼貌隆洽，及谈公事，则截然不稍通融”[②]。这一提法对后世影响极大。薛福成专门指出交涉与交际的分野，因为在国内二者原本是不加区分的，论者所谓“学者瞢［懵］然于一切交际之道，动致惊疑”[③]。清末有作者论及交际与交涉之界限时，认为“其事相因，其界则随文化之进步而渐晰”[④]。作者意在批评中国外交不注意区分二者界限，可见在其认知中，中国文化已不在“进步”之列。这一观念在清末日渐盛行，意味着薛福成所提倡的学习“洋俗”以避免在外交事务中与西人“格格不能相入”便成为一种不可逆转的趋向[⑤]。

在薛福成所提倡的交际中，酒宴是重要内容之一。中国早有“折冲樽俎”的典故，晚清亦常以此指代外交活动。但有意思的是晚清士大夫长时间内以与西人同席为耻。1869年福建巡抚卞宝弟劾盐法道海钟“曲事洋人，极意卑顺”，其过错即包括“邀请领事筵宴”一事[⑥]。翁同龢在日记中记述崇厚在天津教案交涉中的行为，对其“亲往美国馆中，列长筵，以温言慰藉法酋，坐下座，奉事甚谨”事极为鄙夷[⑦]。多年后郑孝胥被商人沈耕莘邀饭，发现实为某德人做东，甚是不快，担心“尔辈为西人所轻”而本人亦

① 薛福成：《薛福成日记》（下），第728页。

② 薛福成：《筹洋刍议》，《庸庵全集》（一），台北，华文书局，1971，第425～426页。

③ 《交涉学第二》，《湘学新报》第2期，1897年，第29页。

④ 《论交际与交涉之界限》，《外交报》第107期，1905年4月29日，第2页。

⑤ 1900年伍廷芳在美演讲，则反其道以行，称“倘执欧美之例以衡亚洲之人则必格格不相入”。（《续记中国驻美大臣伍秩庸星使在费城大书院演说美国与东方交际事宜》，《申报》1900年7月10日）这种逆向思维在辜鸿铭这样兼具中西知识背景的人笔下也很常见。此种言论在清末的零星出现，更衬托出中西之间势之所在。

⑥ 《清末教案》第1册，第664页。

⑦ 翁同龢：《翁同龢日记》第2卷，第813页。按，所引书中误断为“法酋坐下座”，与翁氏对崇厚所下“直是心悦诚服，非含垢忍辱而已”的断语不符，兹代为更正。

受“牵率”[①]。由十余年前另一条日记可知此系郑氏一以贯之的观念：“陈敬如宴二西人于南门外刘园，招余往。报之曰：‘华人久为外国所轻，胥甚愧之，盛约之不能者以此’。”[②] 这固然有郑孝胥性格的因素，但也源自当时士大夫的一般观念。因此，开通较早的国人不得不去营造新的观念和常识。1885 年王韬为其友蔡钧《出使须知》一书作跋，内称：“夫两国交际，燕享雍容，原古者之不废。泰西列国之风犹近乎古。会盟聘问，皆以酒礼笙簧为欢聚好合之具。情至而文自生焉。”[③] 几年后薛福成在其《出使四国日记》的跋中列举“交际之可记者”时称：“若夫时际公余，事同私觌。听乐观舞，折简以招邀；酒宴茶会，肆筵而款待。”[④]

有趣的是庚子后酒宴成为外交一常见手段后，不仅很少受赞颂，反倒经常受抨击。所谓“上自宫廷，下自地方官吏，其所以与外人交际者，宴会馈遗，无不竭力奉迎，以求得其欢心”[⑤]。有论者从慈禧宴请公使夫人事说起，批评说“惟知藉酒食为结交，以游燕为正务”，且由此关联到中国官场文化，称“我国官场积习，类好于筵席间谈公事，甚或遇有要务，辄先设盛席邀宾客聚饮数时，直至醉饱以后始议及公务”[⑥]。随之而来的是舆论界常视与西人酒宴往来为媚外。1901 年《中外日报》批评政府媚悦外交时即以“某抚不惜重赀雇西庖于上海，为款接西人之计”为例[⑦]。几年后论者已有“酒醴笙簧不以为媚”的反诘[⑧]，可见此际酒宴已是媚外一大凭据。李伯元记疆臣德寿轶事，先是讲其献媚夫人，继而述及“某年秋祭，外人有入而观者，德设座并备酒点，款待殷勤”。因此便被时人笑称“出而媚外，入而媚内”[⑨]。相对于清末官场的“腐败”，舆论界以开化著称，反而不能接受

① 郑孝胥：《郑孝胥日记》第 2 册，第 1036 页。

② 郑孝胥：《郑孝胥日记》第 1 册，第 501 页。

③ 《出使须知跋》，《申报》1885 年 11 月 12 日。

④ 薛福成：《出使四国日记》，社会科学文献出版社，2007，第 288 ~ 289 页。

⑤ 《论交际与交涉之界限》，《外交报》第 107 期，1905 年 4 月 29 日，第 3 页。

⑥ 《论太后将宴会各使署夫人事》，《中外日报》1903 年 3 月 19 日，第 1 版。

⑦ 《论专求媚悦之外交》，《中外日报》1901 年 4 月 25 日，第 1 版。

⑧ 《论古今大局》，《大公报》1905 年 1 月 16 日。

⑨ 李伯元：《南亭笔记》，山西古籍出版社，1999，第 44 页。

官场的开化。开风气的“权威”报人汪康年起而反思“时弊”[①]，反倒显得有些“保守”。

抛开关于酒宴的种种迷思不论，总算有不少人开始乐观地看待交际在外交中的作用。1898 年《申报》一篇论说乐观地认为“必寻常交际之时置腹推心，礼隆赠答，而后一遇交涉之事，始可和衷商榷，两得其宜”[②]。1906 年驻日本陕西留学生监督徐炯向学务处盛赞两本司法著作时，更是大言不惭，称其可以“使有地方之责者人人皆知所以驭外人之术”。“盖公私既明，则平时接之以情（所谓交际也），临时裁之以法（所谓交涉也），外人虽横亦当帖耳以就我衔勒。”[③] 唐才常基于交际之益逆向推论说“向使总署与各国公使，深相结纳”，及在外使臣“平时冠盖往来”，则“一旦事出仓猝，而或以情感，以理折”[④]。交际的作用也获得了一些实际例证。外交官蔡钧在其《出洋琐记》中记载两例，其一为“美都院绅中，有毕君摩君者，前日屡议禁止华佣者也。自与钧交，相处渐久，然后两君皆知禁止华佣之非是”。其结论是“足见既与交际，其为我代筹国事者，无不持平而适当也”[⑤]。曾手抄总理衙门历年档案的何刚德也发现，“咸同年间外国所来照会，肆意谩骂，毫无平等地位，与近日之来往文字，迥不相同。自因圆明园被毁，城下乞盟，为彼族所蔑视。迨后交际稍娴，外貌遂渐改焉”[⑥]。

尽管趋势如此，但转变过程绝难一蹴而就。1902 年春出使日本的蔡钧给荣禄的信写道：“昨阅报章，欣悉宫太保中堂于京中设筵款洽各国公使，颇称欢惬。盖此等胜举，在各国本属应有之例，特中国未经举行，今自我宫太保中堂首先提倡，即可渐次推行，尊俎联欢，干戈永靖，固有左券可操

① 清末民气喧嚣，舆论大张，已被一些人视为时弊。汪康年在《刍言报》中对此有很多反思。其友人在信中即有“承赐《刍言》，深情伟抱，足以挽救时弊”语。（《汪康年师友书札》第 2 册，第 1962 页）

② 《交际说》，《申报》1898 年 4 月 25 日。

③ 《驻东陕西留学生监督徐炯致学务处书》，《申报》1906 年 4 月 23 日，第 2 版。

④ 唐才常：《唐才常集》，岳麓书社，2011，第 133 页。

⑤ 蔡钧：《出洋琐记》，转引自唐才常《唐才常集》，第 133 页。

⑥ 何刚德：《春明梦录·客座偶谈》，第 38 页。

者。”[①] 蔡对一个“应有之例”如此称道，盖缘于其为当时中国稀见所以可贵[②]。实际上 19、20 世纪之交的报界在报道此类交际活动新闻时，常有“中西交际之礼宜然”之类的后缀[③]。亦暗示这一时期的“正常”交际仍需要向读者做说明才不致有疑义[④]。从汪康年所见案例亦能看出当时一般外交官员心态之端倪。汪氏所主持的《中外日报》对官员接待西人也有过极其相似的描述：“其相遇也漠如，其视人也懵如。即照例之应酬，寻常之燕饮茶会，亦勉强敷衍，全无情意以相接。虽礼貌不愆，而顾视日影，若不能终厥事。”[⑤]

官员的交际观念尚未转变到位便已迎来质疑之声。1905 年有文章对政府的“媚外之伎俩”如此描摹道：“甲日台宴于宫庭，乙日馈礼于使馆，丙日则恭邀听戏，丁日则敦请赏花。极意逢迎，极意结纳，极意趋承。”[⑥] 上述场景并非凭空想象，在那桐任职外务部时期的日记里便可以得到清晰印证[⑦]。联系庚子后慈禧宴请公使夫人事，这意味着蔡钧为之欢呼的交际已被舆论视为政府媚外的“凭据”。前述有人将媚外视同卧薪尝胆，不过其前提条件是“欲媚外，亦必有义务有办法”。其举反面例子道：“如宴会往来，原可以同情素，然亦只偶一为之而已。若一切外交之术不及讲，而今日请听戏，明日请游园，但以宴会往来为事，甚至在宴会往来之候，受外人无理之

① 杜春和等编《荣禄存札》，第 373 页。

② 据 1907 年新教传教士的尚贤堂报告称：“中西人士交际往来，虽在上海开通之地亦颇不易。”由此可见其他地区。因此该堂过去半年特请专人“督办因往来酬答之事”，“意在彼此益加亲密，每一礼拜督办必请官员或学至等宴饮叙谈。即每次演说之前，中外友人俱到堂会晤订交。”（《续尚贤堂半年报告》，《申报》1907 年 4 月 24 日，第 20 版）

③ 《美使东去》，《申报》1900 年 10 月 27 日。

④ 稍早几年，情况更是如此，据张荫桓日记，甲午年“各国贺万寿国书定稿当复，此友邦交际之宜，余力言之，恭邸乃办”。（张荫桓：《张荫桓日记》，上海书店出版社，2004，第 492 页）

⑤ 《论中国办理交涉之不善》，《中外日报》1901 年 1 月 8 日，第 1 版。

⑥ 香雪：《论近日政府弭患当定方针》，《汇报》第 7 号，1905 年，第 397 页。

⑦ 那桐：《那桐日记》上册，第 417、426、433、439、440 页。胡思敬讲朝士嗜好时，称“那桐、胡燏芬一意媚洋，好与西人交涉”。（胡思敬：《国闻备乘》，第 33 页）按：胡氏此处所谓交涉实为交际，盖因其对新学所知无多，未辨交涉与交际两义。调换之后，可知在胡思敬眼中媚外与交际界限之模糊。

要求，亦何取乎有此媚外之技也?”[①] 可见“媚外之技”与交际仅在一步之遥乃至两可之间。正因如此，汪康年在论证“媚外”一说“未圆足”时，才以双方“隔绝殊甚”和不“融洽”为依据。汪氏对外交问题十分关注，故而对此颇能体察。1903 年他听说朝廷欲“改服色”，曾请人转致瞿鸿禨信，提醒说改服色之事“与请西人宴会，及开茶会，徒足为媚外之凭据而已”[②]。有论者谈到庚子后的官员与教士关系时，告诫“宜与之联络，并可与之订交，而不宜屈体以谄媚之”[③]。问题是即使当事人能把握二者之间的度，局外人也未必看得分明。

实际上舆论界还有另一层忧虑，即认为不可过分相信交际的作用。1903 年《申报》论说指责中国官员“皆不知洋人于交际交涉其界限分之极明，断不能稍有侵越”。因“误以交际之亲昵，遂可冀交涉之通融”，所以“不研求交涉之法，尽其办理交涉之心，而一惟情意殷勤，谓可期办理交涉之顺遂”。如此本末倒置的结果便是处处吃亏，以致“一遇外交遂日受外人之凌侮”[④]。1905 年《外交报》对交际的实际运用做出了极富观察力的论述，官员未尝不“勤恳相酬”，然而一旦涉及“事权”，外人便反客为主，“持平日之交情以迫吾，使不得固执”。且面对外人要索时“皆不敢不许，以为一拂其意，则平日所费无量之交际，皆将扫地”。于是“始也以交际裨交涉，继也乃牺牲交涉以就之”，结果完全“颠倒”[⑤]。

此说似亦有实际案例可证。1899 年苏元春以钦差身份与法国签订租借广州湾条约，《申报》便感慨其“眷念旧交，窃料法人必不致反颜相向。初不料其盘敦周旋之际，竟千回百折定议坚持”。结局竟以苏元春出让更多权利而告终。论者以此证明“泰西通例交际之与交涉判然分为两途”，即使交际“深相契合”，交涉方面也“不稍通融”[⑥]。其实薛福成最初之区分交涉

① 《论媚外之祸》，《新闻报》1902 年 8 月 30 日。

② 汪康年：《汪康年文集》下册，第 615 页。

③ 《教案则例亟宜编辑说》，《新闻报》1901 年 11 月 3 日。

④ 《交际交涉辨》，《申报》1903 年 6 月 11 日。

⑤ 《论交际与交涉之界限》，《外交报》第 107 期，1905 年 4 月 29 日，第 3 页。

⑥ 《闻广州湾近事感而书此》，《申报》1899 年 12 月 25 日。

与交际，针对的是当时国人对交际的敏感和抵触而已。但时过境迁，后人渐忘初意所在。在地方办理洋务的汪钟霖称“交际与交涉本分两事，然有时大得其效力者，此亦视乎用之得当与否”[①]。以“用之得当”为前提，便是在新语境下的反思。由于“弱国本无外交”，虽然“论交际则愈益其密”，结果却是“论交涉则日见其棘”[②]。庚子后被舆论目为顽固党的陈夔龙，民国时回忆其任职北洋后拒绝“先往拜各领事”的逸事，给出的理由也是“交际与交涉厘为二事”，不过他由此推导出“交际以私交言，余与各领事素无交情，何必令其来见”，反之“渠亦勿庸见余，听之可也”[③]。其后各国领事不得不相继就范，先来拜谒。陈氏对此津津乐道，实则是因为此事在清末语境下已算得上一场外交胜利。

江西官员在南昌教案交涉中的媚外骂名，多半也是其试图与英法办案人员沟通“情意”的种种“交际”举措招来的。前述汪康年认为交际本身未可厚非，问题是舆论并不接受。如某报批评江西官场“惟知于接待酬应之中，格外殷勤”，然而西人回到谈判桌时仍“要索甚至”。其结论是“外人办事，交涉与交际截分为二，不相混杂”，官场提供的“饮馔丰美、铺设华丽”并不奏效[④]。实际上此案中知县江召棠与神甫王安之的生死纠葛发生于二人的“杯酒之间”[⑤]，正是以这种日常交际为背景。诚如案发后某御史所奏：“近年中外交欢，杯酒往来，互敦睦谊，岂料樽俎之地，横起杀机。”他认为此举将引起“猜嫌”以致“有妨交际之常”[⑥]。由前文可知此时的种种交际在舆论界已被讥为媚外。但是，就连江召棠这样一向仇教的人也和教士“结盟为兄弟”[⑦]，这种“情意”自然就五味杂陈，岂可以一个“媚”字统括？

当然雪茄和香槟的力量终究有限。1897 年曹州教案时，总理衙门与德

① 汪钟霖：《赣中寸牍》，《近代史资料》总 17 号，第 34 页。
② 《时事谈》，《申报》1908 年 7 月 22 日，第 2 张第 4 版。
③ 陈夔龙：《梦蕉亭杂记》，北京古籍出版社，1985，第 107 页。
④ 《追录梁观察至南昌查案记事》，《中外日报》1906 年 6 月 6 日，第 3 版。
⑤ 《论江西又出教案》，《中外日报》1906 年 2 月 27 日，第 1 版。
⑥ 《清末教案》第 3 册，第 847 页。
⑦ 《关于“南昌教案”采访材料》，南昌市档案馆藏，卷宗号：1180 - 20 - 74。

国公使会谈，一位大员说："我听见地方官近与教士甚睦，时有酒食往来。"① 地方官的区区几顿"酒食"，焉能满足一个帝国的饕餮之贪。"人为刀俎，我为鱼肉。"② 东西方列强近代以来对中国的蚕食鲸吞令人发指，其野蛮和卑劣行径罄竹难书。弱国无外交，列强留给国人回旋的空间非常狭小③。

四　政府与民间

在清末，政府与民间的对立成为政治生活的一大特征。这种对立反映在外交层面，便是民间舆论对政府的强势批评，从而衬托出政府的媚外形象。

从 20 世纪初开始，国民外交思想逐渐在中国萌芽。1908 年初《申报》刊文提醒政府"不可不有国民的外交之觉悟"，认为"国民的外交"而非"政府的外交"才是"解决外交困难唯一之法"④。同年 8 月，论者针对近两年来的苏杭甬路、二辰丸事件指出："夫立宪国家，皆用国民的外交政策，断不用专制的外交政策。专制的外交，其结果必至屈败；国民的外交，其结果必获优胜。"⑤ 可见国人对国民外交寄望之殷切。

从清末的大量表述可知，国民外交的神奇之处在于其中的"民气"。报纸论路事时曾评论道："夫交涉一事，半恃民气，半恃国力。"⑥ 在另一些表述中，国力则具化为军力。有作者称："各国办理交涉。其所恃者为军备。而尤在民

① 《清末教案》第 2 册，第 673 页。

② 清末著名御史赵启霖在致江召棠的挽联中便写道："重于泰山，轻于鸿毛，男儿死耳；人为刀俎，我为鱼肉，天下痛之。"吴恭亨：《对联话》，第 149 页。

③ 如汪康年所论："今人言与外人争界及各交涉，大率恃凭据。虽然，言凭据难矣，出之彼，皆凭据也；出之我，皆非凭据也。总之，不论凭据之如何，而但论其为彼为我，出之彼，则凭据强，出之我，则凭据弱。"（汪康年：《汪康年文集》上册，第 233 页）彭玉麟则担忧国家如做不到内修政治以及"以彼之利器制彼"，"则曲固罪也，直亦罪也，怨之罪也，德之亦罪也"。［沈云龙编《清代四名人家书》，沈云龙主编《近代中国史料丛刊》第 63 辑（624），第 75 页］大致同一时期，与彭玉麟颇相得的曾国藩在日记中记载同幕友李鸿裔的谈话，与此如出一辙。［曾国藩：《曾国藩全集》（17），第 289 页］

④ 《订约权在朝廷之误想》，《申报》1908 年 1 月 17 日，第 1 张第 2 ~ 3 版。

⑤ 《留日湖北公友会请都察院代奏请开国会书》，《申报》1908 年 8 月 14 日，第 1 张第 3 版。

⑥ 嫉俗：《论江浙铁路公司存款之厚利》，《申报》1908 年 5 月 10 日，第 1 张第 2 版。

气。故民气者为外交之后盾，不可不培养而维持之。强国且恃民气，而况弱国乎？”① 在当时的中国，军事这半个后盾已无从谈起，因此民气似乎显得更加重要，“既无兵力以作外交之后盾，则必借民气以作外交之后盾”②。其实晚清士大夫有利用民气对抗外人的传统，但在清末的表述中，却认为“我政府向不知外交策略关系民气”③。这实际上是对民气的再发现和再解读。

在某些人看来，民气与国民外交已经在近来的外交中发挥了功效。1908年某士人奏请开国会折即称“近年以来如粤汉铁路之废约，苏杭甬津镇铁路之改约，皆以我民气渐伸可为政府之助，外人因是之故亦稍稍就我范围”。他乐观地认为“人民之拥护国权与国家之缔结条约”可以“影形响应，相与为援”④。不过王氏自知这一效果不可夸大，故以“稍稍”二字限定。此前的1905年底，《外交报》得意于争夺路矿利权的短暂胜利而宣称“权利之收回者，固已十之五六矣”⑤。此后的历史表明形势远未如此乐观。参与苏杭甬路事交涉的汪大燮虽认为“国民正可为政府后援”，但发现英方并不轻易就范。奕劻“与英使言此事难办，彼谓如何难办，邸曰民情不顺，不免有乱子。彼曰须记得此事是国际，民间如有枝节，国家当担其责”⑥。面对英使的威胁，奕劻甚至还曾以立宪为词，称“将立宪，未便强迫”。英使则驳斥说“宪法于国际事乃政府责任，岂五大臣周流半年未曾见此显明条款乎”⑦。可见人民与政府二者的“相与为援”力量实则有限。正因如此结果，1911年某论者在检讨近年外交失败时，一面归于“外务当局者媚外之罪”，一面也质疑“国民不能起而为外交之后盾，亦难辞咎”⑧。

---

① 醒：《论中国今日之内情外势》，《申报》1909年12月12日，第1张第3～4版。

② 柳隅：《国会与外交》，《国风报》第2卷第6期，1911年，第27页。

③ 《论政府防范绅民之非计》，《申报》1907年11月20日，第1张第2版。

④ 《外城厅丞王善荃奏请开国会折》，《申报》1908年7月18日，第3张第2版。

⑤ 《论民气之关系于外交》，《外交报》第130期，1905年12月11日，第3页。

⑥ 《汪康年师友书札》第1册，第982页。

⑦ 《汪康年师友书札》第1册，第961页。

⑧ 《论收回旅大亟宜准备》，《申报》1911年3月5日，第1张第3～4版。但更多的批评则指向政府。如有论者从1906年南昌教案“全国舆论翕然一致”却仍无济于事出发，得出外务部未能“主持公理”的结论。（《论南昌教案提京议结之迅速》，《申报》1906年5月7日，第2版）问题是案件真相是比舆论更为重要的前提。

实际上晚清士大夫对民气实际效用的质疑也从未断绝。郭嵩焘写信告诫曾国藩不应指望“中国亿万小民”与列强为仇，盖因小民不知“远计”[①]。曾国藩复信认错说“鄙人尝论与洋人交际，首先贵一‘信’字。信者不伪不夸之谓也。明知小民随势利为转移，不足深恃，而犹借之以仇强敌，是己自涉于夸伪”[②]。义和团运动期间，李秉衡在慈禧太后面前鼓吹民气，私下却底气全无[③]。麦孟华在鼓吹民气可用时，特意将义和团剥离出来，称其为“野蛮”之“乱民”，而赞美主张“力联外交”的“南方志士”为“文明”之“义民”[④]。

经过清末的再解读后，“民气”与“国民”建立关联，成为救亡图存的希望所在。此后它时常外化为“舆论”，使得“舆论”突破传统“清议”在官僚体制内的反对派角色[⑤]，成为与政府相颉颃的民间的代言人，自然亦成为中国政治的一股新势力，在内政外交中扮演关键角色。故而报界称“对于外交，则为政府之后盾而拥护之，此舆论之天职也”[⑥]。一些官员也有意识地利用舆论，认为“可借舆论之向背，以为抵制之后盾”[⑦]。舆论实际又常外化为报纸，所谓“甲午以后，吾国渐有舆论，实报章风行所致”[⑧]，由此为官员在内政外交中看重。洋务局总办王丰镐禀请浙抚代奏广设西字报

① 郭嵩焘：《郭嵩焘全集》（13），第 215 页。

② 曾国藩：《曾国藩全集》（30），第 397 页。

③ 庚子年李秉衡先是蒙太后召见时力陈“民气不可拂”，私下会见荣禄时又讲“洋兵如此厉害，战事那有把握”。荣禄颇诧异其“所言自相矛盾如是之甚”。（陈夔龙：《梦蕉亭杂记》，第 25 页）

④ 先忧子：《论中国民气之可用》，《清议报》第 57 册，1900 年 9 月 14 日，第 3 页。

⑤ 丁日昌曾就天津教案感慨：“自古以来，往往局外之议论，不谅局中之艰难，然一倡百和，亦足荧听闻而挠大计，卒之事势决裂，国家受无穷之累，而局外不与其祸，反得力持清议之名。”（《清末教案》第 1 册，第 859 页）曾国藩在给李鸿章的一封信中也感叹此案说：“自宋以来，君子好痛诋和局而轻言战争，至今清议未改此态。”［曾国藩：《曾国藩全集》（31）《书信》（10），第 417 页］此二人所批评的“清议”是东汉以来出现在统治阶层内部的反对派声音。晚清由于长期处于大敌当前的状态，清议便以主战的常态存在。清末随着知识与制度体系的急剧转型和外交形势的急转直下，由清议主导的传统和战观和御夷术迅速退出历史舞台。

⑥ 《舆论与外交之关系》，《大公报》1908 年 1 月 19 日，第 3 版。

⑦ 汪钟霖：《赣中寸牍》，《近代史资料》总 17 号，第 36 页。

⑧ 《汪康年师友书札》第 1 册，第 590 页。

纸以图抵制外侮，冯抚批示中即指出“广设西字报纸为舆论代表，外交后盾，诚当今切要之图”[1]。1906年预备立宪诏更有“大权统于朝廷，庶政公诸舆论”之语，实际承认其与朝廷的对位。

对政府来说，更糟糕的是这种对位实际上已在庚子后演变为一种对抗[2]。有论者指出：“报馆者，发表舆论者也。舆论何自起，必起于民气之不平；民气之不平，官场有以激之也。是故舆论者，与官场万不兼容者也。”[3] 因此双方形成此消彼长的关系，一面是政府权威的急剧流失，另一面是舆论愈加强势。有论者称“大约近时驳诋政府，人人敢为，而驳斥舆论报馆者，则人所不敢为也”[4]，此际并非夸张语。实际上，时人因感受到舆论之强，常目其为舆论专制。有论者认为舆论有“以多数制少数，流为舆论之专制”之趋向[5]。士人林万里亦感慨“世界有专制之政体，则有卢骚、孟德斯鸠以倒之。世界有积非成是专制之舆论，独无卢骚、孟德斯鸠以倒之”[6]。

强势崛起的舆论在外交方面延续了清议的强硬立场，商学界但凡遇到交涉“莫不以收回利权，保全国体为要图。或发电以力争，或上书以陈请”[7]。而报纸又为其推波助澜，与政府的妥协退让形成巨大反差。但从清政府的角度讲，值此列强环伺之际，外交上的“惟命是从”根本上不是源自“无民气为之后盾”，而是源自“无兵力为之前矛”[8]。1906年，被汪大燮视为

---

① 《奏设西字报抵制外交之要策》，《申报》1908年8月4日，第1张第5版。

② 杨毓麟即指出“吾国庚子以前之政府为与外国相抵抗之时代，庚子以后之政府为与国民相抵抗之时代”。（饶怀民编《杨毓麟集》，岳麓书社，2001，第203页）章士钊将沈荩案视为“满政府與吾国民宣战之端，吾国民当更有一番严酷之法对待满政府。几致全国之舆论为之一转，即著名顽固之徒，亦勃然而生仇满之念”。（章士钊：《章士钊全集》第1卷，第139页）比上述两人温和得多的汪康年则担心报馆的“诬蔑之语”会导致“政府与民间决裂”。（汪康年：《汪康年文集》上册，第401页）总之，当时如何制造或防止政府和民间决裂成为极为重要的政治议题。

③ 《论湖南官报之腐败》，《苏报》1903年5月26日。

④ 《汪康年师友书札》第1册，第1012页。

⑤ 长舆：《立宪政治与舆论》，《国风报》第1卷第13期，1910年，第11页。汪康年亦从同样角度称之为“言论专制”。（汪康年：《汪康年文集》上册，第345页）

⑥ 《汪康年师友书札》第2册，第1166页。

⑦ 《论今日人心之不静》，《津报》1906年6月11日，第3版。

⑧ 蹇：《论今日中国之两大害》，《申报》1907年8月25日，第2版。

“有思想”的熊希龄向瞿鸿禨上书阐述政府与舆论在外交上的天然对立：“大抵一国政府策略，与民间理想相去悬殊，政府知世界之大势，迟回顾虑，不敢以国家为孤注之一掷，故可行则行，可止则止，有不能明喻于众者。民间则抱其孤愤之志，一意直行，遂至离于政府所行之轨道。”这种基于朝野角色差异而形成的现实主义和理想主义的对立冲突在清末体现得尤为清晰。熊希龄此处显然意在为政府辩护，将政府的退让解释为“独我政府诸公，知国力之不敌，卒以和平了结”。这种“隐忍将就”虽“为民间所不平”，但“保全大局，转危为安，政府有足多也”。由此做出“民间与政府，实有相反相成之势”的肯定性结论①。

但随后外交环境急趋恶化②，政府与民间的反差更为凸显。1908 年《外交报》撰文指出：“去岁以来，外交事件之繁难，百倍畴昔。顾政府主柔，而舆论主刚，两不相下，斯激而相争，骎骎乎开君民仇隙之端，外交也而俨成内变矣。”在作者看来，此局面“非政府与国民之咎”，其症结在于，一方面“蚩蚩者氓，未谙中朝掌故，遂不谅朝廷委曲求全之苦心，徒挟其一往直前之气，至欲屈朝旨以相从，而困于势之断不可行”；另一方面“庙堂虽顾畏民碞，终莫敢徇群情而误大局”。加之朝廷不便将外交事宜公之于众，其结果是局外人“以为政府之故违公论”，终致“横溃决裂，而上下之衅成矣”③。官场内部也觉察此弊，稍早些时候汪钟霖就曾向上司管陈其中危险，称“时事日艰，强权交迫，办事之难较前十倍”，但“论者不察，往往自忘其国势何若，辄援均等之地位以相比附”以致“集尤丛诟”，“当局

① 《瞿鸿禨朋僚书牍选》（上），《近代史资料》总 108 号，第 9～10 页。“政府诸公”四字表明引文中“政府”一词，应特指军机处。如同时期的夏曾佑谓：“至于今日，军机处为通国权力之总汇，而政府之名于是在焉，其实际固尽人所知者也。”但此时“政府”两字，已不可避免地有了西方政治学中的用法。正如夏曾佑在另一处所论，同治朝以来，因恭亲王奕䜣得道之故，军机处职权渐重，“其后各国皆称之曰‘政府’、‘政府’，至今而中国人亦不觉相率而称曰‘政府’、‘政府’”。夏氏认为此虽名不副实，但未尝不是“中国政治之进步”。［杨琥编《夏曾佑集》（上），第 348、365 页］如此则熊希龄此处将政府与民间并列分析，亦是一种“进步”。

② 汪大燮 1907 年论苏杭甬路事时提到：“去年英国看得中国声价较高，有助我意，即法国亦然，愿还广湾，今则反是矣。”（《汪康年师友书札》第 1 册，第 968 页）

③ 《读西人黄祸说感言》，《外交报》第 204 期，1908 年 4 月 5 日，第 3 页。

本不必事事求谅，所虑以讹传讹，转为大局之累”[①]。

由“外交”转成“内变”而累及“大局”，政府的隐忍与民间的孤愤对清末外交的推动作用还未清晰显现，其冲突却已暴露无遗。结果在政府一方则以为“我国薄弱无能之外交官，从前但须对付外人者，今又须对付舆论”[②]；在民间一方则以为“我国民实立于两敌之间：外人挟政府以制我国民，政府复挟外人以制我国民”[③]。这种局面对政府的执政权威无疑是极大的冲击，其外交自然也受连带影响。英使就苏杭甬路事如此质问那桐：“一国只有一政府，故他国认其政府与之办事，今政府之言不足凭，是人人皆政府，以后我应向谁商办事件。”[④] 对此类外交难题时有耳闻的汪大燮感慨道：“凡国家之见重于人，非国家自为之，必有人为之。此人何人，一为政府，一为国民。政府有能力而国民赞助之，虽弱必兴。政府失其能力，则国望必减，而外交必受损。故国民必当效辅助补救于政府，而不可使政府失威信。”[⑤] 随后他以沉痛的语调谈到报界对政府的丑化：“报中插画作种种恶剧以丑诋政府，政府诸人不足惜，要之政府非他人，我国民公共之政府也。”[⑥]问题症结恰恰在于此际公共政府已伴随着公共舆论的崛起失去公信力。

晚清政府媚外形象的形成，与其公信力的丧失正是一对相因并至的伴生物。其实清末媚外之名本非由政府独享，如《新民丛报》论者的矛头便往往指向整个国民群体。有作者如是描述和评说八国联军进京后的一个现象：“家家户户，都高挂着顺民旆。口口声声，都高喊着洋大人，因警生惧，因惧生媚，于是把从前扶清灭洋的排外主义，变成个托庇捧臀的媚外主义。因此人人媚外，举国如狂。”[⑦] 1903 年山西学堂纲领中即有“自庚子后华人媚外之心日盛”语[⑧]。其后舆论界的此类批评更甚，有作者称“国权民权路矿

---

① 汪钟霖：《赣中寸牍》，《近代史资料》总 17 号，第 36 页。

② 汪康年：《汪康年文集》上册，第 385 页。

③ 击椎生：《苏杭甬铁路与滇川铁路之比较》，《云南》第 12 期，1908 年，第 105～106 页。

④ 《汪康年师友书札》第 1 册，第 964 页。

⑤ 《汪康年师友书札》第 1 册，第 966 页。

⑥ 《汪康年师友书札》第 1 册，第 967 页。

⑦ 锋郎：《媚外性》，《杭州白话报》第 2 卷第 21 期，1902 年，第 2 页。

⑧ 《山西崞县崞阳学堂纲领》，《苏报》1903 年 6 月 5 日，第 3 页。

权土地权，半在人于外人掌中，此无他，其罪在于举国皆媚外故也”[①]。“举国”一说自属表达激愤的修饰词，有作者在感叹中国“媚外之习”日积月盛时，复谓“我辈国民所以欲洗涤之而未能”[②]。此处的“我辈国民”显然就是指国民中不甘媚外的群体。清末的“血气之士”曾以媚外与排外作为衡量“国民程度”的尺度，称“我国民程度日进一步，即我国民爱国心日深一层，亦即我国民排外之热日升一度。乃一变从前之媚外，而为今日之排外”[③]。在清王朝社稷旦夕不保的1911年，仍有作者言及“国民程度，今之视昔为高也。昔之人好媚外，今之人好排外”。但也有人质疑这种说法：“夫昔人谁为媚外者？岂非官乎？官则今将不媚矣乎？今人又谁为排外者？岂非自命为民党者乎？民则盲持一村落之思想，昔何尝不排矣乎？”[④] 此处即是说官员媚外，而民党与民排外。有作者讲得更为干脆，说“今日之媚外，亦非全国一致也。朝廷主依赖，人民主自立”[⑤]。又有作者以更斩钉截铁的语气称“今有媚外之官吏，断无媚外之国民”[⑥]，直接将官与民打为两橛。

1906年《外交报》撰文论媚外之害，认为官长媚外导致愚民排外，而愚民媚外又促使官长更加媚外，从而形成“排外与媚外，势常相乘而无已”的恶性循环，因此若要“愚民之不排外”，自然“必自官吏之不媚外始”[⑦]。《外交报》基调虽多批评，然尚期待政府之改造，因此特将排外之民称为“愚民”。但激进者却已准备另起炉灶：“若是那些政府，当真的要媚起外来，使洋人好借他的势力来凌辱我们，那就连政府也在要排之列。”[⑧]《神州日报》主笔杨毓麟说“政府诸人必欲实行媚外政策，在国民应别有最后之

① 佩华：《中国之排外与排内》，《大同报》第2期，1907年8月5日，第80页。
② 《论外人之误解》，《时报》1906年3月29日，第1版。
③ 佩华：《中国之排外与排内》，《大同报》第2期，1907年8月5日，第80页。
④ 《论排外主义之非》，《时事新报月刊》第1期，1911年。
⑤ 《近日之自强观》，《申报》1910年9月4日，第1张第4版。
⑥ 《土地新要求之影响》，《国民日日报汇编》第2期，1904年，第17页。
⑦ 《论媚外之害》，《外交报》第141期，1906年5月8日，第3页。
⑧ 君剑：《文明的排外与野蛮的排外》，《竞业旬报》第5期，1906年，第16页。

武器以待之”[①]。此处故意未明言为何物的“最后之武器”无疑是指革命。

自甲午尤其是庚子以降，清政府示弱于外的整体态势通过大量历史细节彰显出来[②]，其恶果已尽人皆知[③]。舆论以“媚外”名之，亦是咎由自取。问题是它强烈的道德取向性，往往会以“绝无质证之谈”令人名誉扫地[④]。既已定性，对背后真相便不做探求[⑤]。是以汪康年方才挺身而出在《刍言报》代为辩护说：“今人诟外交家，动曰媚外，曰卖国。嘻，冤矣！凡人稍有良心，何至如此。”汪氏承认官员在外交上的“不许有事”“姑求无事”和“但求了事”，但并未将其等同于媚外和卖国的“大恶”[⑥]。根据他观察到的几个案例，“足知吾国酬应之疏落”[⑦]，与媚外形象大相径庭。汪氏在此问题上的反思实际上更多来自自身的切肤之痛。庚子后汪康年及其《中外日报》率先发难以媚外为词批评政府，不料几年后因苏杭甬路事媚外之名反及乎己身，其堂兄汪大燮一时间众恶所归有口莫辩。

清末民间对官方的“媚外”指责，是以民族主义和主权意识的觉醒为背景的。但官员一方，亦非一味独自酣睡。清人常谓“人同此心，心同此理”，政府虽一度被民间打入另类[⑧]，但二者在庚子后均不免受新学影响，

① 寒灰：《苏浙代表入都赠言》，饶怀民编《杨毓麟集》，第 301 页。

② 据驻英公使汪大燮亲眼所见，宪政考察大臣端方等游历英国时“往见外部侍郎甘伯罗”，“甘问以近日报章迭言中国有排外意，未知贵大臣谓其言何如？请告我，当转告外部大臣。端闻言便乱，喃喃约五分钟，竟卒未答一对针之言”。汪大燮觉此情节失体，因此讲述时特嘱咐汪康年“此事切弗告人，至要至要。如传至端耳，必恨兄刺骨也”。汪大燮其实已觉“吾国如端午帅者，不可谓非近时灵敏人”，但仍处事如此，可见外交之无能与孱弱。（《汪康年师友书札》第 1 册，第 839 页）

③ 汪康年虽一再为外交官辩护，但也不得不承认“吾国之命脉，由此而渐澌灭者多矣”。（汪康年：《汪康年文集》上册，第 308 页）

④ 汪康年：《汪康年文集》上册，第 340 页。

⑤ 曾因唱反调而遭舆论围攻的严复感叹道：“际此国势将转，人心始惺之时，一人唱万人和，自以为爱国，哄然而起，当者立碎，问其所求与事之本末，或蒙然未知，徒以众说，或其名美而遂为之。”（孙应祥、皮后锋编《〈严复集〉补编》，第 37 ~ 38 页）

⑥ 汪康年：《汪康年文集》上册，第 308 页。

⑦ 汪康年：《汪穰卿笔记》，第 68 页。

⑧ 清末政府常被批评为无思想，这种整体印象常影响时人对具体事务的判断。如郑孝胥谈四明公所事：“鄙意各报中宜极奖甬民之义，而戒其莽卤。国威既损，民气不容复挫，恐聂、沈、罗未必晓此意耳。”（《汪康年师友书札》第 3 册，第 2973 页）

在“道出于二”的时代渐次参差地纳入同一套话语体系之中[1]，其“挽回利权，保守土地之主义具有同心”[2]。媚外成为流行语，首功虽在舆论，但官员相关行为之所以得以披露，多半是官场内部人士泄密[3]。像慈禧晚年这样礼遇外人但求无事的极端案例固然有之[4]，遇有“洋人游历”则“盛筵以接风，派兵以护送”以保功名也近乎官场常态[5]，但意图自强的满汉臣工不乏其人。只不过在现实政治面前，单纯的“孤愤之志”不足以解当下的危机困厄，内心的愤怒不得不与行动上的“隐忍将就”相伴随[6]。湘省洋务局总办蔡乃煌论及辰州教案交涉时说：“辰案结得吃亏，实系在意计之外。然国弱至此，迟恐更成决裂，此则当局谋国不得不格外委曲，非一朝一夕之故，其所由来者渐也。”[7] 蔡乃煌固然常思脱身之计[8]，但所论亦大体属实。前述林文德为胡燏棻辩护书，认为“实因中国现在无权，皆听诸各国”，所以

---

① 参见罗志田《道出于二：过渡时代的新旧之争》，《近代史研究》2014 年第 6 期。

② 汪钟霖：《赣中寸牍》，《近代史资料》总 17 号，第 36 页。

③ 如《中外日报》在论证官场转向媚外时写道：“近日所闻某译员于醇邸使德之际，途中凡与西人语，无不尽情结纳，竭力贡谀，谄媚之词色，已非耳目所忍闻睹。其尤为旁观所窃笑而大惑不解者，莫如在某德人前诋仝行诸随员一事，谤讪备至，若忘己系中国人者。”（《论外交宜以国体为重》，《中外日报》1901 年 11 月 10 日，第 1 版）此事在庚子后载沣赴德谢罪途中发生，几乎可以肯定是随员泄露。

④ 时人对此曾多所指摘，如恽毓鼎在感慨清朝亡国之速时称：“光绪庚子以后，孝钦显皇后未免倦勤，又鉴于义和团之乱，肇自宫廷，于是遇事一意脱卸，唯求及身幸免，不复作永远苞桑之计。”（恽毓鼎：《恽毓鼎澄斋日记》第 2 册，第 576 页）恽氏意在检讨亡国之因，故而难免有追责之嫌。梁士诒在壬寅年底一封私信中讲得更为贴切：“太后锐意维新，主媚外以安天下，惟所任非人，习于所安，对于守旧泄沓诸臣，意存瞻徇，不肯决意淘汰。”（《民国梁燕孙先生士诒年谱》，第 50 页）

⑤ 《中国人心发微》，《新闻报》1902 年 6 月 15 日。汪钟霖在江西办理洋务时即遇到此种案例，德国某教士在吉安府曾设堂传教，路经某县城时县令“特延入署，款以茶点，并雇船只护送出境”。随后该令“备文具报”洋务局“以表尽力保护之意”。汪钟霖在批复中否定了这一做法，说“款待与保护系属两事，该令讲究交际，喜与教士联络，原无不可，但以为如是方合保护之道，则分际全属不合，各国洋员过境，非奉公事尚不必接待”。（汪钟霖：《赣中寸牍》，《近代史资料》总 17 号，第 54 页）

⑥ 被后世视为媚外典型的李鸿章便深有体会，他在一封信中婉劝友人“窃谓时事多艰，在局中人祗得力任其难，人言不恤，在局外人亦不必徒深孤愤”。［顾廷龙、戴逸主编《李鸿章全集》（36）《信函》（8），第 317 页］

⑦ 《汪康年师友书札》第 3 册，第 2942 页。

⑧ 蔡乃煌在给汪康年书信中不止一次请求《中外日报》刊登保教等信息以备卸责，其中有“寄上严札州县一道，乞速赐登，千祈办到，以见湘省保护之力，即异日或有意外，弟亦可以自占地步，亦不得不然之势也”语。（《汪康年师友书札》第 3 册，第 2940 页）

“不能以铁路迟缓不交之咎而归罪于胡侍郎”，林氏最后还反过来向《大公报》请教索还铁路的“良谋”，并反问“贵报馆想必是胡侍郎可以用威吓能制英俄公使乎”[①]。民初胡适在给张奚若的信中也有过此类反问：“足下以无用责政府，不知若令足下作外交长官又何以处之？”[②]

针对外交失利后的群情激奋，报界不乏“务实力”的“流行语”[③]。1905 年底《外交报》刊登《论排外当有预备》一文，指出外交相争根本上有赖于“最后之实力”。作者认为“如以中国现今程度计之，大约须预备四五十年，使学力、财力两皆充裕”方可。但一个难题是，“必预备四五十年而后争，则国家已尽于四五十年之前，国已不存，预备亦将焉托？”[④] 此后四五十年，中国始终不曾获得充足的国力去做“排外”的预备。这就意味着，在晚清外交问题上所呈现的朝野双方的结构性矛盾将贯穿民国历史的始终。

---

① 林文德：《来函》，《大公报》1902 年 8 月 28 日。

② 胡适：《胡适留学日记》（下），安徽教育出版社，2006，第 14 页。

③ 《论近时中国人之议论》（上），《时报》1906 年 2 月 20 日，第 1 版。

④ 《论排外当有预备》，《外交报》第 131 期，1905 年 12 月 21 日，第 3 ~ 4 页。

结　语

一

光绪三十二年正月二十九日（1906 年 2 月 22 日），在江西的省会南昌发生了一起“离奇”的案件，南昌知县江召棠应法国天主教神甫王安之的邀请，到天主堂赴宴。其间王安之与江召棠在堂内因为两起旧教案发生争执，结果江召棠被逼自刎，一周后身故。江召棠自刎后，当场向教会、家人和官场写下多纸手书，叙述其被逼自刎情状。但南昌下层民众不明就里，纷纷传言江召棠于教堂被刺。学界和绅士相继散发传单，动员南昌各界于二月初三日在百花洲沈公祠集会，商讨文明抵制办法。二月初三日，尽管天下着雨，但百花洲一带聚集了大量的民众。沈公祠的演说刚刚开始，场面就失去控制，骚动的听众先是大闹沈公祠，继而杀教士、焚教堂，制造了轰动一时的南昌教案。

南昌教案发生后，江西大吏为应对即将到来的中外交涉，劝令江召棠以死塞责。交涉主要在中法两国之间展开。中法交涉起初在南昌进行，外务部派遣津海关道梁敦彦赴南昌办案，梁敦彦与江西臬司余肇康两人代表中方，同法国参赞端贵围绕惩凶、赔款和对正月二十九日江召棠受伤一事的处置等问题展开了谈判。谈判初期外务部和余肇康态度都很强硬，但梁敦彦经过调查，发现江西大吏与此案有重大干系，而江召棠则是伤由自刎而诬人加功。

梁敦彦将此调查结果密报外务部，并指出南昌的谈判由余肇康一人把持，建议尽快提京办理。

实际上，谈判双方在南昌基本达成了一个草约，该草约共九条，最引人瞩目的是，其中一条对正月二十九日之事做了交代，称江召棠自刎出自王安之威逼。以此为基础，另有数条专门针对天主教一方，追究教堂人员的责任，提议设立绅董和教董以调和民教纠纷，并提议重订传教条约，借以重新梳理传教问题。

提京办理后，朝廷很快降罪江西抚藩臬三人。同时外务部与法国公使吕班继续谈判，双方达成了一个不同于草约的协议，但由于军机大臣瞿鸿禨和湖广总督张之洞等人的反对，外务部未签署此协议。此后吕班卸任，外务部相继与代公使和新任公使进行了谈判，最终签订合同，一面称江召棠为愤急自刎，一面对死于此次教案的王安之不予抚恤，以此方式委婉地表达了他对正月二十九日之事负有的责任。相比草约可知，这个合同淡化了正月二十九日之事，只强调二月初三日闹教一事的赔偿问题，从而成功地为天主教平息了一桩丑闻。

二

以上是1906年南昌教案的本事。但在一百年以来各种中文文献中，南昌教案却是另一副模样。

南昌教案发生后，引起了中外舆论的广泛关注，在天主教以外的中文叙事中，几乎异口同声地宣称江召棠为他杀，进而谴责天主教的飞扬跋扈，批评外务部的媚外和江西官场的畏葸。这种叙事延续到今日，已经蔓延到学术著作、方志、文学作品和网帖等各种形式的文本当中。由于案发后公共舆论的深度介入，南昌教案成为一起公共事件。在这起公共事件中，舆论湮没了真相。时人以及后人对案情的认知，不是直接来自舆论，就是受了舆论的误导。

为了追寻已经湮没的真相，笔者对南昌教案的各种原始叙事文本进行了详细的梳理，并对各种相关史实进行了细致的考证，得出了大量与流行叙事相异的结论。在方法上特别注重对事实、认知和言说三个层面的历史进行区分，即南昌教案的真相是什么样的，不同的人群是如何看的，又是如何说的，这三个层面之间的落差中蕴含了大量的历史信息，对它们的揭示，将大大加深学界对历史事件的理解。

对事实、认知和言说三个层面的考察，亦将更加准确清晰地揭示历史事件的自身逻辑。南昌教案一贯的叙事逻辑是帝国主义侵略－民众反抗－封建主义对内镇压和对外妥协。但这一叙事逻辑与史实是严重背离的。笔者通过对南昌教案背景、原因、正月二十九日和二月初三日事发现场、交涉过程、舆论反应和事件影响等环节的逐一考察，重建了这一历史事件。在重建当中，许多错误的认知得到矫正，许多模糊的史实得到厘清，许多简略的叙述得到详细的复述，许多在以往叙事框架中无法容身的重要历史面相也得到发掘。重建不仅收获了事件的完整性，也收获了事件的细节以及对细节的理解。

正月二十九日和二月初三日的现场，是南昌教案史最重要的两个场景，具有种种意义指向，但是原始的叙事文本即使非一面之词，也往往是一偏之见，而后来的包括学术著作在内的各种叙事，几乎都是跳出正月二十九日的场景本身来谈论江召棠的受伤。但南昌教案起于中国知县和法国神甫的“杯酒之间”，如不考察现场的诸多细节，很难对事件产生精确的理解。对二月初三日的闹教也无一例外语焉不详，对具体现场的淡漠，导致对闹教活动的基本框架的叙述都不够精确，更不必说从闹教的过程、闹教者的人员构成和官方的应对等方面去讨论作为集体行动的南昌教案的各种表征和深层次因素。

江召棠的灰色仕途在天主教之外的中文叙事中几乎没有一笔提及，但在天主教一方看来，江召棠的仕途与正月二十九日之事关联甚大，是必须做的一个回应。实际上，江召棠在主流汉语文献中的形象与其真实形象有相当大的差异。从一个“不学无术”和“生无可纪”的问题官员到一个清官和反教英雄，这一反差中隐含着丰富的历史信息。

发生在南昌教案交涉期间的中西报战，以往也从不纳入包括学术著作在内的南昌教案叙事。但国内舆论的诉求，正是理解国人对南昌教案的集体心理的一个重要入口。报战的一个目的是争夺“说话的权柄”，南昌教案引发的中西报战无疑提供了近代中西方争夺话语权的一个突出案例。报战主要在不同的语言中展开，对于不通西文的普通中国读者来说，中文报纸的一面之词建构了他们的历史记忆，使基于政治立场和民族情感的叙事转化为局外人和后人的历史认知。

三

南昌教案是晚清最后一个重大教案。到民国以后教案已难得一见，虽然非基运动一度如火如荼，但整体而言已失去了晚清教案的暴力特征。中华人民共和国成立以后，外国传教士退出大陆，教案彻底失去了生存土壤而成为不折不扣的“历史”。这就意味着，今人在理解教案问题时已经没有了切身体会，教案问题超出了我们的日常经验世界。

非但如此，南昌教案发生之时，正是近代中国社会转型的开端时期，今人对它的理解，要跨越知识、制度和日常生活经验的诸多裂缝和鸿沟。所谓“过去即异邦”，南昌教案作为研究对象，也正是人类学意义上的“他者”。对此案要有一种设身处地的思考，本着“画我须是我”的原则去理解历史的行动者。即使有穿凿附会的风险，也不可轻易以后来和外在的眼光强行对古人进行符号化的分门别类。

在史学表述中，对历史的“了解之同情”便体现为对历史的诠释。南昌教案作为一个历史事件，其意义必须经过各种方式的诠释方能彰显。本书从共时和历时两个维度对此案进行了诠释。

一是将南昌教案放在具体的空间语境下进行观察。南昌教案发生于1906年，其时正值西学盛行之时，以建构民族国家为目的的大规模社会动员方兴未艾。正是在这一语境下，南昌的学生和士绅方才发动了二月初三日的百花洲“特别大会”。也正是在这一语境下，中国的舆论才一边倒地力挺江召棠，指责法国天主教跋扈、批评中国政府媚外。就朝局而言，南昌教案亦有清流与浊流的角力。江西臬司余肇康与瞿鸿禨是姻亲关系，而巡抚胡廷干则与袁世凯同乡共事，清浊双方围绕南昌教案进行的暗战渗透到中法交涉的过程，并影响到交涉的结果。不把晚清政局纳入视野，就无法完整地理解南昌教案。

二是将南昌教案放在晚清教案史以及中外关系史序列中进行历史的考察。前人的研究已经表明，晚清教案史和反洋教运动是有自身发展脉络的。1861 年的南昌教案与 1906 年的南昌教案有着巨大的差异。前者是为了将天主教驱逐出省垣，后者则是由于知县在教堂赴宴被刺。前者一定程度上肇端于传教士在官场礼仪上的僭越，而到了后者，礼仪问题早已在多次的日常交往中得到化解，案件发生于教士和知县的“杯酒之间”，也正印证了这种交往的密切程度。江召棠之死与十年前阎少白自杀案的对比更清晰地揭示了时代的变迁，二者同是起因于教案，但大量的现代性因素促使江召棠之死演变为一起公共事件。

历时的研究不仅考察前后的不同，也关注一脉相承的传统。晚清的教案虽然前后差异极大，但不变的因素也同样所在多有，它们也或明或暗地影响、规范和塑造着教案的模态。中国官员尤其是江西官员对传教士的阳奉阴违之术，便有很大的传承性，是江西一直以来抵制教会的“方略”。南昌教案中的江召棠就是这一方略的奉行者，这是导致他在天主教传教士眼中形象负面化的一大因素，为正月二十九日酒宴后王安之的愤怒和威逼埋下了伏笔。

时贤倡导在历史研究方法上要力求“知人论世”，这其实也是一种“解释学循环”。如果把南昌教案看作一个文本，共时和历时的背景则共同构成一个语境，文本与语境之间的互相解释显然是相得益彰的。简单说，我们一方面可以借助晚清时期特别是 20 世纪初的中国来观察南昌教案；另一方面又可以借助南昌教案来理解 20 世纪初的中国。

必须承认，此处所讲的事实、认知和言说三个层次以及共时和历时两个维度，原本都是史学研究的题中应有之义。笔者之所以专门指出，只是希望强化方法论的自觉。但历史事件包罗万象，“四面看山”犹有不足，因此与其讲方法不如讲态度。古人所谓“执事敬”，胡适所谓“不苟且”，都是极好的表率。然而“知之匪艰，行之维艰”，梁鼎芬为江召棠所作挽联有“疑案凭谁垂定论”句，本书虽滋蔓 30 余万言，只是希望与历史真相靠得更近。

参考文献

一　史料

（一）档案

《关于“南昌教案”采访资料》，南昌市档案馆藏，卷宗号：1180－20－74。

《关于处理曾诚明“南昌教案纪实”稿情况经过请研究的函》，江西省档案馆藏，卷宗号：X034－1965长－024－107。

《关于帝国主义分子对“南昌教案”捏造事实的报导的材料》，南昌市档案馆藏，卷宗号：5080－20－77。

《关于南昌教案抄自有关文件之记载》，南昌市档案馆藏，卷宗号：1180－20－75。

（二）报纸

《大公报》（天津）（1902～1906）

《大同报》（1907）

《东方杂志》（1905～1906）

《复报》（1906）

《广益丛报》（1906～1909）

《国风报》（1910～1911）

《国民报》（1901）

《国民日日报汇编》（1904）

《杭州白话报》（1901～1902）

《华字汇报》（1906）

《汇报》（1904～1906）

《江西官报》（1905～1906）

《津报》（1906）

《京话日报》（1906）

《经世报》（1897）

《警钟日报》（1904）

《竞业旬报》（1906）

《民报》（1906）

《南方报》（1906）

《南洋日日官报》（1906）

《清议报》（1900～1901）

《申报》（1872～1911）

《神州日报》（1907）

《时报》（1906～1907）

《时事新报月刊》（1911）

《苏报》（1903）

《通问报》（1906）

《外交报》（1904～1908）

《万国公报》（1874～1907）

《戊申全年画报·图画新闻》（1909）

《湘学新报》（1897）

《新民丛报》（1902）

《新闻报》（1901～1906）

《益闻录》（1885）

《云南》（1907）

《中外日报》（1901～1906）

（三）文集、史料集及其他

奥古斯特·弗朗索瓦（方苏雅）：《晚清纪事：一个法国外交官的手记（1886～1904）》，罗顺江、胡宗荣译，云南美术出版社，2000。

北京市档案馆编《杨度日记》，新华出版社，2001。

陈夔龙：《梦蕉亭杂记》，北京古籍出版社，1985。

陈三立：《散原精舍诗文集》上册，上海古籍出版社，2003。

陈旭麓等编《辛亥革命前后——盛宣怀档案资料选辑》，上海人民出版社，1979。

陈铮编《黄遵宪全集》上册，中华书局，2005。

程宗裕辑《增订教案汇编》，实学书社，1902。

《大清搢绅全书（丙午春季）》第3册，荣禄堂。

戴执礼编《四川保路运动史料》，科学出版社，1959。

丁贤俊、喻作凤编《伍廷芳集》（上），中华书局，1993。

董恂：《还读我书室老人手订年谱》，沈云龙主编《近代中国史料丛刊》第29辑（282），台北，文海出版社，1973。

杜春和等编《荣禄存札》，齐鲁书社，1986。

方豪编录《英敛之先生日记遗稿》，沈云龙主编《近代中国史料丛刊续编》第3辑（21～23），台北，文海出版社，1974。

冯桂芬：《校邠庐抗议》，上海书店出版社，2002。

凤冈及门弟子编《民国梁燕孙先生士诒年谱》，台北，台湾商务印书馆，1978。

傅德华编《于右任辛亥文集》，复旦大学出版社，1986。

高平叔编《蔡元培全集》第1卷，中华书局，1984。

格籐君编、豫章孝董生校《南昌教案记略》，出版地不详，明治三十九年（1906）。

葛士浚编《皇朝经世文续编》，沈云龙主编《近代中国史料丛刊》第75辑（741），台北，文海出版社，1973。

故宫博物院文献馆编《清光绪朝中法交涉史料》第1册，沈云龙主编《近代中国史料丛刊》第15辑（149），台北，文海出版社，1973。

顾廷龙、戴逸主编《李鸿章全集》，安徽教育出版社，2008。

郭嵩焘：《郭嵩焘全集》，岳麓书社，2012。

广东省社会科学院历史研究室等合编《孙中山全集》第1卷，中华书局，1981。

贺葆真：《贺葆真日记》，凤凰出版社，2014。

何刚德：《春明梦录·客座偶谈》，山西古籍出版社，1997。

胡思敬：《国闻备乘》，上海书店出版社，1997。

胡思敬纂《盐乘》，胡氏退庐，1917。

湖南省哲学社会科学研究所古代近代史研究室校注《宋教仁日记》，湖南人民出版社，1980。

黄侃：《黄侃日记》，江苏教育出版社，2001。

黄远庸：《黄远生遗著》，台北，华文书局，1968。

贾桢等编辑《筹办夷务始末（咸丰朝）》，中华书局，1979。

金鼎：《金鼎致梁鼎芬书》，庄建平主编《近代史资料文库》第7卷，上海书店出版社，2009。

孔广德编《普天忠愤集》，沈云龙主编《近代中国史料丛刊续编》第23辑（226~228），台北，文海出版社，1975。

李伯元：《南亭笔记》，山西古籍出版社，1999。

李庆铨：《钓石文集》卷2，槎溪李氏，1938。

李提摩太：《亲历在华四十五年——李提摩太在华回忆录》，李宪堂、侯林莉译，天津人民出版社，2005。

廉立之、王守中编《义和团资料丛编：山东教案史料》，齐鲁书社，1980。

梁鼎芬：《节庵先生遗稿》，香港，杨敬安自刊本，1962。

梁启超：《梁启超全集》，北京出版社，1999。

梁启超：《中国历史研究法》，上海古籍出版社，1998。

林伟功主编《林白水文集》（上），福建省历史名人研究会林白水分会，2006。

刘大鹏：《退想斋日记》，山西人民出版社，1990。

刘锦藻撰《清朝续文献通考》第4册，王云五总编《万有文库》第2集，商务印书馆，1936。

刘晴波主编《杨度集》（1），湖南人民出版社，2008。

刘体智：《异辞录》，中华书局，1988。

鲁迅：《坟》，人民文学出版社，2006。

鲁迅：《华盖集续编》，人民文学出版社，1980。

罗斯：《病痛时代：19～20世纪之交的中国》，张彩虹译，中央编译出版社，2005。

麦高温：《中国人生活的明与暗》，朱涛等译，中华书局，2006。

明恩溥：《中国人的素质》，秦悦译，学林出版社，1999。

缪荃孙：《云自在庵随笔》，商务印书馆，1958。

那桐：《那桐日记》下册，新华出版社，2006。

南昌市人民委员会办公厅编《一九〇六年南昌教案资料专辑》，1957。

欧阳昱：《见闻琐录》，岳麓书社，1987。

戚其章编《中日战争》第2册，中华书局，1989。

齐思和等整理《筹办夷务始末（道光朝）》第6册，中华书局，1964。

钱实甫编《清代职官年表》第1册，中华书局，1980。

钱仲联校注《沈曾植集校注》下册，中华书局，2001。

秦国经主编《清代官员履历档案全编》，华东师范大学出版社，1997。

瞿鸿禨：《瞿鸿禨朋僚书牍选》（上），《近代史资料》总108号，中国社会科学出版社，2004。

饶怀民编《杨毓麟集》，岳麓书社，2001。

商金林：《叶圣陶年谱长编》第1卷，人民教育出版社，2004。

上海图书馆编《汪康年师友书札》第1～3册，上海古籍出版社，1986～1987。

沈葆桢：《沈文肃公牍》，福建人民出版社，2008。

沈云龙编《清代四名人家书》，沈云龙主编《近代中国史料丛刊》第63辑（624），台北，文海出版社，1973。

宋慈：《洗冤集录今译》，福建科学技术出版社，2005。

孙宝瑄：《忘山庐日记》，上海古籍出版社，1983。

孙静庵：《栖霞阁野乘》，《清代野史》第7辑，巴蜀书社，1988。

孙应祥、皮后锋编《〈严复集〉补编》，福建人民出版社，2004。

汤寿潜：《拟上摄政王书》，政协浙江省萧山市委员会文史工作委员会编《萧山文史资料选辑》第4辑《汤寿潜专辑》，1993。

唐才常：《唐才常集》，岳麓书社，2011。

万枫江：《幕学举要》，李志敏编《中华资政绝学》第4卷，光明日报出版社，2002。

汪辉祖：《续佐治药言》，《汪龙庄遗书》，台北，华文书局，1970。

汪辉祖：《佐治药言》，《汪龙庄遗书》，台北，华文书局，1970。

汪康年：《汪康年文集》，浙江古籍出版社，2011。

汪康年：《汪穰卿笔记》，中华书局，2007。

汪叔子编《文廷式集》上册，中华书局，1993。

汪诒年编《汪穰卿（康年）先生传记、遗文》，沈云龙主编《近代中国史料丛刊》第1辑（5），台北，文海出版社，1966。

汪钟霖：《赣中寸牍》，《近代史资料》总17号，科学出版社，1957。

王炳燮：《毋自欺室文集》，沈云龙主编《近代中国史料丛刊》第24辑（237），台北，文海出版社，1973。

王闿运：《王闿运日记》，岳麓书社，1997。

王闿运：《湘绮楼诗文集》第2册，岳麓书社，2008。

王迈常：《南昌教案见闻》，《文史资料选辑》第10辑，1960。

王明伦选编《反洋教书文揭帖选》，齐鲁书社，1984。

王栻主编《严复集》第1～3册，中华书局，1986。

王文韶：《王文韶日记》，中华书局，1989。

王照：《方家园杂咏纪事》，荣孟源、章伯锋主编《近代稗海》第1辑，四川人民出版社，1985。

卫礼贤：《中国心灵》，王宇洁等译，国际文化出版公司，1998。

魏元旷纂修《南昌县志》，台北，成文出版社，1970。

翁同龢：《翁同龢日记》第1～7卷，中西书局，2012。

吴恭亨：《对联话》，岳麓书社，2003。

吴相湘：《晚清宫庭实纪》第1辑，台北，正中书局，1982。

吴永兴：《梁敦彦在南昌教案中的往来函稿》，《清史研究》1992年第4期。

夏燮：《中西纪事》，岳麓书社，1988。

徐凌霄、徐一士：《凌霄一士随笔》(2)，山西古籍出版社，1997。

许全胜：《沈曾植年谱长编》，中华书局，2007。

薛福成：《筹洋刍议》，《庸庵全集》(一)，台北，华文书局，1971。

薛福成：《薛福成日记》(下)，吉林文史出版社，2004。

杨琥编《夏曾佑集》，上海古籍出版社，2011。

佚名辑《戊戌变法档案史料》，沈云龙主编《近代中国史料丛刊续编》第32辑(317)，台北，文海出版社，1976。

《英国蓝皮书·考察江西全省播告》，郑贞来译，湖北洋务译书局，1903。

余肇康：《敏斋日记》第30本，未刊稿，湖南省博物馆藏。

苑书义主编《张之洞全集》，河北人民出版社，1998。

恽毓鼎：《恽毓鼎澄斋日记》，浙江古籍出版社，2004。

恽毓鼎：《恽毓鼎澄斋奏稿》，浙江古籍出版社，2007。

曾国藩：《曾国藩全集》，岳麓书社，2011。

张謇研究中心等编《张謇全集》，江苏古籍出版社，1994。

张靖庐辑注《中国近代出版史料二编》，群联出版社，1954。

张廷骧编《入幕须知五种》，沈云龙主编《近代中国史料丛刊》第27辑（269），台北，文海出版社，1973。

张荫桓：《张荫桓日记》，上海书店出版社，2004。

张元济：《张元济全集》第5卷，商务印书馆，2008。

张之洞：《劝学篇》，中州古籍出版社，1998。

张祖翼：《清代野记》，中华书局，2007。

章炳麟：《訄书详注》，上海古籍出版社，2000。

章士钊：《章士钊全集》，文汇出版社，2000。

赵尔巽：《清史稿》，中华书局，1977。

浙江省社会科学院历史研究所编《辛亥革命浙江史料选辑》，浙江人民出版社，1981。

郑观应：《盛世危言》，辽宁人民出版社，1994。

郑孝胥：《海藏楼诗集》，上海古籍出版社，2003。

郑孝胥：《郑孝胥日记》第1~2册，中华书局，1993。

中国第一历史档案馆、福建师范大学历史系合编《清末教案》第1~6册，中华书局，1996~2006。

中国第一历史档案馆编《鸦片战争档案史料》（7），天津古籍出版社，1992。

中国科学院历史研究所第三所工具书组校点《刘坤一遗集》第5册，中华书局，1959。

中国人民政治协商会议全国委员会文史资料研究委员会编《辛亥革命回忆录》第4集，中华书局，1963。

中华书局编《清实录》，中华书局，1986。

中华续行委办会调查特委会编《1901~1920年中国基督教调查资料》上卷，中国社会科学出版社，1987。

中研院近代史研究所编《教务教案档》第1~7辑，台北，中研院近代史研究所，1974~1981。

周秋光编《熊希龄集》上册，湖南出版社，1996。

周作人：《知堂小品》，陕西人民出版社，1991。

朱彭寿：《旧典备征·安乐康平室随笔》，中华书局，1982。

朱寿朋：《光绪朝东华录》，中华书局，1958。

左宗棠：《左宗棠全集》书信1，岳麓书社，2009。

二　论著

（一）著作

安东尼·吉登斯：《社会学》，李康译，北京大学出版社，2009。

陈平原：《触摸历史与进入五四》，北京大学出版社，2005。

董丛林：《晚清社会传闻研究》，人民出版社，2007。

段琦：《奋进的历程：中国基督教的本色化》，商务印书馆，2004。

葛懋春、项观奇编《历史科学概论参考资料》下册，山东教育出版社，1985。

胡文辉：《陈寅恪诗笺释》（上），广东人民出版社，2008。

蒋廷黻：《中国近代史》，武汉出版社，2012。

柯文：《历史三调：作为事件、经历和神话的义和团》，杜继东译，江苏人民出版社，2000。

孔飞力：《叫魂：1768年中国妖术大恐慌》，陈兼、刘昶译，三联书店，1999。

李时岳：《反洋教运动》，三联书店，1962。

李时岳：《近代中国反洋教运动》，人民出版社，1985。

李育民：《近代中国的条约制度》，湖南师范大学出版社，1995。

廖梅：《汪康年：从民权论到文化保守主义》，上海古籍出版社，2001。

刘禾：《跨语际实践：文学、民族文化与被译介的现代性》，宋伟杰译，生活·读书·新知三联书店，2002。

罗伯特·达恩顿：《屠猫记：法国文化史钩沉》，吕健忠译，新星出版社，2006。

罗志田：《近代中国史学十论》，复旦大学出版社，2003。

马士：《中华帝国对外关系史》第2卷，张汇文等译，商务印书馆，1963。

茅海建：《戊戌变法史事考》，生活·读书·新知三联书店，2005。

蒙文通：《蒙文通文集》第5卷，巴蜀书社，1999。

戚其章、王如绘编《晚清教案纪事》，东方出版社，1990。

瞿同祖：《清代地方政府》，范忠信等译，法律出版社，2003。

史式微：《江南传教史》第2卷，天主教上海教区史料译写组译，上海译文出版社，1983。

四川省哲学社会科学学会联合会、四川省近代教案史研究会编《近代中国教案研究》，四川省社会科学院出版社，1987。

苏萍：《谣言与近代教案》，上海远东出版社，2001。

陶飞亚：《边缘的历史：基督教与近代中国》，上海古籍出版社，2005。

王尔敏：《中国近代思想史论续集》，社会科学文献出版社，2005。

王文杰：《中国近世史上的教案》，福建协和大学中国文化研究会，1947。

吴仰湘：《通经致用一代师：皮锡瑞生平和思想研究》，岳麓书社，2002。

肖宗志：《候补文官群体与晚清政治》，巴蜀书社，2007。

杨国强：《晚清的士人与世相》，生活·读书·新知三联书店，2008。

易惠莉：《易惠莉论招商局》，社会科学文献出版社，2012。

余凯思：《在"模范殖民地"胶州湾的统治与抵抗》，孙立新等译，山东大学出版社，2005。

张力、刘鉴唐：《中国教案史》，四川省社会科学院出版社，1987。

章清：《清季民国时期的"思想界"》，社会科学文献出版社，2014。

赵树贵：《江西教案史》，江西人民出版社，2005。

周宁：《天朝遥远：西方的中国形象研究》（下），北京大学出版社，2006。

（二）论文

董丛林：《“迷拐”、“折割”传闻与天津教案》，《近代史研究》2003 年第 2 期。

董丛林：《清末地方官员在教案中的难堪处境——以署江西永新知县阎少白死事为例》，《井冈山大学学报》（社会科学版）2001 年第 1 期。

傅琴心：《记南昌教案》，《光明日报》1953 年 5 月 30 日。

郭熹微：《试论中华内地会的产生及特点》，《世界宗教研究》1996 年第 1 期。

和卫国：《中国政治史研究的反思》，《北方民族大学学报》（哲学社会科学版）2009 年第 2 期。

黄志繁：《近代基督教新教江西美以美会研究》，《南昌大学学报》（人文社会科学版）2008 年第 4 期。

李里峰：《从“事件史”到“事件路径”的历史》，《历史研究》2003 年第 4 期。

罗志田：《道出于二：过渡时代的新旧之争》，《近代史研究》2014 年第 6 期。

罗志田：《帝国主义在中国：文化视野下条约体系的演进》，《中国社会科学》2004 年第 5 期。

罗志田：《见之于行事：中国近代史研究的可能走向》，《历史研究》2002 年第 1 期。

马自毅：《1906 年“南昌教案”研究》，《中华文史论丛》2008 年第 2 期。

茅海建：《中国近代政治史面对的挑战及其思考》，《史林》2006 年第 6 期。

任云仙：《清末报刊评论视野下的南昌教案》，《保定学院学报》2008

年第1期。

桑兵：《从眼光向下回到历史现场——社会学人类学对近代中国史学的影响》，《中国社会科学》2005年第1期。

帅之光：《南昌教案的调查》，《江西教育》1964年第6期。

王宏斌：《光绪朝“政府”词义之嬗变》，《近代史研究》2007年第6期。

王开玺《“量中华之物力，结与国之欢心”新解》，《近代史研究》2006年第4期。

王天根：《在场与追忆：中外开平矿权纠纷缘起探析》，《史学月刊》2013年第11期。

杨大春：《晚清天主教会与耶稣教会的冲突》，《史学月刊》2003年第2期。

杨国强：《1900年：新旧消长和人心丕变》，《史林》2001年第1期。

杨念群：《为什么要重提“政治史”研究》，《历史研究》2004年第4期。

姚肖廉：《八十年前的南昌教案》，《江西文史资料选辑》总4号，1981年。

张秋雯：《光绪三十二年的南昌教案》，《中央研究院近代史研究所集刊》第12期，1983年，台北，中研院近代史研究所。

赵世瑜等：《政治史、整体史、自下而上的历史观》，《民俗研究》2000年第2期。

三 外文文献

Alexander Michie, *China and Christianity*, Boston: Knight and Millet, 1900.

Arthur Galton, *Church and State in France, 1300 – 1907*, London: Edward Arnold, 1907.

Arthur Judson Brown, *New Forces in Old China*, New York: Fleming H. Revell Company, 1904.

China Centenary Missionary Conference, *China Centenary Missionary Conference Records*, New York: American Tract Society, 1907.

Der Ostasiatische Lloyed.

Ernest P. Young, "The Politics of Evangelism at the End of the Qing: Nanchang, 1906," in Daniel H. Bays, ed. , *Christianity in China: From the Eighteenth Century to the Present*, Stanford: Stanford University Press, 1996.

Everard Cotes, *Signs and Portents in the Far East*, London: Methuen & Co. , 1907.

F. L. Hawks Pott, *The Emergency in China*, New York: Missionary Education Movement of the United States and Canada, 1913.

George Lynch, *The War of the Civilisations*, New York and Bombay: Longmans, Green, and Co. , 1901.

Hiram Stevens Maxiam, *Li Hung Chang's Scrap-book*, London: Watts & Co. , 1913.

J. Campbell Gibson, *Mission Problems and Mission Methods in South China*, New York, Chicago, Toronto: Fleming H. Revell Company, 1901.

James A. Whitney, LL. D. , *The Chinese and the Chinese Question*, New York: Tibbals Book Company, Second Edition, 1888.

John King Fairbank, "Patterns Behind the Tientsin Massacre," *Harvard Journal of Asiatic Studies*, 20, No. 3/4, 1957.

John Livingston Nevius, *China and the Chinese*, New York: Harper & Brothers, 1869.

Joseph C. Sasia, *The True View of Present Persecution in France: an Appeal to the Unbiased Judgment of the American People*, San Francisco: Mysell-Rollins Co. , 1907, Edition 2.

L'Echo de Chine.

New York Times.

North China Daily News.

North China Herald.

R. S. Gundry, *China Present and Past*, London: Chapman and Hall LD. , 1895.

Robert Hart, Bart. , G. C. M. G. , *These from the Land of Sinim*, London: Chapman & Hall LD. , 1901.

The Chinese Recorder and Missionary Journal.

The Philadelphia Inquirer.

William C. Milne, *Life in China*, London: G. Routledge & Co. , 1857.

人名索引

后　记

2006年夏在河北师大顺利拿到硕士学位，然而考博失利，工作亦无着落，一时间陷入走投无路的困境。幸好在沪上读博的同窗好友徐进是个消息灵通人士，他获悉上海大学历史系开招第一届博士生，便建议我报考。实际上我对“上海大学”四字素无耳闻，对这个系更是一无所知。但其冬季考试和春季入学的另类体制，对于置身困境中的我是个不可抗拒的诱惑。以上便是我投身上海大学陶飞亚教授门下的机缘。陶先生是近代中国基督教史研究领域的重要学者，而我的硕导董丛林教授则是晚清政治史研究领域的资深学者，我的博士论文以1906年南昌教案为研究对象便与此学术背景极有关系。这一从2007年秋开始的研究在2010年通过博士论文答辩后仍断断续续地进行，直到十年后的今天，终于作为专著面世。

用博士论文的一般标准衡量，南昌教案绝对是个小题目。我选择它，固然是学力所限，也未尝非禀性使然。我就是民谚中那种“捡了芝麻，丢了西瓜”的人，越是低价值目标越是执着。虽说“执着”一词在20世纪后发生了明显的褒义转向，但为了几粒芝麻而无视一颗西瓜，终归与这个事事讲求效率的时代格格不入。

颇具讽刺意味的是，纵使十年坚持也远非尽善尽美。仅就史料搜集而言，南昌教案发生于法国在华天主教与中国官员之间，随后的交涉又发生在中法政府之间。但我所看到的法国政教两方的史料，主要集中在外交照会和新闻报道两方面，至于其幕后可能存在的种种行动和考量，都无法进入研究视野。唯一可以自我安慰的理由是，美国学者厄内斯特·杨（Ernest Young）研究南昌教案时曾在法国多个档案部门搜求该国政教两方的资料，但其文章涉及中法交涉的部分并未展现出中文史料之外的新视野。另外，英国国家档案馆存有名为“南昌惨案”（Nanchang Massacre）的档案一卷，我也以中英交涉不是本案焦点为由放弃求索。从这个角度看，这本专著迄今仍只是1906年南昌教案研究的一个阶段性成果。

即使这样一件不尽如人意的小作品，也远非我一人之功。此书从最初选题到作为学位论文定稿，是同博导陶师多次沟通的结果。陶师作文条分理析，做事也雷厉风行，我心向往之，每每自恨力不能至。硕导董师宅心仁厚，文章也向来婉转柔美，可惜我根柢浅薄，所学远未能尽其所授。犹记得课堂上听他讲左宗棠夜斥群贼的典故，一时若有所悟，归而思之，又恍然若失。

受家父的熏陶，我自幼便对历史产生浓厚兴趣。然而大学时代心浮气躁，以“没有真相”为口头禅，于一切史事绕行不顾，唯独钟爱那些看似简洁优美的语录型论断。读研一时，徐进“怂恿”我关注抗战期间的国共摩擦。我在翻阅相关史料时被一起名为“深县惨案”的事件吸引，很快便沉浸在各方纷繁复杂的言说之中。初稿完成之后蒙党史学家杨奎松先生逐字逐句逐段亲笔修改，深受启发和鼓舞。后来徐进考入奎松先生门下，成长为中共党史学者。这师生二人对我的职业和志业选择产生过直接的影响。在此有必要补上一笔，过去20多年来有一批学者对中国史研究做了革命性的推动，他们的作品深刻影响了当今的中青年学者，我也是受益者之一。

史料是历史学的基础，笔者有幸在上海图书馆、南昌市档案馆和湖南省博物馆获得史料上的突破。在湖南省博物馆查阅余肇康日记手稿时，闫四秋馆长对我这个学生身份的查阅者给予了特别关照。在南昌市档案馆，我因未携带单位介绍信而一度受阻。来到馆长办公室，馆长先生看了看我，又端详了一会儿我的学生证，对工作人员说：“这是上海来的博士，让他去查吧。”在这个海归博士如过江之鲫的时代，我竟然还可以为“上海博士（生）”的身份而自豪。

从2009年春到2016年冬，笔者先后有七篇与本书相关的论文分别刊发在七家不同的刊物。特别要感谢社会科学文献出版社的编辑朋友，若非他们的肯定和支持，本书的问世尚不知要等到何时。

本书是教育部青年项目“清末公众事件研究”（12YJC770064）的成果。幼年经常从评书中听到“兵马未动，粮草先行”之说，在拙著漫长的成书过程中我有幸得到多个机构的资助，它们包括美国旧金山大学利玛窦中西文化研究所的马爱德基金、宝钢奖学金、上海大学奖学金和上海大学市教委重点学科第五期项目。需要特别说明的是，上海大学中国史高原项目为拙著提供了出版经费。在此一并致谢！

最后，感谢我的家人，这个阵容庞大的家庭后援团给予了我巨大的情感支持。特别要提及今年春天刚刚出生的小女儿，她给我带来的幸福感简直无与伦比。

杨雄威写于2017年7月29日，南庄

图书在版编目（CIP）数据

杯酒之间：清末南昌教案研究 / 杨雄威著. -- 北京：社会科学文献出版社，2018.4
ISBN 978-7-5201-2326-6

Ⅰ.①杯… Ⅱ.①杨… Ⅲ.①南昌教案（1906）-研究
Ⅳ.①K257.907

中国版本图书馆 CIP 数据核字（2018）第 037852 号

杯酒之间：清末南昌教案研究

著　　者 / 杨雄威

出 版 人 / 谢寿光
项目统筹 / 李丽丽
责任编辑 / 李丽丽　徐成志

出　　版 / 社会科学文献出版社·近代史编辑室（010）59367256
地址：北京市北三环中路甲 29 号院华龙大厦　邮编：100029
网址：www.ssap.com.cn
发　　行 / 市场营销中心（010）59367081　59367018
印　　装 / 三河市尚艺印装有限公司

规　　格 / 开　本：787mm×1092mm　1/16
印　张：22.75　字　数：347 千字
版　　次 / 2018 年 4 月第 1 版　2018 年 4 月第 1 次印刷
书　　号 / ISBN 978-7-5201-2326-6
定　　价 / 98.00 元